사례관리론(2판)

이준우 최희철 공저

신정

2판 머리말

〈사례관리론〉을 펴낸 지 벌써 5년이 훌쩍 지났다. 출판사에서 2쇄를 찍을 때가 되었다고 했다. 부족한 책이 독자들의 성원에 힘입은 바가 컸다. 고마운 마음으로 그냥 다시 인쇄하도록 출판사에 요청할까 했는데, 저자인 우리 두 사람 모두 이심전심 개정판을 내어야겠다는 생각이 강하게 들었다. 왜냐하면 그간 사례관리 실천 현장이 꽤 많이 변했기 때문이다. 아니 변한 정도가 아니고, 대한민국의 읍면동을 비롯하여 대부분의 사회복지시설마다 온통 사례관리 실천을 한다고 야단법석인 상황이 되었다. 더욱이 사회복지시설 평가에도 사례관리는 주요 평가 지표로 당당하게 자리를 잡고 있다. 정부 보조금을 받는 모든 시설마다 사례관리는 필수적인 개입실천이 된 것이다. 그야말로 사례관리 공화국이라 해도 과언이 아니다. 그만큼 사례관리가 광범위하게 확산되었다.

놀랍고, 기쁘고, 감사하다.

사례관리의 필요성과 중요성을 역설하면서 기본적이면서도 실제적인 사례관리를 구체적으로 수행할 수 있는 〈사례관리론〉을 펴낸 저자들로서는 감개무량하다.

그런데 무거운 책임감과 무서운 두려움이 엄습했다. 우리가 쓴 〈사례관리론〉을 읽고, 공부해서 현장에 나가 사례관리를 실천하는 사회복지사와 사례관리자가 과연 서비스 이용자의 삶 속에 진정성 있게 효과적으로 개입하여 서비스 이용자들을 그들이 원하는 방향에서 그들 스스로의 힘으로 다양한 어려움을 극복하도록 지원할 수 있었는지를 심사숙고해 보았다. 즉, 우리 두 사람이 쓴 초판의 내용 속에 현실에 충분히 적용할 수 있는 사례관리 실천을 담아내었는지, 우리가 강조했던 사례관리가 서비스 이용자들에게 진정으로 힘이 될 수 있었는지, 다각적이면서도 다면적인 사회복지실천 현장의 필요와 욕구를 있는 그대로 반영할 수 있는 사례관리였는지, 다양한 사회자원들을 효과적으로 연계하여 서비스 이용자들의 실질적인 어려움을 해소하는 데에 그 역할을 제대로 할 수 있는 사례관리였는지 등을 성찰적으로 들여다보았다.

사실 사회복지사라고 불리는 실천가들과 사례관리자들이 사례관리를 한답시고 너무도 쉽게 '서비스 중복과 사각지대'며 '서비스의 선택과 집중', '자원동원과 연계' 같은 말을 쏟아낸다. 패키지화되고 매뉴얼로 정리된 사례관리 지침과 기록양식 문서에 따라 서비스 이용자를 서비스에 연결해야 할 대상으로만 고착시켜버린 채, 의례적인 절차에 따라 서비스 이용자를 속단한 내용을 컴퓨터에 입력하고 법적 · 행정적 수준과 범위 내에서 가능한 지원을 수행했다고 자화자찬하는 것이 사례관리라고 인식되게 했던 것은 아니었는지를 살폈다.

사례관리를 해야 하는 근본적인 이유는 제한된 여건 속에서 보다 더 서비스 이용자의 현황을 강점시각에서 바라보고, 그들이 적극적으로 자신의 문제를 타개해 나가도록 돕는 데에 있다. 그런데 지금의 사례관리는 오히려 서비스 이용자를 사회복지서비스에 의존적이며 수동적인 존재로 몰아가는 것은 아닌지 염려스럽다. 사례관리를 수행한 양적 실적에 과도하게 치중하고, 심지어는 사례관리가 실행된 이후 모든 게 만사형통 되었다는 식의 '성공적 서비스 성과주의'에 매몰된 형국이라는 느낌이 든다.

그러나 분명히 짚고 넘어가야 한다. 사례관리는 '실천가 혹은 전문가 중심의 일방적인 한 방향의 사회복지서비스 판촉'이나 '서비스 제공을 빌미삼아 접근하는 것'이 아니다. 사례관리는 서비스 이용자가 원하고 기대하는 변화의 의미들을 보다 깊이 배울 수 있는 실천가와 서비스 이용자 상호 간의 진정성 있는 만남에 기초해야 한다. 그러므로 사례관리 실천의 전 과정에서 다시 주목해서 회복시켜야 할 원칙은 무엇보다도 개입활동의 빠른 속도가 아닌 서비스 이용자와의 충분한 대화와 소통을 통한 올바른 사례관리 실천의 방향을 설정하는 것이다. 아울러 넓고 얇게 펴져 있는 '서비스 이용자와 관련된 여러 가지 정보'를 '깊고 충실하게 탐색'하여 겉만이 아닌 '내면의 아픔과 고뇌, 그리고 실재하는 서비스 이용자의 생활경험'을 끌어내어 펼쳐서 새롭게 재구성하여 줌으로써 서비스 이용자가 스스로 다시금 희망찬 미래를 향해 지금 요구되는 변화를 결단하게끔 하는 것이다.

이번 개정판은 바로 이와 같은 우리 두 사람의 자기 성찰과 치열한 고민을 해결하기 위해 몸부림친 결과다. 정희재 시인이 쓴 '어쩌면 내가 가장 듣고 싶었던 말'이라는 시가 있다. 이 시의 일부 중에 정말 와 닿는 구절이 있다. "당신, 참 애썼다. 사느라, 살아내느라, 여기까지 오느라 애썼다." 개정판을 쓰는 내내 의도하고 주목했던 것이 있었다. 우리의 책을 통해 양성된 사회복지사와 사례관리자가 혹은 우리 책을 읽고 다시 새롭게 실천하는 전문가들의 사례관리가 처음 시작부터 마지막 종결에 이르기까지 서비스 이용자들에게 참 애썼다고, 여기까지 살아오느라고 참 애썼다고 격려할 수 있는 실천개입의 과정과 내용이 오롯이 담겨지도록 말이다. 그러다보니 초판과는 상당히 다른 내용으로 구성되었다. 가장 많이 보완된 부분은 실제적인 사례관리 실천 사례들이 대폭 추가되었다는 것과 '내가 사례관리자라면 어떻게 할 것인가?'라는 관점에 의해 책의 내용이 꼼꼼하게 수정되었다는 것이다.

초판도 그랬지만 이번 개정판에도 최희철 교수의 수고가 컸다. 최 교수가 최근의 각종 자료들을 세밀하게 챙겨서 정리하는 역할을 맡아 주었다. 그 덕분에 나는 주어진 자료들을 갖고, 편집하는 편리함(?)을 누릴 수 있었다.

한편, 개정되어 나오는 이 책도 마지막 원고 파일을 출판사에 막상 보내려고 하니 여전히 부족한 점이 많아 주저된다. 그래도 어쩔 수 없이 보내야 할 것 같다. 출판사의 손실을 감수하고서 좋은 책이 나와야 한다는 사명감으로 흔쾌히 개정판을 출간해 주시는 도서출판 신정 최용구 사장님과 장만동 전무님 그리고 편집부 직원들께 큰 감사를 드린다. 특별히 장만동 전무님의 인내로 가득 찬 기다림과 적절한 때마다 실행한 원고 독촉(?), 즉각 뒤이은 따뜻한 격려가 있었기에 이 책이 지금 이렇게 나올 수 있었다고 본다. 감사드린다. 또한 강남대학교 일반대학원 사회복지학과 석사과정 강이슬 조교와 박사수료생인 베데스다사회복지연구원 박종미 원장이 이번 개정판 작업에도 이런저런 허드렛일들로 우리 두 사람을 힘껏 도와준 점에 감사한다.

끝으로 우리 두 사람이 연구자로서, 교육자로서, 실천가로서 살아가는 데에 큰 힘이 되어주는 가족을 주신 하나님께 영광과 찬송과 감사를 올린다.

2019년 11월 11일

강남대학교에서

저자 이준우 · 최희철

머리말

PREFACE

이 책의 저자인 우리 두 사람(이준우 · 최희철) 모두 교수가 되기 전에 오랜 시간 사회복지 실천 현장에서 일했었다. 사회복지서비스 대상자들 가운데서 힘들지 않은 경우가 흔치 않겠지만 중증의 장애와 만성 정신질환을 짊어지고 가난한 삶을 살아가야 하는 서비스 이용자[1]들을 주된 대상으로 일해 왔던 터라 유난히도 고달프고 때론 암담한 사례를 수없이 접하였었다. 20대 중반부터 30대 중후반까지의 젊은 날, 고통과 절망 속에 신음하는 여러 서비스 이용자들을 만나서 함께 울고, 웃고 하면서 사회복지 실천을 수행했다.

그 많은 날들을 보내면서 우리 두 사람이 깨달은 바는 이루 말할 수 없다. 그 무엇보다도 인생은 고통과 슬픔의 파도가 몰아치는 먼 항해 길과 같다는 사실을 깨달았다. 눈물이 앞을 가릴 때가 많고, 태어날 때부터 울음으로 인생을 시작하여 죽을 때는 두 눈에 눈물이 고인 채 숨을 거두는 것이 인생이라는 사실도 현장에서 깊이 알게 되었다. 한평생 가난한 이들과 함께하리라고, 또한 그들의 아픔을 제도적으로 임상적으로 해결하는 데에도 초심을 잃지 않고 한결같이 온갖 노력을 다 쏟아부을 수 있는 전문가가 되겠노라고 다짐했었다.

1990년대 초중반 열정 하나만 갖고 동분서주하던 신참 사회복지사로서 험난한 인생을 사는 서비스 대상자들을 도우려고 다가서다 보면 이런 저런 문제해결의 장벽들을

---

1) 이 책에서는 전통적으로 통용되어 온 '클라이언트'라는 용어 대신에 '서비스 이용자'라고 표기하였다. '클라이언트'라는 용어는 병자 혹은 환자라는 느낌을 가져다주기 때문이다.

자연스럽게 만나는 경우가 빈번하였다. 이때까지만 해도 우리나라의 사회복지 현장에는 자원이 턱없이 부족하였고, 사회복지에 대한 사회적 인식도 미흡하였을 뿐만 아니라 아예 지원하고 제공할 서비스 자체를 준비하려고 하지 않았을 때가 많았다. 특히 위기상황에 처한 지역사회 내의 사회적 취약계층에게 당장의 먹을 것과 잠잘 곳 혹은 지금 시급히 필요한 그 무언가를 제공해 준다는 것은 대단히 어려운 일이었다.

조금만 힘을 보태주면 얼마든지 다시 일어설 수 있을 사람들이 낙심과 절망 속에서 주저앉는 모습을 보면서 사회복지실천가로서의 한계를 뼈저리게 느낄 수밖에 없었고 그로 인한 자괴감은 매우 컸었다. 언제쯤이면 우리나라에서도 사회복지 실천이 힘 있게 이루어져 갈 수 있을지를 비관적으로 전망해 보곤 하였다. 바로 그때, 밑줄 치면서 탐독했던 책이 데이비드 피 목슬리(David P. Moxley)가 쓰고 당시 강남대학교에 재직하셨던 김만두 교수님이 번역한 《사례관리 실천론》이었다. 1993년에 '홍익제'라는 출판사에서 출간된 그 책을 1995년에 처음 손에 쥐게 되었는데 얼마나 열심히 읽고 또 읽었는지 책 표지가 너덜거릴 정도였다. 책의 본문은 빨간색, 파란색 볼펜으로 가득했었고, 노란색 계열의 형광펜과 초록색 색연필도 뚜렷이 그 존재감을 드러내었던 것 같다.

더욱이 1997년 가을 무렵 IMF 경제 위기가 '해일'처럼 몰려오면서 갑작스럽게 경제적 위기상황에 직면해서 가족이 해체되고, 가정이 무너지는 엄청난 시련을 겪게 되는 중산층의 몰락을 지켜보았다. 더더욱 사례관리의 필요성을 절감할 수 있었다. '사례관리'가 적용될 수 있다면 그나마 있는 자원들이라도 효과적이며 효율적으로 연계해서 동원할 수 있지 않을까? 그리고 그 자원들을 필요로 하는 대상자들에게 시의적절하게 제공할 수 있다면 큰 도움이 되지 않을까? 이렇게 되면 지역에 거주하는 수많은 서비스 이용자들이 보다 더 행복한 삶을 살아갈 수 있지 않을까? 하지만 현실은 무정하게 그냥 그렇게 흘러갔다. 우리나라에서 '사례관리'가 사회복지 현장에서 폭넓게 적용되기란 쉽지 않아 보였다.

그런데 2008년에 위기가정 해소를 위해 경기도에서 처음 도입한 '무한돌봄사업'이 2

년 뒤 '무한돌봄센터'라는 조직을 통해 획기적으로 시행되었다. 바로 이 '무한돌봄사업' 이야말로 우리나라 사회복지 실천 현장에 '사례관리'를 널리 확산시키는 데에 절대적인 역할을 하였다. 실로 기적이었다. 꿈같은 일이라고 생각했던 일이 현실이 되었다. 2012년에는 보건복지부가 전국 시 · 군 · 구에 '희망복지지원단'을 출범시킴으로써 공공과 민간 영역 모두에서 '사례관리'는 선택이 아닌 필수적인 사회복지서비스 개입방법으로 자리매김되었다. 동시에 정부와 지자체에서는 사회복지통합관리망 구축과 사회복지담당 공무원 충원 등 전달체계 개편을 통해 복지자원이 누락 · 중복되는 일 없이 필요한 사람에게 골고루 배분되고 보건 · 복지 · 고용 등의 서비스를 통합적으로 제공할 수 있는 지역복지 기반을 마련해 나갔다. 나아가 각종 사회복지시설 평가와 지자체 차원에서 이루어지는 지도감독 및 성과평가 등에서 사례관리는 필수적이면서도 비중이 큰 평가항목으로 제시되었다. 이에 따라 공공과 민간 그리고 대부분의 사회복지기관들과 시설들이 '사례관리'를 보편적으로 사용하게 되었다. 놀라운 일이 아닐 수 없다.

이렇게 우리나라에서 '사례관리'가 빠른 시간 내에 안정적으로 정착하고 지속적으로 확산될 수 있었던 것은 사례관리를 현장에서 실천하고 있는 헌신적이며 유능한 사례관리 실무자들이 있었기 때문이다. 우리나라에서 사례관리를 담당하는 사회복지사들은 사회복지 실천 현장의 가장 열악한 곳까지 다가가서 돌아보는 최전방의 실천가들이다. 다양한 위기개입 상황과 만나고 어려움을 겪고 있는 서비스 이용자에게 희망을 주고 삶의 힘이 되어 주는 전문가들이다. 실제로 사례관리를 수행하는 사회복지사는 다양한 인생들을 접하고 경험한다. 기나긴 인생의 기간 중 가장 힘들고 어려운 때를 거쳐 가고 있는 사람들의 삶을 듣고, 지켜보며 함께한다. 특히 위기상황에 빠진 서비스 이용자는 까칠해지고, 예민해지기 쉽다. 좌절과 낙심이 심해지면 정신적으로 피폐해지고 불안이나 우울, 심하면 정신질환이나 폭력적 성향이 심각해지기도 한다. 냉혹한 삶의 바닥을 향해 내동댕이쳐진 사람들은 그 어떤 서비스에도 호의적이지 못할 수 있다.

그럼에도 많은 사례관리 담당자들은 그들을 돕기 위해 온갖 수모와 어려움을 감내하면서도 최선을 다한다. 사실 사례관리자[2)]는 치료사가 아니다. 그리고 서비스 이용자의 모든 문제를 다 해결하는 해결사도 아니다. 사례관리자는 서비스 이용자가 자신의 문제를 잘 극복해 나갈 수 있도록 가장 적절한 도움을 제공하는 사람이다.

그런데 이 '사례관리'라는 일이 만만치 않다. 솔직히 어느 누구도 막상 해보려고 하면 결코 쉽지 않은 일이 사례관리인 것이다. 아무나 할 수 있는 일이 아니다. 사례관리는 서비스 이용자와 원활한 의사소통을 하면서 서비스 이용자에게 꼭 필요한 서비스를 연결하거나 물적 · 인적 자원을 동원하여 구체적인 서비스를 실제로 제공하는 활동이다. 한마디로 사례관리는 서비스 이용자가 행복하게 잘 살 수 있도록 지원하는 좋은 사회복지 실천방법이다. 그렇지만 앞서도 언급한 것처럼 사례관리는 만만한 활동이 아니다.

그렇다 보니 사례관리자들이 사례관리를 주어진 '매뉴얼'대로만 기계적으로 수행하려는 모습도 생겨나고 있다. 일각에서는 과거 서비스 대상자의 '자산'을 조사한 후, 규정된 대로 현금이나 현물을 단순 제공하는 활동을 좀 더 문서화하고 세련되게 포장한 것으로 이해하고 행정 업무처럼 수행하려는 움직임도 있다. 그래서 서비스 이용자의 문제해결 능력과 강점을 찾아내려는 노력, 나아가 조금은 시간이 소요되겠지만 서비스 이용자 스스로 문제를 해결하고자 하는 의지를 갖게끔 돕고, 동시에 생각하는 바를 행동으로 옮길 수 있도록 하는 개입활동에까지 이르는 사례관리 실천은 미흡해 보인다.

2) 최근에 '민간사례관리자'를 '민간사례관리사'로, '사회복지통합서비스 전문요원'을 '통합사례관리사'로 명명하면서 '사례관리자'라는 용어를 '사례관리사'로 하자는 인식이 확산되고 있다. 하지만 사회복지 기관이나 시설에서 사회복지사들이 사례관리를 빈번하게 활용하고 있고, 오래전부터 '사례관리자'라는 용어를 즐겨 사용해 온 많은 사회복지사들에게 있어서는 기존의 '사례관리자'라는 용어가 더 익숙한 것으로 보인다. 또한 '사례관리사'라고 하면 '사회복지사'와는 또 다른 전문가라는 오해가 생길 가능성도 있다. 사실 '사례관리'는 사회복지사가 수행하는 실천개입 방법이므로 사회복지사가 사례관리를 주로 할 때, '사례관리자'라고 하는 것이다. 그래서 이 책에서는 경기도의 무한돌봄센터에서 주로 사용하는 '사례관리사'라는 용어를 우선은 보류하고 '사례관리자'라는 명칭을 사용하였다.

다소 극단적인 주장일지는 모르나 사례관리자는 자신과 같은 사례관리자가 서비스 이용자에게 필요 없게끔 하는 것이 사례관리 실천의 궁극적인 목적으로 삼을 수 있어야 한다. 그렇게 되면 사례관리자는 사례관리를 구실로 개입하여 서비스 이용자와 이웃 사이에 관계를 맺어 주고, 그 관계 속에서 서로 나눠 주며 융통하고 함께하고 돕는 것이 자연스럽게 소통되도록 노력한다. 그래서 첨예한 경쟁으로 점철된 자본주의 사회 속에서 꺼져 가는 공동체성을 돋우고, 인정과 나눔을 회복하도록 개인 성장과 사회적 지지 및 개발을 연결하기 위한 사회연대, 상호 호혜성의 원칙에 입각한 파트너십을 적용할 필요가 있다. 개인은 타인과의 상호작용을 통해 하나의 인격체가 되며 자신의 인간성과 주체는 이러한 상호작용을 통해 다시 확인된다. 지역사회에서 드러나는 여러 반응과 의견은 서로 조정되고 이러한 상호작용을 통해 복지 욕구는 충족될 수 있는 것이다. 바로 사례관리자는 이와 같은 욕구를 충족시켜 줄 수 있어야 한다.

실제로 사례관리가 성공적으로 수행되기 위해서는 상생과 나눔, 그리고 조화를 구현하며 뜨거운 열정과 사랑에 기초한 전문가적인 역량이 필요하다. 소유의 방식에서 공존의 방식으로의 전환을 이뤄낼 수 있는 네트워크 관계를 구축할 수 있는 능력과 서비스 이용자를 이해하고 공감할 수 있는 의사소통 기술, 다양한 지역사회조직을 이해하고 효과적으로 활용할 수 있는 능력 등이 있어야 하는 것이다. 삐딱한(?) 서비스 이용자까지도 품고 가면서 떠벌리지 않고 오로지 상처 난 가슴 속에 새로운 희망과 애정이 싹트게 함으로써 서비스 이용자 스스로 자연스럽게 문제해결을 향한 의지를 다지도록 도와야 하는 전문가가 바로 사례관리자들이다.

그런 면에서 사례관리자는 서비스 이용자들을 도와 그들로 하여금 스스로 분명한 삶의 비전을 발견하게 하고, 그 비전이 있는 방향으로 움직이게 지원할 수 있어야 한다. 비전을 가질 수 없는 열악한 환경 속에 있는 서비스 이용자라 할지라도 사례관리자는 비전을 자극하고 그로 인해 비전을 발견하게끔 해야 한다. 지금까지의 여러 사회복지 실천방법과 기술들은 서비스 이용자의 문제를 발견하고, 그 문제를 해결하는 서비스를 제공하는 데에만 국한되는 경우가 많았다면 진정한 사례관리는 서비스 이용자가 희망을 갖고 비전을 찾아서 자기 스스로 문제를 해결해 나갈 수 있도록 지원하는 실천개입이라 할 수 있다. 훌륭한 사례관리자는 서비스 이용자가 비전을 찾는 과정을 거칠 때, 그들을 격려하고 긍정적인 에너지를 공급해 주는 가운데에 지속적으로 비전을 찾고 그 비전을 실현하기 위해 노력할 수 있도록 도울 수 있어야 한다. 그렇게 될 때, 서비스 이용자는 진정한 행복을 누릴 수 있게 되는 것이다.

행복이란 평온한 삶을 누릴 때 가능하다. 행복은 희망과 소망을 꿈꿀 때 생겨난다. 희망이 넘치는 사회가 행복한 사회인 것이다. 사례관리 실천은 지역사회에서 방치되고 드러나지 않았던, 서비스 이용자 자신도 인식하지 못했던, 도움이 필요한 많은 사람들에게 희망의 손을 내미는 유용한 활동이다.

또한 사례관리자는 서비스 이용자를 위해 필요한 자원을 발굴하여 연결하고, 나아가 지역사회를 자원화하며 조직화하는 데에 있어서 최고의 전문가라고 할 수 있다. 그래서 사례관리자는 인간관계가 좋아야 하고, 많은 사람들을 자주 만나야 한다. 감사하게도 연륜이 쌓이면 자연스럽게 지역사회와 연결되는 일들이 점차 수월해진다. 길을 지나다 보면 알아보고 인사하는 지역주민들을 쉽게 접하게 된다. 기관에서 만나는 서비스 이용자들과 그들의 가족들, 친구들과도 소중한 만남을 자연스럽게 갖게 된다.

그런데 문제는 이렇게 자원발굴과 연계, 자원화, 조직화 등과 같은 활동들이 보다 창조적이지 못하고, 타성에 젖어들기가 쉽다는 것이다. 그로 인해 어느 순간 이미 구축되거나 준비된 자원에다가 서비스 이용자의 욕구를 맞추는 경향까지 생겨나게 된다. 가령 사례관리자가 서비스 이용자를 만날 때, 그 개인을 탐색하기 전에 이미 확보하고 있는 자원을 갖고 가능한 한 서비스 이용자의 욕구에 대충 맞추어서 수월하게 가장 빠른 방법으로 연결하려고 한다. 그래서 쉽게 속단하고 평가하고 판단한다. 그러다 보니 진짜 서비스 이용자가 무엇을 원하고 어떤 변화를 추구하는지에 대해서는 깊게 생각하지 않는 경우가 흔하다. 즉, 서비스 이용자에 대한 깊은 애정과 관심을 기울인 채, 한 인간을 향한 집중과 진정한 이해를 하고자 하는 노력은 사라지고 만 것이다.

실제로 많은 사례관리자들이 마치 대형 마트에서 손님이 사는 물건을 계산하고, 손님의 궁금증을 해결하는 직원과 흡사해져 가고 있다. 과도한 일상적 업무와 정신없이 지나가는 귀중한 시간들을 온전히 업무에 사용하기보다는 그저 지역사회를 이리저리 뛰어다니고 극히 사소한 것에 얼굴을 붉히며 목숨을 거는 일이 생긴다. 그러다 보면 어느새 퇴근시간이 되고, 어떤 직원들은 '내일 해야지!' 하는 심정으로 미지근하게 업무를 마친다. 이런 생활이 반복되다 보면 결국 남는 것은 공허함이다. 사례관리자로서 최선을 다해 일해 왔어도 결국 남는 것은 전문성이 아닌, 허무함뿐일 가능성이 높다.

그러면 이제 어떻게 해야 할까?

본질로 돌아와야 한다. 보다 민감하게 서비스 이용자의 욕구와 변화를 향한 절절한 마음을 읽어낼 수 있어야 한다. 이용 가능한 지역사회의 자원을 냉철하게 파악할 수 있는 안목이 요구된다. 그래서 아무리 바빠도 창조적 사고를 하는 훈련을 스스로 해 나가야 한다. 바로 이를 위해서 이 책은 기획되고 집필되었다. 어떻게 하면 사례관리자들이 소진되지 않고 열정적으로 사례관리 실천을 할 수 있을까? 끊임없이 저자들이 질문했던 말이다. 이 책은 한국에서 사례관리란 도대체 무엇인가에 대한 본질적인 물음에 대한 해답을 찾아가려는 시도의 결과물이다.

그래서 이 책의 가장 일차적인 독자는 일선에서 최선을 다하고 있는 현장 사례관리자들이다. 이 책을 통해 그들의 역량이 조금이라도 향상될 수 있다면 저자인 우리 두 사람은 더할 나위 없이 행복할 것이다. 다음으로는 향후에 사례관리 업무를 수행해야 할 예비 사회복지사들에게 사례관리에 대한 이해를 제공해 주려는 데에 있다.

책을 쓰다가 보니 최근 몇 년 새에 사례관리에 관한 책들이 제법 많이 나와 있음을 알게 되었다. 사례관리 실천과 기법에 관련된 책들과 사례집도 여러 권 눈에 보였다. 이들 자료들을 꼼꼼하게 읽어 보면서 저자들에게도 큰 배움이 되었다. 괜히 또 욕심을 부려 기존의 책들과 자료들보다 못한 책을 내는 것은 아닌가 하는 두려움도 생겼다. 그러나 책을 완성하면서 최종적으로 확신할 수 있었던 것은 적어도 이 책은 다음과 같은 두 가지 특성을 갖고 있다는 점이다.

첫째, 이 책의 내용은 매우 실용적이라는 것이다. 실제로 사례관리를 실천해 본 경험을 갖고 있으면서 오랫동안 사례관리에 대해 고민한 결과물이기에 현장에서 곧바로 충분히 활용할 수 있을 것이라는 점이다.

둘째, 이 책에서 말하는 사례관리는 서비스 이용자에 대한 존중과 그들의 강점을 찾고자 하는 철학과 가치에 기반하고 있다는 것이다. 이 책을 통해 습득되는 사례관리를 실천하게 되면 자연스럽게 강점관점에 기초한 사례관리 실천이 실현될 것이다.

끝으로 이 책이 나오기까지 꼼꼼하게 교정해 주며 집필을 위한 자료수집과 출판사와의 업무조정 등을 헌신적으로 해준 강남대학교 사회복지전문대학원 박사과정에 재학 중인 제자 박종미 선생에게 고마운 마음을 전한다. 그리고 이 책의 출간을 흔쾌히 허락해 주시고 멋지게 책을 만들어 주신 도서출판 신정 최용구 사장님과 장만동 전무님, 그리고 편집부 직원들께도 큰 감사를 드린다.

이 모든 것을 진행하신 하나님께 영광과 찬송과 감사를 올린다.

2014년 8월 1일

하나님의 대학 강남대학교 연구실에서

저자 이준우 · 최희철

차례

CONTENTS

CHAPTER 3 사례관리의 이론적 기반

CHAPTER 4 접수

C O N T E N T S

CHAPTER 9

사례관리 실천에서의 사정도구 활용: PIE 체계를 중심으로

CHAPTER 10

사회복지 현장에서의 사례관리 실천 사례

CONTENTS

CONTENTS

CHAPTER 01

사례관리 개관

1. 사례관리의 등장 배경과 도입의 필요성
2. 사례관리의 의미와 성격
3. 사례관리의 목적과 개입원칙

Case Management

01 CHAPTER

사례관리 개관

1. 사례관리의 등장 배경과 도입의 필요성

1) 사례관리의 등장 배경

현재 우리나라의 사회복지 전달체계에서 일상회된 접근이 '사례관리' 실천이라 할 수 있다. 2008년 위기가정 해소를 위한 무한돌봄사업이 경기도에서 전격적으로 시작된 이후, 희망복지지원단사업으로 전국화되었을 뿐만 아니라 2019년 4월 '지역사회 통합돌봄', 일명 '커뮤니티케어' 선도사업 수행 8개 지자체가 선정되어 지역사회 중심의 커뮤니티케어가 시범운영되면서 특화된 '사례관리' 실천이 구체적으로 시행되고 있다. 아울러 찾아가는 보건복지서비스 및 주민자치형 공공서비스에서도 사례관리는 이를 뒷받침하는 핵심적인 업무로 자리매김하고 있다. 또한 기존의 종합사회복지관, 장애인복지관, 노인복지관 등과 같은 이용시설 형태의 사회복지기관들과 서비스 이용자들이 거주하는 사회복지시설 등에서도 사례관리는 필수적인 개입실천이 되었다. 나아가 자활센터나 사회적 기업 등과 같은 복지와 경영이 융합된 사회복지 영역에서도 사례관리는 널리 활용되고 있다.

더욱이 보건복지부가 주관하는 사회복지시설 평가나 지방자치단체에서 수행하는 지도점검 등에서도 사례관리와 관련한 사업은 매우 중요한 성과측정의 하나로 정착되고 있다. 이에 따라 향후에도 사례관리는 그 중요성이 더욱 커질 것으로 전망된다.

하지만 안타깝게도 이렇게 확산되고 있는 사례관리 실천을 막상 담당하는 실천가들은 사례관리에 대해 명확한 개념 이해를 하지 못하고 단지 주어진 '매뉴얼'대로 활동하는 경우가 많아 보인다. 실제로 사례관리를 가르치고 보급하는 사회복지 전공 교수들과 현장에서 오랜 경험을 갖고 있는 슈퍼바이저급의 베테랑 사회복지사들도 사례관리에 대한 인식과 실천방법들이 제각각인 실정이다.

그렇다면 사례관리가 도대체 무엇이며 현재 우리나라에서 진행되고 있는 사례관리 실천이 어떻게 활용되어야만 보다 더 효과적이며 효율적일 수 있을까에 대한 실질적인 대답을 해야 할 때가 되었다고 본다. 이를 위해서 가장 먼저 해야 할 작업은 역시 사례관리가 어떤 배경과 취지에서 등장하였는지를 살펴보는 일일 것이다. 사례관리가 도입된 배경과 필요성을 파악하는 것은 사례관리가 무엇인지에 대한 분명한 인식을 갖게끔 하는 데에 꼭 필요한 일이 된다. 그럼 사례관리의 등장 배경과 도입의 필요성이 무엇이었는지를 정리해 보자.

제2차 세계대전 이후 1950년대부터 서구의 선진 자본주의 국가들은 괄목할 만한 경제성장으로 복지국가(요람에서 무덤까지)로서의 면모를 갖추어 갔다. 점차 풍요로운 사회가 형성되어 가면서 국가의 사회복지 비용 또한 꾸준히 증가시켜 왔다. 그러나 1973년을 전후한 오일쇼크 이후 경제불황하에 인플레이션이 나타나는 이른바 스태그플레이션[1] 현상으로 서구 자본주의 국가의 경제가 침체되면서 완전고용의 시대는 끝나고 대규모 실업이 발생하여 선진 복지국가들이 위기에 직면하게 되었다(Mishra, 1984: 20).

---

1) 불황(stagnation)과 인플레이션(inflation)의 합성어로서 불황과 물가상승이 동시에 진행되는 상황을 뜻한다. 자본주의 경제에서는 호황기에는 물가가 상승하고, 불황기에는 물가가 하락하는 것이 보통이나 1970년대의 오일쇼크 이후 불황과 인플레이션이 동시에 발생했다. 높은 실업률과 불황, 인플레이션이 공존하는 상황을 스태그플레이션이라 한다.

이러한 위기에서 신자유주의 사상[2]이 대두하게 되었고, 영국은 사회복지 예산을 삭감하고, 사회복지서비스의 효율성 진작을 통해 가정생활을 지원하는 복지정책을 추구하는 등 복지국가의 후퇴 현상이 나타나기 시작했고, 미국에서도 1980년대 이후 복지 예산의 삭감 및 사회복지에서의 보수적인 경향이 두드러지게 되었다.

자연히 신자유주의적 흐름에서는 자유시장경제의 복권과 강한 국가의 구축이 도모되는 정치적 성향이 힘을 얻을 수밖에 없었다. 시장의 자유로운 흐름을 위해 시장에 대한 최소한의 규제, 작은 정부를 통한 강한 국가를 만들어 나가는 기조가 형성되었다. 사회복지에 있어서는 민영화와 민간 부문의 역할이 강조되었다. 또한 사회복지서비스의 효율화와 지역사회보호에 있어서 개인과 가족, 공동체의 책임의식 등에 대한 관심이 급증하였다. 나아가 극빈층에 대한 사회안전망에 한정한 국가지원을 포함해 전반적으로 사회복지에 대해서 보수적 경향을 띠게 되었다. 이는 궁극적으로 사회적 비용을 어떻게든 효율적으로 사용해서 감소된 복지비용의 효과를 극대화하자는 것으로 결국 사례관리의 등장은 이 당시의 신자유주의적 흐름과 관련이 있다.

목슬리(Moxley, 1989)가 사례관리의 등장 배경으로 제시한 여섯 가지 요인은 이상에서 말한 신자유적인 경향을 반영한 매우 타당한 주장이라고 판단된다. 동시에 목슬리의 견해는 우리나라에서 사례관리가 도입된 배경을 설명하는 데에도 크게 유용하다.

(1) 탈시설화의 영향

탈시설화란 사례관리의 필요성이 강조된 가장 중요한 배경으로서 서비스 이용

2) 신자유주의자들은 스태그플레이션의 극복을 위해서는 케인즈주의 경제사회정책－인플레이션은 경제를 활성화시키고, 경제활성화는 실업률을 낮춘다－을 포기하고 화폐공급을 억제하여 경제의 자율성을 회복시키는 방법밖에 없다고 보았다(원석조, 2001: 157).

자가 가족과 지역사회와 분리되어 대규모의 수용시설이나 병원의 입원시설을 이용하던 시설보호의 방식에서 벗어나 다시 가족과 지역사회로 돌아오는 것을 의미한다(김만두 외, 1993).

실례로 인도주의 운동의 영향을 받아 제정된 정신보건정책 입안의 영향에 의해 미국에서는 1950년대 중반 이후 정신장애인들을 병원이나 시설에서 보호하지 않고 지역사회 내에서 치료하고 관리하는 탈시설화 정책을 시행하여 지역사회의 보호와 관리가 시작되었다. 정신장애인으로부터 시작된 탈시설화는 대부분의 장애 영역으로 확산되었으며 특히 지적장애인들의 경우 탈시설화의 주요 대상이 되었다.

그러나 자기 스스로의 관리가 거의 불가능한 중증의 만성 정신장애인들과 중증 장애인들은 복잡하게 얽혀 있는 여러 종류의 서비스에 접근하는 것이 불가능하였다. 실제로 탈시설화에 따른 다양한 당사자들의 욕구에 대하여 각기 다른 여러 기관에서 원조가 이루어지기에 서비스가 단편화되고 분산되며, 당사자들의 욕구에 대응하는 다양한 사회자원의 이용체계가 확립되어 있지 않아 그나마 시설에서 제공받던 최소한의 서비스마저도 받기 어려운 사례가 빈번해졌다. 탈시설화의 대상이 정작 지역사회에 통합할 수 있는 여건의 확보나 충분한 지원이 되지 못한 가운데에 처해지는 부작용이 크게 나타났던 것이다(이준우, 2012).

또한 장기간의 시설보호로 인한 무기력과 동기 부족, 가족의 보호 부담으로 인한 보호 기피와 그로 인하여 지역사회 보호기관의 부담이 증가되는 등의 단점이 나타났다. 탈시설화는 반드시 필요하고 성공적으로 실현되어야 하는 가치임에는 틀림없었으나 탈시설화에 따른 지역사회 중심의 질 높은 사회복지서비스가 제공되기 위한 정책적이며 제도적인 대책은 크게 부족하였다.

그러다 보니 탈시설화의 대상인 정신장애인들과 중증 장애인들의 저항이 나타나기도 하였다. 즉 탈시설화에 대한 준비 부족과 제도적 장치의 미비는 장애인계의 저항과 함께 결과적으로 당사자만이 아니라 탈시설화에 대한 지역사회 전반의 부정적인 시각을 자초하기도 하였다(이준우, 2012). 이에 따라 탈시설화된 이들을 지역사회 내에서 지속적으로 보호·관리할 수 있는 전문적인 실천 모델인 '사례관리'가 크게 대두되었다.

특히 1990년대에 들어와서 우리나라 사회복지의 방향이 지역사회복지 중심으로 재편되고 재가복지서비스가 강화되면서 자연스럽게 탈시설화가 우리나라에서도 본격화되었다. 시설에 거주하던 중증 장애인들과 정신장애인들이 지역사회로 나오기 시작하였다. 서울장애인종합복지관, 서부장애인종합복지관 등과 같은 지역사회에 기반을 둔 장애인복지관들에서 사례관리가 시도되었으며 2000년대에는 거주시설인 교남소망의집을 비롯한 여러 사회복지시설에서도 활발하게 사례관리가 사용되기 시작하였다(이준우, 2012). 그리고 최근 커뮤니티케어가 시도되면서 탈시설화가 가속회됨으로 '지역사회 기반 거주지원서비스(residential services)'와 '지역사회지원서비스(non-residential support services)'가 확대됨에 따라 사례관리는 과거 그 어느 때보다도 크게 부각되었다. 특히 서비스 이용자를 시설에서 지역사회로 이동하는 과정에서 필요한 응급서비스와 지지서비스를 확인하고, 그 서비스를 동원함으로써 예방기능을 수행하는 데에 사례관리는 크게 유용하였다(이준우, 2009).

(2) 서비스 전달의 지방분권화

지방분권화는 사례관리의 필요성을 더욱 더 가속화시켰다. 미국의 경우 개정한 1975년 사회보장법 제20조에서 연방정부와 주정부, 지방자치단체 간의 책임분담을 새롭게 설정하였다. 1980년대에 와서는 신보수주의를 표방하는 레이건 행정부가 등장하면서 휴먼서비스의 전달체계에 획기적인 변화가 나타나게 되었다. 즉 휴먼서비스의 전달체계가 중앙정부에서 지방정부로 이전되는 변화가 이루어지기 시작하였다. 이러한 현상은 미국 외의 다른 복지선진국에서도 일반적으로 나타났다.

그러나 지방을 중심으로 전개된 서비스들은 여러 기관과 서비스 사이의 조정을 할 수 있는 장치를 거의 갖지 못한 채 이루어졌기 때문에 서비스 이용자나 가족의 입장에서는 분산되고 단편화된 지역사회 수준의 서비스를 이용하기가 어렵게 되어, 엄청난 부담으로 작용하게 되었다. 그리하여 각 기관들의 서비스를 조직화하고, 함께 노력하여 지방분권화에 따른 부정적인 영향을 보완하고 각 서비스들을 통합적으로 충족시킬 수 있는 서비스 전달체계인 사례관리의 필요성이 요구되었다.

우리나라의 경우도 미국과 유사하다. 1995년부터 실시된 지방자치제도는 지방분권의 강화로 이어졌다. 이에 따라 사회복지 역시 중앙정부로부터 그 권한이 상당부분 지방정부로 이양되었다. 그 결과 시 · 군 · 구를 중심으로 지역단위의 복지체계가 정착되고 있다. 그런데 사회복지서비스의 지방분권화는 지역특성이 반영되는 지역 중심의 사회복지에 대한 정책 개발과 자율성을 확대시켰다는 긍정적 평가와 함께 사회복지에 대한 중앙정부의 역할을 과도하게 지방정부 또는 민간 부문으로 전가시켰다는 부정적 평가를 동시에 제기하는 요인이 되었다(이준우, 2009).

안타깝게도 우리나라에서 사회복지서비스 전달의 지방분권은 부익부 빈익빈 현상이 각 지자체 간에 극명하게 드러나게 하였고, 특히나 열악한 지역의 사회복지서비스와 서울을 비롯한 수도권의 격차를 벌어지게 하는 결과를 초래하기도 한다. 이러한 상황 속에서 복합적인 욕구를 가진 서비스 대상자에게 공공과 민간의 급여서비스, 자원 등을 통합적으로 지원하는 사례관리는 중요한 서비스 전달의 대응 방안으로 급부상하게 되었다.

(3) 복합적인 욕구를 가진 대상의 증가

급속한 사회환경의 변화에 따라 지적장애, 정신질환, 신체장애, 노령인구, 심각한 의료적인 문제나 심리적 어려움, 사회경제적인 문제 등으로 도움을 필요로 하는 대상이 급증하게 되었다. 이렇게 취약한 대상층의 증가는 안전, 건강, 일상생활 유지, 가족관계, 사회적 관계, 경제, 교육, 직업, 생활환경 등의 욕구 영역 중에서 최소한 2~3개 이상의 서비스를 필요로 하는 복합적인 욕구를 가진 대상층이 많아지고 있음을 의미한다. 이들 사회적 취약계층은 단편적인 경제적 지원이나 의료서비스로는 해결하기 어려운 다양한 욕구를 가지고 있다(이준우, 2009).

이와 같이 복합적인 욕구를 가진 대상자들은 자신들의 욕구를 충족시켜 줄 수 있는 전달체계가 확립되지 못하면 지역사회 생활에서의 다양한 욕구를 충족시키는 것이 곤란해질 것이다. 실제로 이들 사회적 취약계층에 대한 사회복지서비스는 서비스 대상자의 욕구에 적절하게 대처하지 못했었다. 따라서 이들이 지역사회에서 살아가는 것을 가능하게 하기 위한 수단으로서 필요한 서비스들을 조직화하고 통합하여 상호연계되는 서비스 전달체계인 사례관리가 필요하게 되었다.

(4) 기존 서비스의 분산성

미국의 경우 1960년대와 1970년대는 사회복지서비스가 급속히 증대되었던 시기였다. 이러한 확장의 결과로서 서비스의 전반적인 이용 가능성은 증대되었지만 서비스 전달체계는 오히려 훨씬 더 복잡하고 단편화되었으며, 서로 조정되지 않아 중복되기도 했다. 그 당시에는 미국만이 아니라 서구 선진국 대부분의 나라에서 사회복지서비스는 범주별로 분류되고 서비스 공급주체가 다원화되어 있었다. 즉, 서비스 공급주체는 지방정부, 민간조직 등으로 나누어지고, 서비스는 연령 집단별, 기능 집단별, 혹은 문제 영역별로 나누어져 있었던 것이다.

이러한 각 체계 및 자원 간에 통합이 이루어지지 못했을 때, 서비스의 단편화가 발생하게 되고, 서비스의 공급주체가 연계되고 조직화되어 있지 않아, 서비스 이용자의 욕구가 충족되기 어렵고 문제해결은 형식화되거나 방치되기 쉬워진다. 따라서 서비스 공급자들이 서비스의 편파성과 범주적인 분류에서 벗어나 상호작용할 수 있는 서비스 전달체계인 사례관리가 필요하게 되었다.

실제로 여러 영역에 걸쳐 있는 다양한 서비스를 조정한다는 것은 쉬운 일이 아니었다. 사실 서비스 이용자의 다양한 욕구가 하나의 통합된 체계 속에서 명료화되고, 수행되기란 현실적으로 어렵다. 그럼에도 사례관리는 단편적으로 널리 분산되어 있는 서비스들을 조정하고 통합된 체계로 묶어내어서 효과적이면서도 효율적으로 적절하게 서비스 대상자에게 제공되게끔 하는 데에 매우 유용하였다(이준우,

2009).

물론 우리나라의 경우 여전히 다양한 서비스들이 연계되는 데에는 여러 한계들이 구조적으로 존재하고 있는 것이 현실이다. 즉 서비스가 연결되는 제도적 체계가 미흡한 것이다. 여기에는 크게 서비스 이용자와 서비스 공급이 연결되는 제도적 구조가 허술하다는 측면과 서비스 이용자의 욕구를 파악하고, 서비스를 연결하는 기준을 설정하여 실제적으로 집행하는 훈련된 인력이 부족하다는 측면, 이 두가지 측면을 말할 수 있다.

(5) 사회적 지원체계와 지지망의 중요성에 대한 인식 증가

사회적 지원체계와 지원망에 대한 관심은 복지국가 위기론과 함께 복지 다원주의가 등장하면서 나타났다. 요보호 대상 인구의 증가와 함께 나타난 서구의 선진 자본주의 국가의 재정적 위기는 요보호 수용 대상에 대한 책임을 민간 부문으로 이양하면서 국가의 재정위기를 극복하고자 하였으며, 공적 서비스를 비공식적 서비스로 대체하고자 하는 움직임으로 활발하게 일어나기 시작했다.

그 결과 복합적이고 만성적인 욕구를 가진 대상층들은 지역사회 내의 서비스 자원의 이용에 어려움을 겪게 되었고, 이러한 변화는 가족, 친척, 친구, 일상적 조력자 등의 비공식적인 사회적 지원체계와 지지망에 대한 중요성 및 관심의 증가로 나타나게 되었다. 그러나 공적인 서비스와 비공식적인 사회적 지원체계와 지지망을 통합하는 장치가 거의 없는 상황에서 이러한 상이한 체계들을 통합하고 조정해야 할 현실적인 필요가 강하게 대두되었다.

이미 오늘날의 현대사회는 다양한 지지체계와 지지망을 활용하지 않고서는 생존하기조차 어려운 구조로 이루어져 있다. 이에 따라 서비스 이용자들도 가족, 친척, 친구, 일상적 조력자들로부터 실질적인 도움, 안내, 정서적 지지를 제공받는다. 하지만 때로는 이들의 지지와 지원이 오히려 문제해결에 부정적인 영향을 미칠 수도 있다. 즉 사회적 지지와 공식적 서비스를 통합하는 장치가 필요한 것이다(이준우, 2009). 이런 상황에서 통합과 조정을 효과적으로 수행할 수 있는 사례관리가 강하게 요구되고 있다.

(6) 비용의 효과성에 대한 인식 증가

1970년대 서구의 선진 자본주의 국가의 재정위기는 정부의 공공지출 규모에 대한 우려를 낳았으며 공공지출의 삭감을 통한 정부 역할의 축소를 가져왔다. 이에 각국은 국가의 지출 규모를 줄이기 위해 보건정책과 사회적 서비스 정책의 방향을 전환해야 하는 시점에 놓이게 되었으며, 그 결과 지역사회보호가 공식적인 정책과제로 대두되었다.

사회적 서비스에 대해서는 어느 시대, 어느 국가를 막론하고 자원의 부족 문제와 그로 인한 서비스의 효과성에 대한 문제제기가 항상 중요한 쟁점으로 부각되어 왔다. 사회복지서비스에 있어서 비용의 효과성에 대한 인식의 증가는 결핍된 자원 내에서 서비스의 효과를 최대화하려는 측면과 서비스 전달에 소요되는 비용을 억제함을 의미한다. 이는 사회복지에 대한 국가 부담의 일부를 민간 부문으로 이양할 수 있는 공식적 근거를 마련해 주었고, 사회복지서비스의 효과성과 책임성에 기초하여 서비스의 중복을 모니터링하고, 서비스 계획을 관리하며, 서비스 전달의 효과성을 최대화할 수 있는 사례관리가 필요하게끔 하였다.

더욱이 제한된 자원 내에서 서비스 전달의 효과를 최대화해야 하는 대인서비스의 궁극적 목적과, 동시에 공공 영역에서도 대인서비스 전달의 결과가 같은 수준이라고 가정할 때, 가능하면 최소한의 비용으로 자원의 무한정한 투입을 억제하려는 공공 영역에서의 경영학적 관심과 평가가 중요시되면서 비롯되었다. 이에 따라 서비스 간에 중복을 피하고 비용효과를 높이는 전문기술이 필요하였으며 이는 사례관리의 확산에 크게 일조하였다.

2) 사례관리 도입의 필요성

오늘날 의학의 발달과 생활수준의 향상으로 평균수명이 연장되어 우리나라도 고령화사회에 접어들었다. 전체 인구 중 노인인구가 차지하는 비중이 급격하게 높아지고 있다. 그렇지만 과거와 같은 가족부양 체계는 약화되고 있어 늘어난 노인들의 부양이 사회문제가 되었다. 사회의 산업화와 도시화, 가족 가치의 변화로 인한 가족해체 경향의 증가로 인해 구조적 · 기능적 결손가족이 늘어 가고, 학대, 유기, 방임되는 아동들도 늘어나는 추세에 있다. 또한 급속한 사회경제적 변화에 따른 경쟁의 심화로 사회 각 계층에서 큰 스트레스를 겪고 있으며 우울증, 자살과 이혼, 각종 중독 등 정신건강의 문제가 심해지고 있다.

이에 따라 장기적으로 보호가 필요한 다양하고 복합적인 욕구를 가진 대상자들이 많아질 수밖에 없는데, 우리나라의 경우 국가에 의한 복지서비스의 확대를 서구 선진국에 비해 강력한 제도를 통해 거치지 않음으로 해서 지역사회 차원의 실질적인 서비스는 여전히 미흡한 수준이다(이준우, 2011).

절대적인 빈곤 상황에 놓여 있는 대상자들도 여전히 많다. 이러한 대상자들에 대해 기존의 단편적이고 연속적이지 못한 서비스로는 충분하지 못한 것은 당연하다. 한편 지역주민들의 복지 욕구는 날로 크게 높아지고 있는 실정이다. 예산은 부족하고 주민들의 복지 욕구는 커지는 상황 속에서 효과적이고 효율적인 사회복지서비스를 제공하기 위해 서비스 이용자들의 욕구에 기초하여 서비스가 이루어지는 사례관리를 적극 도입할 필요성이 크게 대두되었다.

하지만 사례관리는 다양하고 복합적인 욕구를 가진 대상자들의 욕구를 충족시킬 수 있는 적절한 사회적 자원들이 충분하게 존재해야 한다는 전제가 있어야 성공적인 실천이 가능한 분야이다. 현재 우리나라의 사회복지서비스 상황은 대상자들의 욕구는 있는데 활용할 수 있는 공식 · 비공식 자원이 충분하지 않은 가운데에 있다. 그럼에도 공공과 민간 영역 모두에서 사례관리가 급속하게 확산되고 있다.

우리나라에서 사례관리는 1990년대에 이르러 민간 영역에서, 보다 구체적으로 말하면 주로 사회복지, 간호, 의료 등의 전문 분야에서 관심을 받기 시작하였다. 특히 사회복지의 경우 앞서도 언급한 대로 1990년대는 사회복지의 방향이 지역사회복지 중심으로 전환되고, 재가복지서비스에 대한 확장이 이루어졌던 시기였는데 이 시기에 사례관리는 재가복지서비스 제공을 위한 핵심적인 방법으로 자리 잡게 되었다(정순둘, 2005 재인용).

정신보건사업에도 1995년 정신보건법의 제정으로 사례관리가 필수 사업의 하나로 지정되면서 본격적으로 확산되는 계기가 되었다. 이후 중앙부처 및 지자체 등 공공 부문에서도 사례관리의 중요성을 인식하고 그 확충을 위한 노력을 전개하였는데, 사례관리가 공공 부문에서 고유 복지 업무의 하나로 공식화되었다. 곧 사회복지사업법 개정을 통해 2005년 시 · 군 · 구청장의 책임 아래 보호 대상자별 보호계획을 작성하도록 하여 사례관리의 시행을 의무화하였고, 2006년 주민생활지원서비스 전달체계의 개편으로 시 · 군 · 구청 아래 주민생활지원국을, 동사무소 아래 주민생활지원팀을 설치하여 2~3인의 사회복지전담공무원이 사례관리 업무를 중점적으로 실시하도록 하였다(홍현미라 외, 2010).

특히 경기도의 경우 2010년 4월 '원-스톱(one-stop) 맞춤형 서비스'를 위한 무한돌봄센터를 개소하였으며 그 이후 경기도 내 31개 시 · 군, 95개 민간 네트워크팀을 구성하여 공무원과 민간 사례관리 전문가들이 협업하고 있다. 또한 2012년에는 보건복지부가 전 시 · 군 · 구에 경기도의 무한돌봄센터를 모델로 하여 희망복지지원단을 발족하여 전국적으로 위기개입 사례관리를 추진해 나가고 있다. 현재 중앙정부의 희망복지지원단 모델과 경기도의 무한돌봄센터 모델은 공공 부문의 사회복지의 주 대상이면서 모든 대상을 포괄할 수 있는 빈곤 · 취약계층 대상의 대표적인 사례관리 모델이라고 할 수 있다.

이처럼 사례관리 도입에 대한 관심은 민간과 공공 부문에서 최근 들어 그 중요성이 매우 강조되고 있으나 한편으론 사례관리의 개념을 둘러싼 혼돈, 사례관리자의 인식개선과 역량강화, 사례관리기관의 조직구조와 재정 여건의 정비, 사례관리를 둘러싼 행정 절차와 제도의 보완 등 다양한 문제 또한 제기되고 있는 상황이다.

2. 사례관리의 의미와 성격

1) 사례관리의 의미

사람을 돕는 방법의 하나로서 사례관리(case management)는 오랜 역사를 가지고 있다. 사례관리는 사회복지 전문직에 있어 새로운 것은 아니다(Moore, 1992; Kirst-Ashman & Hull, 1993). 그런데 이게 무슨 말인가? 앞에서는 실컷 사례관리의 등장 배경과 도입에 대한 많은 설명을 해 놓고서는 이제 와서 새로운 것이 아니라고 하는 이유가 무엇인가? 그렇다! 그렇게 생각할 수 있을 것이다. 하지만 여기에서 말하는 '새로운 것이 아니다'라는 의미는 우리가 '사례관리'라는 용어를 사용하지 않았으나 사례관리의 내용과 원리, 방법 등과 같은 사례관리적인 요소들이 과거 사회복지실천을 통해서도 나타나고 있음을 말하는 것이다.

실제로 1863년에 설립된 미국 메사추세츠의 자선위원회에서는 공공 부문의 인간서비스를 조정하였는데, 이는 지금의 일반 사회복지사들(generalist social workers)의 실천 형태라고 할 수 있다. 사례관리적인 요소들이 제법 포함되어 있는 비교적 통합적인 개입실천이었던 것이다. 이후 사례관리적인 요소들은 리치몬드(Richimond) 여사 시대 이래로 사회복지 실천의 전통적인 성격 속에 포함되었고(Jonson & Rubin, 1983; O'Connor, 1988), 인보관 운동과 자선조직협회에서도 이미 그 사례관리적인 요소들의 기원을 찾아 볼 수 있다(Rubin, 1987; Vourlekis & Green, 1992).

뉴욕의 자선조직협회에서 일했던 실천가들이 빈곤 상태를 벗어나도록 처음으로 개인의 가정을 방문하여 원조하는 형태를 취할 때 사례관리적인 요소들이 있었다면, 시카고의 인보관에서 일했던 실천가들은 비록 미미한 수준이었지만 도움이 필요한 개인과 가족들을 돕는 것 이외에도 빈민, 약자, 이민자의 가족과 아동을 지원하기 위해 새롭고 혁신적인 방법으로 주택, 공공 보건, 고용 창출 등의 사회적인 문제해결에도 관심을 두었다. 당시 이들이 사용했던 실천방법은 단지 '사례관리'라고 부르지 않았을 뿐 도움이 필요한 영역을 확인하여 그들을 도울 수 있는 개인적 자원과 지역사회 자원을 연결하는, 오늘날 보편화된 사례관리방법론에 상당히 근접한 개입실천방법을 부분적이기는 하지만 실질적으로 사용하였던 것이다.

이러한 역사적인 토대 위에서 1980년대 이후 미국을 비롯한 선진 복지국가에서는 사례관리적인 요소가 포함되어 있는 사회복지실천방법을 '사례관리'라고 구체적으로 명명하여 정신장애인을 비롯하여 노인, 아동, 장애인과 같은 다양한 대인서비스 영역에서 보다 효과적이고 효율적인 사회복지서비스를 제공하고자 본격적으로 사례관리를 사용하기 시작하였다(Rothman, 1991).

이렇게 사례관리를 활용할 수밖에 없는 이유는 사회가 점차 변화하고 다원화되어 가면서 그동안 전통적인 사회복지실천방법으로 여겨지던 '개별사회사업, 집단사회사업, 지역사회조직사업'과 같은 일명 3대 방법론이라고 불렸던 파편화된 접근으로는 다양하고 복합적인 문제를 가진 서비스 이용자들에게 더 이상 효과적이고 효율적인 서비스를 제공할 수 없었기 때문이었다.

지난 30여 년 동안 '사례관리'라는 용어는 서비스 전달과정과 방법, 서비스 제공자들의 일련의 역할을 설명하는 것뿐만 아니라 최근에는 다양한 서비스들을 효율적이고 체계적으로 전달하기 위한 새로운 서비스 전달체계로도 광범위하게 활용되고 있다. 그리하여 사례관리 접근법은 정신건강, 노인, 장애 분야, 만성 정신질환자 그리고 복합적인 문제들을 가지고 있거나 위기 상황에 처한 수많은 사람들에게 다양하게 적용되고 있는 것이다.

과거 정확한 정보만이 정확한 치료를 할 수 있다는 병리적 접근에 함몰되어 심도 있는 임상적 개입만이 가장 옳다고 주장했던 사회복지사들과 미시적 접근은 큰 한계가 있으므로 사회환경과 정책을 개혁하는 것만이 사회복지의 가장 중요한 책무라고 강조해 왔던 또 다른 영역의 사회복지사들이 오로지 조사하고 분석하며 문제를 파악하는 데에 온통 집중하고 있을 때, 사례관리는 이미 지역사회 내에 존재하고 있는 여러 자원들을 효과적으로 활용하여 도움을 필요로 하는 서비스 이용자들에게 즉각적으로 제공하는 실질적인 일들을 수행하였다.

이렇게 지역사회와 서비스 이용 당사자, 그리고 전문가인 사례관리자들이 함께 힘을 모아 서비스 이용자의 문제를 해결해 나가기 위해 이용자의 강점을 파악하고 활용 가능한 사회자원들을 발굴해서 연계하는 사례관리는 복합적 위기에 처해 있으면서 스스로의 능력으로 극복하기 어려운 대상자들을 발굴하여 위기를 극복할 수 있도록 공공과 민간자원을 제공하는 통합서비스로서 큰 의미가 있다.

2) 핵심 개념

사례관리에 대한 용어는 '사례'라는 용어와 '관리'라는 용어의 합성어이다. 사례는 한 개체를 의미하지만 사회복지 분야에서는 특정한 문제나 욕구를 가진 서비스 이용자 또는 서비스 이용자 체계를 의미하며, 서비스 이용자에게 보호를 제공하는 데 초점을 두는 임상적 측면에서 유래되었다. 또한 관리는 조직 및 제도적인 행정적 측면에서 유래되었으며, 지속적인 관심을 전제로 하는 경향이 있다.

오 코너(O'Conor, 1988)에 의하면, 사례관리는 크게 사례관리 실천(case management practice)과 사례관리체계(case management)로 구분된다. 여기서 사례관리 실천은 사례계획의 수행에 기여하는 직접적인 실천활동을 의미하며, 사례관리체계는 실무 분야의 행정적 구조, 기관 간의 관계망 그리고 공식적 · 비공식적 지역사회의 자원을 의미한다. 그는 사례관리를 서비스 제공이나 누락을 막고 효율적인 서비스를 제공하기 위해 서비스 제공자들 간의 협력과 행정적 측면을 강조하는 간접적 개입의 특성과 서비스 이용자와의 전문적인 관계 속에서 지속적인 보호와 직접적인 상담 및 치료를 제공하는 임상적인 측면을 강조하는 직접적 개입의 특성을 모두 포함하는 것이 바람직함을 제안하고 있다. 이를 정리하면 [그림 1-1]과 같다.

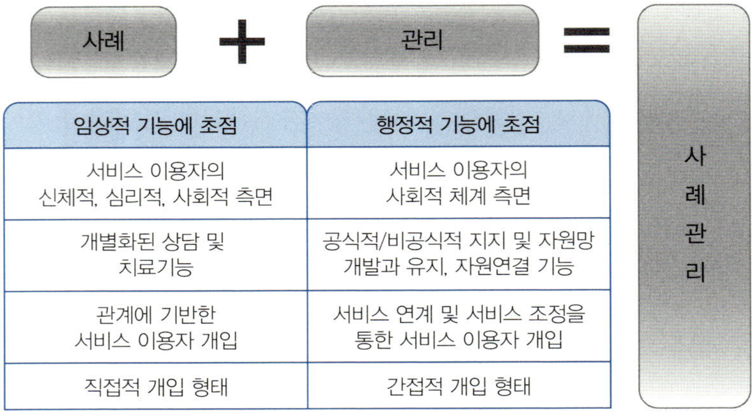

[그림 1-1] 사례관리의 개념

사례관리를 일관되게 정의하기란 쉽지 않으나, 공통적으로 사례관리는 첫째, 장애나 만성적이고 심하게 손상되어 사회적 기능상의 문제를 가짐으로써 복합적이고 다양한 욕구를 가진 지역사회 내 서비스 이용자들을 대상으로, 둘째, 이들의 공식적 · 비공식적 자원 및 서비스체계들의 상호작용체계를 구축하고, 셋째, 이들의 자원활용 능력의 강화와 서비스망과의 상호작용 증진을 통해 사회적 기능 향상과 욕구를 최대한 충족시키며, 넷째, 서비스 전달과정, 결과에 대한 점검과 서비스 이용자의 욕구 변화에 대한 재사정과 지속적인 자원망 개발, 그리고 자원망 간의 상호작용체계를 변화시킴으로써 궁극적으로는 서비스 이용자의 지역사회 내에서의 독립적인 생활을 강화시켜 가는 서비스 실천방법이다.

한편, 사례관리라는 용어는 보호관리(care management), 관리보호(managed care), 케어 매니지먼트(care management), 서비스 조정(service coordination), 보호 조정(care coordination) 등의 다양한 용어로도 혼용되어 사용되고 있다(Netting, 1992; 이근홍, 1998).

또한 사례관리를 미시적 차원의 치료적 개입방법으로 규정하거나 거시적 차원의 지역사회 자원 조정방법으로 규정하기도 한다(Moore, 1990). 그러나 1990년 〈사회사업백과사전(Encyclopedia of social work)〉의 제18판(보충판)에 종래의 '케이스워크(case work)'라는 항목 대신 '사례관리' 항목이 새롭게 등장한 것은 사례관리가 단순히 조정기능을 중심으로 한 간접서비스가 아니라 서비스 이용자에 대한 대면서비스 등 직접서비스까지 모두 아우르는 통합적 모델임을 제시해 준다.

사례관리에 대한 정의를 대표적인 학자들의 견해를 중심으로 정리하면 다음과 같다.

인탈지아타(Intalgiata, 1982)는 "사례관리는 서비스 이용자가 필요로 하는 어떠한 서비스라도 효과적이고 효율적인 방법으로 조정하여 제공하는 과정 혹은 방법"으로 규정하였고, 존슨과 루빈(Johnson & Rubin, 1983)은 "사례관리는 키워커(key-worker)인 사례관리자가 서비스 이용자의 복잡한 서비스 전달체계를 연결시켜 그들로 하여금 적절한 서비스를 받을 수 있도록 책임지는 활동"이라고 하였다.

목슬리(Moxley, 1989)는 "사례관리는 복합적인 욕구를 가진 사람들의 기능을 향상시키고 그들의 복지를 위해 공식적 · 비공식적 자원과 활동의 관계망을 조직, 조정, 유지하는 활동"이라고 정의하였고, 로스만(Rothman, 1991)은 "사례관리란 지역사회 내의 서비스 이용자들에게 개별화된 조언, 상담, 치료를 수행하는 것과 그들을 지역사회 기관 및 비공식적인 체계망을 통해 필요한 서비스와 지원에 연계시켜 주는 통합적 실천방법"이라고 보았다. 커머(Kumar, 2000)는 "사례관리란 사정, 계획, 조정, 전달과 모니터링을 통하여 적절하고 책임 있는 서비스로의 접근성을 용이하게 함으로써 서비스 이용자 중심의 서비스 통합을 달성하기 위한 과정"으로 정의하였다.

권진숙과 박지영(2009)은 "사례관리는 생태체계적 관점을 기반으로 만성적이고 복합적인 문제를 가진 개인 및 가족과 함께 일하면서, 그들과 자원 제공자들의 기능을 향상시키고, 이를 통해 환경 속에서 자신에게 필요한 서비스와 자원을 스스로 획득하고 사회적 기능을 원활하게 수행할 수 있도록 돕는 통합적인 접근방법"이라고 하였다. 이상의 사례관리에 대한 다양한 개념들을 종합하여 정리하면 〈표 1-1〉과 같다.

〈표 1-1〉 사례관리의 주요 개념

학자	사례관리 개념
인탈지아타 (Intalgiata, 1982)	서비스 이용자가 필요로 하는 어떠한 서비스라도 효과적이고 효율적인 방법으로 조정하여 제공하는 과정 혹은 방법
존슨과 루빈 (Johnson & Rubin, 1983)	서비스 이용자의 복잡한 서비스 전달체계를 연결시켜 그들로 하여금 적절한 서비스를 받을 수 있도록 책임지는 활동
목슬리 (Moxley, 1989)	복합적인 욕구를 가진 사람들의 기능을 향상시키고 그들의 복지를 위해 공식적, 비공식적 자원과 활동의 관계망을 조직, 조정, 유지하는 활동
로스만 (Rothman, 1991)	지역사회 내의 서비스 이용자들에게 개별화된 조언, 상담, 치료를 수행하는 것과 그들을 지역사회기관 및 비공식적인 체계망을 통해 필요한 서비스와 자원을 연계시켜 주는 통합적 실천방법
커머 (Kumar, 2000)	서비스 이용자의 욕구에 대한 사정, 계획, 조정, 전달과 모니터링을 통하여 서비스 통합을 달성하기 위한 전문적인 실천과정
권진숙과 박지영 (2009)	생태체계적 관점을 기반으로 만성적이고 복합적인 문제를 가진 개인 및 가족과 함께 일하면서, 그들과 자원제공자들의 기능을 향상시키고, 이를 통해 환경 속에서 자신에게 필요한 서비스와 자원을 스스로 획득하고 사회적 기능을 원활히 수행할 수 있도록 돕는 통합적인 접근방법

결론적으로 사례관리란 "다양하고 복합적인 욕구를 가진 서비스 이용자들에게 사회복지 실천기술을 활용하여 그들이 원하는 서비스를 통합적이며 효과적이고 효율적으로 제공받을 수 있도록 보장하는 서비스의 실천과정이자 방법임과 동시에 서비스 조정활동"으로 정의할 수 있다.

다시 말해 사례관리는 서비스 이용자의 욕구를 일시적 혹은 단편적으로 충족시켜 왔던 전통적인 사회복지 실천의 한계를 벗어나, 사례관리자가 서비스 이용자와 파트너십을 형성하고 서비스 이용자의 참여를 독려함으로써 모든 실천과정에서 서비스 이용자의 잠재력과 자율성이 충분히 기능하도록 돕는 조정활동인 것이다.

3) 사례관리와 전통적인 사회복지 실천방법의 차이점

김나리 할머니는 85세로 55세의 알코올중독 아들과 함께 살고 있다. 할머니는 자주 두통이 오고, 식사를 제대로 하지 못하는 상황이다. 건강 상태는 비교적 좋은 편이지만, 노환으로 일상생활 즉, 빨래, 식사준비 등은 어려운 상태이다. 아들은 알코올중독으로 매일 술을 마신다. 마을에서 농사일을 거들고 하루 벌어 술로 일관하고 있다.

앞의 사례를 통해 김 할머니 가족을 '사례관리'하기 위해서는 어떠한 서비스가 필요할까 생각해 보자.

밑반찬 및 도시락배달 서비스, 가정봉사원 파견에 의한 청소 및 정서적 서비스, 경제적 지원, 집수리 또는 다른 집으로의 이사, 보일러 및 수도시설 설치, 아들의 알코올중독에 대한 조치, 아들의 직업재활 가능성 확보 등 다양한 서비스가 필요하다. 숨이 턱 막힌다. 어디에서부터 어떤 지원을 어떻게 해야 할지를 결정하기가 쉽지 않다. 그러면 이렇게 장기적인 보호를 필요로 하고, 다양한 욕구를 가지고 있는 김 할머니 가족의 사례를 그대로 종료할 것인가?

먼저 사례관리자는 김 할머니 가족과 함께 원조계획을 세워 공식적 서비스를 제공해 줄 수 있는 여러 기관을 연계하고, 특히 아들의 가족이 할머니 가족을 원조할 수 있도록 상담을 실시하였다. 그후 이 가족에게 연결된 공식적 · 비공식적 서비스 및 자원들이 제대로 기능하고 있고(점검과 평가), 이들과 김 할머니 가족의 상호작용이 충분히 이루어지고 있는지, 가족의 욕구가 충분히 충족되고 있는지를 확인하기 위해 '사후지도'가 필요하다. 나아가 욕구가 충족되지 못한다면 재사정을 통해 서비스를 조정할 필요가 있다.

앞의 사례는 문제가 발생한 개인 단위의 서비스 이용자에게 전통적인 서비스기관 중심의 개별사회사업방법인 단선적인 복지서비스만을 제공하는 것으로는 문제를 해결할 수 없으며, 문제가 발행한 가구 단위로 서비스 이용자와 가족에 대하여 필요한 서비스들을 통합하여 제공하는 사례 중심의 서비스가 필요하게 됨을 말해 준다. 이것이 바로 사례관리 방식이다.

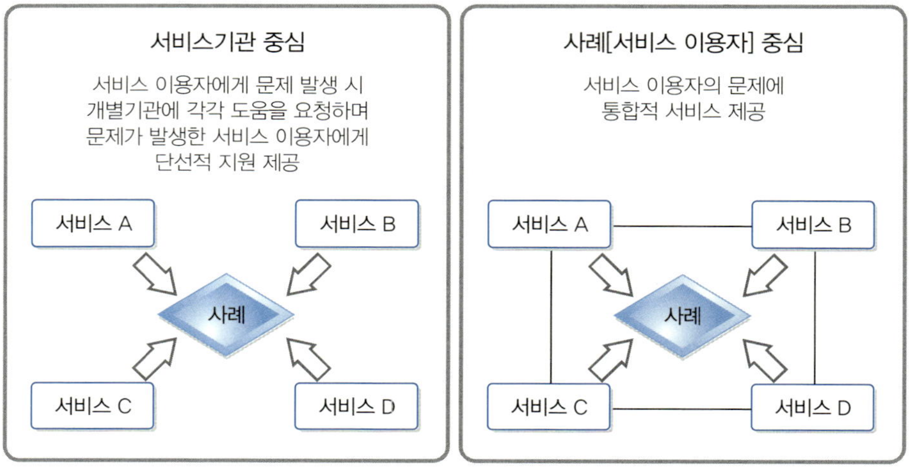

[그림 1-2] 서비스기관 중심과 사례 중심의 비교

사례관리는 사회복지의 전통적인 실천방법, 특히 그중에서도 개별사회사업과는 유사한 점이 많으면서도 다음과 같은 상이한 특성을 갖고 있다.

첫째, 사례관리는 기존의 서비스에 서비스 이용자를 맞추는 것이 아니라, 서비스 이용자의 욕구에 필요한 서비스를 연계하여 제공하는 방식이다. 이는 서비스 이용자의 욕구에 맞춘 서비스를 제공하기 위하여 필요한 서비스를 개발하는 것까지 포함하는 것을 의미한다. 반면 개별사회사업에서는 개별기관에서 실시하고 있는 서비스를 서비스 이용자에게 제공하는 방식으로 차이가 있다.

둘째, 사례관리는 서비스 이용자에게 필요한 서비스를 제공해야 하기 때문에 서비스 제공기관 간의 연계가 중요하나, 개별사회사업에서는 기관 간의 연계가 크게 중요하지 않게 된다.

셋째, 사례관리는 서비스 제공에 따른 성과분석이 가능하므로 서비스 중복과 사각지대 문제해결에 용이하나, 개별사회사업에서는 서비스 제공에 따른 성과분석이 어려워 서비스 중복과 사각지대가 발생할 가능성이 존재하게 된다.

넷째, 사례관리는 대상 자체가 복합적이고 장기적이며 다양한 욕구와 기대를 가진 개인과 가족을 대상으로 하고 있는 반면, 전통적인 사회복지 실천에서는 단기적으로 사회적응에 특정한 문제를 가진 개인에 초점을 맞춰 개입을 시도한다.

다섯째, 사례관리는 복합적인 욕구를 가진 서비스 이용자의 욕구 충족과 사회적 기능 향상을 위해 필요한 사회자원을 연결하고 조정하여 보호하는 과정이다. 반면 개별사회사업은 스스로 해결하기 힘든 문제를 가진 개인에게 행해지는 개별적 · 의도적인 문제해결 과정이다(권진숙 · 박지영, 2009).

여섯째, 사례관리는 서비스의 목적을 서비스 이용자에 대한 적극적인 지역사회 보호를 강조하는 반면, 개별사회사업에서는 서비스 이용자의 문제해결을 통한 인격의 성장과 사회적 기능의 회복을 강조한다(이근홍, 2001; 정순둘, 2005).

다음의 〈표 1-2〉는 개별사회사업과 사례관리를 비교하여 정리한 것이다.

〈표 1-2〉 개별사회사업과 사례관리의 비교

	개별사회사업 (서비스기관 중심의 서비스)	사례관리 (서비스 이용자 중심의 서비스)
서비스 제공 방식	기관에서 실시하고 있는 서비스를 개인에게 제공하는 방식	개인과 가족에게 필요한 서비스를 파악하고, 필요한 서비스를 연계하여 제공하는 방식
기관 연계	서비스 제공기관 간의 연계가 크게 중요하지 않음	서비스 제공기관 간의 연계가 중요
문제점	서비스 중복과 사각지대 발생 서비스 제공에 따른 효과분석이 어려움	서비스 중복과 사각지대 문제해결 서비스 제공에 따른 성과분석이 가능
대상	사회적응에 문제를 가진 개인	다양하고 복합적인 욕구를 가진 개인과 가족
개념	스스로 해결하기 힘든 문제를 가진 개인에게 행해지는 개별적 · 의도적인 문제해결 과정	복합적인 욕구를 가진 개인과 가족의 욕구 충족을 위해 사회자원을 연결, 조정, 보호하는 과정
목적	개인의 인격 성장과 사회적 기능의 회복	적극적인 지역사회 보호

3. 사례관리의 목적과 개입원칙

1) 목적

사례관리는 일정기간 동안 필요하다면 일생을 통하여 개인의 욕구가 변화할 때, 서비스가 개인 욕구의 모든 영역에 제공되도록 보장한다. 기존의 전통적인 사회복지 실천의 형태로 사회복지서비스 제공이 이루어진다면 서비스 이용자들의 복합적인 문제와 앞으로 발생하는 문제를 지속적으로 해결하는 데 한계를 드러낼 것이다.

시간이 지나고, 사회가 변화함에 따라 서비스 이용자들의 인식이나 여러 가지 복지정책이 달라지기 때문에 서비스 이용자들은 새로운 욕구가 생겨나기 마련이고, 한 가지 문제가 해결되면 다른 문제가 드러나는 것은 당연하기 때문에 서비스 이용자의 욕구 변화를 고려하여 지속적인 서비스가 이루어지도록 할 필요가 있다.

따라서 사례관리의 가치는 충분하다. 이러한 사례관리의 궁극적인 목적은 세 가지로 정리할 수 있다(Moxley, 1989: 17).

첫째, 서비스와 자원들을 이용하고 접근하는 데 있어서 가능한 한 서비스 이용자 자신의 생활기술을 증진시키도록 하는 것이다.

둘째, 서비스 이용자의 기능을 증진시키기 위해 사회적 망과 관련된 대인서비스 제공자들의 능력을 발전시키는 것이다.

셋째, 가능한 한 가장 효율적인 방법으로 서비스 및 자원이 전달되도록 하며 동시에 서비스의 효과성을 증진시키도록 하는 것이다.

2) 개입원칙

이러한 사례관리의 목적을 달성하고자 하는 사례관리의 개입원칙은 다음과 같다(Gerhart, 1993).

(1) 서비스의 개별화

이 원칙은 각 서비스 이용자마다 독특한 신체적 · 정신적 · 사회적 환경에 따라 서비스는 특별히 각 서비스 이용자의 욕구를 충족시키기 위해 개발 또는 고안되는 것을 말한다(Lamb, 1980; Leavitt, 1982: 17−41). 즉, 서비스 이용자인 두 사람이 비록 임상적 진단에 있어서나 나이, 성별, 사회경제적 수준에서 비슷하다 할지라도 그들에 관한 원조계획은 각각 다를 수 있다는 것이다. 따라서 원조계획은 서비스 이용자 한 사람 한 사람마다 주의 깊게 수립되어야 하며 변화하는 서비스 이용자의 상황에 따라 수정되어야 한다.

(2) 서비스 제공의 포괄성

이 두 번째 원칙은 특정 시점에서 서비스 이용자의 다양한 욕구를 충족시키기 위해 지역사회에서 기능하는 데 필요한 광범위한 서비스를 연결하고 조정 · 점검하는 것이다. 이때의 서비스는 서비스 이용자의 삶의 모든 영역(안전, 건강, 일상생활 유지, 가족관계, 사회적 관계, 경제, 교육, 직업, 주거 등)을 포괄적으로 다루는 것을 의미한다. 사례관리자는 서비스 이용자들에게 적합한 서비스를 제공하기 위해 현존하는 지역사회의 자원뿐만 아니라 잠재적인 자원까지도 충분히 파악하고 이를 활용할 수 있어야 한다.

(3) 서비스 이용자의 자율성 보장

이 세 번째 원칙은 서비스 이용자 선택의 자유를 최대한 존중하는 면에서 서비스가 결정되고 제공될 수 있도록 돕는 것이다. 이는 사회복지 실천에 있어서 오랫동안 견지되어 온 원리이며, 곧 서비스 이용자가 자신의 보호에 관한 의사결정에 가능한 한 많이 참여하도록 하며 자율적으로 사회적 기능을 수행할 수 있는 권리가 주어져 있는 자기결정의 극대화를 의미한다.

(4) 서비스의 지속성

이 네 번째 원칙은 서비스 이용자에게 서비스를 필요로 하는 한 계속 접촉해서 서비스를 장기적 또는 지속적으로 제공하는 것이다. 즉 1회의 단편적인 서비스 제공이 아니라 서비스 이용자가 자신의 생활환경에서 잘 적응할 수 있도록 지속적으로 원조해야 한다는 것을 의미한다. 이는 대다수의 서비스 이용자들은 빨리 회복되지 않는 만성적인 어려움을 가지고 있고, 완전하게 회복되기란 어려우며 무한정으로 서비스를 필요로 한다는 가정하에 적용되는 것이다(Bachrach, 1981: 1449-1456). 이것은 물론 지리적으로 접근 가능하다는 전제하에 서비스 이용자가 현재 있는 곳에서 계속적으로 사례관리자와 서비스 이용자의 관계를 유지해야 한다는 것을 포함한다.

(5) 서비스의 연계성

마지막 원칙은 복잡하고 분리되어 있는 서비스 전달체계를 연결한다는 것을 의미한다. 예를 들어 서비스 이용자에게 필요한 서비스가 여러 기관에 분산되어 있을 때, 적절한 서비스를 받을 수 있도록 다른 기관에 서비스 이용자를 의뢰함으로써 서비스가 분산되지 않도록 하는 것이다. 이때 사례관리자는 다른 서비스 전달체계 간의 중개자 혹은 권익옹호자의 역할을 하게 된다는 것을 의미한다.

CHAPTER 02

사례관리 실천의 이해

1. 사례관리의 구성요소

2. 사례관리자의 역할과 자격요건

Case Management

02 CHAPTER 사례관리 실천의 이해

1. 사례관리의 구성요소

사례관리의 구성요소로는 학자들 간에 조금씩 다른 견해를 나타내고 있으나, 대체로 서비스 이용자, 사례관리자, 서비스체계, 사회적 자원, 사회관계망, 사례관리 기관, 사례관리 과정 등이 거론되고 있다(白澤政和, 1992; Rothman & Sager, 1998; 장인협 · 우국희, 2001; 정순둘, 2005; 이종복 외, 2007; Summers, 2009; 양정남 외, 2009).

이러한 여러 요소들 중에서 사회적 자원은 서비스체계, 사회관계망과 유사한 의미로 사용되고 있으며, 사례관리 과정은 하나의 구성요소라기보다는 입체적으로 파악되는 요소이므로, 이 장에서는 이런 점을 감안하여 사례관리의 구성요소를 분류하였다. 즉, 서비스체계, 사회관계망의 개념을 사회적 자원으로 통합하고 사례관리 과정을 제외하여 모두 네 가지로 분류하여 살펴보도록 하였다.

즉, 첫째, 사례관리를 필요로 하는 서비스 이용자와 둘째, 서비스 이용자의 욕구를 충족시키는 사회적 자원, 그리고 셋째, 이들을 종합적으로 관리하는 사례관리자와 넷째, 체계 및 조직수준에서 서비스의 조정과 연계를 책임지는 사례관리기관으로 구분할 수 있다.

1) 서비스 이용자

사례관리에 있어 서비스 이용자는 대부분 다양하고 복합적인 문제를 가지고 있어, 하나 이상의 사회적 자원을 필요로 하나 자원의 소재와 이용방법에 대해 잘 모르거나 스스로 해결할 수 없는 사람들이 대상이 된다. 복합적인 문제를 가진 대상이란 '빈곤, 가족결손, 비행, 장애, 노화, 학대, 폭력 및 성폭력 등과 같은 문제에 노출된 사람'으로, 이들이 경험하는 문제와 욕구의 수준에 따라 위험도를 이 장에서는 개인이 경험하는 문제와 욕구의 수준에 따라서 '긴급', '집중', '단순의뢰' 사례로 분류하여 사정하고자 한다(최희철 외, 2009: 35).

긴급 사례관리 대상이란 복합적인 문제를 가지고 있으며, 문제와 욕구가 심각하고 다양한 자원의 긴급한 개입을 요구하는 대상자와 가족을 말한다. 집중 사례관리 대상은 복합적 문제를 가지고 있으며 문제와 욕구의 심각성이 높아 통합적 접근을 요구하는 대상자와 가족을 뜻하며, 단순의뢰 사례관리 대상이란 문제와 욕구의 심각성이 상대적으로 낮으며 개별기관에서 지원 가능한 대상자와 가족을 의미한다.

사례관리의 주요 대상은 전체 지역주민들 가운데 생계, 주거, 의료, 교육, 고용 등 복합적인 복지욕구를 가지고 있어 사례관리가 필요하다고 판단되는 긴급 또는 집중사례관리에 해당되는 위기가구(개인 혹은 가족)라 할 수 있다(최희철 외, 2009: 36-37).

서비스 이용자의 사례구분은 〈표 2-1〉의 사례관리 대상자 수준 판정기준에 따라 서비스 이용자의 유형을 구분하여 선별하도록 하는 기준을 참고한다.

〈표 2-1〉 사례관리 대상자 수준 판정기준

구분	판정기준
긴급 사례관리	• 문제들이 심각하고 다양한 자원의 긴급 개입이 필요하다고 판단된 경우 ① 대상자, 가족 혹은 의뢰자의 판단으로 긴급개입이 요청된 경우 ② 의식주 관련 긴급 상황이 발생했을 경우 ③ 폭력(아동학대, 성폭력, 자살 등) 발생 또는 위험성이 높다고 판단된 경우 ④ 갑작스러운 사고(사망 등)로 경제적 및 사회적 위기상황에 직면한 경우 ⑤ 집중사례관리에 해당되나 지역 내 연계자원이 부족하다고 판단된 경우
집중 사례관리	• 문제와 욕구의 심각성이 높아 통합적 접근의 개입이 필요한 경우 ① 부채 관련 문제가 가족의 생계비에 직접적인 영향을 끼치고 있으나 이를 위한 적절한 관리를 위한 전문적 · 법적체계와 연결되어 있지 않은 경우 ② 대상자 혹은 가족을 위해 의료적 진단과 개입이 요구되나 현 시점에서 자원 연결이 불가능한 경우 ③ 대상자 혹은 가족이 심각한 의료적 문제, 물질중독문제(알코올, 마약중독 등), 행태중독문제(오락, 게임, 도박중독 등), 정신질환문제(정신분열병, 우울증 등)가 있으나 치료를 위한 적절한 지원체계와 연결되어 있지 못한 경우 ④ 대상자 혹은 가족원이 가족폭력(성 학대를 포함하여 방임, 학대 등)에 연루되어 있거나 학대 가능성이 있으나 현 상황에서 가족원의 안전문제 해결을 위해 관련 기관의 충분한 협력을 얻을 수 없는 경우 ⑤ 대상자 혹은 가족원이 법적체계와 직접 연결되어 있는 경우 (예 보호관찰 대상자, 수감자 등) ⑥ 기타 대상자, 가족 혹은 의뢰자에 의해 집중적 개입이 요청된 경우
단순의뢰 사례관리	• 긴급 개입 및 집중 사례관리 기준에 해당되지 않는 단순의뢰 대상자로 개별기관에서의 사례관리로 충분한 경우 • 대상자의 문제해결을 위해 다양한 정보를 파악하고 있을 경우 • 기타 정보 제공만으로 문제해결이 가능한 경우 • 기타 의뢰가 필요한 경우

출처: 최희철 외 (2009). 무한돌봄센터 운영매뉴얼. p. 37 재구성.

2) 사회적 자원

(1) 사회적 자원의 개념 및 필요성

서비스 이용자의 욕구를 충족시키는 사회자원은 인적 · 물적 서비스를 제공하고 지원하는 다양한 차원의 공급주체를 말한다. 사회적 자원은 가족 · 친척 · 동료 · 이웃, 자원봉사자 등의 비공식적인 부분과 행정가, 행정기관, 공공복지시설, 법인 등의 공식적인 부분이 있다(白澤政和, 1992). 사회적 자원의 개발 및 활용은 서비스 이용자의 문제를 해결하기 위한 인력과 재원 등을 확보하여 서비스 제공의 효과성과 효율성을 증진시킨다는 측면에서 매우 중요한 의미를 지닌다. 서비스 이용자의 욕구를 충족시키고 문제해결을 통해 복지를 증진시키기 위한 서비스 제공의 효과성은 환경으로부터 얼마나 충분한 사회적 자원을 동원하고 활용하느냐에 달려 있기 때문이다.

사례관리에 있어서 자원은 서비스 이용자의 복잡하고 다양한 욕구를 충족시키고 사회적 기능을 향상시키는 데 결정적 역할을 하는 핵심적 요소로서 인식되고 있다(이애련 외, 2009). 이러한 자원 동원의 필요성을 구체적으로 살펴보면 다음과 같다(홍선미 외, 2010).

첫째, 지역사회에는 서비스 이용자의 복합적인 욕구를 충족시키기 위해 활용할 수 있는 서비스의 종류, 양, 질이 충분하지 못하다는 점이다. 따라서 이러한 자원의 한계성을 극복하고, 보다 양질의 서비스를 제공하기 위해서는 현재 자원의 효율적인 활용뿐만 아니라 잠재적 자원을 적극적으로 개발하여 사례관리서비스 제공을 위한 자원의 총량을 확대하기 위한 노력이 요구된다.

둘째, 서비스 이용자의 욕구가 다양화 · 고도화되면서 다양한 서비스를 필요로 하는 서비스 이용자들이 증가하고 있는 점을 들 수 있다. 이들의 욕구를 충족시키기 위해서는 새로운 서비스가 개발되어야 하며 이에 따라 자원개발의 필요성이 더욱 커지고 있다.

셋째, 지역사회 내에서 서비스 이용자에게 적시에 적절한 자원과 서비스가 제공될 수 있도록 개인적 · 지역적 · 국가적 수준의 원조와 관련된 제반 자원들을 총체적으로 개발하고 각 자원들 간의 역할분담과 연계, 조정 및 관리를 위한 체계적 서비스망의 구축이 이루어져야 한다.

(2) 사회적 자원의 유형

사회적 자원은 여러 학자들에 의해 다양하게 분류되고 있으나, 이 장에서는 크게 자원의 공급주체, 자원의 특성, 자원의 내용 관점에 따라 분류하여 살펴보고자 한다.

① 자원의 공급주체에 따른 분류

자원을 공급주체에 따라 분류하면 크게 공식적 사회자원과 비공식적 사회자원으로 유형화할 수 있으며(Pincus & Minahan, 1973; Siporin, 1987; 양정남 외, 2009), 또한 공공자원과 민간자원으로 분류할 수 있다(Gronbjerg, 1992).

먼저 공식적 사회자원은 국가 및 지방자치단체가 주체가 되어 제공하는 급여와 서비스로서 제도적으로 지역주민의 정형화된 욕구에 대처하는 자원이다. 비공식적 사회자원은 공공 이외의 자원으로 친척 · 친구 · 이웃, 그리고 자원봉사자들로부터 제공된다. 비공식적 사회자원은 엄격한 규칙과 제한성이 없어 공식적 사회자원보다 개별적인 욕구를 충족하기에 훨씬 적합한 자원이라고 할 수 있다.

공식적 사회자원의 종류는 다음과 같다(양정남 외, 2009).

첫째, 국가기관으로서 중앙정부와 지방자치단체, 사회복지 전담공무원, 국 · 공립병원, 보건소, 지역사회 정신건강증진센터, 사회복지사업법에 의한 각종 제도 등이 포함된다.

둘째, 공공법인으로서 국가 및 지방자치단체가 운영하거나 민간 사회복지법인이 운영하는 사회복지거주시설, 사회복지이용시설, 사회복지기관, 적십자 등이 포함된다.

셋째, 민간기관과 시설에는 기업의 사회복지재단, 민간이 출자한 유료 사회복지시설, 사회적 기업 등이 포함된다.

넷째, 사회단체에는 사회적 상호작용, 여가, 취미생활, 기능 교육 등을 실시하는 단체와 여성단체 등이 있다.

다섯째, 공식협의체로서 사회복지협의회, 사회복지관협회, 여성단체협의회, 장애인재활협회 등이 있다.

다음으로 비공식적 사회자원을 살펴보자. 비공식적 자원들은 아동의 양육, 노인의 보호, 장애인의 보호 등의 문제에 대한 가족의 개입과 같이 주로 정(情)적인 것이다. 이러한 비공식적 자원의 이타적 행동, 협력, 상호부조 등은 사회복지에 있어서 중요한 역할을 하고 있으며, 인간의 행복을 추구하기 위해 매우 필수적인 것이라고 할 수 있다(Rothman & Sager, 1998).

한편 그론베르그(Gronbjerg, 1992)는 사회적 자원을 재원의 형태로 공공자원과 민간자원으로 분류하고 공공자원을 정부보조금으로, 민간자원을 후원금, 이용료로 세분화하였다. 공공자원은 정부가 지원해 주는 자원으로서 보조금의 형태를 띠고 있으며, 민간자원은 개인 · 기업 · 기관들로부터 확보하는 후원금 및 기관이 서비스를 통해 직접 확보하는 이용료 등으로 설명하였다. 이를 살펴보면 다음의 〈표 2-2〉와 같다.

〈표 2-2〉 그론베르그의 자원 분류

구분		개념	제공자
공공자원	정부보조금	조세에 의해 정부가 지원해주는 자원	정부
민간자원	후원금	개인 · 기업 · 기관들로부터 받는 자원	민간인, 단체
	이용료	조직이 서비스를 통해 직접 확보하는 자원	서비스 이용자

② 자원의 특성에 따른 분류

자원체계를 자원의 특성이라는 관점에서 살펴보면, 서비스 이용자를 중심으로 내부적 자원체계와 외부적 자원체계로 분류할 수 있다(이광재, 2003). 내부적 자원체계란 서비스 이용자 자신 및 가족들이 가지고 있는 자원을 의미하고, 외부적 자원체계란 서비스 이용자의 자원체계를 제외한 사회환경적으로 내재화되어 있는 자원체계를 의미한다.

내부적 자원체계를 다시 세분화하면, 개인적 자원체계와 가족적 자원체계로 유형화할 수 있다.

개인적 자원체계는 지식, 정보, 기술, 신뢰성, 건강, 능력, 가치, 철학 등으로 개인이 소유하고 있는 자원 등을 의미한다. 가족적 자원체계는 서비스 이용자의 가족들이 가지고 있는 정서적 지지능력, 의사소통 능력 등의 비가시적 자원을 의미한다.

외부적 자원체계는 서비스 이용자 또는 그 가족이 합리적인 질적 생활을 유지하도록 도와주는 재화나 서비스를 제공하는 사람이나 조직으로서 내부적 자원에 비하여 가시적인 자원이라 할 수 있다. 외부적 자원체계를 세분화하면, 비공식적 · 공식적 · 사회적 · 자원봉사 자원체계로 다시 분류할 수 있다. 다음의 〈표 2-3〉은 이상의 내용을 정리한 것이다.

〈표 2-3〉 이광재(2003)의 자원체계 분류

분류	자원체계	내용
내부적 자원체계	개인적 자원체계	장점, 지식, 능력, 가치, 철학 등
	가족적 자원체계	가족들의 정서적 지지능력, 의사소통능력 등
외부적 자원체계	비공식적 자원체계	친구 등
	공식적 자원체계	사단법인, 재단법인, 협회, 전문가 단체 등
	사회적 자원체계	학교, 병원, 사회복지기관 등
	자원봉사 자원체계	자원봉사자 등

③ 자원의 내용에 따른 분류

자원의 분류체계 중 가장 일반적인 자원 분류가 자원 내용에 따른 분류이다. 자원의 내용에 따라 자원은 여러 학자들에 의해 다양하게 분류되고 있으나, 가장 공통적으로 많이 분류되고 있는 것은 다음의 〈표 2-4〉에서 보듯이 인적자원과 물적자원, 그리고 제도적 자원이라고 할 수 있다.

〈표 2-4〉 학자별 자원체계 분류

출처	인적 자원	물적 자원	정보적 자원	제도적 자원	사회 자원	자연 자원	문화적 자원
박미은과 박귀서(1999)	○	○	○				
양용희(2001)	○	○					
김범수(2002)	○	○	○	○	○		
이광재(2003)	○	○		○		○	
최일섭과 류진석(2003)	○	○		○			○
장창호 외(2006)	○	○		○			

출처: 엄미선, 최종복, 전동일 (2009). 사회복지 자원개발론. p. 21 재구성.

첫째, 인적자원은 사람의 노동력을 다른 물자와 마찬가지로 생산자원의 하나로 정의하고, 협의로는 사회복지 실천활동을 수행하는 인력으로 규정할 수 있으며, 광의로는 지역사회 내에 존재하는 다양하게 많은 사람들의 구성이며 집합체라 할 수 있다.

사회복지 실천에서 사회복지서비스 제공 또는 서비스 수혜를 받는 주·객체가 사람임을 볼 때, 사람과 관계하는 사회복지서비스 영역에서의 인적자원의 중요성은 매우 크다. 사회복지기관에서 인적자원은 크게 자원을 공급하는 후원자 그룹, 자원을 유용한 상품이나 서비스로 변환시키는 내부 그룹, 공급받은 상품이나 서비스를 사용하는 그룹으로 설명한다(엄미선 외, 2009). 곧 사회복지기관에서 인적자원이라 함은 사회복지서비스 수행기관의 직원(사회복지사를 포함한 기관인력)과 함께 비공식 자원으로 사회복지 프로그램 수행에 있어 중요한 협조체계인 후원자와 자원봉사자 및 친인척, 친구, 이웃을 내포하며, 더 나아가 지역사회 주민을 포함하는 개념이다.

둘째, 물적자원이란 그 존재 형태가 물질적, 즉 가시적 자원으로서 서비스 이용자에게 도움이 되는 현금이나 현물을 의미한다. 물적자원으로 현금은 정부보조금, 기업 협찬금, 시민 기부금, 서비스 이용료 등을, 현물은 후원자들이 사회복지기관에 제공하는 다양한 물품 등을 의미한다(양용희, 2001). 이러한 사회복지기관의 물적자원을 제공하는 공급주체별로 살펴보면, 정부 부문의 사회복지자원, 기업 부문의 사회복지자원, 사회복지 공동모금회를 통한 사회복지 자원, 제3섹터의 사회복지 자원 등으로 분류할 수 있다. 사실 물적자원의 부족을 겪고 있는 사회복지 실천현장에서는 자원개발을 위해 이들을 적극 활용해야 하며 여기에 많은 노력을 할애해야 할 것이다.

셋째, 제도적 자원이란 사회적으로 바람직할 것으로 판단되는 가치, 관습 등이 제도화되어 사회성을 가짐으로써 법률 · 제도 등으로 규정되는 자원을 의미한다. 자원개발자의 입장에서 바라볼 경우 제도적 자원은 자원과 관련되어 공식적 자원의 체계 속에서 용인된 규정이라 할 수 있다.

Tip

제도적 자원이란

- 제도적 자원 : 법, 법률, 시행규칙, 시행령, 조례 등을 말한다.
- 비제도적 자원 : 관습, 습관, 문화, 주류, 흐름(문화적 자원) 등을 들 수 있다.

제도적 자원에 대한 대표적인 예로는 사회복지사업법 및 규칙 등이 있으며, 더 나아가 기부문화와 관련되어 있는 기부금품의 모집 및 사용에 관련 법률, 사회복지공동모금회법, 재해구호법, 기부금 관련 조세제도 등을 들 수 있다. 이를 테면, 사회복지 관련법(장애인복지법, 노인복지법, 아동복지법 등) 및 국민기초생활보장법을 통해서 공식적인 제도적 자원을 확보할 수 있기 때문에 사회복지사업의 법 · 제도 등에 대한 이해가 사례관리자에게 중요하다. 또한 공동모금회법과 기부금품모집규제법 및 각종 조세제도 등의 이해는 자원을 조성하기 위한 환경을 이해하는 데 필요한 법률이다.

3) 사례관리자

사례관리자는 사례관리의 가장 중요한 구성요소로서 앞에서 언급한 두 가지 구성요소, 즉 서비스 이용자와 사회적 자원을 효과적이고 체계적인 방법으로 연계하는 역할을 수행한다. 즉, 사례관리자는 서비스 이용자가 수동적인 서비스 대상자로서의 역할에 머무르지 않고, 자신의 문제를 해결해 나갈 수 있는 문제해결자로서 사례관리 과정에 참여하고 이를 통해 자신에게 필요한 사회적 자원을 직접 이용하고 접근할 수 있는 능력을 함양하도록 도와야 한다.

사례관리 실천과정에 참여하는 대상은 서비스 이용자만이 아니다. 서비스 이용자의 가족이나 친구 등 서비스 이용자에게 의미 있는 사람과 집단, 조직, 더 나아가 그들에게 서비스를 제공하고 있는 다양한 분야의 전문가들도 사례관리자에게 중요한 파트너라고 할 수 있다. 그러므로 사례관리자는 서비스 이용자에게 도움을 제공하는 과정에서 서비스 이용자뿐 아니라 그들을 둘러싼 환경체계를 재구성하고 임파워먼트함으로써 환경이 환경으로서의 지지적인 기능을 최대한 발휘할 수 있도록 돕는다.

한편 사례관리자의 직무에 대해서 벌쉐와 호레이시(Bertsche & Horejsi, 1980)는 사례관리자의 직무에 대한 포괄적인 목록을 〈표 2-5〉와 같이 제시하고 있으며, 그 내용을 살펴보면, 사례관리자는 원조, 사정, 계획, 중개, 조정, 모니터링, 평가, 지도감독, 행정, 옹호, 상담, 문제해결, 자원개발, 지역사회조직 등의 업무를 수행한다고 볼 수 있다.

〈표 2-5〉 사례관리자의 직무

항목	직무내용
1	서비스 수급 자격요건을 사정하기 위해 서비스 이용자와 가족에 대한 초기면접을 한다.
2	서비스 이용자, 가족, 그리고 타 기관으로부터의 적절하고 유용한 자료의 수집과, 그 자료를 근거로 서비스 이용자와 가족에 대한 심리사회적 사정을 한다.

3	목표를 세우고 통합적인 서비스 계획을 세우기에 적합한 전문가, 프로그램 대표, 서비스 이용자, 가족, 의미 있는 사람들이 함께 논의하고 결정을 내릴 수 있도록 모임을 만들고 지도한다.
4	계획에 앞서 점검하고 목표의 방향과 조정 내용을 유지하면서, 행동체계 내에서는 정확한 정보가 흐를 수 있도록 관리한다.
5	서비스 전달과정에서 예기치 않게 발생하는 문제를 신속하게 확인하고 서비스 이용자를 대신하여 문제를 해결하고 서비스 이용자와 가족을 보호한다.
6	서비스 제공자와의 사이에서 발생하는 위기와 갈등상황에 있는 서비스 이용자와 가족에게 정보와 상담을 제공하여 도와준다.
7	서비스 이용자와 가족을 위해 지속적인 정서적 지지를 제공하여 그들이 스스로 문제에 잘 대처할 뿐만 아니라, 보다 더 전문적이고 복합적인 서비스도 활용할 수 있도록 돕는다.
8	서비스 이용자의 예후에 관한 기록을 남겨 관련된 모든 사람들의 계획도 지켜질 수 있도록 해야 한다.
9	서비스 이용자와 가족, 전문가, 프로그램 그리고 비공식적 자원 간의 연계자가 되어 모든 개입계획을 포함하여 서비스 이용자가 선호하는 내용이 알려지고, 필요한 서비스가 확보되고 있다는 것을 알 수 있도록 돕는다.
10	프로그램들 사이의 연계자가 되어 자연스럽게 정보가 흐르고 하위체계 간의 갈등을 최소화하기 위한 서비스를 제공한다.
11	서비스 이용자를 위한 현재와 미래의 자원을 동원하기 위해 공식적 · 비공식적 자원과 신뢰관계를 형성하고 유지한다.
12	서비스 이용자와 서비스 전달체계의 효과성에 영향을 미치는 정책을 개발하고 수정하는 지위에 올라가기 위해 조직 내에서 좋은 관료로, 효과적인 업무를 수행한다.
13	권위적 위치에 있는 사람들에 대한 존경과 지원을 확보하고 유지하며, 서비스 이용자를 대신하여 참여하는 다른 개인과 기관을 격려하고, 필요시 그들을 활용할 수 있도록 한다.

출처: 권진숙 역 (2004). 사례관리: 개념과 기술. pp. 33-35 재인용.

이처럼 사례관리자는 자신의 직무와 책임에 대한 분명한 이해를 갖고 역할에 임하는 것이 중요하다. 이때 사례관리자는 한 사람의 사례관리자 개인이 될 수도 있고 전문가로 이루어진 하나의 팀으로 기능할 수도 있는데, 이것은 중요한 이슈로 고려되어야 한다.

이를 비교해 보면, 개별 사례관리자가 가지는 장점은 명확한 책임성과, 팀 회의가 줄어듦으로써 효율적인 시간활용이 가능하고, 과업 할당이 명확하며, 서비스 이용자와 보다 전문적인 친밀성을 높일 수 있다는 점을 들 수 있다. 반면 팀 접근이 가지는 장점은 사례관리자의 소진 예방과, 서비스의 연속성을 높이고, 다양한 인력 활용으로 보다 창조적인 서비스 개발이 용이하다고 본다(홍선미 · 하경희, 2007). 선행연구 결과에서 팀 접근과 개별 사례관리자 중 어떤 것이 더욱 효과적인가에 대해서는 일관된 결과를 나타내지 못하고 있으며 아직 논란의 여지는 있으나, 인력의 활용 및 지원, 서비스 계획에 있어서는 팀 접근이 더욱 유용하다는 데에는 어느 정도 합의가 이루어지고 있다(Rapp & Goscha, 2004).

4) 사례관리기관

사례관리자가 서비스 이용자의 수준에서 서비스를 조정하고 통합하는 역할을 수행하는 사람이라면, 체계 및 조직 수준에서의 서비스 조정과 연계를 책임지는 주체는 사례관리기관이다. 사례관리기관은 그 지역 내의 서비스 통합을 일차적으로 책임지기 때문에 상당한 서비스 조정 권한이 부여되어 있다. 이러한 권한에 기반을 두어 그 기관은 서비스 이용자의 욕구를 사정하고, 기관 간의 연계를 협상하며, 필요한 모든 서비스를 제공하기 위해 기관 간의 합의를 이끌어 낼 뿐만 아니라 새로운 서비스 요소를 개발하게 된다.

탈시설화 이후 지역사회 기반의 서비스 전달에 다양한 기관들이 참여함에 따라 이들 서비스 공급기관들을 조정, 관리할 핵심기관의 필요성이 증대되었다. 서비스의 통합, 조정을 효율적으로 달성하기 위해 사례관리기관은 한 지역사회 내에 하나의 기관으로 존재하는 것이 일반적이다. 그래서 사례관리기관은 그 지역사회 내에서 핵심기관으로 지칭된다(장인협 · 우국희, 2001).

오늘날에는 많은 기관에서 이용자의 서비스 욕구를 결정하고 서비스 접근성을 촉진하는 데 초점을 두는 과정과 실제적인 서비스 제공에 초점을 두는 변화의 두 가지 기능을 모두 수행하고 있다. 그러나 조직이 갈수록 복잡해지고 다양하게 분화되어 갈수록 조직 간, 기능 간의 연계와 조정을 강조하는 과정조직의 중요성이 점차 높아지고 있다(Moore, 1992).

우리나라에서는 권진숙(2007)이 두 개의 팀, 즉 사례팀(임상팀)과 관리팀(사례관리팀)에 의해 운영되는 모델을 제시하였다.

Tip

한국형 사례관리 모델 : 두 개 팀 사례관리

- 사례팀(임상팀)은 기본적으로 사례관리자와 슈퍼바이저로 이루어져 있으며 직접서비스와 간접서비스 전체를 접수부터 종결까지 총괄하여 책임지게 된다. 즉 사례의 시작부터 직·간접적 개입을 통해 서비스 이용자를 사정하여 필요한 서비스와 프로그램을 연결·제공하는 역할뿐 아니라 종결까지 일선에서 책임지는 기능으로 필수적인 팀의 기능을 담당한다.
  이때 사례관리자의 역할은 두 가지 형태로 이루어지는데, 첫 번째는 임상가로서의 역할을 하는 경우이고, 두 번째는 관리자로서의 역할에 초점을 맞추고 전체 체계를 관리하는 역할을 하게 된다. 사례팀에서 슈퍼비전은 반드시 주 1회 필수적으로 이루어져야 하며 위기 시 언제라도 슈퍼비전을 받을 수 있는 체계구축이 강조된다.
- 관리팀(사례관리팀)은 사례관리자를 제외한 각 영역에 적합한 인물들로 총 10명 내외로 구성된다. 이 팀은 한 달에 한 번 모임을 갖고 기본적으로 자원과 관련된 논의를 하게 되지만, 법적인 요청이 있을 시 그 달에 발생된 사례에 대한 법적 수준을 확인하고, 전문가적 조언을 하며 문제해결을 위한 실질적 노력도 감당하게 된다. 구성원은 일반적으로 기관장에 의해 위촉되고, 보다 정확한 평가를 위해 서비스 이용자의 가족 등이 참고인으로 팀 모임에 참여할 수 있으며 그 기준은 사례관리자가 슈퍼바이저의 동의를 얻어 결정한다.
  관리팀은 2~3개 기관이 한 개의 관리팀을 운영하거나 지역협의체 등과 같은 팀으로 지역사회에 한 개 팀을 구성·운영하는 것도 가능하다.

출처 : 권진숙 (2007). 사례관리 이론과 실제. pp. 26-29 재인용.

한편 기존의 사회복지기관에서 사례관리를 활성화하기 위해서는 다음과 같은 사항들을 고려해야 한다(교남소망의 집, 2004; 이준우, 2009).

첫째, 사회복지기관의 정체성을 명확히 설정하는 것이다. 가령 거주시설의 경우 해당 기관의 기능과 역할에 대하여 단지 먹고, 입고, 자거나 기본적인 자원 제공과 같은 일차적 서비스를 제공하는 것인지, 아니면 서비스 이용자의 긍정적 변화와 치료, 재활과 자립, 사회적 지지망과 연계망 등을 지원하는 원조적 서비스를 제공하는 것인지에 대한 방향이 제시되어야 한다.

둘째, 기관 내 조직 구성 및 업무 분장의 설정이다. 개별 서비스 이용자에 대한 사례관리를 진행하기 위해서는 사례관리자가 구성되고 업무가 설정되어야 한다. 사례관리자는 기본적으로 서비스 이용자를 면접하고 욕구를 확인한다. 또한 사정을 통해 적절한 서비스를 찾아내어 서비스의 활용을 기획하며, 서비스 이용자와 자원을 연결하고, 목표달성이나 바람직한 결과를 위해 과정을 점검하는 책임을 진다.

사회복지기관에서의 사례관리자는 일반적으로 재가복지 영역이나 지역사회복지 영역에 주로 소속된 사회복지사들로 구성된다. 이들 사회복지사는 간접서비스(㉠ 조정자, 대변자, 안내 및 협조자 등)의 기능과 직접서비스(㉠ 상담자, 이행자, 교육자 등) 기능을 모두 담당하게 된다. 사회복지기관 내 사례관리 담당 부서에서는 초기 접수과정에서부터 종결까지 일련의 과정을 진행할 수 있는 총괄적인 사례관리자를 설정하고, 나머지 인력을 서비스 진행과정의 수행 인력으로 활용하는 것이 바람직할 것이다. 이렇게 체계적으로 업무를 진행해 가지 않으면 직원들의 정체성 혼란과 함께 업무 과중으로 인한 적절한 서비스의 계획 및 진행, 평가를 가로막는 요인으로 작용하여 사회복지기관의 비효율성을 초래할 수 있다.

셋째, 전산화를 통한 기록 업무의 부담을 경감시키는 것이다. 서비스 이용자 개개인에 대한 사례관리를 진행하기 위해서는 엄청난 양의 기록이 생산되고 보관되어야 한다. 또한 사회복지기관에서 장기 서비스를 받고 있는 서비스 이용자의 경우, 매년 '사정–계획수립–서비스진행–재평가' 등이 반복적으로 작성되기 때문에 몇 년만 지나면 서비스 이용자 개인별 파일이 포화상태에 이르게 된다. 즉 이러한 기록 업무의 부담을 경감시키고, 사회복지사들이 사례관리체계에 따라 서비스를 진행하기 위해서는 초기과정에서부터 계획수립, 진행, 그리고 평가까지의 일련의 과정이 전산화되어야 할 것이다. 다행스럽게도 전산화는 최근 상당히 개선되었으며 실제로 사례관리에서 수행되는 기록 업무가 대부분 전산화되어 가고 있다.

2. 사례관리자의 역할과 자격요건

1) 사례관리자의 역할

초창기 사례관리자의 역할은 직접적인 서비스 제공자가 아닌, 다양한 서비스 프로그램들을 조정하는 역할을 담당하는 것으로 시작되었다. 그러나 사례관리자가 서비스 이용자를 직접적으로 만나지 않고는 이들을 사정하고, 서비스를 연계시키는 데에 한계가 있다는 것을 알게 되었고, 이에 서비스 이용자의 욕구에 맞는 서비스를 끝까지 책임지고 제공하는 역할까지 확대되었다(김통원 외, 1998). 목슬리(1989)에 의하면 사례관리자의 역할은 크게 두 가지, 즉 직접서비스의 역할과 간접서비스의 역할로 나누어진다(〈표 2-6〉).

〈표 2-6〉 사례관리자의 역할

역할 구분	
직접서비스 역할	간접서비스 역할
실행자 교육자, 상담자 안내자, 협력자 진행자 정보 제공자 지지자	중개자 연계자 조정자 옹호자 사회적 지지망 구축자 기술적 지원과 자문 제공자

(1) 직접서비스의 역할

사례관리자의 직접서비스 기능은 서비스 이용자가 자신의 욕구를 충족시킬 수 있는 능력을 강화하도록 원조하여 사례관리의 효과성을 증진시킬 수 있도록 하는 것으로, 서비스 이용자의 역량을 강화하는 방법들을 제공하는 임상가로서 사례관리자의 역할을 강조하는 측면이 있다. 이를 구체적으로 살펴보면, 다음과 같다.

① 실행자

실행자로서의 사례관리자는 서비스 이용자를 위해 많은 방향 제시를 해야 한다. 이 역할은 주로 위기상황에 있는 서비스 이용자에게나 혹은 기능이 매우 제한되어 당사자 스스로 문제 극복이 어려울 때 제한적으로 사용하게 되는데, 위기 시 심리적 지지를 제공하는 역할을 주로 수행한다. 경청, 감정이입을 위한 표현, 환기, 명료화, 조언 등이 이러한 역할수행 때 사용할 수 있는 방법에 속한다.

② 교육자, 상담자

교육자로서의 사례관리자는 단순히 고기를 제공하기보다는 고기 잡는 기술을 교육하는 것과 같은 역할을 수행한다. 이러한 교육과정의 단계는 다음과 같다. 첫째, 면접기술이나 구직기술과 같이 기술을 명확하게 가르치며, 둘째, 사례관리자 자신이 서비스 이용자가 원하는 역할 모델이 되며, 셋째, 반복연습을 통해 역할연습을 훈련하고 실패했을 경우라도 염려하지 않도록 해준다. 넷째, 물질적 강화, 사회적 강화, 자기 강화 등의 피드백을 제공하여 서비스 이용자의 능력을 강화시키며, 다섯째, 실제 삶의 상황에서도 서비스 이용자가 잘 적응하고, 필요로 하는 사회적 기능을 원활히 수행하도록 돕는다.

③ 안내자, 협력자

안내자, 협력자로서의 사례관리자는 서비스 이용자와 만나고, 서비스와 지원을 위한 결정에 함께 협조하여 추진해 나가며, 사회적 관계의 구성원들을 위한 보상이나 급부를 위해 전문가나 사회적 지지망 구성원과의 지속적인 만남을 유지하는 역할을 수행한다. 이러한 역할이 중요한 이유는, 서비스 이용자의 문제해결 기술을 발전시키도록 해주며, 함께 일하면서 여러 가지 본보기를 서비스 이용자에게 직접 보여 줄 수 있기 때문이다.

④ 진행자

진행자로서의 사례관리자는 서비스 이용자 자신이 스스로 도울 수 있는 기본적 능력을 갖추고 있을 때, 서비스 이용자에게 도움이 될 수 있는 적절한 서비스 선택 과정을 돕고 지지한다. 이때에는 사례관리자가 전체 과정을 같이 할 수도 있고 전문지식을 전달할 수도 있다. 이러한 역할은 서비스 이용자가 높은 수준의 자기 지향을 수행할 수 있을 만큼 준비가 되어 있어야 가능하다고 할 수 있다. 이 같은 수준의 역할을 하는 사례관리자는 대부분 서비스 이용자와의 정규적인 만남을 필요로 하지 않을 만큼 상황이 안정된 경우로, 2주 내지 1개월 간격으로 사후관리 차원에서 서비스 이용자와 접촉하는 관계를 유지하게 된다.

⑤ 정보 제공자

정보 제공자로서의 사례관리자는 다양하면서도 전문적인 정보를 많이 가지고 있어야 하며 이를 서비스 이용자에게 전달해 주는 역할을 수행하여야 한다. 이 역할을 위해서 사례관리자는 지역사회에서 서비스 이용자가 이용 가능한 대인서비스, 급부체계, 기회 등에 대한 전문적 지식이 필요하다.

⑥ 지지자

지지자로서의 사례관리자는 서비스 이용자가 자기옹호를 할 수 있을 때, 지지자로서의 역할수행이 가능하다고 본다. 이때에는 서비스 이용자가 일정수준의 지식, 기술, 자기인식 능력이 있어야 하며, 지지자로서의 사례관리자 역할은 직접서비스 역할 중 가장 최고점으로, 이때 서비스 이용자는 자기옹호를 충분히 할 수 있어야 한다. 이 역할을 위해 사례관리자는 지식, 기술, 자기분석 및 자기인식을 모두 갖추어야 한다.

(2) 간접서비스의 역할

사례관리자가 사용할 수 있는 간접적 서비스의 전략으로 중개자, 연계자, 조정자, 권리옹호, 사회적 지지망 구축자, 기술적 지원과 자문 제공자 등의 역할을 들 수 있는데 이는 행정가로서 사례관리자의 역할을 강조하는 측면이 있다.

① 중개자

중개자로서의 사례관리자는 서비스 이용자를 지역의 기관과 자원에 연계함으로써 서비스 지원계획을 실행하는 역할을 수행한다. 사례관리자가 서비스 지원계획에서 정해진 서비스 공급이 가능한 기관과 지역사회 자원을 선택 · 연계하는 중개를 할 때 효과적으로 중개하기 위해서는 서비스의 이용 가능성, 적절성, 수용성, 접근성, 서비스 수급자의 자격기준, 서비스의 질, 서비스 공급량의 역량, 서비스 공급자의 동기, 기관이 공급하는 서비스의 범위에 대한 지식 등 자원에 대한 상세한 정보 획득이 필요하다.

② 연계자

연계자로서의 사례관리자는 서비스 이용자를 원조함에 있어서 장애요소를 제거하고 문제해결을 위해 필요한 서비스와 연계시키기 위해 역할을 수행한다. 대표적인 방법으로 서비스 이용자의 중요한 정보와 함께 의뢰서비스를 통해 이루어진다. 효과적인 의뢰를 위한 기준은 다음과 같다.

첫째, 의뢰해야 할 욕구를 서비스 이용자 및 가족에게 분명히 알리고, 둘째, 의뢰를 통해 획득 가능한 변화를 분명히 알리도록 한다. 셋째, 의뢰할 기관에 서비스 이용자가 많이 관여토록 하며, 넷째, 의뢰할 기관에서 제공하는 서비스에 대해 서비스 이용자와 함께 사정하도록 한다. 다섯째, 서비스 이용자의 접근 및 비접근성 문제를 알아야 하며, 여섯째, 필요시 사회적 지지망의 구성원이 서비스 이용자와 같이 가도록 배치한다.

③ 조정자

조정자로서의 사례관리자는 서비스 이용자의 입장에서 서비스를 조정하는 역할을 수행하며 그 목적은 서비스 이용자의 욕구를 충족시키기 위해 서비스 제공자와 사회적 지지망의 구성원에 의한 서비스가 조화롭게 실행되도록 하는 것이다. 사례관리자는 서비스 조정과정에서 정보교환과 모니터링, 능력 개발, 적응 촉진, 네트워킹의 기술을 사용하며, 조정자로서 사례관리자는 서비스 목표를 달성하기 위한 기구를 조직하고 유지함으로써 서비스 이용자를 위한 지지망 활동을 촉진한다.

④ 옹호자

옹호자로서의 사례관리자는 기관의 책임자보다는 약자의 입장에 있는 서비스 이용자의 욕구를 그 기관에 대해 대행하는 역할을 수행하는 것을 말한다. 옹호 전략의 목표는 서비스 이용자의 원조를 거부하는 기관과 대결하여 협상하고 서비스 이용자를 원조할 수 있는 동기를 가지게 하는 것이다. 이때 사용하는 옹호 전략 사용의 수준은 다음과 같다. 첫째, 직접 담당자에게 항의하거나, 둘째, 특수한 지식을 활용하고, 셋째, 담당자의 상사에게 항의한다. 넷째, 공식적 민원신고를 이용하거나, 다섯째, 외부 권위에 항의하며, 여섯째, 법적 대응을 하는 순서로 발전시켜 나간다. 이때 유의할 사항은 가능한 한 낮은 수준의 전략부터 사용해야 하며, 담당자와는 지속적으로 좋은 관계를 형성하고 유지해 나가기 위해 노력해야 한다.

⑤ 사회적 지지망 구축자

사회적 지지망 구축자로서의 사례관리자는 서비스 이용자를 지지하는 중요한 자원을 공급하는 서비스 지지망 내의 상호보호 수준을 발전시키기 위해 원조자들에게 조력하는 역할을 수행한다. 이를 위해 가족, 친구, 이웃 등 비공식적 원조자로 구성되는 사회적 지지망을 구축하여 공식적인 서비스 공급체계에서 얻을 수 없거나 달성할 수 없는 자원을 공급할 수 있다. 여기에는 사회적 지지망의 구성원들을 위한 교육과 그들을 위한 2차적 지원(스트레스 관리, 야유회 등), 대안적 지원체계의 확립 등의 방법이 속한다.

⑥ 기술적 지원과 자문 제공자

기술적 지원과 자문 제공자로서의 사례관리자는 타 조직이나 기관의 변화와 혁신을 장려하는 전략으로 서비스 이용자에 대한 서비스의 질을 높이기 위해 새로운 지식, 정보, 전망을 휴먼서비스 기관에 소개하는 등, 기술적 원조와 자문의 역할을 수행한다. 사례관리자는 지지에 대한 기관의 요청에 반응하고, 기관대표와 만나며, 서비스 이용자의 욕구와 특성을 기관에 교육하고, 서비스 전달상의 문제해결을 위한 접근법을 개발하며, 실용적 대응이 되도록 기관을 지지한다. 이를 통해 사례관리자는 기관이 서비스 이용자의 욕구에 대응하는 역량을 높이도록 하는데 도움을 줄 수 있다.

2) 사례관리자의 자격요건

'누가 사례관리자가 될 것인가' 하는 문제는 중요하다. 그러나 효과적인 사례관리를 위해서라면 필연적으로 다학문적인 접근이 요구되며, 그 특성상 하나의 전문직이 사례관리를 독점할 수는 없다(Murer & Brick, 1997: 160). 따라서 사회복지학, 심리학, 간호학, 교육학, 보건학 등의 다양한 학문 영역에서 사례관리를 가르치고, 현장에서 실천되기도 한다.

실제로 미국의 경우 사례관리자의 4분의 3이 사회복지사이며 나머지 4분의 1은 간호사, 작업치료사, 물리치료사, 의사, 재활상담가 등이 담당하고 있다. 캐나다의 브리티시컬럼비아(British Columbia) 주에서 활동 중인 사례관리자는 지역방문 간호사가 압도적으로 많은 반면, 같은 캐나다에서도 마니토바(Manitoba) 주의 경우에는 사회복지사와 지역방문 간호사가 한 팀을 이루어 사례관리를 실시하고 있다(白澤政和, 1992).

영국의 경우 케어매니저(care manager)는 서비스 이용자에게 상담, 조언 및 사회적 지지, 서비스의 연계와 조정을 수행하며, 사회복지사나 간호사 중에서 선발하여 재가복지서비스의 보조인력에 대한 통제, 사례관리에 대한 예산관리 업무도 병행하여 수행하도록 하였다(양정남 외, 2009).

일본의 경우는 1998년부터 국가자격시험을 통해 케어매니저(care manager)를 양성하고 있으며(장인협 · 우국희, 2001), 케어매니저의 역할을 수행하는 전문직으로서는 간호사가 가장 많고, 그 다음이 개호복지사와 사회복지사이다. 그외, 보건사, 이학요법사, 작업요법사, 의사, 영양사, 약제사 등이 있다(박용억 외, 2005).

우리나라에서는 사례관리자의 자격기준에 대해 특별한 요구가 없지만, 2010년에 창립된 한국사례관리학회 차원에서 사례관리자의 표준자격 기준에 대해 최근 활발한 논의가 이루어지고 있다.

미국의 경우 사례관리자가 되기 위해서는 다음과 같은 요건들을 숙지해야 한다.

미국에는 간호 영역에서 수여하는 자격제도와 사회복지 영역에서 수여하는 자격제도로 구분된다. 즉, 간호 영역에서는 CMC(Care Manager Certified, The National Academy of Certified Care Manager: NACCM)가 있고, 사회복지 영역에서는 CCM(Certified Care Manager, The Commission for Case Manager Certification: CCMC)이 있는데, 지원자는 일정교육과 실무가 요구되며 자격증을 받기 위해서는 각 협회에서 주관하는 시험에 합격해야 한다(양정남 외, 2009).

CCM의 경우에는 CCMC가 요구하는 면허증이나 자격증(준학사 이상의 학위 소지자)을 가지고 있는 응시자가 다음의 실무경험 중 한 가지를 충족시키면 응시자격을 부여한다.

① CCMC의 슈퍼비전을 받으면서 12개월 동안 전임으로 근무한 경력이 있는 자
② 24개월 동안 전임으로 근무한 경력이 있는 자(이 경우 슈퍼비전은 반드시 요구되지 않는다)
③ 사례관리서비스를 제공하는 사람들의 활동을 지도감독하는 슈퍼바이저로 12개월 이상 근무한 경력이 있는 자

사례관리자의 교육, 훈련은 다음의 세 가지로 나누어 볼 수 있다(장인협 · 우국희, 2001).

① 사례관리 활동을 이끄는 중심 가치인 참여, 자기결정, 비밀보장, 정상화 등에 대한 교육

② 정신장애, 약물남용, 지적장애 등 정신보건 관련 문제의 원인, 정의, 결과, 제한점 등에 대한 지식, 의료조치 및 법적권한, 지역사회 내 특정 서비스의 이용 가능성, 장기보호 영역에 대한 기본 정보교육

③ 서비스 이용자와 관계 형성하는 기술, 실제적 문제해결 기술, 위기상황에 개입하는 기술, 효과적으로 서비스 이용자를 옹호하는 기술, 자원을 연계하는 기술 등 사례관리 과정과 관련된 기술교육

다음의 〈표 2-7〉은 미국사회복지사협회(NASW, 1992)에서 제시하는 사례관리 표준 지침을 나타낸 것이다. 다음의 전체 10개 항목 중, 첫 번째 항목에서 사례관리자의 자격기준을 제시하고 있다.

〈표 2-7〉 NASW(1992)의 사례관리 표준 지침

이슈	표준 지침 내용
사례관리자	1. 사례관리자는 사회복지교육협의회의 인가를 받은 학부나 대학원에서 학위를 받은 자로서 사례관리를 수행하는 데 필요한 지식, 기술, 경험이 있어야 한다.
서비스 이용자	2. 사례관리자는 서비스 이용자의 욕구와 이익을 최우선으로 고려하여 자신의 기술과 역량으로 서비스 이용자를 돕는다.
	3. 사례관리자는 사례관리의 모든 과정에 서비스 이용자를 참여시켜야 한다.
	4. 사례관리자는 서비스 이용자의 사생활에 대한 권리와 서비스 이용자의 정보를 타인에게 제공할 때 비밀보장을 해야 한다.
	5. 사례관리자는 직접적인 서비스를 제공하기 위해 서비스 이용자와 가족에게 개입하고 전달할 때에는 서비스 이용자의 수준에서 이루어져야 한다.

전반적인 운영	6. 사례관리자는 현재 제공할 수 있는 사례관리의 수준과 필요한 서비스 접근성을 높이는 수준에서 개입하여야 한다.
	7. 사례관리자는 자원의 활용 가능성이나 서비스 비용 그리고 재정 한도를 잘 알고 있어야 하며, 사례관리의 모든 기능과 실천에 대한 책임을 져야 한다
	8. 사례관리자는 사례관리가 실행되고 있는 서비스 전달체계는 물론 자신의 사례관리서비스에 대한 적절성과 효과성을 검증하는 평가 및 질 관리활동에 전문적인 책임감을 갖고 참여해야 한다.
사례관리자	9. 사례관리자는 주어진 사례관리 업무를 효과적으로 계획, 제공, 평가할 수 있을 정도의 합리적이고 적정한 사례 수를 담당하여야 한다.
	10. 사례관리자는 동료 및 다른 기관들과 서로 존중하는 마음으로 대하고, 전문직 간, 전문가 내, 그리고 기관 간 협력을 위하여 노력해야 한다.

출처: Nation Association of Social Workers (1992).

CHAPTER 03

사례관리의 이론적 기반

1. 사례관리의 관점과 중심이론

2. 사례관리의 실천 모델

Case Management

CHAPTER

03 사례관리의 이론적 기반

1. 사례관리의 관점과 중심이론

사례관리는 서비스 이용자 중심의 철학에 입각하여 궁극적으로 서비스 이용자의 자립을 지향하며, 적극적인 지역사회 보호를 강조한다. 따라서 사례관리자는 자원관리와 조정 등의 간접적 서비스를 제공해야 하는 동시에 서비스 이용자와 환경체계를 사정하여 서비스 이용자의 다양한 욕구를 만족시킬 수 있도록 서비스의 제공과 연결, 그리고 직접서비스도 제공하여야 한다.

이러한 사례관리의 특성으로 인하여 사정 시에 가계도와 생태도 등의 다양한 사정도구를 활용하여 종합적인 사정을 요하므로 생태체계적 관점에 대한 충분한 지식이 요구된다. 또한 서비스 이용자가 단지 문제상황에 대처하는 것에서 끝나는 것이 아니라 자신의 삶의 목적을 향해 갈 수 있도록 서비스 이용자의 역량을 강화하기 위한 강점관점의 접근도 중요시된다. 한편으로 자원의 효과적인 개발과 연계를 위한 네트워크 이론뿐 아니라 긴박한 심리적 위기에 처한 서비스 이용자의 특별한 욕구에 의해 제공되는 집중적이며 시간 제한적인 개입의 중요성이 강조되는 위기개입 모델도 중요시된다.

1) 생태체계적 관점

생태체계적 관점은 일반체계 이론의 기본 요소에 생태학적 관점이 결합된 것으로 인간과 그를 둘러싸고 있는 다양한 체계 간의 상호작용을 이해하는 접근방법이다. 이 관점을 이해하기 위해서는 체계와 생태학의 의미를 이해하는 데서 출발해야 한다(이팔환 외, 1999).

먼저 체계적 관점의 기본 전제는 인간을 포함한 모든 것들은 하나의 체계로 볼 수 있다는 것이다. 그리고 각 체계는 여러 하위체계들로 구성되는데, 하나의 체계를 구성하는 하위체계들은 서로 관련되어 있고 서로 의존적이라는 것이다. 실제로 각각의 체계는 매우 복잡하고 다양한 방식으로 상호작용을 하며 투입(input)과 활동(activity), 산출(output) 및 피드백(feedback)의 과정을 이행하는데, 체계적 관점은 이렇게 개인과 가족, 지역사회, 더 나아가 좀더 큰 사회환경과의 상호작용을 어떻게 이해해야 할 것인지 알려준다. 이러한 체계 간에 기능하는 과정을 이해함으로써 사례관리를 통해 어떻게 각 체계를 변화시켜 나가야 하는지 알 수 있다. 따라서 체계관점에 근거한 사회복지 실천은 전체로서의 개인뿐 아니라 가족, 지역사회의 상호작용에 대한 포괄적인 이해를 통해 더 나은 기능 향상을 위한 효과적인 방법을 모색할 수 있다(권진숙 · 박지영, 2009).

생태적 관점은 이러한 체계적 관점을 확대 · 발전시킨 것으로, 기본적으로 체계적 관점과 맥을 같이 하고 있고 그 강조점은 개인과 개인을 둘러싸고 있는 환경이 서로 상호작용하고 있다는 데 초점을 두고 있다. 또한 체계 이론에서는 단순히 체계 내부의 구조와 조직, 그리고 체계의 경계선에 치중된 단선적인 관계에 초점을 두고 있는 반면, 생태적 관점에서는 개인을 둘러싸고 있는 환경들을 개인과의 직접적인 상호작용의 정도에 따라 위계적으로 구분하고, 나아가 개인과 여러 환경들 간의 위계적인 상호작용에 초점을 두고 있다.

사례관리에 있어 체계관점의 활용이 중요한 점은 각 체계와 환경, 즉 개인과 개인을 둘러싸고 있는 환경 간의 관계를 분석하는 것인데, 생태적 관점은 체계관점이 갖고 있는 특성인 체계의 개념과 개인과 환경 간의 단순한 관계분석에서 더 나아가, 개인을 둘러싸고 있는 환경들을 그 상호작용의 정도에 따라 위계적으로 분석하는 데 있다. 따라서 생태체계적 관점에 기반하여 사례관리를 실천할 때, 사례관리자는 서비스 이용자의 필요와 욕구를 개인 수준의 미시적 차원에서부터 지역사회에 이르는 거시적 차원까지 다양한 체계 수준에서 실천을 하게 된다.

생태체계적 관점은 인간의 체계가 어떻게 기능하는지에 대한 내용과, 사례관리자가 서비스 이용자들과 어떻게 협력적인 관계를 형성하고, 서비스 이용자 체계의 자원을 발굴하며, 그들의 역량을 강화시킬 수 있는지에 관한 개념적 틀을 다음과 같이 제공한다(Miley et al., 1995; 장인협 · 우국희, 2001 재인용).

첫째, 초점체계를 확인한다.

서비스 이용자의 생태체계적 관점에 대한 분석의 첫 단계는 다음의 분석을 위한 준거점을 제공하는 초점체계를 확인하는 것이다. 초점체계는 다양할 수 있다. 우리 자신의 이해를 증대시키고자 한다면, 우리의 생각, 감정, 다른 사람들과의 상호작용을 포함하는 우리들 자신에 초점을 둘 수도 있다. 또한 새로운 서비스 이용자와 일을 시작할 때, 전문적 관계가 초점체계가 될 수 있고, 서비스 이용자 체계의 기능을 평가하려면 서비스 이용자가 초점체계가 된다. 개입 전략을 수행하려 할 때에는 서비스 이용자 체계, 서비스 이용자 체계의 하위체계, 서비스 이용자의 환경 중에서 다른 영향력이 있는 체계를 포함하는 변화를 위한 몇몇 체계들 중의 한 체계가 표적이 될 수 있다.

둘째, 체계 내부에서 무슨 일이 있어나고 있는가?

체계의 기능에 대한 각각의 관점들은 가치 있는 정보를 제공해 준다. 상호작용적 관점은 체계 내부의 성원들이 의사소통하는 방식, 그들이 발달시키는 유형, 그들이 균형을 유지하는 방법 등에 관한 정보를 제공한다. 신체 · 심리 · 사회적 차원을 조사하는 것은 신체적 건강, 사고, 감정에 관한 정보를 제공한다. 가치, 신념, 태도, 의사소통의 유형, 규범 등의 문화적 영향을 고려하는 것은 초점체계의 내부 기능에 대한 이해를 돕는다.

셋째, 체계 외부에서 무슨 일이 일어나고 있는가?

초점체계의 물리적 · 사회적 환경의 영향을 조사한다. 초점체계 환경의 구조, 상호작용, 사회문화적 차원을 검토한다. 많은 체계들이 같은 환경의 측면을 공유하더라도 어떤 한 체계의 특정 생태체계는 초점체계에 대한 독특한 유형이 있다. 즉, 환경은 초점이 되는 특정 체계가 누구이며 어떤 상황에 처해 있느냐에 따라 다양하다.

넷째, 체계의 내부와 외부는 어떻게 연결되는가?

환경과 체계의 공유 영역인 상호 교류는 사회복지 실천에 있어서 사정 및 개입의 주요 표적이다. 어떤 체계의 상호 교류를 분석하는 것은 현재 일어나고 있는 것에 대한 이해를 제공하고, 앞으로의 변화 가능성에 대한 생각을 자극한다. 상호 교류 또한 하나의 체계이기 때문에 상호 교류를 분석하는 데에는 다른 체계를 분석하는 동일한 차원들이 유용하다.

다섯째, 체계는 어떻게 움직이는가?

생태체계적 관점은 인간 체계 발달의 진보적인 특성을 강조한다. 체계는 지속적으로 내적 · 외적 사건에 반응하여 적응하고 변화한다. 체계의 내 · 외부 간의 연결을 살펴보는 것은 이러한 지속적인 적응 및 변화에 대한 단기적인 관점을 제공한다. 장기적인 관점은 다양한 체계를 이해하는 또 다른 차원을 제공한다. 사례관리자는 체계의 진보를 이해하기 위해 초점체계에 관한 충분한 정보를 수집함으로써 역사적 · 발달적 상황을 통합시킨다. 출생, 결혼, 사망, 질병 등으로 인하여 예기치 않은 변화도 발생하며, 체계가 새로운 균형을 재확립하기 위해 노력할 때 일시적인 파괴가 일어나기도 한다. 이러한 변화는 체계의 기능을 변화시키고, 능력에 도전한다. 개인으로부터 사회에 이르는 모든 수준의 체계는 기대된 것과 예상치 못한 사건에 반응하여 그들의 발달 경로를 따라 변화한다.

2) 강점관점

강점관점(strength perspective)은 서비스 이용자와 그 가족의 독특하고 다양한 특성을 인정하고 존중해 주며, 강점에 초점을 두고 모든 자원을 가능한 한 활용하여 역량을 실현해 나가도록 돕는 것이다. 다시 말해, 문제의 발생 원인에 집중하기보다는 해결점 발견과 강점 강화에 초점을 맞추며, 서비스 이용자와 가족의 변화를 이끌어 내는 중요한 자원으로서 모든 사람은 강점을 가지고 있다는 철학에 기초한다.

따라서 강점관점에 기초한 실천을 위해서는 개인과 가족, 그리고 지역사회를 다른 시각으로 바라볼 수 있어야 하며, 개인, 가족 또는 지역사회에 존재하거나 둘러싸고 있는 자원을 긍정적으로 인식하는 것이 요구된다.

강점 관점의 기본 원리는 모든 개인, 집단, 가족과 지역사회는 강점을 가지고 있다는 사실이다(Saleebey, 1997). 그래서 서비스 이용자와 가족의 문제가 무엇인지에 대해 집중하는 대신, 서비스 이용자들의 강점이 무엇이고, 그들이 가족구성원에 속해 있음으로 인해서 가족에게 가져다줄 장점은 무엇인지 등 그 가족의 강점을 발견할 수 있도록 돕는 일에 초점을 둔다.

또한 서비스 이용자와 가족들의 강점은 변화를 만들어 내고, 에너지를 발생시키며, 지속시키는 자원이기 때문에 그들 스스로가 자신의 체계 안에서 그리고 환경적 맥락에서 효과적으로 기능하고 이용 가능한 자원을 끌어낼 수 있도록 전문가는 역할을 해야 하는 것이다. 구체적으로 강점관점을 기반으로 한 실천의 원리를 살펴보면 다음과 같다(Rapp, 1993).

첫째, 강점은 모든 인간에게 있으며, 이에 초점을 두고 활용해야 한다. 인간은 다양한 상황들을 경험하면서 각자 나름대로 상황을 극복하기 위한 고유한 지식을 가지고 있다. 따라서 인간이 다양한 상황 속에서 어떻게 살아남았는지에 대해 관심을 갖고, 존중해야 한다. 아울러 서비스 이용자가 경험한 위기상황은 해가 될 수도 있지만 동시에 도전과 기회의 원천이 될 수도 있다.

둘째, 인간은 자신을 위한 선택을 결정할 능력이 있으므로 강점관점을 기반으로 한 실천과정에 있어서 서비스 이용자가 원하는 것에 초점을 맞춘다. 전문가 지향적인 문제해결 방식과 다르게 강점관점에서는 서비스 이용자의 준거 틀을 수용하고, 그 틀 내에 목표를 형성하고 성취하기 위해 도움이 될 만한 모든 자원을 활용해야 한다.

셋째, 전문가와 서비스 이용자가 서로 협력할 때, 가장 효과적인 실천이 이루어질 수 있다. 서비스 이용자의 지식과 경험은 실천과정에서 중요한 자원이 된다. 전문가는 이를 존중해 주고, 주위에 존재하고 있지만 우리가 생각하지 못한 자원을 연결시키는 역할을 수행함으로써 서비스 이용자가 중심이 되어 형성된 목표가 수립될 수 있도록 파트너의 입장에서 실천해야 한다.

넷째, 서비스 이용자를 둘러싼 모든 환경은 잠재적 자원이다. 서비스 이용자의 욕구에 맞춘 서비스를 지향하는 강점관점의 시각에서 볼 때, 지역사회는 잠재적 자원과 가능성의 원천이라고 할 수 있다. 따라서 이를 발굴해 내고 서로를 위해 활용될 수 있도록 원조할 때 지역사회와 그 구성원들이 보다 건강해질 수 있다.

다섯째, 인간은 배우고, 성장하며, 변화할 수 있는 능력을 가진 존재이다. 과거에는 서비스 이용자가 당면한 문제가 개인 스스로의 노력만으로 변화할 수 없고, 전문가 지향적인 사정과 서비스 전달, 처방된 치료에 의존하는 것으로 보았다. 그러나 강점관점에서는 서비스 이용자가 각자 고유의 강점과 능력을 갖고 있으며, 성장 가능하고, 배움으로써 변화할 수 있는 존재라고 본다. 그리고 인간발달 이론에 대한 사회복지 분야의 관점에서도 서비스 이용자를 변화 가능성과 잠재적인 능력을 가진 존재로 본다.

즉, 사례관리는 서비스 이용자의 필요(need)를 일시적 혹은 단편적으로 충족시켜 왔던 전통적인 사회복지 실천의 한계를 벗어나, 사례관리자가 서비스 이용자와 파트너십을 형성하고 서비스 이용자의 참여를 독려함으로써 모든 실천과정에서 서비스 이용자의 잠재력과 자율성이 충분히 기능하도록 돕는 과정인 것이다.

따라서 사례관리자는 서비스 이용자가 수동적인 서비스 대상자로서의 역할에 머무르지 않고, 자신의 문제를 해결해 나갈 수 있는 문제해결자로서 사례관리 과정에 참여하고 이를 통해 자신에게 필요한 서비스와 자원을 직접 이용하고 접근할 수 있는 능력을 함양하도록 도와야 한다. 바로 여기에서 사례관리는 강점관점에서 수행되어야 한다.

사례관리 실천과정에 참여하는 대상은 서비스 이용자만이 아니다. 서비스 이용자의 가족이나 친구 등 서비스 이용자에게 의미 있는 사람과 집단, 조직, 더 나아가 그들에게 서비스를 제공하고 있는 다양한 분야의 전문가들도 사례관리자에게 중요한 파트너라고 할 수 있다. 그러므로 사례관리자는 서비스 이용자에게 도움을 제공하는 과정에서 서비스 이용자뿐 아니라 그들을 둘러싼 환경체계를 재구성하고 임파워먼트함으로써 환경이 환경으로서의 지지적인 기능을 최대한 발휘할 수 있도록 돕는다(Saleebey, 2002).

이렇게 서비스 이용자의 사회망과 환경체계의 역량을 강화함으로써 사례관리자는 사례관리의 효과성을 지속하고, 서비스 이용자의 변화에 대응하며, 환경체계의 유지와 안정성을 확보할 수 있다. 사례관리자는 서비스 이용자뿐만 아니라 자신에게 주어진 시간, 에너지, 다양한 형태의 자원들을 효율적으로 활용해야 하고, 그 결과가 서비스 이용자에게 효과적으로 유지될 수 있도록 관리해야 한다. 이런 맥락에서 사례관리자는 자원과 관련해서는 경영자 혹은 CEO의 태도와 관리 능력을 실천화하는 전문가라고 볼 수 있다.

결국 여기에서 사례관리의 가장 중요한 개념은 한 사람의 서비스 이용자를 위하여 여러 전문가들이 동시에 다학제팀으로 참여하여 다 함께 대안 전략을 이끌고, 이로 인해 개별 서비스 이용자가 자신이 갖고 있는 실제적 능력을 일(직장), 학교, 생활 및 여가활동에 그대로 반영시키는 것을 의미한다.

강점관점에 의한 사례관리의 전개과정은 다음과 같다(설진화, 2009 재인용).

(1) 원조관계 확립

서비스 이용자가 도움을 요청하는 접수를 함으로써 원조관계가 형성된다. 이후 원조관계는 문제해결을 향해 보다 전문적으로 확립되어야 한다.

(2) 강점 사정

면접을 통해 서비스 이용자의 재능, 열망, 자신감 및 환경에서 주어지는 기회 등 강점을 사정한다. 이때에는 현재의 상태, 희망과 열정, 자원 등으로 나누어서 사정할 수 있다. 특히 '문제중심'으로 사정하고, 진단하는 방식이 아니라 서비스 이용자로 하여금 '해결'을 향한 소망과 비전을 발견하도록 강점을 찾는 사정이 되어야 한다.

(3) 계획 수립

강점을 사정한 결과를 중심으로 개입계획을 수립한다. 이때 주로 서비스 이용자가 자신의 강점을 발견하고, 도전과 변화의 기회로 삼을 수 있는 기회를 제공하는 것을 목표로 한다. 서비스 이용자에게 주어진 기회는 삶의 비전을 성취해 나가는 힘이 된다.

(4) 자원 연결과 권리 옹호

서비스 이용자가 속해 있는 환경 속에서 유용한 자원을 개발하고 연결하여 서비스 이용자의 강점이 강화될 수 있도록 한다. 서비스 이용자의 강점은 지역사회의 협력적 분위기를 바탕으로 더욱 더 강화될 수 있으므로, 전문적인 단체나 기관의 도움을 받아 서비스 이용자의 권리가 옹호될 수 있도록 한다.

(5) 모니터링

강점관점에서 진행된 계획이 잘 이루어지고 있는지를 모니터링한다. 만일 제대로 이루어지지 않고 있다면, 사정과 분석을 다시 실시해야 하며, 서비스 이용자가 자신의 강점을 최대한 발휘하고 체감할 수 있도록 개입이 수정되어야 한다.

(6) 일상적인 상호관계로 이행

사례관리자는 서비스 이용자와 원조관계로 시작하였지만, 개입이 시작되면서 상호협력적인 관계로 발전하고 유지하게 된다. 개입이 진행되어 목표가 달성되고 나면, 전문적인 원조관계에서 일상적이고 일반적인 상호관계로 변화되어야 한다.

3) 네트워크 이론

네트워크(network)의 개념은 매우 다양하게 사용되고 있다. 사회복지 분야에서도 네트워크는 '사회적 관계망', '조직 간 관계', '서비스연계망', '기관 간 연계', '조직 간 협력', '지역사회관계망'으로도 사용되고 있다. 이러한 개념 정의를 종합해 보면 네트워크란 '자원, 기술, 사회관계, 지식, 신뢰 등을 서로 공유할 수 있는 사람들 또는 단체의 공식적 · 비공식적 관계의 망(net)으로 유대(tie) 또는 연계(linkage)'라고 이해할 수 있다(이준영, 2007).

최근 사회복지에서 네트워크가 관심을 끄는 것은 부족한 자원을 다른 기관과의 협력을 통해 극복하려고 하는 노력의 결과라고 볼 수 있다. 사회복지기관들은 하나의 기관이 다양한 욕구를 가진 서비스 이용자들의 욕구를 충족시킬 수 없으므로 서로 네트워크를 통해 정보, 재원, 인사 등을 교환함으로써 문제를 해결하고자 노력하고 있다.

사례관리에서 네트워크의 목적은 서비스 이용자에게 적절하고 포괄적이며 지속적인 서비스를 제공함으로써 서비스의 효과성을 제고하여 사회복지 개입의 책임성을 완수하는 것이다. 서비스 이용자의 복합적인 욕구는 서비스 이용자와 가정만이 아니라 지역사회 차원에서 다양한 기관이나 시설, 단체의 참여와 협력을 통해서 충족될 수 있다. 특히 네트워크의 구축이 필요한 이유는 지역사회 내 사회복지 기관들이 서비스 이용자들에게 서비스를 제공함에 있어서 자원의 중복과 갈등을 최소화하고, 단위조직의 정보, 인력, 설비 등 자원의 공유를 통해 지역사회 자원의 활용도를 최대화함으로써 사업의 효과성을 극대화할 수 있기 때문이다.

또한 네트워크를 통해 누락된 서비스 이용자를 발굴하고, 서비스의 단절을 극복할 수 있으며, 서비스와 프로그램의 중복의 조정 등을 통한 효율성을 증대시키고, 부족한 자원을 동원할 수 있다. 이준영(2007)은 네트워크의 개념을 통해 조직의 운영원리를 발견하려는 규범적 관점에서 사회자본 이론(social capital theory)과 네트워크 거버넌스 이론(network governance theory)을 적용하였다. 그리고 개인과 조직 상호관계의 구조를 설명하려는 실증적 관점에서 상호조직 이론(inter-organization theory)과 사회교환 이론(social exchange theory)을 제시하였다. 이러한 네트워크를 설명하는 이론은 다음과 같다.

(1) 사회자본 이론

사회자본이란 흔히 '공공적 성격'의 자본을 의미한다. 사회자본은 사회구성원 모두에게 제공되며, 무상이나 약간의 대가로 이용할 수 있다.

네트워크에서 사회자본은 사회적 관계를 통해 만들어지며 사회적 생산성을 담보하는 비실체적인 자본의 형태로 규정되며 중시되고 있다. 여기서 사회적 관계는 사회 속에서 제도적 · 비제도적으로 맺어진 관계망으로 해석된다. 사회자본의 구성요소로는 사회관계망(social network), 신뢰(trustworthness), 호혜성(reciprocity)을 들 수 있다(Coleman, 1988; 홍현미라, 2006 재인용). 네트워크가 활성화되기 위해서는 신뢰와 같은 비공식적 규범, 즉 사회자본의 도움이 필요하다. 지역사회의 역량을 강화시키기 위해 사람들 간의 신뢰와 협동이라는 사회자본을 통해서 지역주민을 결합하고 교량역할을 하는 네트워크를 형성하게 된다고 할 수 있다(Putnam, 2000).

네트워크에서 중시되는 사회자본인 신뢰에는 세 가지 유형이 있는데(Coleman, 1988; 홍현미라, 2006 재인용), 첫째, 친근하고 사적인 관계에서의 신뢰, 둘째, 알지 못하는 사람과의 관계에서의 신뢰, 그리고 셋째는 제도에 대한 신뢰 등이다. 제도에 대한 신뢰와 호혜관계는 공식적인 거버넌스 제도 및 시장에 대한 신뢰에 초점을 두고, 규칙의 공존성과 절차, 쟁점의 해결이나 자원배분 등에 의해 형성되는 신뢰와 호혜관계를 말한다(이준영, 2007 재인용). 사람들은 다른 사람들에게 영향을 미치기 위한 수단으로서 네트워크를 이용하는 것이기 때문에 이를 사회자본으로 볼 수 있으며, 사회자본, 네트워크, 신뢰의 관계를 어느 한 시점에서 종결되는 정태적(static) 관계가 아니라 시간의 흐름을 반영하면서 서로 영향을 주고받는 동태적(dynamic) 관계로 이해해야 할 것이다.

(2) 네트워크 거버넌스 이론

네트워크 거버넌스 이론은 공공과 민간의 파트너십을 분석하기 위한 것이다. 사회복지 분야에서 네트워크의 개념은 복지국가의 대안으로 등장하였는데 공식적 서비스기관이 관료제적 조직으로 변화하여 서비스 이용자의 욕구에 대해 민감하게 반응하지 못한다는 비판 때문에 복지국가가 다른 부문과의 비공식적 지원망을 통해 서비스를 제공하기 위해 모색하게 되었다고 볼 수 있다(이원숙, 1995). 이러한 네트워크 거버넌스 이론은 정부와 사회의 다양한 참여자들이 상호 네트워크 구조를 구축하여 사회문제의 해결이나 공공서비스의 제공과 같은 과업과 책임을 분담할 것을 주장한다(Rhodes, 1997).

네트워크 거버넌스 이론은 효과적인 조직운영의 원리를 네트워크의 개념을 통해 발견하고자 하는 이론적 노력으로 무한히 많은 행위자와 관련된 정책의 조정 문제를 해결하기 위한 사회적 장치로서 긍정적 의미를 갖는다(Kooiman, 1994). 사회복지 영역에서 네트워크 거버넌스의 효과성은 조직의 네트워크 수준과 조직효과성 간의 관계로 살펴볼 수 있다. 예를 들면, 네트워크 거버넌스의 수준이 높지 않은 경우에 조직의 효과성이 낮고, 정부와 사회복지기관과의 네트워크 수준이 높을수록 이용자의 규모가 증대됨으로써 조직의 효과성이 높다고 볼 수 있다.

(3) 상호조직 이론

상호조직 이론은 조직 상호 간의 관계를 이해하는 데 도움을 주는 이론으로 자원의존 이론(resource dependency theory) 혹은 조직 간 관계 이론(inter-organizational theory)으로 불리기도 한다. 조직은 다양한 외부 환경과 관계를 맺으면서 변화해 가는데 이 과정에서 자연스럽게 네트워크가 형성되고 역할이 설정된다. 개별조직이 다른 조직과의 상호관계 속에서 자원을 획득하는 과정은 네트워크의 형성으로 해석될 수 있으며, 상호조직 이론은 지역사회에는 다양한 형태의 조직들을 포함하고 있으며, 이러한 조직들 간의 서비스 조정과 협력이 지역사회복지를 개선, 증진시키는 데 중요하다는 점을 강조한다(Hardcastle, Wenocur & Powers, 2004).

상호조직 이론에 의하면 모든 조직은 그 조직이 지향하는 목적을 성취하기 위해 나름의 과업환경 내 자원이나 경쟁자들을 필요로 하고 그들과 상호조정 및 협력을 통해 전체 지역사회를 발전시켜 나간다는 것이다. 또한 이 이론은 사회교환 이론을 바탕으로 발전되었으며, 사회교환 이론과의 차이는 교환행위가 상호 균형적으로 이루어지지 않는 것에 초점을 두고 있다. 곧 교환이라는 행위가 결핍된 자원의 취득을 위해 이루어지지만, 교환행위에 참여하는 행위자들 간에 가지고 있는 자원이 각각 다르므로 문제가 발생한다고 본다(Emerson, 1962; Blau, 1964; Jacobs, 1974).

이러한 목적을 성취하기 위해 필요한 과업환경은 자금지원이나 재정자원의 제공자, 권위와 정당성의 제공자, 수혜자(예 사회복지조직에서 서비스 이용자) 또는 소비자의 제공자, 상품과 서비스의 소비자와 수혜자, 경쟁조직 등이다.

(4) 사회교환 이론

네트워크에서 사회적 교환이란 상호 간의 신뢰에 근거하여 혜택을 받은 자는 이에 대한 보답의 의무감을 느끼고 혜택을 제공한 자는 상대방이 언젠가는 그만한 대가를 지불할 것이라는 기대감을 형성하는 관계를 말한다. 이러한 교환관계는 지위, 자존감, 감정이입 등의 심리적 · 사회적 자원이 포함된다. 사회교환 이론은 개인, 집단 또는 조직 간의 균형 있는 교환을 통해서 개인, 집단, 조직 나아가 지역이 발전한다는 것을 강조한다. 특히 사회교환 이론에 따르면, 사회교환의 과정에 의해서 네트워크는 형성, 유지되고 발전된다.

사회교환 이론은 분석의 단위를 조직 내의 구성원인 개인에 초점을 맞추고 있는데, 조직구성원들 간의 상호관계, 특히 권력관계를 중시한다. 사회교환 이론은 한 조직이 네트워크에 참여하고 있는 다른 조직의 영역을 인식하였을 때 발생하며, 조직들은 인식된 영역을 상호 간에 교환하게 된다. 이 이론에서는 사회적 교환의 가치, 장소, 대상, 조건 등이 중요한 이론적 기초가 된다.

사회교환 이론에 따르면 사회적 교환은 교환의 장에서 이루어지며 교환의 장은 원하는 자원과 상품을 교환하기 위해서 다양한 관점에서 서로에게 영향을 주는 둘 이상의 참가자로 구성되는 하나의 시장에서 이루어진다. 사회적 교환의 가치는 경제적 보상뿐만 아니라 기관의 만족이나 가치, 사명감의 충족, 사회적 기여, 증진된 사회적 지위 등 무형의 가치도 포함된다. 따라서 인적 · 물적자원을 포함하는 상담, 지역조직서비스, 돈, 정보, 아이디어, 정치적 영향력, 의지, 의미, 힘, 서비스 이용자 등을 포함하는 유형 또는 무형의 자원들이 교환의 가치를 가진다.

사회적 교환의 가치는 경제적 보상으로만 측정되는 것이 아니라 네트워크를 형성하거나 네트워크를 유리하게 발전시키기 위해 필요한 교환을 의미하기 때문에 실제로는 측정하기 어렵다. 즉 사회교환 이론은 서로 영역이 다른 개인이나 조직이 서로에게 필요로 하는 것을 상대방과의 교환을 통해 획득하려고 네트워크를 형성한다는 것이다. 그리고 두 참가자 간에 교환되는 것이 서로 균형을 이루지 못하면

네트워크가 유지되지 못한다는 점을 알려 준다.

모선영(2007)은 서비스 통합과 네트워크를 성공적으로 추진하기 위한 전제 조건으로 다음과 같은 사항들을 제안하고 있다.

첫째, 네트워크 센터를 상시 운영하고 체계적인 슈퍼비전팀을 조직해야 한다.

둘째, 실무자들에게 서비스 통합과 네트워크, 사례관리에 대한 교육을 실시해야 한다.

셋째, 안정된 재정 확보가 중요하다.

넷째, 네트워크기관 간 파트너십을 유지하기 위하여 호혜성이 담보되어야 한다.

다섯째, 조직진단과 컨설팅이 필요하다.

마지막으로 사업을 주관하는 기관과 참여하는 기관들이 수요자 중심의 서비스를 제공하기 위해서는 적정한 인원과 업무량을 유지해야 하며 업무구조, 조직문화도 서비스 중심으로 개편되어야 한다.

다음은 지금까지 설명한 네트워크 이론에 관한 핵심 개념들을 요약한 것이다.

Tip

네트워크 이론의 핵심 개념

- 네트워크는 부족한 자원을 다른 기관과의 협력을 통해 극복하려고 하는 노력의 결과이다. 이를 통해 누락된 서비스 이용자를 발굴하고, 서비스의 단절을 극복할 수 있으며, 서비스와 프로그램의 중복 조정 등을 통해 효율성을 증대시키고, 부족한 자원을 동원한다.
- 사회자본의 구성요소로 사회관계망, 신뢰, 호혜성을 들 수 있다.
- 거버넌스 이론은 공공과 민간의 효율적인 파트너십을 분석하기 위한 것이다.
- 조직 간 관계 이론은 지역사회에는 다양한 형태의 조직들을 포함하고 있으며 이러한 조직들 간의 조정과 협력이 지역사회 주민 나아가 지역사회복지를 개선・증진시키는 데 있어 중요하다는 점을 강조한다.
- 사회교환 이론은 개인, 집단 또는 조직 간의 균형 있는 교환을 통해서 개인, 집단, 조직, 지역의 발전을 강조한다.

4) 위기개입 모델

(1) 위기개입 모델의 개념과 특성

위기이론과 이 이론을 단기 개입실천에 적용시키고자 하는 시도는 1960년대 이후 커다란 관심의 대상이 되어 왔다. 위기개입 모델과 실제는 린더만(Lindermann, 1944)의 극심한 슬픔반응에 관한 연구와 카플란(Caplan, 1964) 및 동료학자가 수행한 예방정신의학 연구 프로그램 등에 기초해서 1950년대 및 1960년대 걸쳐 급격한 속도로 성장하였다.

자연재해나 갑작스런 생활상의 사건, 발달과정에서 경험하는 스트레스 등으로 인해 격심한 고통의 감정을 일시적으로 경험하고 그 충격으로 유발되는 스트레스로 일상생활 수행에 어려움이 발생하는 경우, 이에 대처할 능력과 자원이 부족하여 문제가 생기는 사람들에 대한 관심으로부터 나온 것이 위기개입 모델이다. 따라서 위기개입 모델의 목적은 극심한 스트레스 상황에서 즉각적으로 필요한 서비스의 지원과 격심한 고통 이후에 발생할 수 있는 심각한 심리적 붕괴 현상의 예방에 있다(양옥경 외, 2002). 또한 위기개입은 단적으로 말해 인간의 정상적인 기능을 와해시키는 연속적인 사건들을 차단하기 위한 활동이라고 할 수 있다(이준우 외, 2006).

위기개입 모델은 특히 정신보건 분야의 여러 서비스에서 폭넓게 활용되어 왔으며 최근 우리나라 사회복지 실천 현장에서는 폭넓게 각광받고 있다(이준우 외, 2006). 위기개입 모델은 기존 모델들을 절충한 통합적인 형태를 갖고 있으나 이론적 측면에서는 정신역동적 관점에서 나오는 자아심리학의 기본요소들을 사용하고 있다. 따라서 외적 사건들에 대한 정서적 반응은 무엇이며, 어떻게 그 반응들을 합리적으로 통제해야 할 것인지에 초점을 두고 있다(서진환 외, 2001).

또한 위기개입에서 강조되는 중요한 사실은 위기에 대해 사람들이 어떠한 정서적 반응을 보이는가 하는 것과 매일 부딪치는 문제를 다루어 나갈 수 있는 능력에 변화가 일어나서, 변화된 능력이 오랫동안 지속되어야 한다는 데에 있다. 이러한 위기개입 모델은 위기 개념과 단기 개념을 포함한다. 즉, 위기개입은 위급한 상황에의 즉각적인 대처라는 의미를 갖고 있는 것이다.

위기개입 모델에 근거한 사례관리의 특징은 긴박한 심리적 위기에 처한 서비스 이용자의 특별한 욕구와 관심을 설명할 수 있다는 것이다. 사회복지 실천 현장에서 위기개입 모델에 기초한 사례관리는 개인이나 가족의 기능이 개인적 손상 혹은 비극으로 인해 갑작스럽고 심각하게 영향을 받았을 경우 적용된다. 이 모델은 그 위기를 불러일으킨 사건 직후 4주에서 6주 동안 활용되며 특히 개인적 위기로 인해 정상적으로 기능을 못 하는 사람에게 제공되는 집중적이며 시간 제한적인 개입의 중요성을 강조한다(이준우 외, 2006).

위기개입의 사례관리 개입원칙은 다음과 같이 간략하게 설명할 수 있다.

첫째, 서비스 이용자가 최소한 위기 이전의 기능 수준으로 회복하도록 돕는 것이다.

둘째, 직접적으로 위기상황과 관련된 구체적인 문제에 초점을 두며, 현재 지향적이어야 한다.

셋째, 다른 모델들에 비해 상대적으로 단기접근이다. 위기개입 기간은 4~6주 정도이다.

넷째, 구체적이고 관찰이 가능한 문제가 위기개입 표적이다. 과거를 탐색하는 데 비중을 두지 않고, 과거를 탐색할 경우 현재 위기와 직접 관련이 있는 것에 한정한다.

다섯째, 가장 적절한 최선의 치료 전략을 세워야 한다. 단순히 차선책으로 접근해서는 안 된다. 위기는 심각하고 적절한 개입책을 마련하는 것이 최우선 순위이다.

여섯째, 위기개입을 수행하는 사례관리자는 다른 어떤 실천접근에서보다 적극적이고 직접적인 역할을 한다. 위기개입 모델에 기초한 일반적인 사례관리 과정은 '사정 → 계획 → 개입 → 위기대비 계획'으로 설명할 수 있다(서진환 외, 2001).

① 사정단계

- 서비스 이용자가 왜 오늘 도움을 받으러 왔는지 고려한다. 위기문제로 사회복지사를 찾아올 때에는 보통 위기 발생 후 2주 정도 망설이다가 찾아오기 때문에 빨리 이를 파악해야 한다.
- 서비스 이용자가 현재 위기와 선행사건을 어떻게 인식하는지 고려해야 한다.
- 서비스 이용자가 주위의 도움을 받을 만한지, 자원이 있는지, 그리고 지지수준과 질은 어느 정도인지 고려해야 한다.
- 서비스 이용자가 과거에 비슷한 문제를 겪은 적이 있는지, 있다면 어떻게 대처했는지 고려한다.
- 위기개입에서 반드시 고려해야 할 자살, 타살의 위험에 대해 질문해야 한다.

② 계획단계

위기 때문에 서비스 이용자의 기능은 어느 정도 손상되었는지, 일상생활 수행능력은 어느 정도 회복될 것인지, 서비스 이용자 주변 자원들은 어떻게 반응하고 있는지, 서비스 이용자는 어떤 도움을 받을 수 있는지 등을 평가한다. 그 다음으로 가능한 대안들을 고려하고 이들의 장단점을 파악하여 무엇을 수행할 것인지 행동계획을 세운다.

③ 개입

- 개인이 자신이 처한 위기에 대해 지적으로 이해할 수 있도록 돕는다.
- 서비스 이용자가 표현하기 힘들어하는 감정을 표현하도록 돕는다.
- 대처기제를 탐색한다.
- 서비스 이용자가 자신의 사회적 지지체계를 형성하거나 다시 형성할 수 있도록 돕는다.

④ 위기대비 계획

서비스 이용자가 미래에 발생할 수 있는 다른 위기에도 대처할 수 있도록 돕는다. 위기개입 마지막 단계에서 서비스 이용자가 위기를 다루는 과정에서 무엇을 배웠는지 정리한다.

(2) 위기대처 방법: 긴급지원에 유용한 위기개입 6단계 모델

제임스와 길리랜드(James & Gilliland, 2001)가 제안한 위기개입 6단계 모델[1)]은 앞서 설명한 일반적인 위기개입 모델에 근거하고 있으면서 가정폭력 및 가족학대, 성폭력, 자살충동 등과 같은 매우 긴박하면서도 심각한 위기상황에 보다 더 효과적인 매우 실제적인 위기개입 실천 모델이라고 본다. 동시에 위기개입 6단계 모델은 사례관리 개입과정을 수행해 나가는 데에도 크게 유용한 모델이라고 할 수 있다.

① 사정

위기개입 6단계 모델은 사정과 개입으로 이루어진다. 우선 사정을 위해 사회복지사는 서비스 이용자에 대해 충분한 검사를 하거나 깊이 있는 정보를 얻을 수 있는 시간이 부족하다. 따라서 DSM-5의 진단기준이나 자기보고 형식의 측정도구를 사용하여 사정하기는 어렵다. 그래서 6단계 모델에서는 위기분류사정양식(Triage assessment form: TAF)을 주로 사용한다. '위기분류사정양식'은 긴박한 위기상황에서 서비스 이용자의 정서, 행동, 인지적 영역의 현재 기능을 빠르게 파악할 수 있도록 만들어진 도구[2)]이다(한인영 외, 2001). 정서 영역에서는 서비스 이용자가 현재 보이는 정서적 반응이 상황을 부인하거나 회피를 하는지, 정상적인 것인지, 충동적 상태 혹은 충격적 상태를 나타내는지 전반적으로 살펴본다. 이때 '분노/적의, 두려움/

---

1) 이 장에서 인용한 위기개입 6단계 모델의 주요 내용들은 한인영 등(2001)이 번역하여 국내에 소개한 것을 장수미 등(2006)이 일목요연하게 정리한 것을 다소간 수정 · 보완하여 사용하였음을 밝힌다.

2) 한인영 등(2001)이 번역한 '위기개입'의 pp. 50-53까지를 참조하기 바란다.

불안, 슬픔/침울' 등과 같은 다양한 정서의 출현 여부를 파악한다. 행동 영역에서는 서비스 이용자의 행동양상이 접근적인지, 회피적인지, 무력해져서 비유동적 상태인지를 사정한다. 인지적 영역에서는 음식, 주거와 같은 물리적 측면, 자아 개념, 정체감 등 심리적 측면, 가족, 친구와 같은 사회적 측면, 가치, 신념체계와 같은 영적 측면에서 어떻게 손상 정도를 인지하는지를 측정한다.

위기개입을 하는 사회복지사는 세 영역에서의 서비스 이용자 상태를 제시된 전형적 반응 양식에 따라 분류하고, 서비스 이용자의 현재 기능수준을 수치화한다. 즉 1~10점으로 구분하여 1점: 손상 없음, 2~3점: 극소의 손상, 4~5점: 경미한 손상, 6~7점: 중등도의 손상, 8~9점: 현저한 손상, 10점: 심각한 손상으로 분류한다. 세 영역을 합하면 3점에서 30점까지 점수가 산출된다. 이때 점수가 높을수록 서비스 이용자가 평형 및 유동적 상태에 있음을 의미한다. 평형, 유동성의 정도에 대한 사정은 위기개입을 하는 사회복지사의 개입활동 정도를 결정해 주기 때문에 중요하다. 서비스 이용자가 비유동적 상태에 있을수록 지시적 개입이 필요하며, 유동적 상태에 있을수록 비지시적 개입을 하도록 한다.

② 개입

사정이 위기개입의 전 과정에서 진행되는 역동적 활동으로 계속되는 동안 위기개입을 하는 사회복지사는 6단계에 따라 구체적 개입을 실시한다.

1단계는 문제를 정의하는 단계로서 이때 서비스 이용자의 관점에서 문제를 정의하고 이해하는 것이 중요하다. 위기개입을 하는 사회복지사는 위기상황에서 당황하는 서비스 이용자의 문제를 재빨리 파악하기 위해서 감정이입, 진실, 수용, 긍정적 관심을 제공하는 경청기술을 적극적으로 사용하는 것이 좋다.

2단계는 서비스 이용자의 안전을 확보하는 단계이다. 안전이란 자신과 타인에게 신체적 · 심리적 위험을 최소화하는 것이다 여기서는 서비스 이용자의 안전을 두 번째 단계로 하였지만 안전은 위기개입 전 과정에서 우선적으로 고려해야 할 사항이므로 이 단계를 유연성 있게 적용해야 한다.

3단계는 지지하기이다. 위기개입을 하는 사회복지사는 서비스 이용자에게 '당신에게 진정한 관심을 가진 사람이 여기 있다'는 사실을 확신시켜, 서비스 이용자가 위기개입을 하는 사회복지사를 무조건적 · 긍정적으로 수용할 수 있도록 해야 한다. 이 세 단계에서는 위기개입을 하는 사회복지사의 경청하는 자세가 매우 강조된다.

4단계는 대안을 탐색하는 단계이다. 위기에 처한 서비스 이용자는 실제로 선택의 여지가 없다고 믿는다. 또한 비유동적 상태에서는 최선의 선택이 무엇인지 알기 어려우므로 이 단계에서 서비스 이용자에게 적절하고 가능한 선택이 무엇인지 폭넓게 찾아보는 것이 필요하다. 위기개입을 하는 사회복지사는 서비스 이용자에게 많은 대안이 있음을 인식시키기 위해 상황적 지지자, 대처기제, 긍정적 사고패턴을 찾아낸다. 상황적 지지자란 예전부터 서비스 이용자를 잘 아는 사람으로 도움을 제공할 수 있는 사람이며, 대처기제란 서비스 이용자가 위기를 극복하는 데 사용할 수 있는 행동적 · 환경적 자원을 의미한다. 긍정적 사고패턴은 서비스 이용자가 스트레스와 불안을 경감시키도록 하는 사고방식으로 문제를 보는 관점을 바꾸도록 한다. 위기개입을 하는 사회복지사는 이 세 가지를 찾아냄으로써 무기력하게 느끼는 서비스 이용자에게 도움을 줄 수 있다.

5단계는 계획 세우기로 이전 단계와 연결된다. 이 단계에서는 즉각 서비스 이용자에게 지지해 줄 수 있는 사람과 집단, 의뢰자원을 명확히 하고 서비스 이용자에게 즉각 사용할 수 있도록 대처기제를 제시해야 한다. 중요한 것은 서비스 이용자가 계획된 사항을 자신의 것으로 느낄 수 있도록 서비스 이용자와 협력하여 계획하는 것이 중요하다. 서비스 이용자가 해야 할 일을 원조자가 결정하는 경우가 많기 때문에 서비스 이용자가 자율성을 갖고 위기개입을 하는 사회복지사에게 너무 의존하지 않도록 한다.

6단계는 참여시키기 단계로 계획 단계가 효과적으로 수행되면 참여 단계는 쉬워진다. 이 단계에서는 서비스 이용자에게 계획한 내용을 요약해 보게 하는 것으로 서비스 이용자가 위기 이전의 평형을 되찾을 수 있도록 행동 수행에 참여하게 하는 것이다(James & Gilliland, 2001).

2. 사례관리의 실천 모델

그동안 사회복지 현장의 특성, 개입기간, 사례관리자의 역할수준 등을 고려하여 여러 다양한 차원에서 사례관리 모델의 적용성을 높이려는 노력들이 있어 왔다(Intalgiata, 1982; Austin, 1993; 이근홍, 2006; 권진숙 · 박지영, 2009). 사례관리는 직접적 개입에 의한 문제해결도 있지만 기본적으로 서비스 이용자에게 필요한 서비스를 제공하기 위해 가족, 지역사회 등 공적 영역에서의 자원까지 연계하기 때문에 서비스 이용자가 살고 있는 지역의 자원 보유 정도의 연계 가능성에 따라 다양한 실천 모델을 활용할 수 있다. 학자들에 따라 다양하게 제시되는 사례관리 실천 모델을 살펴보면 다음과 같다.

1) 기능에 따른 모델

로스(Ross, 1980)는 사례관리의 주요 기능에 따라 사례관리 수행 시에 선택적으로 고려할 수 있는 세 가지 모델, 즉 첫째, 최소한의 모델(minimal model), 둘째, 조정 모델(coordination model), 셋째, 포괄적 모델(comprehensive model)로 구분하였다.

최소한의 모델은 사례를 발견하여 아웃리치, 서비스 이용자 사정, 계획, 의뢰라는 최소한의 서비스를 제공하는 것이고, 조정 모델은 최소한의 모델에서 제공되는 서비스에 더해 옹호, 직접적인 실천, 지지체계 개발, 재평가 등의 서비스가 포함되고, 포괄적 모델은 조정 모델에서 제공되는 서비스에 모니터링, 대중 교육, 위기개입 등을 포함한다.

〈표 3-1〉 기능에 따른 로스 모델

최소한의 모델	조정 모델	포괄적 모델
아웃리치 서비스 이용자 사정 케이스 계획 서비스 제공자에게 의뢰	아웃리치 서비스 이용자 사정 케이스 계획 서비스 제공자에게 의뢰 서비스 이용자 옹호 직접적 개입 자연적 지지체계 개발 재사정	아웃리치 서비스 이용자 사정 케이스 계획 서비스 제공자에게 의뢰 서비스 이용자 옹호 직접적 개입 자연적 지지체계 개발 재사정 자원개발 옹호 서비스 질 모니터링 공공교육 위기개입

출처: 홍선미, 하경희 (2007). 통합사례관리 평가연구. p. 23 재인용.

2) 서비스 통합 정도와 자원 수준에 따른 모델

지역사회 보호에서 서비스의 통합 수준은 매우 중요하며, 점차로 복잡해지고 전문화될수록 조직 간의 연계와 조정의 역할은 더욱 강조된다(Hall, 1987).

무어(Moor, 1992)는 서비스의 통합 정도와 지역사회의 자원 보유 수준에 따라 네 가지 모델, 즉 첫째, 배분 모델(rationing model), 둘째, 마케팅 모델(marketing model), 셋째, 개발 모델(developing model), 넷째, 중개 모델(brokering model)로 구분하였다. 무어의 분류는 사례관리와 환경 간의 관계를 체계적으로 이해하는 데 유용한 도구가 될 수 있으며 이를 통해 효과적인 서비스 전략을 세우는 데 기여하였다. 즉 기관 및 지역사회의 특성에 맞는 적절한 사례관리의 모델을 개발하도록 촉구한다는 점에서 의미가 있으며 이는 이미 자원이 충분히 확보되고 서비스 통합 수준도 높은 사회에서만 사례관리가 가능하다는 인식에서 벗어나게 한 점에 의의가 있다(홍선미 외, 2007 재인용).

(1) 배분 모델

자원은 부족하지만 서비스 통합의 정도는 높을 경우 자원을 가능한 효율적으로 분배할 수 있는 역할이 강조되는 모델이다. 영국의 사례관리체계가 전형적인 형태로서 사회적 자원과 보건서비스 자원이 잘 배분되어 있는 특징을 보인다.

(2) 마케팅 모델

서비스의 통합 정도나 자원의 수준이 모두 높은 경우 서비스 이용자의 욕구에 어떤 자원이 가장 적절한지를 찾아 연결하는 역할이 중심이 되는 모델이다. 여기서 마케팅의 개념은 단순히 서비스를 판매한다는 의미가 아니라 서비스 이용자의 욕구에 적합한 서비스를 연결한다는 의미이다.

(3) 중개 모델

이용 가능한 자원은 풍부하지만 서비스의 통합 정도가 낮은 경우에 다양한 서비스 제공자로부터의 서비스를 서비스 이용자에게 중개하는 역할이 강조되는 모델이다. 사례관리자는 서비스 전달체계 안에서 부족한 통합의 역할을 보완하게 되는데 최근 지역사회의 장기 보호사업들은 이 접근을 반영하고 있다.

(4) 개발 모델

자원과 서비스 통합의 수준이 모두 낮을 경우 자원을 개발하고 조정하는 역할이 강조되는 모델이다. 이 기능은 현실적으로 많은 한계점을 가지나 빈곤을 대상으로 하는 대부분의 실천 현장에서 직면하고 있는 상황이다.

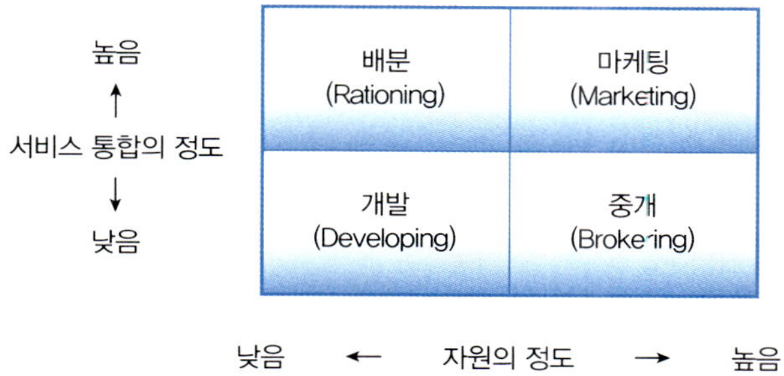

[그림 3-1] 서비스 전달과 사례관리 기능의 매트릭스

출처: Moore (1992). p. 419; 장인협, 우국희 (2001). p. 36 재인용.

3) 서비스 제공기관의 형태별 모델

퀸(Quinn, 1993)은 사례관리서비스를 제공하는 기관의 형태에 따라 5가지 모델, 즉 첫째, 독립기관 모델(freestanding agencyrationing model), 둘째, 직접서비스기관 내의 특수단위 모델(special unit in a direct service agency model), 셋째, 특수단위시설 또는 복합기능기관 모델(special unit-institution or multi-function agency model), 넷째, 조합 모델(consortium model), 다섯째, 보험사례관리 모델(insurance case management model)로 구분하였다.

(1) 독립기관 모델

독립기관 모델은 자율적으로 관리하는 조직체를 가지고 있으며, 사례관리 하나만의 서비스를 제공한다. 기관은 어떤 다른 직접서비스를 가정이나 지역사회에 제공하지 않는 방식이다. 이 모델의 특징은 사례관리자가 특정한 서비스의 조정에서 재정적인 문제에 관심을 가지지 않기 때문에 보호기획 과정이 객관적으로 제시된다.

(2) 직접서비스기관 내의 특수단위 모델

이 모델에서는 사례관리서비스로 가족상담, 가족지원, 재가복지와 같은 직접 서비스가 제공된다. 이 모델은 지역사회에서 그 기관이 이미 어느 정도의 인지도가 있다는 측면에서 이득을 볼 수 있다는 긍정적인 측면이 있으나, 궁극적인 목적인 사례관리서비스가 기관의 다른 직접 서비스들과 어떻게 조화를 이룰 것인가에 대하여 고려하는 것이 필요하다.

(3) 특수단위시설 또는 복합기능기관 모델

이러한 유형의 사례관리 모델은 병원, 그룹홈, 노인복지기관과 같은 다목적 기관에서 실시된다. 이 모델 또한 기관이 이미 형성해 높은 인지도나 경험으로부터 지원을 받을 수 있는 장점이 있으나, 사례관리체계가 전체 기관이 제공하는 서비스에 종속된 위치로서가 아니라 다른 서비스와 분리되어 주체성을 갖는 것이 중요하다.

(4) 조합 모델

조합 모델은 다양한 기관들이 공유된 관리체계하에서 협력적으로 일하는 것을 의미한다. 이 모델에서는 사례관리를 통해 서비스 이용자가 조합에 소속된 서비스 연결망을 통해 적절한 서비스를 받을 수 있도록 돕는 기능을 한다. 이 모델은 광범위한 지원망을 가지고 있다는 것과 각각의 개별적인 협력기관보다 더 많은 운영상의 자율성을 가진다는 측면에서 장점이 있으나, 조합이 충분한 지원을 받지 못한다면 개별 사례관리 단위는 권위를 상실할 수 있으며 자율성 또한 감소될 수 있다는 한계가 있다.

(5) 보험사례관리 모델

이 모델은 보험회사와 계약을 한 서비스 이용자에게 사례관리서비스를 제공하는 것으로, 사례관리의 지속기간이 짧으며 급성의 의료적 치료와 관련되어 있다는 특징이 있다.

4) 사례관리 제공자에 따른 모델

웨일과 칼스(Weil & Karls, 1985)는 누가 사례관리자의 역할을 맡느냐에 따라 일곱 가지 모델, 즉 첫째, 일반 모델, 둘째, 일차적 치료자 모델, 셋째, 학제 간 팀 모델, 넷째, 가족 모델, 다섯째, 지지적 보호 모델, 여섯째, 자원봉사자 모델, 일곱째, 종합서비스센터 모델로 구분하였다.

(1) 일반 모델

이 모델은 전통적 개별사회사업 모델과 유사하며, 사례관리자가 개별 서비스 이용자의 서비스 조정에 대한 책임을 지며 학사 또는 석사 수준의 전문가로 중재자 활동을 하면서 접수, 서비스 기획, 서비스 조정, 평가 등 전 과정에 관여한다.

(2) 일차적 치료자 모델

사례관리자와 서비스 이용자와의 관계가 치료적인 모델로 사례관리자는 석사학위 이상의 사회복지사, 심리학자, 정신과 의사 등으로 전문 인력이며 서비스 이용자의 관심사와 문제에 대한 사례관리자 자신의 지식을 기반으로 하는 모델이다.

(3) 학제 간 팀 모델

구성원 각자가 특정한 전문영역의 서비스 활동에 개별적 책임을 가지며 다양한 학문 분야 간 전문화된 팀의 개념에 기반 하는 모델로 전문화된 사례관리자들이 공동으로 사례관리의 모든 과정을 구성하는 모델이다.

(4) 가족 모델

부모가 발달장애아동의 사례관리자로서, 또는 성인 자녀가 허약한 노인의 사례관리자로서 역할을 수행하며 가족이 사례관리 과정에 대한 훈련을 받게 되면 보호의 연속성과 서비스의 질에 대하여 효과적일 것이라는 믿음에 기초한 모델이다. 이 모델은 전문가와 부모 · 성인 자녀와의 협력관계를 발달시키는 것이 중요하며 대부분의 대인서비스 체계가 복잡하기 때문에 많은 전문가의 섭외에 어려움이 있으나 가족성원을 위한 사례관리와 옹호에 대한 훈련으로 가족의 역량이 강화된다.

(5) 지지적 보호 모델

농촌 지역사회나 도시 저소득층 밀집지역에서 활용하는 것으로 지역사회 내에서 주로 만성 정신장애인을 보호하는 데 필요한 심리적 지지를 그들의 이웃과 지역주민들이 직접 제공할 수 있다는 신념에 기초한 모델이다. 이 모델은 서비스 이용자와 그들이 필요로 하는 지역사회 지지를 효과적이고 경제적인 방법으로 연결이 가능하다고 본다.

(6) 자원봉사자 모델

이 모델은 기관의 직원과 자원봉사자와의 공동협력을 통하여 일하는 것으로 자원봉사자가 일정기간 훈련을 거쳐 사례관리기관 전문가의 지도감독을 받으면서 장애인, 노인, 발달아동 등의 사례관리자로 활동하는 모델이다. 자원봉사자가 서비스 이용자에게 직접적인 서비스 제공, 점검 및 조정을 하며, 자원봉사자는 준전문가로서 서비스 이용자를 원조하는 보조 협력자의 역할을 수행한다.

(7) 종합서비스센터 모델

서비스센터가 사회적 · 정서적 지지, 직업훈련, 주거시설 등을 포함한 포괄적 서비스를 제공하는 모델로 만성 정신장애인, 지체 및 발달장애인, 자립생활센터 거주자, 정신건강 보호가 필요한 자 또는 위탁보호 가정의 청소년들에게 서비스를 제공한다. 거주자들에게 기본적인 서비스만을 제공하며, 만성 정신장애인 또는 약물남용자 등을 위한 재활프로그램 등은 다른 기관으로부터 서비스를 제공받는다. 이 모델의 장점으로는 보호의 연속성을 보장하면서 사례관리를 실천할 수 있고, 서비스 이용자의 독립적인 생활기술과 개인적으로 만족한 생활양식을 습득하도록 하는 데 도움이 된다.

5) 지역사회 보호 모델

뮤서(Mueser) 등(1998)은 사례관리가 가장 활발하게 적용되고 있는 정신보건 영역에서 대표적인 사례관리 모델을 여섯 가지 모델, 즉 첫째, 중개자 모델, 둘째, 임상 사례관리 모델, 셋째, 적극적 지역사회치료(ACT), 넷째, 집중 사례관리(ICM), 다섯째, 강점 모델, 여섯째, 재활 모델로 구분하였다.

(1) 중개자 모델

이 모델은 탈시설화의 과정에서 많은 문제들을 가지고 있는 만성 정신장애인들이 복잡하며 단절적인 정신건강서비스체계 안에서 적절한 도움을 받을 수 있도록 하기 위하여 등장하였다. 이 모델에서 가장 강조하는 것은 정신장애인의 욕구를 사정하여 적절한 서비스에 의뢰하며 서비스 간의 조정과 지속적인 모니터링을 하는 것이었다. 중개자 모델에서의 주요 기능은 사정, 계획, 서비스 연결, 모니터링, 옹호이다(Itagliata, 1982).

이때 사례관리자의 역할은 정신장애인들이 필요로 하는 서비스와 연결시키고 각기 다른 서비스 제공자들 간의 조정 역할을 하는 것이며, 이 모델의 한계점은 사례관리자가 연결의 역할만 하고 직접적인 서비스 제공자로서의 역할은 하지 않음으로써 실제적인 서비스 제공에 있어서 제한이 있다.

(2) 임상 사례관리 모델

이 모델은 사례관리 과정에서 사례관리자가 직접적인 서비스를 제공하는 임상가의 역할을 해야 할 때가 있다는 인식에서 발달되었다. 이러한 임상 사례관리 모델은 심리교육과 심리치료를 포함하여 사례관리자가 보다 임상적 기술, 대안적인 치료기법을 보유하는 데 무게를 둔다(Lamb, 1980). 사례관리자들에게 전문적인 임상 실천지식과 기술을 교육시키는 한계로 인해 이 모델은 실제로 수행되기가 어렵다는 비판이 있다(Rapp, 1993; 민소영, 2006 재인용).

(3) 적극적 지역사회치료

적극적 지역사회치료(Assertive Community Treatment: ACT)는 1970년대에 중개자 모델과 임상 사례관리 모델의 한계점을 극복하고자 정신장애인을 대상으로 하는 포괄적인 치료적 접근으로서 ACT 모델이 제시되었다. ACT는 다학제적인 팀으로 구성되며 다음과 같은 특징을 갖고 있다. 첫째, 사례관리자 한 명당 담당하는 서비스 이용자의 비율이 1:10 정도로 낮고, 둘째, 사무실이 아닌 서비스 이용자와 친근한 지역사회 안에서 대부분의 서비스를 제공하며, 셋째, 개별적이 아니라 사례관리팀이 담당하고, 넷째, 24시간 서비스를 제공하며, 다섯째, 대부분의 서비스가 중개되기보다는 사례관리팀에 의해 직접 제공되고, 여섯째, 종결시점이 없이 지속적으로 서비스를 제공하는 것이다(Stein & Test, 1980).

사례관리자는 무엇보다도 서비스 이용자의 문제해결 과정에서 장애가 될 수 있는 한계에 주의를 기울여야 하고, 개입은 예방과 증상 회복, 도움이 필요한 결함을 보완하고, 지지의 제공과 대처기술의 교육 등 지역사회 주민들에게도 서비스를 제공해야 한다. 고비용의 부담과 함께 만성 중증장애인이 사례관리팀의 다양한 서비스 제공자들과 한꺼번에 상호관계를 형성해야 하는 어려움 등이 제기된다(민소영, 2006).

(4) 집중 사례관리 모델

집중 사례관리(Intensive Case Management: ICM) 모델은 정신건강서비스를 빈번하게 이용하는 정신장애인의 욕구에 대응하기 위하여 개발된 것이다. 많은 중증 정신장애인들은 전통적인 사례관리 실천으로는 치료에 참여하는 데 한계가 있어서 응급실 이용과 같은 고비용의 치료서비스를 빈번하게 이용하게 되는 문제가 발생한다(Surles & McGurrin, 1987). 이러한 문제를 개선하기 위하여 ICM 모델에서는 사례관리자 대 서비스 이용자의 비율을 낮추고 적극적인 아웃리치와 지역사회 중심의 서비스를 제공한다. 팀 접근 여부에 따라 ACT와 ICM의 차이점이 발생하는데, 즉 ACT에서는 팀 접근을 강조하지만 ICM에서는 팀 접근을 실행하지 않는다(Degen et al., 1990).

(5) 강점 모델

이 모델은 전통적인 사례관리 실천에서 서비스 이용자가 가진 강점과 자원을 소홀히 하고 장애와 한계에만 초점을 맞추었던 것에 대한 대응으로 등장하였고, 서비스 이용자의 지역사회 통합을 촉진시키기 위해 자연적인 지역사회 지지에 보다 주목하였다(Sullivan, 1992). 강점 모델은 사례관리자가 아닌 서비스 이용자가 직접 계획을 수립한다는 점이 재활 모델과는 다른 점이다. 사례관리자는 서비스 이용자가 자신의 목표를 달성할 수 있는 개별적 · 환경적 상황을 만든다. 따라서 이 모델은 비공식적인 자원을 개발하는 데 있어서 사례관리자의 창의성이 요구된다.

(6) 재활 모델

재활 모델은 치료적인 개입보다 예방을 위한 기술훈련에 더 많은 초점을 둔다. 이 모델의 초점은 최소한 전문적인 원조의 제공으로 서비스 이용자가 사회적 환경 속에서 성공적이고 만족스럽게 살 수 있도록 돕는 것이다. 정신건강체계에 의해 정의된 목표가 아닌, 서비스 이용자의 욕구와 목표에 기반을 두고 서비스를 제공한다는 점에서는 강점 모델과 유사하다고 할 수 있다. 사례관리자는 원조전문가의 역할을 강조하지 않음으로써 정상화를 위한 분위기 조성에 기여한다.

〈표 3-2〉 지역사회 보호 모델의 특성 비교

	중개자 모델	임상사례 관리 모델	강점 모델	재활 모델	ACT	ICM
사례관리자/ 서비스 이용자 비율	1 : 50	1 : 30	1 : 20~30	1 : 20~30	1 : 10	1 : 10
아웃리치 정도	낮음	낮음	중간	중간	높음	높음
팀 활동	없음	없음	없음	없음	팀 활동	없음

24시간 사례관리자의 접근성	없음	없음	없음	없음	있음	있음
서비스 이용자의 참여 정도	없음	낮음	높음	높음	낮음	낮음
기술훈련 강조	없음	낮음	중간	높음	중간	중간
접촉 빈도	낮음	중간	중간	중간	높음	높음
접촉 장소	사무실	사무실	지역사회	사무실 지역사회	지역사회	지역사회
치료의 통합	낮음	중간	낮음	낮음	높음	높음
직접서비스 정도	낮음	중간	중간	중간	높음	높음
표적 대상	만성 정신장애	만성 정신장애	만성 정신장애	만성 정신장애	정신장애가 잦은 서비스 이용자	정신장애가 잦은 서비스 이용자

출처: Muser et al. (1998); 홍선미, 하경희 (2007). p. 29 재인용.

6) 서비스 수준에 따른 모델

황성철(2000)은 사례관리의 한국적 적용을 위하여 사례관리의 다양한 기능과 실행 및 조직구조적인 차원의 변수들을 종합적으로 고려하여 네 가지 실천 모델, 즉 첫째, 단순형 모델, 둘째, 기본형 모델, 셋째, 종합형 모델, 넷째, 전문관리형 모델을 제시하였다.

(1) 단순형 모델

이 모델은 지역사회 자원과 서비스를 단순히 연계하는 수준의 사례관리 모델로서 준전문가의 수준에서 실천된다. 단순형 모델에서 제시하는 사례관리의 기능은 욕구인식 및 사정, 사례계획과 서비스 연계, 서비스 점검 등으로 정리할 수 있다.

사례관리자의 역할은 자원 및 서비스 중개자이지만 자율적인 서비스 결정 권한은 없으며 전문가와의 협의하에서 사례관리가 진행된다.

(2) 기본형 모델

이 모델은 지역사회 자원과 서비스 연계, 기초 상담을 제공하는 수준의 모델로서 준전문가의 수준에서 실천된다. 기본형 모델에서 수행되는 사례관리의 기능은 적극적인 사례 발굴, 사정, 사례계획 및 개입, 서비스 연계, 상담, 서비스 점검 등이다. 사례관리자의 역할은 중개자, 상담자, 교육자, 지지자, 서비스 점검자이다. 기본형 모델의 경우 사례관리자의 서비스 수행의 자율성이 어느 정도는 보장된다.

(3) 종합형 모델

이 모델은 기본적으로 지역사회 자원과 서비스를 연계하고 심층 상담 및 치료적 기능을 수행하며 전문가의 수준에서 실천된다. 종합형 모델에서의 사례관리 기능은 로스만(Rothman)의 15개 기능을 수행하는 것으로 대신한다. 로스만의 15개 기능은 크게 두 영역에 걸쳐 제시되었다. 즉, 첫 번째 영역으로 연속적 기능이다. 하나, 기관으로 오기, 둘, 접수, 셋, 심리 · 사회 · 의료사정, 넷, 목표설정, 다섯, 개입계획, 여섯, 자원 확인과 목록 정리, 일곱, 공식적 연계, 여덟, 비공식적 연계, 아홉, 점검, 열, 재사정, 열하나, 성과평가이다. 두 번째 영역으로 간헐적 기능이다. 열둘, 기관 간 조정, 열셋, 상담, 열넷, 치료, 열다섯, 옹호이다. 사례관리자의 역할은 자원 및 서비스 중개자, 상담 및 치료자, 교육자, 옹호자이다. 종합형 모델의 경우 사례관리자의 서비스 개입 시, 자율적인 의사결정이 보장된다.

(4) 전문관리형 모델

이 모델은 직접적 · 간접적 서비스 제공과 전문관리자로서의 역할을 수행한다. 사례관리의 기능은 기본적 사례관리 기능과 자원배분, 통솔, 의사결정 기능이다. 사례관리자의 역할은 연계자, 상담자, 치료자, 교육자, 관리자이다. 전문 관리형 모델의 경우 사례관리자의 전문 분야별 자율성은 보장하나 필요한 경우에는 공동 결정을 권장하고 있다.

〈표 3-3〉 서비스의 수준에 따른 사례관리의 모델

	단순형	기본형	종합형	전문관리형
사례관리의 근본목적	지역사회의 자원 및 서비스 연계	지역사회의 자원 및 서비스 연계와 기초 상담 및 조언	지역사회 자원 및 서비스 연계와 심층상담 또는 치료	직접적 · 간접적 서비스 제공과 관리자로서의 서비스 관리
사례관리의 기능	욕구인식 및 사정, 사례계획과 서비스 연계, 서비스 점검	적극적 사례 발굴, 사정, 사례계획 및 개입, 서비스 연계, 상담, 서비스 점검	로스만의 15개 기능을 수행	기본적 사례관리 기능과 자원배분, 통솔, 의사결정 기능
사례관리자의 역할	자원 및 서비스 중개자	중개자, 상담자, 교육자, 지지자, 서비스 점검자	자원/서비스 중개자, 상담/치료자, 교육자, 옹호자	연계자, 상담자, 치료자, 교육자, 관리자
사례관리자의 교육 및 전문성 정도	준전문가, 비전문가 (전문대 졸업자 또는 훈련된 자원봉사자)	준전문가, 전문가(전문대 졸업자, 초임 사회복지사)	전문가(경력이 풍부한 선임 사회복지사)	특수 분야별 전문가
조직 내 사례관리자의 위치와 슈퍼비전	기존의 조직 및 업무 부서에서의 수행, 전문가에 의한 엄격한 슈퍼비전	기존 조직에서 수행, (경험 많은 사회복지사의 슈퍼비전 필요)	독립된 사례관리 부서, 최소한의 슈퍼비전	독립된 팀 형성, 슈퍼비전이 필요 없음
사례관리자의 담당사례 수	비교적 많을 수 있음	적절한 수의 사례 (30사례 내외)	비교적 적은 사례 (10~20사례)	최소한의 사례 (10사례 미만)
개별/팀 접근	팀 접근과 주로 개별적 접근 가능	개별적 접근	개별적 접근	팀 형성에 의한 접근

사례관리자의 업무에 관한 자율성 및 권위의 정도	자율적인 결정권 없음. 전문가와 협의 요망	어느 정도 자율성이 보장	자율적인 의사결정 보장	전문분야별 자율성 보장. 공동결정 요망

출처: 황성철 (1995). p. 289 재인용.

지금까지 살펴본 사례관리의 실천 모델을 정리하면 다음과 같다.

〈표 3-4〉 사례관리의 실천 모델

주요 기능	서비스 통합 정도와 지원 수준	서비스 제공기관의 형태	사례관리 제공자	지역사회 보호 정도 (정신보건)	서비스 수준
① 최소한의 모델 ② 조정 모델 ③ 포괄적 모델	① 배분 모델 ② 마케팅 모델 ③ 중개 모델 ④ 개발 모델	① 독립기관 모델 ② 기관 내의 특수단위 모델 ③ 특수단위시설/복합기능기관 모델 ④ 조합 모델 ⑤ 보험사례관리 모델	① 일반 모델 ② 일차적 치료자 모델 ③ 학제 간 팀 모델 ④ 가족 모델 ⑤ 지지적 보호 모델 ⑥ 자원봉사자 모델 ⑦ 종합서비스센터 모델	① 중개자 모델 ② 임상사례관리 모델 ③ ACT 모델 ④ ICM 모델 ⑤ 강점 모델 ⑥ 재활 모델	① 단순형 모델 ② 기본형 모델 ③ 종합형 모델 ④ 전문관리형 모델

CHAPTER 04

접수

1. 사례발견
2. 적격성 심사
3. 초기면접
4. 초기면접에서 요구되는 실천기술

Case Management

04 CHAPTER

접수

사례관리의 첫 단계인 접수는 사례관리를 필요로 하는 잠재적 서비스 이용자를 발견하고 그들의 욕구를 개략적으로 파악하여 적격성 심사(screening)를 거쳐 대상자 여부를 확인한 후 서비스 이용자를 확정하는 과정이다. 이 단계는 사례발견(case finding)과 적격성 심사(screening), 초기면접(intake)을 모두 포함하는 포괄적인 과정으로, 접수의 목적은 서비스 이용자를 확인하고 등록하는 것이다. 곧 사례관리자의 과업은 원조를 필요로 하는 서비스 이용자의 욕구를 개략적으로 파악하고, 사례관리를 통해 제공해 줄 수 있는 서비스의 내용을 상세히 설명하여 서비스 이용자가 그러한 서비스에 동의할 것인지의 여부를 확인하고 계약하는 것이라 할 수 있다.

1. 사례발견

사례를 발견하는 내용은 다양한 문제와 욕구를 가진 서비스 이용자가 직접 사례관리기관에 찾아오거나 기관에서 아웃리치(outreach)를 통한 발견, 그리고 다른 기관에서의 의뢰 등으로 구성된다. 이 단계는 사례관리자와 도움을 필요로 하는 사람이 최초로 접촉하게 되는데, 여기에는 서비스 이용자의 자발적 방문, 의뢰(referral), 사례관리자에 의한 발굴(outreach) 등의 방법이 있다.

1) 자발적 방문

서비스 이용자의 자발적 방문은 서비스 이용자가 직접 사례관리기관을 방문하거나 전화로 서비스를 의뢰하는 것을 의미한다. 이 경우는 이용자가 매우 적극적으로 자신의 욕구를 표출하기 때문에 문제해결이 용이할 수 있으나, 간혹 너무 과도하거나 무리한 서비스 욕구를 표출하는 경우도 있어 초기면접에서 욕구를 명확히 하여 사례관리의 적절성 평가와 함께 적정 수준에 대한 이해를 제공하는 것이 필요하다(양정남 외, 2009).

2) 의뢰

의뢰는 필요한 서비스를 제공해 줄 수 있는 외부의 기관, 자원 또는 전문가에게 서비스 이용자를 직접 연계시켜 주는 것을 말한다. 이는 서비스의 욕구와 그들에게 유용한 서비스를 확인하고, 그러한 서비스에 이용자가 참여할 수 있는 기회를 제공하며, 서비스의 연계가 잘 이루어지고 있는가를 확인하는 것까지 포함한다.

의뢰는 두 가지 상황이 있다(한국사례관리학회, 2012: 149 재인용).

첫째, 외부인이 사례관리자에게 사례를 의뢰하는 상황이다. 여기에는 기관 내부 의뢰를 포함하여 타 사회복지기관, 지역사회조직, 교회 · 경찰 · 학교 및 공공기관의 전문가, 서비스 이용자의 가족, 이웃 주민 등이 사례관리자에게 의뢰하는 것이 모두 포함된다. 이때 서비스 이용자의 욕구와 문제로 볼 때 사례관리서비스가 가장 적절하다고 판단했기 때문에 외부 의뢰자가 사례관리자에게 의뢰한다.

둘째, 사례관리자가 의뢰자가 되어 외부 기관에 서비스 이용자를 의뢰하는 상황이다. 이 경우에는 서비스 이용자에게 필요한 서비스를 제공할 수 있는 외부 기관, 자원, 또는 전문가에게 이들을 직접 연결해 주는 방법이다.

의뢰에서는 이용자의 외부 기관 서비스로의 연결을 신중히 다루어야 한다. 의심, 오해 등과 같은 서비스 이용자가 가질 수 있는 부정적인 감정을 끌어냄으로써 이용자의 의뢰에 대한 준비를 철저히 확인해야 한다.

3) 사례관리자에 의한 발굴(아웃리치)

대부분의 기관들은 기본적으로 의뢰에 의해 서비스 이용자와 접촉하게 된다. 그러나 탈시설화 이후, 지역사회 내의 다양한 서비스체계의 통합과 조정으로 보다 많은 이용자들에게 혜택이 돌아갈 수 있게 되자 잠재적인 서비스 이용자들이 서비스체계 내에 들어올 수 있도록 지지하는 사례관리자에 의한 발굴(아웃리치)과 같은 또 다른 방법들이 강조되고 있다.

아웃리치는 사례관리자가 기관 밖으로 서비스 이용자를 찾아 나서는 것을 말한다. 즉, 서비스 이용자를 찾아서 기관의 서비스체계로 들어오도록 독려하는 것이다. 곧, 서비스가 필요한 잠재적인 이용자를 찾아내고, 서비스의 제공과 급여를 알려 주며, 이용 가능한 서비스와 자원을 활용할 수 있도록 원조하는 방법이다(Toseland, 1981).

이처럼 아웃리치는 자신의 욕구를 충족시킬 수 있는 서비스와 자원의 정보에 대한 접근이 어렵거나, 그러한 것들을 자발적으로 구하려는 동기가 부족한 잠재적 서비스 이용자로 하여금 서비스에 대한 접근성을 높이기 위해서 활용되는 방법이다. 이러한 접근방식은, 노인이나 장애인 등과 같이 서비스를 가장 필요로 하나, 스티그마(stigma)와 문제 확대 및 노출로 인한 두려움, 무력감 등으로 스스로는 기관과 접촉하지 않고 있는 이용자를 찾아 나서는 경우에 적합하다.

사례관리자가 아웃리치를 통해 서비스 이용자에게 다가가려면, 지역사회의 인구사회학적인 정보와 욕구를 사전에 알고 있어야 하며, 가정방문, 관찰, 외부 정보 등을 통해 이들에게 다가가야 한다. 아웃리치는 기관 상황에서는 현재 자발적인 서비스 이용자의 유입이 부족하거나 현재 서비스를 제공받는 이용자보다 좀더 많은 이용자들에게 제공할 충분한 자원이 있음을 말해 주는 것이기도 하다. 새로운 서비스 이용자의 유입을 위해서 사례관리자는 이들을 찾아 나서 초기 접촉을 위한 시간 약속과 방문 계획을 세우는 일이 필요하다.

2. 적격성 심사

적격성 심사(screening)는 사례발견을 통해 서비스를 신청한 사람을 대상으로 서비스 제공의 적합성을 결정하는 것이다. 정해진 적격성의 기준에 적합한 사람인가를 확인하고, 사례관리서비스의 이용자로 결정하는 과정이다(이종복 외, 2007). 이는 부적절한 의뢰와 서비스가 필요하지 않은 사람을 사정 이전에 판단함으로써 실제적으로 서비스가 필요한 이용자에게 신속한 서비스를 제공하기 위한 것이다.

아웃리치, 의뢰, 자발적 방문 등을 통해 이용자와 초기접촉이 이루어지면 사례관리자는 이용자에 관한 기본적인 정보를 수집한다. 유의할 점은 이 단계에서 수집하는 정보는 아주 필수적인 부분으로 제한하여야 한다는 것이다. 그렇지 않을 경우에는 잠재적 서비스 이용자의 특성상 초기에 지쳐 포기할 위험이 있으며 본격적인 사정의 과업과 중복될 수도 있다.

적격성 심사 절차를 통해 원조 여부의 결정은 최대한 빠른 시일 내에 이루어져야 하며, 최대한 3일을 넘기지 않는 것이 바람직하다는 견해도 있다(장인협 · 우국희, 2001). 아직까지 적격성 심사에 대한 기준은 거의 없는 실정이나 일반적으로 사회복지기관에서는 다음의 〈표 4-1〉에서 보듯이 스크리닝을 통해 대상자를 구분할 수 있을 것이다(최희철 외, 2009).

〈표 4-1〉 대상자의 사례 구분

<table>
<tr><th colspan="3">구 분</th><th rowspan="2">설 명</th></tr>
<tr><th colspan="2">가구 구분</th><th>사례 구분</th></tr>
<tr><td rowspan="4">시 · 군 거주 지역주민 전체</td><td rowspan="2">위기가구 (빈곤 · 결손 · 비행 · 장애 · 폭력 · 학대 등)</td><td>긴급 사례관리 대상</td><td>복합적인 문제를 가지고 있으며, 문제와 욕구가 심각하고 다양한 자원의 긴급한 개입을 요구하는 대상자와 가족</td></tr>
<tr><td>집중 사례관리 대상</td><td>복합적인 문제를 가지고 있으며, 문제와 욕구의 심각성이 높아 통합적 접근을 요구하는 대상자와 가족</td></tr>
<tr><td>일반가구</td><td>단순의뢰 대상 – 협력기관 주관</td><td>문제와 욕구의 심각성이 상대적으로 낮으며 개별기관에서 지원 가능한 대상자와 가족</td></tr>
<tr><td colspan="2">잠재적 사례관리 대상 – 제외 대상자</td><td>사례관리서비스를 받지 않고 있는 대상자와 가족</td></tr>
</table>

출처: 최희철 외 (2009). 무한돌봄센터 운영매뉴얼. p. 36 재구성.

Tip

적격성 심사(screening)

- 사례를 발견하면 적격성 심사를 통하여 긴급 사례관리 대상자, 집중 사례관리 대상자, 단순의뢰 사례관리 대상자, 잠재적 사례관리 대상자로 분류한다.
- 긴급과 집중 사례관리 대상자는 초기면접(intake)의 일정과 계획을 수립한다.
- 단순의뢰 대상자는 의뢰서를 작성하여 서비스 이용자가 적절한 서비스를 받을 수 있는 기관으로 보내고 담당자와 연락을 취해 이용자가 용이하게 서비스를 받을 수 있도록 조치한다.
- 제외 대상인 잠재적 사례관리 대상자는 제외 사유에 대해 당사자가 납득할 수 있도록 설명이 되어야 한다.
- 적격성 심사의 결과는 최대 3일 이내에 당사자에게 전달하여야 한다.
- 모든 적격성 심사 과정에 대해 기록으로 관리한다.
- 적격성 심사 기준을 마련하고, 적격성 심사 과정에서 사례관리자의 역할을 명시한다. 이 과정에서 서비스 이용자가 납득할 만한 기준을 가지고 있어야 한다.
- 적격성 심사 과정 기록에 대한 양식을 준비하고 이를 기록할 수 있도록 교육한다.
- 다양한 사회복지 정보를 확보하여 사례관리자가 안내할 수 있도록 한다.
- 서비스를 의뢰할 수 있는 다양한 기관의 정보와 목록을 가지고 있어야 한다.
- 기관의 적격성 심사 기준을 명확히 알고 있어야 한다.
- 제외 대상자의 안내에 있어 당사자가 오해하거나 잘못 이해하지 않도록 한다.
- 긴급과 집중 사례관리 대상자에 대해서는 당사자와 면담 일정과 사정을 위한 자료수집 계획을 수립해야 한다. 자료수집은 최대 14일 이내에 이루어지도록 하며, 면담 일정은 적격성 심사 판정 이후 7일 이내에 잡는 것이 바람직하다.

출처: 서울시복지재단 (2009). 사회복지관 프로그램 매뉴얼 지역사회보호사업-사례관리 실천매뉴얼. pp. 76-77 재구성.

3. 초기면접

초기면접(intake)은 정확한 사정(assessment)을 위해 면접상담, 가정방문 등의 방법을 활용하여 자료를 수집하고, 수집된 자료를 정리하는 과정이다. 이는 사례관리의 첫 번째 단계로 서비스 이용자와 사례관리자가 관계를 형성하고 이용자의 주된 욕구를 파악하며 이 욕구와 기관 서비스와의 적합성을 평가하는 것을 목적으로 한다(권진숙 · 박지영, 2009). 사례관리자는 이 단계에서 서비스 이용자가 적합한 기관에 배치가 이루어졌는지를 결정한다.

일반적으로 초기면접 단계는 기본적으로 다음의 세 가지 기능을 포함한다.

첫째, 서비스 이용자의 잠재적인 욕구를 파악하는 것이며, 둘째는 서비스 이용자의 욕구와 기관에서 제공 가능한 서비스의 적합성 평가, 그리고 세 번째는 기관에 대한 정보를 서비스 이용자에게 제공하는 것이다(홍선미 외, 2010). 이러한 기능은 사례관리를 수행하는 어떤 전문 분야나 어떤 세팅에서도 공통적으로 적용되는 내용이라 할 수 있다. 홍선미 등(2010)에서 소개하고 있는 초기면접의 주요 기능에 대하여 좀 더 자세히 살펴보면 다음과 같다.

1) 서비스 이용자의 잠재적인 욕구 파악

초기면접에서 다루어져야 할 서비스 이용자의 욕구 파악은 다음과 같은 기능을 포함한다(Gurasansky, Harvey & Kennedy, 2003).

- 서비스 이용자가 인지하고 있는 가장 주요한 욕구가 무엇인지 파악하는 것
- 서비스 이용자의 복합적인 욕구와 욕구의 우선순위를 파악하는 것
- 서비스 이용자의 욕구에 따라 사례관리 대상자 수준(긴급, 집중, 단순의뢰)을 평가할 수 있는 것

(1) 가장 주요한 욕구가 무엇인지 파악하기

초기면접 과정에서 서비스 이용자의 가장 주요한 욕구가 무엇인지 파악하기 위해서는 누가 서비스 이용자인지를 명확하게 파악해야 한다. 이를 위해 적합한 정보원으로부터 정보를 수집하는 것이 전제되어야만 한다.

먼저 사례관리 과정에서 사례관리자의 원조의 대상은 다양할 수 있다. 그러나 서비스 이용자가 모호해지면 결과적으로 사례관리 역시 기본적인 방향성을 잃기 쉽다. 따라서 사례관리자는 초기면접 과정에서 누가 의뢰자이고, 누가 서비스 이용자인지 구분하여, 추후에 사례관리에 대한 동의와 자기결정의 참여 주체를 누구로 할 것인가 잘 파악해야 한다.

또한 같은 서비스 이용자의 문제나 욕구에 대해 기본 정보를 제공하더라도 누가 이 정보를 제공하느냐에 따라 사례관리자의 사정(assessment)은 매우 달라질 수 있다. 따라서 사례관리자는 가능하면 이용자에 대해 신뢰할 수 있는 정보를 수집하는데 노력해야 한다. 그리하여 가능하면 이용자에 대한 정보를 풍부하게 수집하도록 하고, 특히 객관적이고 서비스 이용자의 입장을 잘 고려할 수 있는 정보를 수집하도록 한다.

> **Tip**
>
> **주요 욕구 파악하기**
>
> • 누가 서비스 이용자인지 명확화하기
> • 적합한 정보원에서의 정보 수집하기

(2) 복합적인 욕구와 욕구의 우선순위 파악하기

사례관리에서 의미하는 복합적인 욕구는 단순히 여러 개의 욕구가 제시된 것을 의미하기보다는 하나의 욕구로 인해 파생될 수 있거나 혹은 잠재적으로 부정적인 영향을 미칠 수 있는 문제들로 여러 단계에 걸쳐 여러 자원들과의 연계가 필요한 경우 등을 의미한다(홍선미 외, 2010).

Tip

복합적인 욕구 사정하기

• 서비스 이용자가 직접 해결할 수 없기 때문에 도움을 필요로 하는 욕구가 여러 가지인가?
• 서비스 이용자의 문제로 인해 다른 문제들이 파생될 수 있는가?
• 서비스 이용자는 자신이 인식하지 못하는 잠재적인 욕구들이 내재되어 있는가?

또한 초기면접 과정에서 서비스 이용자 욕구의 우선순위를 정하는 것은 매우 중요하다. 왜냐하면 서비스 이용자가 가장 도움을 필요로 하는 중요한 욕구를 기관에서 충족할 수 있는지, 혹은 이용자에게 가장 시급한 문제를 기관이 해결할 수 있는지 여부에 따라 사례관리의 진행이 이루어질 수도 있고 그렇지 않을 수도 있기 때문이다.

이 단계에서 사례관리자는 서비스 이용자의 가장 중요한 욕구를 파악하고 지지할 수 있는 준비를 하도록 한다. 곧 서비스 이용자가 제시한 욕구의 우선순위를 당사자가 정확하게 인식하고 결정할 수 있도록 사례관리자는 각각의 욕구가 갖는 위급성과 초래할 수 있는 이차적인 문제들, 그리고 현실적으로 해결 가능한 수준들을 적절하게 제시함으로써 서비스 이용자가 최선의 결정을 할 수 있도록 지원한다. 유의할 점은 욕구의 우선순위는 사례관리자가 단독으로 결정하는 것이 아니라 서비스 이용자의 의견이 반영되고, 이용자의 결정이 함께 진행되어야 한다는 점이다.

서비스 이용자 욕구의 우선순위를 정하는 기본적인 기준은 다음과 같다.

Tip

욕구 우선순위 정하기

• 서비스 이용자의 생명, 안전을 위협하는 문제
• 서비스 이용자가 가장 중요하거나 시급하다고 인식하는 문제
• 해결이나 지원이 지체되었을 경우 서비스 이용자에게 심각한 상황을 초래할 수 있는 문제

(3) 사례관리 대상자의 수준 평가하기

사례관리자는 서비스 이용자의 욕구에 따라 사례관리 대상자 수준을 긴급, 집중, 단순의뢰 사례 대상자로 각각 나누어 판정기준을 적용할 수 있다. 자세한 내용은 앞에서 다룬 2장의 〈표 2-1〉의 '사례관리 대상자 수준 판정기준'을 참조하여 확인하길 바란다.

① 긴급 사례관리 대상자 선정 방법

긴급 사례관리 대상자는 우선적으로 문제해결에 대해 시간적인 촉박함이 요구되는 욕구 특성을 가진 서비스 이용자를 포함한다. 긴급사례 대상자는 다음과 같은 요소를 충족할 때 적용할 수 있다.

- 생명이나 안전 문제가 위협을 받는 경우 : 폭력, 학대, 자살, 심각한 수준의 의식주 문제를 초래할 수 있는 경제적 문제 등
- 갑작스러운 사고나 상황변화에 서비스 이용자가 압도되어 적절히 대처하기 어려우며, 그 결과 매우 심각한 문제를 초래할 수 있을 때 : 갑작스런 실직, 사고 등으로 인해 의식주, 자녀교육 등의 문제가 초래되는 경우
- 즉각적인 개입이 제공되지 않아 서비스 이용자 상황이 심각한 수준으로 악화될 것으로 예상되는 경우
- 서비스 이용자의 심리적 상태, 혹은 현재 상황에 대한 인식이 매우 심각한 정도로 부족하여 긴급한 지원이 이루어지지 않을 경우 이용자에게 불리한 상황이 초래될 것으로 예상되는 경우

Tip

긴급 사례관리 대상자 판정기준

- 서비스 이용자의 생명 혹은 안전이 위협받고 있는가?
- 서비스 이용자가 갑작스러운 사고나 상실 등으로 인해 생활상의 안정성이 깨어졌는가?
- 서비스 이용자의 문제, 욕구가 시간적으로 촉박한 자원을 필요로 하는가?

3) 기관에 대한 정보 제공

기관에 대한 정보 제공은 서비스 이용자로 하여금 사례관리기관에서 어떤 서비스를 이용할 수 있고, 어떤 기대를 가질 수 있는지, 기관을 이용하여 현실적으로 자신이 어떻게 문제를 해결하고 욕구를 충족할 것인가에 대한 밑그림을 그릴 수 있도록 도울 수 있다. 서비스 이용자는 자칫 기관에 대한 기대를 실제 수행할 수 있는 역할 이상의 것을 소망하거나 요구할 수 있는데, 이런 경우 사례관리자와 서비스 이용자 간에 서로 제공할 수 있는 서비스와 기대하는 서비스의 차이로 인해 소모적인 갈등이 발생할 수 있다.

따라서 기관의 정보를 정확하게 제공함으로써 서비스 이용자와 지역사회에 기관의 신뢰를 높이고, 기관이 지원할 수 있는 욕구를 가진 이용자가 의뢰될 수 있도록 효율적인 자원연계를 도모할 수 있다.

4. 초기면접에서 요구되는 실천기술

초기 개입 시 사례관리자는 다양한 기술과 능력을 발휘함으로써 서비스 이용자가 새로운 도움 환경에 적응하고 사례관리자와 문제해결을 위한 파트너십을 형성할 수 있도록 도와야 한다. 특히 이 과정에서 서비스 이용자가 사례관리자와 처음 만나 관계를 형성하면서 자신의 문제를 노출시켜야 하는 부담과 불안을 최소화할 수 있도록 감정을 안정시켜 주고 사례관리자를 신뢰함으로써 자신의 문제를 진술하도록 돕는 것이 중요하다.

여기서는 초기면접에서 사례관리자에게 요구되는 주요 기술로 면접기술과 신뢰구축 기술을 소개하도록 한다(권진숙 · 박지영, 2009 재인용).

1) 면접기술

(1) 소개하기 기술

면접기술에서 가장 기본이 되는 것은 소개하는 기술이다. 특히, 소개하기 기술은 사회복지 전반에서 다루는 다양한 면접기술을 활용하여 다음 단계인 신뢰관계 구축으로 이어지도록 하는 주요한 실천기술이라 할 수 있다. 이 단계에서 사례관리자는 서비스 이용자에게 자신과 기관을 소개함으로써 이용자가 자신의 문제를 함께 해결해 나갈 전문가와 기관을 충분히 이해하고 신뢰하도록 한다.

(2) 피드백 기술

사례관리자는 서비스 이용자가 우선적으로 필요로 하는 도움의 내용이 무엇인가를 잘 이해하여야 한다. 이를 위해 사례관리자는 서비스 이용자가 자신을 잘 소개하고, 의뢰하려는 문제가 무엇인지를 정확하게 이야기할 수 있도록 격려하고 독려해야 한다. 이때 사례관리자가 주로 사용하게 되는 기술이 피드백 기술이며 이 기술은 서비스 이용자의 특성, 즉 연령이나 사회경제적 특성, 이용자가 처한 상황 등에 맞는 태도, 음성 · 표정 · 표현 등을 활용하여 서비스 이용자가 편안하게 자신의 이야기를 할 수 있도록 피드백을 주어야 한다.

피드백 기술 중 자주 활용되는 기술로 의역(paraphrasing)이 있는데, 이는 서비스 이용자의 말을 사례관리자의 말로 바꾸어 다시 이용자에게 묻고 확인하도록 해주는 기술이다. 이를 통해 사례관리자는 "제가 들은 이야기가 바로 이것을 의미하는 것인가요?"라고 되물어 다시 한 번 정확하게 서비스 이용자의 욕구를 확인하여 두 사람의 이해 내용이 동일하도록 한다.

(3) 경청기술

경청기술은 많은 사람들이 잘 알고 있다고 생각하지만 실제로 그렇지 못한 경우가 많다. 경청과 감정이입을 방해하는 주요 원인은 대부분 경청과 동의를 혼동하거나 감정이입과 동일시를 혼동하고 있기 때문이다.

경청은 말 그대로 잘 듣는 것이다. 서비스 이용자가 하는 말이나 주장을 주의 깊게 들어주거나 그것을 수용하는 것, 즉 인정(acknowledgement)은 그 사람의 입장에서 그렇게 얘기하거나 주장할 수 있다는 것을 의미하는 것이지 경청자가 반드시 서비스 이용자의 주장에 동의해야 경청한다는 의미는 아니다.

경청은 두 단계로 나누어 하는 것이 좋다.

- 첫 번째는 주의 깊게 듣고 인정하는 기술이다. 이때 사례관리자가 피드백 기술을 많이 사용하는 것도 경청기술을 높여 준다.
- 두 번째는 동의 수준의 경청인데 이 단계는 필요할 수도 그렇지 않을 수도 있다.

상담의 경우 첫 단계 기술인 경청이나 감정이입의 기술로 서비스 이용자는 스스로 자신의 문제를 해결하도록 돕는 경우도 있다. 필요시 사례관리자는 이용자의 말이나 주장에 동의할 수도 있는데 이는 이후 합의된 욕구로 서비스 이용자와 사례관리자가 함께 일하기 위한 기반을 마련하는 데 필수적인 내용이 된다. 이같이 사례관리자는 경청기술을 통해 상호 신뢰할 수 있는 면접을 이끌어 가야 한다.

2) 신뢰구축 기술

사례관리자와 서비스 이용자의 초기 신뢰구축은 사례관리의 질을 결정할 수 있는 매우 중요한 단계라 할 수 있다. 그 이유는 초기 신뢰구축이 이용자로 하여금 자신에 대한 정보를 사례관리자에게 충분히 제공하도록 하고 양자 간의 문제해결을 위한 파트너십을 견고하게 형성하는 데 도움이 되기 때문이다. 신뢰구축은 다양한 기술의 사용으로 가능해지는데 그 구체적인 내용을 살펴보면 다음과 같다(인천광역시 사회복지관협회 외, 2009; 권진숙 · 박지영, 2009).

(1) 신뢰구축을 위한 기술은 애정을 보이는 것

이 기술은 서비스 이용자에게 사례관리자가 그의 문제에 관심을 갖고 있으며 자신의 이야기를 '듣고 싶어 한다'는 메시지를 전달함으로써 경직된 마음과 불안을 경감시키는 기능을 한다. 또한 사례관리자와 서비스 이용자 간에 지지적이고 협조적인 상호작용을 유지하도록 함으로써 이용자가 자신의 문제를 객관적으로 이해하고 수용할 수 있는 내적 힘을 갖도록 도울 수 있다.

(2) 조직적이고 구체적인 표현 기술

이 기술은 서비스 이용자가 펼쳐 놓은 문제들을 조직력 있고 구체적인 표현으로 명료화함으로써 앞으로 사례관리자가 다루어야 할 이용자의 문제상황과 우선적인 문제를 규명하고 해결을 위한 접근을 어떻게 진행해 나가야 할 것인가를 체계적으로 이해하는 것이다. 이 기술에서 조직력이라 함은 사례관리자와 서비스 이용자가 주목해야 할 목적과 방향설정 능력을 의미하고, 구체적 표현 능력이란 가시적이고, 실질적이며, 즉각적 원조를 제공할 수 있는 능력을 의미한다.

(3) 솔직함의 표현 기술

이 기술은 경력이 많지 않은 사례관리자가 특히 기억해야 할 기술로 일반적으로 인간관계 형성 시 신뢰관계 구축의 큰 변수로 작용한다.

아직 경력이 짧거나 전문가로서 자신감이 적은 사례관리자의 경우 자신의 지위나 전문성을 지나치게 과대 혹은 과소 포장하는 경향이 있는데 이것이 오히려 신뢰관계 형성을 저해하게 된다는 것이다. 이 같은 기술 부족의 결과는 서비스 이용자와의 신뢰관계 형성이 불가능하거나 이용자에게 끌려다니게 되는 경우로 나타난다. 이때 사용할 수 있는 기술로 자신의 경력에 대한 솔직한 소개 혹은 일반적 상식을 기반으로 하는 관계 형성 노력이 있다. "제가 아직 경력이 짧습니다. 제가 들은 것을 제 슈퍼바이저에게 보고하고 의논하여 다시 알려 드리겠습니다" 혹은 "제가 이해하기에 좀 힘든 상황인 것 같습니다. 이 문제에 대해 전문가의 자문을 얻은 후 다시 의논해 보기로 하는 것이 어떤가요?" 등의 진술이 도움이 될 수 있다.

CHAPTER 05

사정

1. 욕구사정
2. 장애물사정
3. 자원사정

Case Management

05 CHAPTER 사정

사례관리의 두 번째 단계인 사정은 개입방법을 선택하기 위하여 서비스 이용자의 문제와 상황을 검토하는 과정이다. 이 과정을 통하여 서비스 수준과 성격에 관한 결정이 내려지고, 서비스 전달의 양과 질에 대한 청사진이 마련된다. 이 단계에서는 서비스 이용자와 그 가족에 의해 제시된 문제 외에도 신체적 · 인지적 · 사회적 · 정서적 욕구는 물론 경제적 · 환경적 욕구도 파악되어야 한다. 이처럼 다차원적 욕구의 충족을 강조하는 사정 단계에서는 서비스 이용자를 총체적 인간으로 바라보고, 개인의 다양한 문제 및 욕구 영역을 확인해야 한다(Kirst-Ashman & Hull, 1993; 장인협, 1995). 또한 공식적 · 비공식적 서비스 제공자로부터 서비스 이용자에게 제공될 수 있는 도움에 대한 면밀한 검토도 실시되어야 한다.

사정은 이처럼 서비스 이용자의 욕구와 자원을 다차원적으로 파악할 뿐만 아니라, 앞으로 진행될 개입의 효과성을 결정하는 중요한 역할을 담당한다. 이 장에서는 사례관리의 사정과정에서 다루어야 할 내용으로 욕구사정, 장애물사정, 자원사정에 대해 살펴보고자 한다.

1. 욕구사정

사례관리자는 욕구사정 시 서비스 이용자가 제시한 주된 욕구 영역과 내용을 기본으로 하되 의뢰자나 가족의 욕구도 동시에 염두에 두어야 한다. 이때의 초점은 가족의 욕구와 서비스 이용자 욕구와의 일관성과 차이점에 있다. 차이점이 발견된다면 이를 확인하고 동의하도록 하는 노력이 필요하며, 동의가 힘든 경우 법적인 경우나 위급한 상황을 제외하고는 서비스 이용자의 욕구가 우선되어야 하고 요구(want)보다는 욕구(need)가 우선되어야 할 것이다. 또한 총체적인 욕구내용과 수준을 이해하기 위해 가족과 더 큰 환경들을 사정할 수 있는 방법들을 활용하여 환경 속의 개인을 통합적으로 사정한 내용으로 제시되어야 한다.

1) 욕구 영역

서비스 이용자가 제시하는 주된 욕구의 내용을 규명하는 것과 함께 사정 단계에서 파악되어야 할 욕구는 좀더 포괄적이고 총체적인 의미를 갖는다. 사례관리자는 서비스 이용자가 제시한 주된 욕구 이외에 이용자의 욕구와 관련된 상황, 그리고 주된 욕구 충족을 위해 선행되어야 할 내용들을 점검하면서 심리사회적 사정을 통한 다양한 수준의 욕구 파악이 필요하다.

이때 참조할 수 있는 욕구 영역을 체계적 관점에서 서비스 이용자 체계, 가족체계, 사회체계로 구분하여 주요 사정내용과 방법을 〈표 5-1〉과 같이 일목요연하게 정리해서 제시할 수 있다(홍선미 외, 2010: 29 재인용).

〈표 5-1〉 체계적 관점에서의 욕구 영역

체계 구분	욕구범주	주요 내용
서비스 이용자 체계	신체건강 유지	신체장애, 임시적 질병 및 상해, 만성 · 희귀 · 난치성 질환, 비만, 영양결핍
	정신건강 유지	정신질환, 약물 오남용, 습관성 음주, 자해(자살)행위, 불안감, 폭력적 성향, 대인기피
	의식주 관련 일상생활 유지	스스로 식사 · 용변 · 의복 착용 · 외출 곤란, 스스로 약물복용 · 가사활동 불가능, 긴급상황 대처 불가능
	여가생활 활용	여가활동 부족, 부적절한 여가활동(게임, 도박 등)
	국민기초해결	결식, 주거비 · 의복비 · 난방비 · 통신비 부족, 공과금 체납, 의료비 과다
	자산관리	자산관리 능력 부재, 부채, 과태료 · 벌금, 과소비 · 낭비
	기초지식 습득 향상	읽기 · 쓰기 · 말하기 문제, 수리계산 능력 부족
	교육 개선	수업료 · 급식료 등 부족, 특수교육 문제, 사교육 문제, 상급학교 진학의 어려움, 무단결석, 학업성적 부진
	취업	실업 · 실직, 열악한 근로환경, 저임금, 비정규직, 구직의 어려움, 창업의 어려움
	주거 내부 환경 개선	화장실 · 주방시설 · 위생환경 · 도배 · 장판 · 냉난방 · 전기 · 가스 · 상하수도 시설 열악, 주택 내 이동관리, 사생활 공간 부족
	주거 외부 환경 개선	학습환경 · 교통 접근성 열악, 주변 위험물, 상습침수, 철거 등
가족체계	관계 형성	부부갈등, 부(모)자갈등, 고부갈등, 형제(자매)갈등, 가족의 무관심
	가족 돌봄	장애인 · 노인 · 아동(보육) · 만성 질환자 돌봄 곤란
	가족 내 안전 유지	폭력(성폭력), 학대(유기, 방임), 실종
	가족 외부로부터 보호	폭력(성폭력), 협박위협, 학대(물질적 착취)
사회체계	친인척 및 이웃관계 형성	친인척 갈등, 이웃 간 갈등, 친인척 · 이웃 간 관계 소원
	소속된 집단 및 사회생활	직장생활 어려움, 학교생활 어려움
	외부로부터 보호	폭력(성폭력), 협박위협, 학대(물질적 착취)
	권익 보장	차별대우, 권리침해

(1) 서비스 이용자 체계 사정

앞의 〈표 5-1〉에 제시된 서비스 이용자 체계의 11개의 욕구범주를 다시 서비스 이용자 체계 내 기능범주로 재구성한 결과 다음의 〈표 5-2〉와 같이 네 가지 기능범주인 건강, 생활능력, 경제 · 근로능력, 생활환경으로 구분하였다.

〈표 5-2〉 기능별 서비스 이용자의 욕구범주

체계구분	욕구범주	주요 내용
서비스 이용자 체계	건강	신체건강 유지
		정신건강 유지
	생활능력	의식주 관련 일상생활 유지
		여가생활 활용
	경제 · 근로능력	자산관리
		국민기초해결
		취업
	생활환경	주거 내부 환경 개선
		주거 외부 환경 개선

출처: 홍선미 외 (2010). 무한돌봄센터 사례관리 교육교재 I . p. 30 재인용.

① 건강 영역 사정

건강 영역 사정은 서비스 이용자의 신체 · 심리 · 사회적 영역을 두루 포함하는 매우 중요한 과업이다. 건강의 문제는 서비스 이용자뿐 아니라 이용자의 가족에게도 경제적 · 심리적 부담을 줄 수 있을 뿐 아니라 건강과 질병의 문제로 인해 장애가 발생되거나 사회생활에 문제가 발생할 경우, 이용자와 가족은 서로의 역할분담을 재구조화해야 하는 숙제를 갖게 되고 경우에 따라서는 가족관계에 새로운 갈등을 초래할 수 있다. 따라서 사례관리자는 건강 영역을 사정할 때 다음과 같은 요소를 포함하여 사정하도록 한다.

가. 건강문제에 대한 전반적인 사정 내용

- 질병과 장애에 대한 서비스 이용자와 가족의 인식과 수용 정도
  - 치료가 불가능한 질병에 대해 현실적인 혹은 비현실적인 기대를 가지고 있는가?
  - 질병, 장애를 수용하고 적절한 치료와 재활 혹은 나름대로의 적합한 노력을 수행하고 있는가?
- 개인력상에서 질병, 장애는 언제 발생하게 되었는가?
- 정확한 진단명은 무엇인가?
  - 서비스 이용자의 질병이 의사로부터 진단된 것인지, 주관적인 판단에 의한 것인지 확인하여 진단명을 구체적으로 조사하도록 한다.
- 질병, 장애로 인한 구체적인 증상이나 생활상의 문제는 무엇인가?
  - 질병, 장애로 인한 신체적 둔제 사정

    ⓔ 가려움, 통증 등
  - 질병, 장애로 인한 심리적 둔제 사정

    ⓔ 흉터로 인한 위축감, 고통으로 인해 잠을 못자는 데서 오는 두려움, 불안감, 장애로 인해 가장 역할을 하지 못하는 가족에 대한 미안함 등
  - 질병, 장애로 인한 사회적 둔제 사정

    ⓔ 학교, 직장생활에서의 놀림, 왕따, 일반적인 과업수행의 어려움, 부부·가족·대인관계에서의 갈등 등
- 지금까지 치료 및 재활을 위한 노력은 어떻게 수행해 왔는가?
  - 의료기관에서 처방된 치료를 지속해 왔는가?
  - 민간요법에 의존해 왔는가?

나. 건강문제로 인한 잠재적 위기

- 질병과 장애로 인한 심각한 경제적 위기가 잠재되어 있거나 발생한 경우
- 질병과 장애로 인해 이혼 등 가족이나 다른 중요한 관계에 갈등과 분리가 발

생될 위기가 있는가?

- 질병과 장애에 대한 서비스 이용자나 가족의 수용 정도가 취약하여 가출, 치료 포기, 자살과 같은 위험행동을 할 가능성이 있는가?
- 질병, 장애로 인해 서비스 이용자가 폭력적인 행동을 할 가능성이 있는가?
- 질병, 장애로 인해 서비스 이용자가 가족이나 주보호자, 주변 사람들로부터 학대나 폭력에 노출될 위험성이 있는가?

다. 건강에 대한 대처, 관리능력

- 주로 서비스 이용자 혼자 질병을 관리해 왔는가?
- 전적으로 가족 중 특정한 사람에게 의존한 치료와 재활을 해 왔는가?
- 서비스 이용자 혹은 가족의 질병, 장애관리 방법은 적절한가?

Tip

건강 관련 강점사정

- 서비스 이용자가 자신의 질병, 장애에 대해 정확하게 인식하고 잘 수용하고 있는가?
- 질병, 장애에 대해 적절한 대처방법을 알고 있고, 자신이 알고 있는 방법을 적절하게 활용하고 있는가?
- 서비스 이용자가 질병관리 방법이나 대처방법에 대해 건강한 방식으로 탐색하고 수행하고 있는가?
- 자신의 질병과 장애에 대해 도움이 필요한 경우, 누구에게 어떤 도움을, 어떻게 요청할 수 있는지를 알고 있는가?
- 자신에게 도움이 필요한 경우 외부에 도움을 요청할 수 있는가?
- 적절한 외부 도움에 대해 수치감이나 자괴감 없이 자신의 질병과 장애관리를 적절히 수용하고 있는가?

② 생활능력 영역 사정

생활능력은 서비스 이용자가 각 생애발달주기에 적합한 기능과 역할을 수행할 수 있는가에 대한 신체적 · 심리적 · 사회적 능력을 포함한다.

가. 일상생활 영역에서의 전반적인 사정 내용

- 생활능력을 사정하기 위해 사례관리자는 먼저 서비스 이용자가 발달주기의 어느 단계에 적용되는가를 판단한다.
- 이용자의 생활능력은 연령, 학력, 문화, 건강과 장애 상태, 이용자가 처한 상황과 주어진 역할에 맞춰 개별적으로 사정하도록 한다.

> **Tip**
>
> 예 중학교를 다니는 남자 청소년의 경우
> - 일반적인 자기 위생과 외모관리 기능
> - 장소와 상황에 맞는 옷차림
> - 적절한 친구 그룹을 형성하고 이들과 같은 관심사를 공유
> - 여가활동으로 컴퓨터, 축구, 농구 등을 함
> (이때 여가활동이 지나치게 혼자서 몰입해야 하는 놀이에 집중하는지, 아니면 적절히 친구들과 어울릴 수 있는 방법인지 사정)
> - 해당 학년에서 요청하는 기본적인 문자해독, 소통방법 등을 습득하고 있는지 파악

- 생활능력은 무엇을 수행하고 있는가도 중요하지만, 생활능력에 대해 서비스 이용자와 가족이 어느 정도 만족하고 있는가도 중요하므로 이러한 양면을 모두 반영하여 사정하도록 한다.

나. 일상생활 기능으로 인한 위기사정

- 서비스 이용자마다 중요하게 생각하는 일상생활 기술이 있는데, 그것이 무엇이고, 실제 어떻게 수행되고 있는가에 대해 파악한다. 만약 자신이 중요하다고 생각하는 일상생활 기능에 치명적인 손상이 있을 경우 이용자는 물리적인 위험에 노출될 수도 있지만, 심리적인 위기도 경험할 수 있다.

Tip

㉮ 교통사고로 오른손을 못 쓰게 된 다음부터는 이제 초등학교에 들어간 우리 아이에게 맛있는 밥 한 번 못해 줬어요. 아이를 볼 때마다 너무 미안하고… 죄책감이 들어요.

㉮ 저희 집엔 침대가 없어요… 저는 다리 쓰는 게 이렇게 불편한데… 그래서 가끔 잘 일어서질 못해서 그냥 오줌을 싸는 경우도 있고… 뜨거운 물을 엎질러서 위험할 뻔한 적도 있고….

㉮ 나이를 먹어서 그런지 깜빡깜빡하는 게 많아져서… 지난번에도 가스불을 켜놓고 나와서 불이 크게 날 뻔했는데… 요즘 이런 증상이 많아져서 걱정이에요.

- 일상생활 기능의 장애가 갈등이나 폭력, 혹은 의도하지 않은 학대 등을 초래하는 경우가 있을 수 있다. 특히 가족관계 안에서 이용자의 역할이 보호자이거나 보호자의 생활에 많은 영향을 줄 수 있는 가족원인 경우 이러한 일상생활기능으로 인한 역동의 문제가 발생할 수 있으므로 사례관리자는 이에 대해 잘 사정하도록 해야 한다.

③ 경제 · 근로 능력 영역 사정

경제 · 근로 능력과 관련하여 다음과 같은 내용을 사정하도록 한다.

가. 직업력

직업력은 사정 시 정보수집 과정에서 일반적인 정보수집 내용에 포함된다. 그러나 서비스 이용자의 잠재력과 경제적 문제를 함께 사정하기 위해 좀더 구체적이고 섬세한 질문들을 준비하도록 한다.

- 개인력상에서 서비스 이용자가 경험한 직업들은 어떤 유형인가?
- 이용자가 한 직장에 머무른 기간은 평균 얼마 정도 되는가?
- 이용자가 직장을 옮기는 주된 이유는 무엇인가?
- 이용자의 자기 직업에 대한 기대와 만족도는 어떠한가?
- 현재 서비스 이용자의 업무능력에 대해 주변 사람들의 평가는 어떠한가?
  (주변 사람들이 자신에 대해 어떻게 평가하고 있는지에 대해 이용자는 어떻게 생각하고 있는가?)

나. 수입 및 지출내역

수입과 지출의 균형은 이용자에게 안정된 경제생활을 유지하는 데 중요한 요소가 된다. 따라서 사례관리자는 서비스 이용자가 건강한 경제활동과 가정생활을 유지하는데 요구되는 적절한 수입원과 지출관리를 하는지 사정하도록 한다.

- 사회적으로 수용될 수 있는 수입원(직업)을 갖고 있는가?
- 한 달 수입액과 지출액은 어느 정도인가?
- 한 달 수입액은 이용자와 가족생활에 충분한 수준인가?
- 서비스 이용자의 지출은 적절한 항목으로 구성되어 있는가?

Tip

㉠ 가족생활에 반드시 필요한 항목으로 지출되고 있는가?
㉠ 가족생활에 반드시 필요하지만 질병이나 장애로 인해 서비스 이용자가 통제하기 어려운 지출항목이 발생되지 않는가?
㉠ 술, 담배, 도박, 과태료 등 서비스 이용자 생활의 우선순위에서 벗어난 항목의 지출이 전체 지출의 상당 부분을 차지하고 있는가?

- 서비스 이용자의 지출항목과 지출액에 대하여 가족이나 주변 사람들은 충분히 동의하고 인정하는가?
- 서비스 이용자는 자신의 경제관리 능력에 대하여 어떻게 평가하고 있는가?

④ 생활환경 영역 사정

일반적으로 생활환경 영역의 경우는 객관적으로 관찰이 가능하기 때문에 사회복지 영역에서 적극적으로 개입이 이루어지는 도움 내용이다. 그러나 경우에 따라 주거 내 개선이 필요함에도 불구하고 서비스 이용자가 이러한 환경 개선을 거부하는 경우도 있다. 따라서 사례관리자는 주거환경 개선의 문제가 발생되었을 때, 이러한 문제가 서비스 이용자에게 심리적 불안감이나 두려움 없이 건강한 욕구로 동기화될 수 있도록 지지하는 것이 필요하다.

(2) 가족체계 사정

가족은 서비스 이용자의 욕구와 문제를 해결하는 데 가장 중요한 협력 자원인 동시에 이용자의 문제와 욕구에 영향을 미치는 원인적 환경이 될 수도 있다. 사례관리자는 가족체계를 사정할 때, 이용자를 중심으로 각 가족구성원의 관계, 가족 상호작용 유형, 그리고 서로에게 요구하는 가족 역할이나 가족 기능을 파악함으로써 가족체계 내에 어떤 상호작용이 발생되고 있으며, 그 상호작용 안에 어떤 강점과 장애요소가 내재되어 있는지 사정하도록 한다(〈표 5-1〉 참조).

① 관계형성 영역 사정

일반적으로 사례관리가 가족 관계를 사정하기 위해 사용하는 주요 도구는 가계도이다. 이러한 가계도에는 가족 구조에 대한 기록뿐 아니라 가족구성원 간의 역동과 문제, 혹은 강점 등이 함께 제시되어야 한다.

이러한 가족 역동을 사정할 때는 가능한 서비스 이용자를 중심으로 하여 이용자와의 상호작용, 이용자에 대한 가족원들의 태도와 행동, 이용자로 인해 발생되는 가족문제와 갈등 등을 파악하는 것이 중요하다. 이를 위해 사례관리자는 가족력과 가족구조 그리고 가족구성원 간의 관계에 대한 정보를 수집하여 사정하도록 한다. 가족사정을 할 때 사례관리자는 가족구성원들로부터 정보수집뿐만 아니라 이용자가 인식한 가족구성원과의 관계와 문제들을 함께 사정함으로써 상호 역동성을 파악하도록 한다.

가. 가족력 사정

- 가족 형성과정 사정
  - 서비스 이용자를 중심으로 부모의 가족 형성과정, 이용자 출산 시 가족의 사회경제적 환경 수준 및 이용자 출산에 대한 기대 여부 등에 대해 사정한다.

• 가족원 구성 및 역할 구조
  – 가족은 어떤 사람들로 구성되어 있는가?
  – 가족 내에서 누가 가장 역할을 하고, 누가 가사 · 양육 등 돌봄기능을 수행하고 있는가?
  – 가족 내에서 서비스 이용자는 어떤 역할을 수행하는가?
• 가족원 특성
  – 가족구성원 중 질병이나 장애를 갖고 있는 자가 있는가?
  – 서비스 이용자에게 영향을 미치거나 중요한 관계를 유지하는 가족구성원의 성격특성이나 서비스 이용자를 대하는 태도는 어떠한가?

나. 가족구성원 간의 역동

• 가족 내 의사결정은 누가 하고, 이때 서비스 이용자의 의견은 어느 정도 반영되는가?
• 서비스 이용자를 중심으로 가족구성원 간의 갈등, 지지, 밀착 등의 관계가 어떻게 형성되었는가?(이 과정에서 학대, 폭력 등의 역동을 사정한다.)
• 가족구성원 중 누가 서비스 이용자에 대해 보호기능을 수행하고 있는가?
• 서비스 이용자는 가족구성원 중 누구와 가장 애착관계를 형성하고 있으며, 누구와 각각 갈등, 두려움을 느끼고 있는가?
• 지금까지 가족 내 위기상황은 무엇이었으며, 위기상황에서 가족은 어떻게 대처하였는가?
• 현재 서비스 이용자의 욕구와 문제에 대한 가족들의 인식과 수용, 그리고 문제해결을 위한 의지는 어느 정도인가?

② 가족돌봄 영역 사정

가족돌봄 영역은 주로 '특정 욕구를 가지고 있는 서비스 이용자'에 대한 가족의 돌봄기능에 대한 사정이라고 할 수 있다. 이러한 내용은 앞에서 제시한 '가족구성원 간 역동'의 사정 부분의 내용을 참조하여 사정하도록 한다.

(3) 사회체계 사정

사회체계 영역의 사정은 주로 서비스 이용자의 사회적 관계에서 문제나 주어진 사회적 역할 수행의 문제가 발생했을 때, 그리고 안전과 권리의 문제 등을 포함하는 내용이다(〈표 5-1〉 참조).

① 친인척 및 이웃관계 사정

친인척 및 이웃관계를 사정하는 기준은 이들과 서비스 이용자의 관계가 현재 서비스 이용자의 욕구와 문제에 영향을 미치거나 중요한 의미를 갖는다. 사례관리자는 초기면접에서 이용자가 호소한 문제 중 사회적 영역과 관련된 부분을 잘 구분하여 사회체계 영역에서의 사정을 수행하도록 한다.

- 친인척 및 이웃관계에서의 갈등과 관계 문제를 사정할 때, 사례관리자는 서비스 이용자가 느끼는 감정을 공감하는 동시에, 이용자가 이들 대상들과 언제, 어디서, 어떠한 일을 경험했는지 구체적인 정보를 수집한다.
- 이러한 관계 사정에서는 잘잘못을 판단하기보다는 서비스 이용자가 다른 사회적 관계에서 사용하는 소통기술, 관계기술, 그리고 갈등상황에서 어떻게 대처하는가에 대한 사회관계 기술과 능력에 대한 사정을 하도록 한다.
- 가능하다면 서비스 이용자가 경험하는 사회적 관계에서의 갈등과 문제에 대해 객관적인 정보를 제공할 수 있는 정보원을 찾아 좀더 구체적이고 정확한 정보에 근거하여 사정하는 것도 바람직하다.

② 소속된 집단 및 사회생활 사정

소속된 집단 및 사회생활 사정은 서비스 이용자의 사회적 능력과 역할 수행을 사정하는 데 매우 중요하며, 서비스 이용자의 사회복귀와 재활 등의 계획을 세우는 데 중요한 근거가 되는 사정항목이다. 사례관리자는 이용자의 사회기술과 역할수행능력을 사정할 때, 문제와 함께 강점도 사정함으로써 이용자의 잠재적 강점을 활용한 개입이 수행되도록 한다.

가. 소속집단에서의 대인관계 유형

- 대체로 모든 사람들과 원만한 관계를 맺는가, 아니면 소수의 사람들과 긴밀한 관계를 형성, 유지하는 편인가?
- 학교, 직장이나 조직에서 상사와 후배, 동료에 대한 이용자의 태도와 행동, 그리고 이들에 의한 이용자 평가는 어떠한가?
  (이용자가 윗사람 이야기는 무조건 따라야 한다는 신념이 있다면 이러한 행동은 조직 안에서 자칫 동료와 후배들에게 비난을 받을 수도 있기 때문에 잠재적인 갈등, 불신관계를 초래할 수 있다.)
- 사회적 관계에서 이용자가 자신의 의견을 잘 표현하는 편인가, 아니면 다른 사람의 의견을 주로 수용하는 편인가 등 어떤 의사소통 유형을 가지고 있는가?

나. 대인관계에서의 갈등 양상 및 대처

- 사회관계에서 주로 누구와 갈등관계를 형성하는가?
  (직장을 다닐 때마다 상사와 갈등하거나, 종교기관에서도 종교지도자를 자주 비판하거나 하는 등 서비스 이용자가 조직 안에서 주로 누구에 대한 반항감, 갈등을 느끼는지 등에 대해 사정한다.)
- 사회관계에서 갈등관계가 발생하였을 때 서비스 이용자는 어떻게 행동하는가?
  (직장을 그만두거나 조직을 나오는가? 계속 상대방을 비난하는 이야기를 하는가? 표현하진 않지만 점점 우울해하거나 소극적으로 행동하는가? 이러한 갈등 상황을

술이나 담배 등으로 해소하는가, 아니면 좀더 폭력적인 방법을 사용하는가 등)

③ 가족 외부로부터의 보호사정

서비스 이용자의 개인력을 사정할 때 반드시 가족 외부로부터의 보호나 위협 경험에 대한 사정이 필요하다. 경우에 따라서는 서비스 이용자가 친인척이나 사회적 관계에서 경험했던 폭력, 학대의 경험을 가족들이 모르고 지나가거나 혹은 가족들이 전혀 서비스 이용자에게 보호기능을 수행하지 못함으로써 서비스 이용자가 가족에 대한 불신, 사회에 대한 적대감 등을 가질 수도 있고, 더 나아가 서비스 이용자 개인적으로 낮은 자존감, 갈등상황에서 수동적으로 대처하는 행동패턴이 고착될 수도 있기 때문이다.

- 지금까지 왕따나 따돌림 등을 받아 본 적이 있는가?
- 방어할 수 없는 학대나 폭력(신체 · 정서적 · 언어적 · 성적학대와 폭력)을 경험한 적이 있는가?
- 범죄나 일탈행동 등에 노출된 적이 있는가?
- 고통스러운 차별이나 내가 존중받지 못한 경험이 있는가?
- 의미 있었던 사람으로부터 배신을 당한 경험이 있는가?

Tip

- 가족이나 사회관계에서 어려움이 있을 때 서비스 이용자가 잘 견디고 대처할 수 있었던 것은 무엇 때문이었는가?
- 가족이나 사회관계에서 나의 어려움을 이해하고 도와줄 수 있는 사람이 있는가?
- 지금 서비스 이용자가 직면한 욕구, 문제가 해결될 수 있다고 희망하는가?
  ☞ 서비스 이용자가 자신의 문제가 현실적으로 해결될 수 있을 것으로 낙관하고 자신에게 그 문제를 해결하는 데 도움이 되는 자원이 있다는 확신은 중요한 강점이 된다.

2. 장애물사정

장애물은 크게 내부 장애물과 외부 장애물의 두 가지로 분류된다(권진숙 · 박지영, 2009).

첫째, 내부 장애물이란 서비스 이용자, 환경 혹은 두 가지 요소 모두 다 이용자나 가족의 욕구와 문제해결을 방해하고 있는 내용을 일컫는 것이다.

첫 번째 장애물은 서비스 이용자나 가족의 내적 동기가 주원인인 경우로 자원보다는 원인론적 내용에 대한 논의와 해결 노력을 통한 동기부여가 개입 노력에 더욱 필수적이 된다. 이 경우는 사례관리자의 역할이 문제를 해결하는 것이 아니라 장애가 되는 서비스 이용자의 무기력, 무동기에 초점을 맞추고 개입하여야 한다. 또한 서비스 이용자와 가족과의 강점관점에 기반을 둔 임상적 개입을 통해 그들이 스스로 문제해결을 위한 노력을 할 수 있도록 원조해야 한다.

둘째, 외부 장애물이란 서비스 이용자가 필요한 자원을 얻는데 있어서의 어려움이다. 두 번째 장애물은 자원의 발견 혹은 연계를 방해하고 있는 내용을 의미할 수 있다. 이때 장애물을 제거하거나 획득할 책임은 기본적으로 서비스 이용자에게 있지만 자원사정, 개발, 연결, 유지 등에 보다 전문적인 훈련을 받은 사례관리자의 지식과 정보에 대한 교육과 모니터링 등이 서비스 이용자와 가족에게 유용할 수 있다.

1) 내부 장애물

서비스 이용자와 가족의 내부 장애물은 이들 개인 혹은 가족의 심리적 · 정신적 문제와 직접적으로 연결되어 있다. 따라서 이러한 어려움을 좀더 구체적으로 이해하고 이를 기반으로 개입하는 것은 매우 중요하다. 그러나 이 같은 문제들은 쉽게 보이거나 발견되지 않을 뿐 아니라 그 원인과 해결책도 분명하지 않을 때가 많고,

비교적 분명하게 보이는 심리적 · 정신적인 문제의 경우에도 변화하는 데 많은 노력과 오랜 시간, 그리고 경제적 부담을 감수해야 하는 경우가 대부분이다. 이러한 한계로 가시적인 평가를 지향하는 실천 현장에서는 어쩔 수 없이 간과되거나 타 임상전문가들에게 의뢰하는 것으로 책임을 제한하는 경우가 많다. 그러나 이 부분의 노력도 의뢰 후 사후관리나 모니터링을 통한 관리로 해결할 수 있으므로 정기적이고 체계적인 사후관리와 모니터링 등이 사례관리의 중요한 역할이라는 점을 인식해야 할 것이다. 여기서는 벨로우와 밍크(Bellow & Mink, 1996)가 정리한 서비스 이용자의 일반적인 내부 장애물을 소개하고자 한다.

(1) 벨로우와 밍크의 내부 장애물

〈표 5-3〉 내부 장애물(일반화)의 유형

유형 구분	범주	경험 내용
비관주의	인생경험	끊임없이 좌절을 경험했으며, 중요한 사람으로부터 기본적으로 사랑스러운 존재가 아니라는 메시지를 받아 왔다. 아동기 학대의 가능성이 크다.
	결론	얼마나, 어떻게 하든지 항상 잘못되어 있다.
	감정상태	침체, 무관심, 비관적, 하찮음
	행동상태	무기력, 후퇴, 퇴행
비판주의	인생경험	비관론자와 유사함
	결론	항상 불공평한 대접을 받아 왔으며 더 이상 그런 대우를 받을 필요가 없다.
	감정상태	분노, 실패감
	행동상태	비판적, 공격적, 트집 잡기
운명주의	인생경험	유년기에 불안한 삶, 즉 좋은 경험과 나쁜 경험을 다 가지고 있지만 근저에는 두려움이 있다.
	결론	인생은 혼란스럽고 예측 불가능하다.
	감정상태	걱정
	행동상태	충동적, 무질서, 계속되는 위기감

냉소주의	인생경험	배신을 통한 실망 경험
	결론	사람들이 나를 이용할 것이기 때문에 나만 자급자족할 것이다.
	감정상태	외로움
	행동상태	절제, 지나친 독립심, 거리감, 거부

출처: 인천광역시사회복지관협회, 사례관리연구회 (2009). 인천광역시 사회복지관 사례관리 실천을 위한 매뉴얼 연구보고서. p. 150.

벨로우와 밍크는 내부 장애물을 그 사람 나름대로의 태도, 신념, 가치 즉, 그 스스로가 만들어 낸 일반화(generalization)라고 정의하고 있다. 그리고 내부 장애물을 알고, 변화시키기 위해서 사례관리자는 상담가의 역할을 수행해야 하고 약점이 아닌 강점을 강조해야 한다고 주장한다.

이들은 서비스 이용자가 〈표 5-3〉에서 제시되는 것과 같은 네 가지 유형의 내부 장애물을 갖게 되면 모든 문제 상황에서 그것들을 일반화하게 된다고 보았을 뿐 아니라 일반화의 종류도 다양하다고 주장한다. 이 같은 일반화를 변화시키기 위해서는 경제적 비용을 포함한 많은 노력과 오랜 시간 지속적인 사후관리 혹은 모니터링이 요구된다.

Tip

예 공격적 행동 혹은 공격적 접근방식 같은 문제해결 방식을 사용하는 내부 장애물을 갖고 있는 서비스 이용자의 일반화는 서비스 이용자 스스로가 완전히 다른 새로운 종류의 경험을 하기까지는 이러한 대처방식을 지속적으로 사용한다.

2) 외부 장애물

외부 장애물이란 서비스 이용자 자신의 문제보다는 외적 환경의 변화 등으로 인해 서비스 이용자에게 어려움이나 장애를 초래하는 것이다. 외부 장애물은 다음과 같은 몇 가지 유형으로 구분할 수 있다.

(1) 부적절한 자원

먼저 부적절한 자원을 말할 수 있다. 한 가지 예로, 결혼이민자들이 언어적인 문제로 인해 문화 적응에 어려움을 겪고 있다면 이들의 일차 언어인 모국어는 현실 적응에 부적절한 자원으로 사정할 수 있다.

(2) 자원 이용에 대한 무능력

서비스 이용자가 필요한 정보를 획득하는 데 문자해독력이 중요함에도 불구하고 그들이 문맹인 경우에는 필요한 자원이 있어도 이를 이용할 수 있는 능력이 없기 때문에 문제가 초래될 수 있다. 이러한 경우를 자원 이용에 대한 무능력으로 사정할 수 있다.

(3) 고갈된 자원

고갈된 자원을 들 수 있다. 이에 해당되는 내용은 서비스 이용자의 심리적 소진, 프로그램을 지원하는 지방자치단체의 예산 부족 등이 될 수 있다.

(4) 이차적으로 필요한 자원

직장 적응훈련을 마친 정신장애인이 사회적 편견으로 인하여 취업을 하지 못한다면 이때 사회적 편견은 이차적으로 해결되어야 할 자원이다. 또한 출퇴근 프로그램을 기획하고 퇴원한 환자가 프로그램에 참여하기 위한 교통편이 없다면, 이때 교통편은 이차적으로 필요한 자원으로 사정될 수 있다.

3. 자원사정

자원사정 역시 사정 단계에서 빼놓을 수 없는 주요 내용으로 개입계획을 세우기 전 반드시 이루어져야 하는 단계이다. 사례관리 실천에서의 자원은 서비스 이용자나 가족이 원하는 모든 변화는 자원 연결로 이루어진다는 것을 전제한다. 여기서 자원이란 서비스 이용자의 내·외적 자원과 그들과 가족의 욕구변화를 위해 필요한 물질, 원조를 제공하는 사람들과 사회적 기관 혹은 조직 등 모두가 포함된다.

이처럼 자원은 서비스 이용자의 다양한 욕구를 충족시켜 줄 수 있는 중요한 요소이다. 인간의 욕구는 매슬로(Maslow)에 따르면 총 다섯 가지 욕구로 구분될 수 있다. 가장 기초적인 생존의 욕구에서부터 안전, 사회적 소속, 자존, 그리고 자아실현의 총 5단계의 욕구로 발전된다. 이렇듯 다양한 인간의 욕구는 복합적으로 나타나기도 하며, 매우 탄력적으로 시시각각 변화하기도 한다. 욕구의 변화무쌍한 속성에 시의적절하게 대응할 수 있는 자원을 연계하고 조정하기 위해 먼저 자원 사정이 필요하다.

다음의 〈표 5-4〉는 욕구에 따른 서비스와 이용 가능한 자원의 예를 보여 준다.

〈표 5-4〉 매슬로의 욕구체계에 따른 85세 여성 독거노인의 예

욕구 단계	욕구 형태	욕구 충족을 위한 서비스	지역사회 자원
5단계	자아실현의 욕구 – 평생 교육과 자기계발을 위한 기회	교육 프로그램, 자원봉사의 기회	노인종합복지관
4단계	자존의 욕구 – 개인적 자아존중감을 확립할 기회	지지집단, 심리적 상담, 정신건강증진센터	친목모임, 노인복지관
3단계	사회적 소속의 욕구 – 긍정적 환경에서 상호작용할 기회	여가집단, 노인정, 가정방문 자원봉사원	친목모임, 노인복지관
2단계	안전의 욕구 – 위험에서의 보호	응급응답체계, 노인주택, 병·의원 안전 확인을 위한 전화방문	119, 노인주택, 병·의원, 교회
1단계	생존의 욕구 – 음식, 의복, 거주, 의료적 보호	도시락배달서비스, 교통수단 제공, 가정봉사원, 대인서비스	노인복지관

출처: Netting et al. (1993). Social Work Macrc Practice, White Plains; 정순둘 (2005). 재인용.

자원사정에 있어 사례관리자가 명심해야 할 전제는 다음과 같다.

첫째, 대부분의 서비스 이용자나 가족은 비록 기능적이지 않거나 부족할 수는 있지만 현재의 사례관리자 없이 오랫동안 스스로 자원을 동원하면서 지내 왔다는 사실이다.

둘째, 자원사정은 이용자의 욕구, 즉 합의된 욕구에 항상 초점을 맞추고 이루어져야 하며 매우 구체적이어야 한다는 것이다.

셋째, 사정은 서비스 이용자를 중심으로 생태체계적으로, 먼저 서비스 이용자 자신이 가진 내부 · 외부 자원을, 다음으로 가족이 가진 자원, 이후 지역사회 내 비공식적인 자원, 마지막으로 사회복지기관을 포함한 공식자원에 대해 사정하는 순서를 밟아야 할 것이다. 실제로 이 단계에서 철저한 사정이 이루어지지 않을 경우 이중적 도움이 될 뿐 아니라 이용자나 가족의 능력을 과소평가하거나 의존심을 부추기는 결과를 초래하는 사례들을 보게 되는 경우가 있다.

Tip

자원사정 방법

- 직접 면접으로 면접을 통해 자원에 관한 정보를 알도록 돕거나 체계화하기 위해서 다음과 같은 질문을 한다.
  - 첫째, 현재 사용하고 있는 자원에 대해 물어보기
  - 둘째, 과거 자원에 대해 물어보기
  - 셋째, 알고는 있지만 사용한 적이 없는 자원에 대해 물어보기
  - 넷째, 사용했을 때 서비스 이용자의 경험에 대해 물어보기
- 다른 대인서비스의 전문가(과거 서비스 제공자)들과의 만남을 통해 정보를 얻을 수 있다.
- 업무상 기록에 관한 검토 및 분석으로 정보를 얻을 수 있다.
- 사회적 구성원들과의 상호작용을 통해서도 자원에 관한 정보를 얻을 수 있다.

CHAPTER 06

개입계획

1. 개입계획의 과정

2. 개입계획 수립의 실천기술

06 CHAPTER 개입계획

사례관리의 세 번째 단계인 개입계획은 사정을 통해 확인된 욕구목록을 실행으로 옮기기 위한 전략을 설정하는 단계이다. 즉 사정단계에서 얻어진 정보, 문제상황, 욕구, 자원, 지지망, 장애물 등을 활용하여 서비스 이용자의 욕구나 문제를 해결하고 이용자가 원하는 방향으로 변화하기 위한 실천방법을 체계화 · 구체화하는 과정이다(Holt, 2000). 이 과정에서 서비스 이용자에 대한 장 · 단기 목표를 구분하고, 우선순위를 설정하며, 목표달성을 위한 가장 적절한 해결방안을 모색하기 위해 서비스 이용자에 대한 개별서비스 계획(individual service plan: IPS)을 구체화한다.

개입계획은 사정과 서비스 전달을 이어 주는 중요한 역할을 한다.

사정이 해결되어야 할 문제와 서비스의 목적을 확인하는 데 초점을 둔 것이라면, 개입계획은 이들 욕구를 충족시킬 수 있는 적절한 수단의 실제적 선택에 초점을 둔다(Challis & Davies, 1986: 43). 이처럼 개입계획은 사례관리자와 서비스 이용자에게 개입과정의 방향을 명확히 제시해 주어 고민 없이 진행할 수 있도록 도와주고 개입이 끝난 후 그 결과를 효과적으로 평가할 수 있게 도와준다. 따라서 이 과정에서 계획이 논리성을 가질 때 그 계획은 체계적이라고 할 수 있다. 개입계획의 수립과정은 서비스 이용자와 사례관리자, 그리고 계획에 관여하는 자원망들과의 긴밀하고 명료한 의사소통을 통해 실행된다(정순둘, 2005). 이때 사례관리자는 서비스 이용자의 욕구가 가설적인 것이어서 사례관리 과정에서 변화할 수 있으므로 이 점을 고려하여 충분히 융통성 있게 서비스 계획을 세워야 한다.

Tip

개입계획의 주요 기능

- 서비스 이용자의 주요 욕구나 문제를 구체화
- 사례관리의 목적 혹은 서비스 이용자의 성과목표를 명확화
- 서비스 전달과 사회적 지원의 역할 및 책임성을 명확화
- 시간 설정
- 계획을 점검 · 평가할 수 있도록 서비스 효과성에 대한 지표들을 명확화

1. 개입계획의 과정

개입계획의 과정은 첫째, 서비스 이용자가 달성하기를 원하는 목표를 구체화하는 것, 둘째, 이러한 목표를 달성하기 위해 필요한 이용자의 변화를 명확히 하는 것, 셋째, 목표에 잘 도달할 수 있도록 개입에서 변화 전략 대안들을 선택하는 것, 넷째, 이용자와 사회복지사가 취할 활동을 결정하는 것, 다섯째, 이러한 활동을 완수하기 위한 시간계획을 세우는 것을 포함한다.

개입계획의 수립은 일반적으로 다음의 과정별로 이루어진다(홍선미 외, 2010: 42).

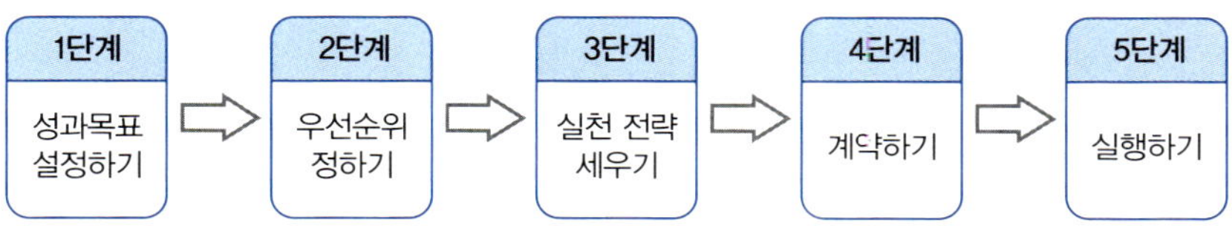

[그림 6-1] 개입계획의 과정

1) 성과목표 설정하기

성과목표는 목적(goal)과 유사한 개념으로 사례관리의 목적, 활동(개입)을 통해 일어나는 이용자의 긍정적인 변화, 혹은 기대되는 사례관리의 결과를 말한다. 성과목표는 사정과정에서 드러난 각 영역별 문제나 욕구가 충족되었을 경우 궁극적으로 기대되는 이용자의 변화로서 다소 덜 구체적일 수 있고 지향점을 나타낼 수도 있다.

서비스 이용자의 성과목표는 다음과 같은 유형으로 정리될 수 있다.

- 기술을 배우거나 필요한 지식을 습득한다.
- 중요한 결정을 한다(진로, 이혼 여부 등)
- 계획을 세울 때와 결정을 내릴 때에 필요한 정보를 수집한다.
- 자신의 문제나 관심사를 주의 깊게 사정한다.
- 계획을 세운다.
- 행동을 바꾼다.
- 자신이나 다른 사람들에 대한 태도를 바꾼다.
- 특정 서비스와 프로그램 이용 가능성에 대한 정보를 수집한다.
- 프로그램이나 서비스를 문의하거나 등록한다.
- 손상된 관계를 회복한다.
- 생활환경이나 사건을 인식하거나 해석하는 방식을 수정한다.
- 변화할 수 없는 환경이나 상황에 보다 만족스럽게 적응하도록 한다.

또한 벨로우와 밍크(1996)에 따르면, 사례관리의 목적을 달성하기 위하여 사례관리자는 다음의 네 가지 방법을 사용할 수 있다고 하였다.

(1) 직접적인 서비스 제공

사례관리자가 서비스 이용자의 변화를 위해서 직접 즉각적으로 행동하는 것을 말한다. 가령 이용자가 위기를 극복하도록 직접적인 상담을 제공하는 방법을 들 수 있다.

(2) 자원 연결

서비스 이용자에게 필요한 자원을 연결하여 그들이 이용자의 욕구를 충족시킬 수 있도록 하는 방법이다. 예를 들면 의료비를 지원해 줄 기관을 찾아 연계해 주는 것을 말할 수 있다.

(3) 서비스 이용자의 능력 개발

서비스 이용자의 욕구나 문제를 해결하기 위해서 이용자가 가지고 있는 능력을 개발시킬 수 있도록 하는 방법이다. 즉, 이용자가 직접 훈련 프로그램에 참여하거나 직업을 가질 수 있도록 하는 것이다.

(4) 서비스 이용자의 자원활용 능력 개발

서비스 이용자의 욕구나 문제를 해결하기 위해서 자원을 활용할 수 있는 능력을 개발할 수 있도록 사례관리자가 코치로서 역할을 하며 이용자에게 학습시키는 것으로, 이용자의 욕구나 문제상황에 따라서 네 가지 방법을 적절히 사용할 수 있다.

성과목표는 단기 · 중기 · 장기 성과목표로 나누어 수립할 수 있다. 단기 성과목표는 개입을 시작한 후 3개월 이내에 달성 가능한 목표로서 성취하기 쉬운 것으로 수립하고, 중 · 장기 성과목표는 단기목표의 달성을 통하거나 혹은 단기목표와 무관하게 3개월~6개월 혹은 그 이상 기간 동안의 개입을 통해 변화를 가져올 수 있는 것으로 수립한다.

2) 우선순위 정하기

서비스 이용자가 이루고자 하는 성과목표가 여러 가지인 경우 사례관리자는 이용자와 합의과정을 거쳐 정리하고 우선순위를 정해야 한다. 서비스 이용자와 사례관리자가 목표 설정에 쉽게 합의할 수도 있지만, 많은 목표나 문제 중에 우선순위를 정하는 데 상당한 시간이 걸리기도 한다. 우선순위의 결정은 이용자 자기결정의 원칙을 기준으로 하여 이용자가 가장 많은 관심을 갖고 있거나 필요하다고 판단하는 것을 선택할 수 있도록 도와야 한다.

우선순위를 정하는 과정은 다음과 같다.

첫째, 서비스 이용자는 자신의 욕구나 문제 혹은 변화하기를 원하는 것을 목록으로 작성한다.

둘째, 사례관리자는 사정내용을 근거로 전문가로서 판단하기에 이용자의 욕구나 문제 중 개입 우선순위가 높은 것으로 판단되는 항목을 2~3가지 작성한다.

셋째, 서비스 이용자와 사례관리자가 각자 선택한 우선순위를 함께 논의하면서 욕구나 문제를 재검토하고 상호관련성을 분명히 하기 위해 논리적으로 분류하거나 조합을 만들도록 한다.

넷째, 이때 사례관리자가 우선순위에 포함하도록 어떤 사항을 추천하는 경우에는 그것을 포함해야 하는 이유를 설명한다. 그리고 합법적인 권위나 해당 분야의 전문성을 가진 기관(아동보호전문기관, 법원 정신건강증진센터) 등이 의뢰한 문제들은 포함해야 한다.

다섯째, 서비스 이용자는 사례관리자와 논의한 목록을 점토해서 우선순위가 높은 순으로 2~3가지를 선정하도록 한다. 너무 많은 과제를 선정하는 것은 오히려 실천의 효과성을 떨어뜨릴 수 있으므로 1차적으로 가능한 과제들을 선정해서 실행하여 성공을 경험한 후 점검과 평가과정을 거쳐 다음 계획을 수립하도록 한다.

우선순위를 검토할 때 참고하면 좋은 기준은 다음과 같다(Bradford & Charles, 2007).

Tip

우선순위 검토 시 참고기준

- 서비스 이용자의 상황에서 가장 부담이 되는 문제, 즉 근심과 걱정의 원인이 되는 중요한 문제는 무엇인가?
- 만약 역점을 두거나 고치지 않는다면 이용자에게 가장 부정적인 결과를 가져올 수 있는 문제는 무엇인가?
- 만약 역점을 두거나 고친다면 이용자에게 가장 긍정적인 결과를 가져올 수 있는 문제는 무엇인가?
- 서비스 이용자가 가장 많은 관심을 가지는 문제는 무엇인가? 즉, 이용자가 가장 크게 동기부여 받고 있는 것은 무엇인가?
- 어느 정도의 시간과 에너지, 다른 자원을 투여했을 때, 역점을 두거나 고쳐질 수 있는 것은 무엇인가?
- 상대적으로 변화될 수 없거나 과도하게 많은 시간과 에너지, 자원을 필요로 하는 것은 무엇인가?

3) 실천 전략 세우기: 개입목표 결정하기

실천 전략은 행동과 방법적인 면을 강조하는데, 개입목표로 불리기도 한다. 개입목표는 사례관리의 목적 달성을 위해서 사례관리자와 서비스 이용자가 노력해야하는 것을 보다 구체화하고 세분화하여 측정과 평가가 가능하도록 서술한 것이다.

개입목표가 분명하지 않으면 원조과정은 방향성을 잃게 되고 결과를 평가할 수 없게 되므로 개입목표의 결정은 개입과정과 결과 평가에 결정적인 영향을 미치게 된다.

적절하게 잘 개발된 개입목표는 다음과 같은 기준을 충족시켜야 한다(Woodside & McClam, 2004).

첫째, 누가, 무엇을, 언제, 어느 정도로 할 것인가가 표현되어야 한다.

둘째, 목표는 투입(input)의 형태로 서술하는 것이 아니라 산출(output)이나 성과(outcome) 형태로 기술해야 한다. 예를 들면 자녀를 양육하는 기술이 부족한 부모의 경우는 '자녀양육 기술 교육 실시'가 아니라 '자녀양육 기술 향상'으로 표현하여야 한다.

셋째, 긍정적인 용어를 사용한다. 즉, 결석이 잦은 청소년의 경우는 개입목표를 '학교에 결석하지 않는다'라는 표현보다는 '매일 학교에 간다'가 적절하다.

넷째, 행동적인 용어를 사용한다. 빈도, 지속기간, 강도 등으로 관찰 가능한 행동을 설명하는 용어를 사용하는 것이 좋은데, 집안 환경이 불결한 이용자의 경우는 '집안을 청결하게 해야 한다'라는 표현보다는 '주 3회 집안 청소(비질, 걸레질)를 한다'라고 표현한다.

다섯째, 달성되어야 할 주요한 결과 한 가지를 명확히 한다.

여섯째, 달성할 수 있는 표적 일자를 설정한다.

일곱째, 측정하고 검증이 가능할 수 있도록 가능한 구체적이고 양적인 것으로 서술하도록 한다.

여덟째, 작더라도 달성 가능한 목표를 설정한다. 목표가 작더라도 짧은 시간에 성취할 수 있어서 변화를 지속하는 동기를 얻을 수 있도록 목표는 세분화하고 성취 가능한 것으로 설정하는 것이 좋다.

아홉째, 서비스 이용자나 개입에 참여하게 될 사람들이 쉽게 이해할 수 있어야 한다.

다음은 지금까지의 내용을 토대로 서비스 이용자의 성과목표(장 · 단기목표), 개입목표, 실행방법 등을 기록으로 어떻게 남겨야 되는지 비교해 보면서 살펴보았다(〈표 6-1〉 참조).

〈표 6-1〉 개입계획 기록의 예시

장기목표	단기목표	개입목표	실행방법
직업재활 서비스 제공	관심분야를 파악하도록 한다.	① 취업 관련 기관에 대한 정보 제공 ② 취업형태에 대한 정보제공 ③ 취업정보 검색하기	① 취업워크숍 참여 ② 취업부와 연계하여 취업 제공 ③ 단기/경쟁고용
가족지지 체계 강화	취약한 가족체계를 강화할 수 있도록 한다.	① 주기적인 가정방문 실시 ② 가족과 자주 연락을 취해 근황 확인 ③ 가족회 모임에 대한 정보 제공 ④ 억눌린 가족에 대한 감정 다루기	① 가정방문 ② 전화상담 ③ 개별상담
건강관리 및 유지	신체적 건강을 유지할 수 있도록 한다.	① 비만 · 당뇨관리를 위해 하루에 일정시간씩 유산소운동 실시 ② 음식조절 섭취 지속적 관리 ③ 정기적인 건강검진과 내과검진을 하도록 하여 간수치 체크 및 당뇨관리	① 유산소운동 ② 건강검진 ③ 내과검진

(1) 성과목표

결과목표로 불리기도 하며, 궁극적으로 달성되기를 원하는 어떤 상태를 말한다. 성과목표는 장 · 단기목표로 구분할 수 있다. 예를 들어 '안정적인 식생활을 유지할 수 있도록 한다', '안정적인 직업을 가질 수 있도록 한다' 등을 말한다.

(2) 개입목표

목표는 성과(결과)목표를 달성하기 위한 제반서비스의 제공 결과를 말한다. 즉, 목표 기록은 목표 달성을 위한 수단이 포함되어서는 안 된다. 예를 들어, 성과목표가 '안정적인 식생활을 유지할 수 있도록 한다'일 경우 개입목표는 '매일 점심을 거르지 않도록 중식을 제공한다' 등으로 기록되어야 하며, '무료급식서비스' 또는 '밑반찬제공서비스' 등과 같이 수단이 기록되어서는 안 된다는 것이다.

(3) 실행방법

목표 달성을 위해 제공되는 수단을 기록한다. 개입목표 '매일 점심을 거르지 않도록 중식을 제공한다'를 개입하기 위해 '무료급식서비스' 또는 '밑반찬제공서비스' 등의 프로그램을 수단으로 연결할 수 있다. 예를 들어 무료급식서비스를 제공하기로 할 경우 우리 기관의 급식서비스를 이용하도록 할 것인지 아닌지, 예산 확보는 어떻게 할 것인지 등에 대한 실행계획을 수립한다.

개입계획은 사정 및 재사정을 통하여 서비스 이용자의 욕구 및 문제가 변경되었거나 해결되었을 경우 다시 작성하여야 한다. 그럼에도 불구하고 사회복지 실천 현장에서는 일정한 기간을 정하여 점검 및 평가와 재사정을 실시하고 개입계획을 다시 수립하여 이용자와 공유하는 경우가 많으며 보통 1년을 주기로 하는 기관이 대부분이다.

4) 계약하기

계약은 서비스 이용자의 목표 달성을 위하여 사례관리자와 이용자 각자가 수행해야 할 활동을 명확화하고 구체화하여 합의를 하는 과정이다.

서면으로 이루어지는 계약은 시간이 다소 소요되더라도 사례관리자와 이용자 간의 합의한 역할을 명확히 하고 개입기간 동안 기억할 수 있도록 돕는다. 또한 이용자와 개입에 참여한 원조자들 각각의 책무성을 명시하여 수행 결과 평가의 기초자료가 될 수 있도록 한다.

계약에 포함되어야 할 내용은 다음과 같다.

첫째, 개입의 목적이나 목표, 제공된 서비스의 바람직한 결과(성과목표)

둘째, 성과목표를 달성하기 위해 서비스 이용자가 수행할 행동(행동)

셋째, 사례관리자가 수행할 활동

넷째, 서비스 제공기관, 서비스 내용, 서비스기관과 제공자

다섯째, 개입 전체 기간(사례관리 진행 기간)

여섯째, 사례관리에 참여할 것으로 예상되는 기관이나 사람

사례관리자는 잘 합의되고 만들어진 계획조차도 개입을 하면서 수정이 필요할 수도 있다는 것을 인식하여 필요시 계약의 재검토에 개방적이어야 한다.

5) 실행하기

과거에는 사례관리자가 전문가로서 서비스 이용자의 문제를 다룬다는 의미에서 개입이라는 용어를 많이 사용하였으나, 최근에는 이용자의 욕구나 문제해결을 위해 이용자와 사례관리자가 함께 합의하고 목표를 성취해 가는 실천과정으로 인식하여 '실행하기' 혹은 '수행하기'로 부르기도 한다.

개입(intervention)은 서비스 이용자의 욕구나 문제해결 및 긍정적 변화를 가져오기 위한 계획들을 수행하면서 서비스 이용자와 사례관리자가 사례관리 각 단계들을 수행해 온 과제들을 완성하는 과정이다.

개입의 방법에는 서비스 제공, 서비스 연계, 서비스 이용자 옹호, 서비스 조정이 있다. 이 중 서비스 조정에 관한 내용은 다음의 7장에서 자세히 다루고 있어 이 부분을 제외한 나머지 세 가지 개입방법에 대해 살펴보도록 한다.

(1) 서비스 제공

서비스 이용자의 목표 성취를 위해 제공되는 다양한 서비스를 말한다. 사례관리자가 직접 제공하는 상담서비스를 포함하여 타 원조자에 의해 제공되는 서비스를 말한다.

(2) 서비스 연계

서비스 이용자의 목표 성취를 위하여 활용 가능한 서비스나 원조자를 연결하는 기능이다. 이것은 단순한 의뢰와는 다른 것으로 이용자에게 공식적 · 비공식적 자원을 연결하여 서비스를 제공함으로써 이용자의 욕구와 문제를 해결하는 데 목적이 있다.

사례관리는 서비스 이용자의 문제해결을 위해 기존의 부적절하고 비연속적이며 경직된 서비스체계의 한계를 극복하고 지역사회의 보다 넓은 자원을 활용하여 이용자가 목표를 성취할 수 있도록 하며 이용자의 문제해결은 물론, 자원과 지지망을 확장하여 이용자의 역량과 문제해결 능력을 향상시킬 수 있도록 한다.

Tip

자원연계

- 사회복지실천 현장에서 사례관리 대상자에게 얼마만큼의 자원을 연계하는 것이 적절한지에 대한 정답은 없다. 단, 연계하는 자원이 이용자를 의존하게 만들거나 또는 필요하지 않은 자원을 제공하여 자원이 허비되는 것은 부적절한 개입이라 할 수 있다.
- 지역사회보호사업에서 사례관리 대상자의 경제적 어려움에 대한 서비스 연계로 결연후원금을 일반적으로 연계하고 있다. 결연후원금을 연결할 경우에는 후원금이 대상자에게 어떻게 쓰여질 예정인지를 명확하게 파악한 후 결정하여야 할 것이다. 대상자에게 연결하는 후원금을 일률적으로 정하는 것은 어렵겠지만 기관 자체의 기준을 가지고 있어야 한다.
  ☞ ⓔ 매월 정기적으로 지급되는 후원금의 총액이 20만 원을 넘지 않도록 한다.
  (10만 원 이상의 결연후원금이 지급될 경우에는 내부적으로 충분한 논의를 거쳐 결정한다)

서비스 연계에서 사례관리자가 염두에 두어야 할 주요 요소는 다음과 같다(권진숙 · 박지영, 2009).

- 적절성: 서비스의 양, 강도, 제공시기, 전달방법 등이 서비스의 성과목표를 성취할 수 있는 수준을 유지하고 있는가에 대한 것이다.
- 적합성: 서비스의 내용이 이용자의 성과목표를 성취하기에 적합한가에 대한 것이다.

- 통합성: 서비스 연계는 이용자의 욕구에 대한 사회자원에 대처하거나 반응하는 정도가 아니라 궁극적으로 이용자가 서비스를 이용하는 과정을 통해 지역사회에 통합되고 지역자원은 이용자에게 서비스를 제공하면서 이용자에 대한 수용도를 높이는 상호 간의 통합성을 형성해 가는 과정이다. 따라서 사례관리자는 서비스 연계를 통하여 이용자가 자신의 환경체계에 통합될 수 있도록 서비스를 제공하고 제공받는 과정에서 부작용과 저항을 고려하여 부정적인 역동을 최소화하거나 대처할 수 있는 방안을 모색하여 지원한다.

(3) 옹호

서비스 이용자의 옹호는 이용자에게 필요하지만 스스로 획득할 수 없는 서비스들을 확보하도록 돕는 것이다. 사례관리서비스를 이용하는 대부분의 이용자는 스스로 지역사회의 자원을 활용하여 자신의 욕구나 문제를 해결하는 데 취약하기 때문에 사례관리자가 이용자를 대신해서 말하고 논쟁하는 옹호과정은 매우 중요하다. 이러한 면에서 사례관리는 전 과정에 있어 옹호 지향성이 있다고 할 수 있다.

사례관리자는 개입과정에서 실행되는 여러 서비스가 이용자의 역량을 강화하고 성과목표를 성취할 수 있는 방향으로 통합적으로 잘 제공되고 있는지 살펴보아야 할 것이며, 사례관리자의 서비스 이용자 옹호과정을 통해 이용자가 스스로에 대해, 그리고 지역사회를 대상으로 자신을 옹호할 수 있는 힘을 기를 수 있도록 하여야 한다.

개입과정에서 옹호는 매우 다양한 형태로 나타날 수 있는데, 사례관리자의 서비스 이용자 옹호, 서비스 이용자가 자신을 대상으로 한 옹호, 지역주민이나 조직을 대상으로 한 옹호, 그리고 주택, 고용, 의료, 교육 등 보다 거시적이고 정책적인 수준에서의 옹호까지 서비스 이용자의 이익과 사회적 권위를 위해 수행될 수 있는 옹호의 수준은 광범위하다.

6) 개입의 한계

'사례관리자가 서비스 이용자의 어느 부분까지 개입하는 것이 적절한가?'에 대한 고민은 사례관리를 하는 모든 사례관리자들의 숙제일 것이다. 사례관리에 있어 개입의 범위를 정하기에는 어려움이 있지만 나름대로 개입의 우선순위 및 방법을 제시해 보고자 한다.

- 우선 서비스 이용자의 욕구가 있고, 해결 의지가 있는 부분에 개입한다.
- 서비스 제공기관의 보유자원과 동원 가능한 자원의 범위 내에서 개입한다.
- 문제해결은 서비스 이용자 스스로 해결할 수 있도록 하되 이것이 어려울 경우 일차적으로 가족이 문제를 해결하도록 개입하고, 이도 어려울 경우 지역사회 자원을 연계하여 사례관리자가 개입한다.
- 개입의 범위를 내부적으로 정해 놓는 것이 좋다.
- 사례관리자가 판단하기 어려운 문제에 대해서는 팀 접근을 활용하는 것이 바람직하다.
- 서비스 이용자보다 앞서 가지 말라. 이용자가 문제해결을 위해 아직 준비되지 않은 상태에서 문제해결방법을 제시해서는 안 된다. 조금 늦더라도 이용자를 기다릴 필요가 있다.

2. 개입계획 수립의 실천기술

대부분의 서비스 이용자들은 막상 구체적으로 어떠한 변화를 기대하는지, 어떠한 성과가 있기를 원하는지 질문을 받으면 대답하기 힘들어한다. 그 이유 중 하나는 서비스 이용자 자신의 욕구를 명확히 인지하지 못했기 때문이고 다른 하나는 욕구를 인식했다 해도 막상 이를 변화 가능한 목표로 구체화하지 못하기 때문이다.

이런 이유에서 이용자가 자신의 욕구에 맞는 달성 가능한 목표를 세울 수 있도록 돕는 사례관리자의 능숙한 기술이 요구된다(강명순 외, 2008).

목표를 설정할 때 사례관리자는 사정 단계에서와 마찬가지로 일방적인 결정이 아니라, 서비스 이용자가 자신의 목표가 무엇이며 그것이 무엇을 의미하고 앞으로 자신과 사례관리자 및 기타 전문가들이 무엇을 해야 할 것인지에 대해서 이해할 수 있도록 정리할 수 있어야 한다. 이러한 기술이 발휘된다면, 개입계획 수립을 통해 서비스 이용자의 자발성을 유도하고 사례관리자와의 긴밀한 협력관계를 강화시킬 수 있다. 사례관리자는 목표를 설정하고 그것을 문장으로 옮기기 위해서 다음의 기술에 대해서 기본적으로 염두에 두어야 한다(권진숙 역, 2004; 한국사례관리학회, 2012 재인용).

1) 구체화 기술

서비스 이용자의 행동을 어떻게 구체적으로 기술해야 하는가? 이것은 서비스 이용자의 '자존감 향상' 등의 개념적인 목표를 구체적인 행동으로 옮기는 것을 의미한다. 사례관리자는 '그들이 그 목표를 달성했을 때 사람들이 어떻게 그것을 알 수 있을까?'를 고민하고 목표가 달성되었을 때 결과로 생겨나는 상태를 정의해야 한다. 예컨대 자존감이 향상되었을 경우 변화되는 행동을 탐색한다.

변화목표는 '서비스 이용자가 어떻게 되기를 원하는가?'의 의미로 이용자가 원하는 바람직한 결과나 상황에 대한 진술이다. 목표를 설정하기 위해 활용할 만한 방법은 '우리들이 원하는 것을 달성할 때와 비슷한 것은 무엇일까?'라는 질문을 하는 것이다.

예를 들어, 서비스 이용자가 '행복해지고 싶다'와 같이 애매모호한 목표를 말하는 경우는 이용자가 저항을 하고 있을 수도 있지만 대개는 목표를 구체화해서 진술하는 방법에 익숙하지 못하기 때문일 것이다. 사례관리자는 서비스 이용자의 구체화 진술을 위해 단계적으로 질문을 제공함으로써 이 과정을 도울 수 있다. '당신이 행복하다면 어떤 일이 일어나게 될까요?', '당신이 보기에 행복한 사람은 누구인가요? 그 이유는 무엇인가요?' 또한 목적이 없다고 하는 서비스 이용자도 쉽게 만날 수 없다. 그들은 자신의 열망에 대해서 쉽게 말해 주지 않는다. 좋은 사례관리자는 어떤 목적을 가질 것인지에 대한 정보를 얻기 위해 지속적으로 노력한다. 경청하고, 관찰하여 그가 진술하지 않거나 스스로 인지하지 못하는 그의 열망을 발견해내는 기술이 요구된다(Rapp & Gosch, 2006; 한국사례관리학회, 2012).

2) 수량화 기술

종결할 때 분명하게 볼 수 있는 상황을 목표로서 수량화시키는 기술이다. '하루에 세 번 인사하기', '매주 상담에 90% 이상 참석하기' 등이 그 예이다. 비자발적이거나 서비스에 대한 기대가 낮은 이용자와 함께 수량적인 목표를 설정하는 것은 결코 쉽지 않다. 그러나 처음에 간략하고 쉽게 달성할 만한 정도로 목표를 설정하고 달성된 결과에 대하여 명료하게 평가함으로써 지속적 참여에 대한 동기부여를 도모할 수 있다.

3) 부정적 · 긍정적 목표를 포함하는 기술

문제시되는 행동을 줄이는 것은 부정적인 목표로서 일반적으로 목표를 설정하는 데 쉽게 결정되는 것들이다. '아동학대를 멈추는 것', '만취되게 술을 마시지 않는 것' 등이 여기에 포함된다.

긍정적인 목표는 부정적인 행동이 중단되기 위해서 또는 그 행동이 중단되었을 때를 겨냥한 대안행동을 포함한다. 사례관리자가 무엇을 하지 말아야 할 것인지를 결정하는 것은 쉽지만, 무엇을 해야 하는지를 알아내는 데는 노력이 필요하다. 여기에는 술을 마시지 않기 위해 '퇴근 후 회사 앞 정류장에서 버스 타기', 싸움을 줄이기 위해 '화가 날 때 심호흡하기' 등을 예로 들 수 있다.

4) 부분화 기술

해결이 불가능한 큰 문제를 해결 가능한 작은 조각의 문제로 만드는 기술이다. 서비스 이용자가 자신이 가지고 있는 문제에 대해 잘 알고 있는 것 같으면서도 아직까지 해결하지 못하는 이유는 그 문제가 상당히 복잡하게 얽혀 있고 때로 그 복합성은 사례관리자에게조차 위협적이기 때문이다. 따라서 당면한 문제를 작고 해결가능한 문제로 조각하는 기술이 필요하다.

부분화(partializing)를 통해 조각된 문제들은 장기목표를 해결하기 위한 단기목표 설정에 특히 유용하다. 문제해결을 위한 여러 가지 관점과 방법, 전략이 있겠지만 그중에서 서비스 이용자가 문제를 만만하게 보고 목표점에 쉽게 도달할 수 있는 방법을 찾아내는 것이 이 기술을 통해 기대하는 것이다.

CHAPTER 07

조정과 점검

Case Management

CHAPTER

07 조정과 점검

사례관리의 네 번째 단계인 조정(coordinating)과 점검(monitoring)은 사례관리가 사회복지의 다른 실천방법과 구별되는 독특한 과정이라 할 수 있다. 사례관리의 수행 단계에는 서비스 이용자의 목표 성취를 위하여 다양한 원조자들이 참여하고 있으므로 '조정'은 목표 성취를 위해 참여한 원조자 각자의 역할을 잘 수행할 수 있도록 돕고 지지하는 역할이다. 조정과 함께 이 단계에서 중요한 역할을 수행하는 과정으로 점검을 들 수 있다. 점검이란 서비스 이용자의 실행계획에 정해진 서비스와 자원의 전달이 잘 이루어지고 있는지를 추적하기 위해 행해지는 활동과정이다(Fitz-Gibbon, 1978).

이 장에서는 조정과 점검을 좀더 세부적으로 살펴보고자 한다.

1. 조정을 위한 지침

조정은 서비스 이용자를 돕기 위해 관련되어 있는 여러 자원들이 이용자의 목표 성취라는 동일한 목표를 가지고 서로 이해하고 협조할 수 있도록 돕는 과정으로, 조정은 오케스트라의 지휘자와 같다고 표현하기도 한다. 곧 개개인의 연주자가 자신의 악기를 어떻게 다루어야 하는가를 알고 연주할 수 있는 수준에 이르렀을 때,

이러한 각각의 연주자들이 하나의 음악을 완성할 수 있도록 서로 연계하고 협조하도록 하는 것, 이것이 사례관리의 조정이다. 사례관리에 관련된 사람들은 오케스트라와 달리 모두 같은 장소에 있지 않기 때문에 사례관리자의 조정 역할이 더 중요하다.

일반적으로 조정 단계에 이르기 전에 서비스 이용자는 스스로 자원 제공자를 이용할 수 있는 수준에 도달했을 것으로 예상할 수 있다. 따라서 이 단계에서 조정의 의미는 이용자에게 새로운 서비스를 추가적으로 제공하거나 다른 기관으로 의뢰하는 의미라기보다는 이용자와의 일을 계속하도록 보장하는 개념이다. 따라서 조정의 동의어로 협조라는 용어가 자주 사용되고 있으며, 이 단계에서는 이용자가 계획을 실행하기 위한 노력을 시도하게 되므로 사례관리자는 이용자와 원조자들의 노력을 잘 살펴보아야 한다.

조정기능을 수행하기 위해 참고할 수 있는 지침은 다음과 같다.

첫째, 사례관리자는 서비스 이용자와 함께 수립한 목표를 위해 원조망 속의 구성원들(가족, 다른 전문가 등)과 함께 일하고 있는가?

원조망 속의 구성원들이 잘 구성되었는지 그리고 같은 방향을 향하고 있는지 잘 살펴야 한다. 10대 서비스 이용자를 우선적으로 보호해야 할 부모들이 이혼을 하면서 원조망의 중요한 구성원들이 탈락할 수도 있고, 서비스 이용자가 예기치 않았던 스트레스로 인해 문제해결 동기가 낮아져 더 이상 사례관리자에게 협조하지 않을 수도 있다. 따라서 사례관리자는 이러한 상황이 발생하지 않도록 원조망을 구성하고 있는 구성원들이 제자리를 잘 유지하고 있는지에 관심을 두어야 한다.

둘째, 원조망 속의 구성원들 상호 간에 영향과 결과물에 대해 인식하고 있는가?

사례관리는 원조망 속 구성원 간의 지속적인 상호작용을 통해 목표를 달성하는 실천방법이다. 서로가 수행하는 노력들이 어떤 결과를 가져오고 있으며 서로 어떤 영향을 주고 있는지 인식하도록 한다. 만일 원조망을 구성하고 있는 구성원 간에 적절한 균형을 상실하게 되면 사례관리 파트너의 의욕과 동기를 저하시킬 뿐 아니라 결과적으로 이들을 원조망 밖으로 소외시킬 수도 있다. 반면 서로 협력하는 과정에서 긍정적인 경험을 축적하게 되면 상호신뢰감을 형성하고 지지적인 영향을 미침으로써 사례관리자가 주도하지 않아도 이용자와 그의 지지체계가 안정되게 기능할 수 있는 여건을 조성할 수 있다. 사례관리자는 이 원조망 속의 구성원 간에 균형잡힌 상호작용과 영향관계가 성립될 수 있도록 지원해야 한다.

셋째, 각자의 노력을 통합하고 갈등을 줄여 가고 있는가?

사례관리는 팀워크이다. 팀의 구성원 한 사람 한 사람이 이루어 내는 결과가 다른 사람이 이룬 결과와 상호 영향을 미치면서 통합되어 나가는 것이 가장 이상적인 사례관리라 할 수 있다. 사례관리를 수행하는 과정에서 원조망 속의 구성원 간에 갈등이 생길 수 있는데, 사례관리자는 갈등이 건강한 방식으로 다뤄질 수 있도록 지원해야 한다.

넷째, 경계확장자로서의 역할을 잘 수행하고 있는가?

경계확장자(boundary spanner)는 서비스 이용자를 대신하여 자원의 교류를 협상하고, 서비스 전달의 책무성을 확보하며, 서비스의 결과를 모니터링하고 평가하기 위하여 기관, 조직, 혹은 시스템의 경계를 넘나들며 일하는 자이다(이봉주, 2007). 경계를 확장하는 것의 의미는 원조망의 범위를 넓혀 가는 것을 뜻하며, 서비스 이용자를 지원할 수 있는 지지체계를 확대해 나가는 활동이라 할 수 있다. 결과적으로 사례관리자가 경계확장자로서 기능을 잘 수행한다면 이용자의 목표성취를 위해 활용 가능한 자원이 더 많아짐으로써 문제해결을 위해 더 많은 선택을 가능하게 하는 것이다.

Tip

경계확장자의 역할

- 경계 간 수요자 관점에서의 목적, 서비스, 정보의 조정 역할
- 모든 서비스 욕구에 대한 서비스 책임의 거점 역할(욕구 및 서비스 정보 제공)
- 서비스와 사회적 지지의 적절성과 효과에 대한 평가적인 피드백 제공
- 범주화된 서비스 전달체계에서 제외된 서비스 이용자에 대한 서비스 연계
- 임파워먼트(서비스 이용자의 능력 개발 지원)
- 서비스기관들의 계획수립 과정에서의 욕구에 관한 정보 제공
- 서비스 전달의 비용효과성 증진(중복서비스 제거)

출처: 이봉주 (2007). '사례관리의 이해', 2006 테마기획 지역사회복지 네트워크지원사업 상반기 집중화교육 자료집.

1) 자원 발굴 및 관리

사례관리 계획을 중심으로 공식적인 서비스 및 자원과 비공식적인 서비스와 자원을 제공하거나 연계하고 조정하는 단계로, 서비스 이용자에 대한 간접적 실천을 통한 개입과정이다. 여기서 간접적 실천이란 자원을 연계하거나 이용자가 적절한 서비스를 받을 수 있도록 지역사회자원을 관리하고 조정하며 옹호하는 활동이 종합적으로 포함된다.

이때 연계란 단순히 서비스 이용자를 서비스로 의뢰하는 그 이상의 활동을 의미한다. 서비스가 제대로 연결되어 제공되고 있는지, 또 서비스 이용자가 원하는 도움이 실제로 주어지고 있는지를 확인하는 것을 포함한다(Rothman & Sager, 1998). 곧 이용자가 필요로 하는 자원을 실질적으로 받을 수 있도록 하기 위해 어떠한 것이라도 하는 것을 의미한다. 따라서 이용자가 자원을 활용하는 데 장애물이 있는지를 파악하고 그 장애물을 제거하도록 하는 옹호활동까지가 모두 포함되는 실천적 개념이다.

(1) 자원의 범위

자원의 범위는 공식적인 서비스 및 자원과 비공식적인 자원을 모두 포함한다.

① 공식적 서비스 및 자원

● 국가기관

– 저소득층을 중심으로 서비스를 제공하는 구청, 동주민센터, 국 · 공립병원, 보건소 및 지역사회 정신건강증진센터 등이 포함된다.

● 공공법인

– 사회복지 생활시설: 서비스 이용자들이 자립생활이 불가능한 경우 시설에서 생활보호를 받는다.

– 사회복지 이용시설과 사회복지기관 : 시설에서 생활보호를 받지 않고 지역사회에 거주하면서 각종 사회복지 서비스를 제공받는다.

– 이 외 천재지변이나 화재, 기타 대형사고의 피해자들에게 숙소, 식품, 의료서비스 등을 제공하는 적십자사가 해당된다.

● 민간기관

– 기업의 사회복지재단: 최근 기업의 사회공헌이 강조되면서 이러한 재단이 증가하고 있는 추세이다.

– 민간이 출자하여 운영하는 유료 사회복지 이용시설과 사회적 기업, 공동모금회 등이 포함된다.

● 사회단체

– 사회적 상호작용, 레크리에이션, 취미생활, 기술교육, 권리옹호 역할 등을 실시한다.

– YMCA, YWCA, 단기간 동안 식품과 숙소를 제공하는 구세군

– 상담, 취미생활, 직업훈련 등을 실시하는 여성단체 등
– 주로 NGO라 불리는 많은 사회단체, 이외 아름다운 재단, 녹색가게 등이 포함된다.

● 공식협의체
– 개별 기관의 권익을 옹호하고, 사업의 방향을 제시하는 단체로 사회복지협의회, 사회복지관협회, 여성단체협의회, 장애인재활협회, 지역사회복지협의체 등이 포함된다.

● 회원조직
– 의사회, 약사회, 변호사회, 공제회, 노인회, 부인회, 노동조합 등이 해당된다.

② 비공식적 서비스 및 자원

● 가족
● 친구나 이웃
– 서비스 이용자에 대해 지속적으로 관심을 가지면서 필요시 사례관리자에게 연락하게 하고, 하루에 한 번 정도 이용자의 집을 방문할 수도 있다.

● 지역사회집단
– 종교조직, 민족집단(ethnic societies) 등

● 자조집단
– 자조집단은 상호인식에 기초하고 문제와 관심을 공유하기 때문에 유대가 빠르게 형성된다는 특징이 있다.
– 단주모임(A.A 그룹), 발달장애아를 둔 부모모임, 유방암환자의 자조집단 등

● 자원봉사자 연결
– 1:1 멘토링, 조언과 지지, 재가복지서비스 등을 받을 수 있다.

(2) 공식적 자원과 서비스 동원 전략

① 동원 전략

공식적 서비스 및 자원을 동원하기 위해서는, 첫째, 지역사회 서비스체계에 대한 풍부한 지식이 있어야 한다. 이를 위하여 지역사회 서비스에 대한 다양한 정책, 프로그램, 그리고 절차에 대하여 정확한 최근 정보를 보유하고 있어야 한다. 서비스나 자원과 관련된 법 혹은 정책의 허점들 그리고 여러 다양한 서비스 옵션들의 비용과 편익에 대하여 파악하는 것이 중요하다.

둘째, 사례관리자는 서비스기관과 조직에 대한 리스트를 확보해야 한다. 이때 각 기관이 제공하는 서비스의 내용, 자격요건, 그리고 그 서비스를 제공받기 위하여 그 센터에서 연락해야 할 사람 등을 함께 파악해 두어야 한다.

셋째, 수집된 자원 및 서비스의 목록을 적절하게 분류할 수 있는 기준을 마련해 두어야 한다. 예를 들어, 인구집단별(노인, 여성, 장애인, 영유아 등), 그리고 서비스 내용별(교육, 의료, 보육, 고용 등)로 분류할 수 있다.

넷째, 자원 및 서비스에 대하여 정확하게 현재의 상태를 나타내 주는 정보를 늘 업데이트 하는 노력이 필요하다.

다섯째, 서비스 이용자에게 필요한 서비스라면 새롭게 개발하려는 노력이 필요하다.

〈표 7-1〉 자원 목록의 예

구 성		기관명 (기관장)	연락처 (담당자)	홈페이지/이메일	협력내용	특이사항	비 고
복지 자원	공공						
	민간						
교육 자원	공공						
	민간						

의료 자원	공공						
	민간						
문화 자원	공공						
	민간						

출처: 최희철 외 (2009). 무한돌봄센터 운영매뉴얼. p. 49.

Tip

서비스 연계 및 조정에서 지역사회 복지자원 개발 전략

1. 대상자의 복지자원 파악을 위한 자원사정을 실시
   - 대상자의 서비스 개입계획을 세우기 전 가능한 한 대상자와 직접 면접을 통해 자원에 관한 정보를 파악할 수 있는 질문을 한다.
   - "현재 활용하고 있는 자원은 있는가?", "과거의 자원은 무엇이 있는가?", "알고는 있으나 활용한 적이 없는 자원은 무엇인가?", "자원을 활용했을 때의 경험은 어떠한가?" 등
2. 이전에 등록된 사회복지기관의 사례관리 담당자를 통해 정보를 획득한다.
3. 사례관리 기록에 대한 검토 및 분석을 통해 정보를 획득한다.
4. 기존에 조직화되어 있는 복지자원을 최대한 활용한다.
   (예) 지역사회복지협의체에서 조직화해 놓은 자원 목록, 주민생활지원과가 조직화해 놓은 8대 서비스 자원 목록 등)
5. 자원의 조직화는 자원 목록의 형태로 구체화되어야 하며, 민간과 공공에 따라 복지, 문화, 교육, 의료, 주택 등 다양한 영역의 자원들이 포함되도록 자원 목록을 수시로 보완해야 한다.

② 지역자원과 서비스 제공기관 사이의 연계 형태

지역 내 다양한 자원과 서비스의 출처가 확보되면, 서비스 이용자의 욕구에 적절히 대응하기 위해 서비스기관과 다양한 형태의 연계 노력을 기울인다. 다음의 〈표 7-2〉는 다양한 연계의 종류와 그 내용을 보여 준다.

〈표 7-2〉 지역자원 연계 종류와 내용

연계의 형태	연계 내용
정보 교환	• 정보를 제공하거나 제공받는 것
물적자원 교환	• 사무실, 기타 집기의 사용을 공유하거나 교환하는 경우 • 정부예산, 후원금, 기부금 등을 제공받은 경우와 제공하는 경우
인적자원 교환	• 인력을 공유하거나 교환하는 경우 • 직원을 공유하거나 교환하는 경우 • 간접비용(overhead cost)을 절약하는 경우
서비스 교환	• 서비스를 제공하거나 제공받는 경우
서비스 이용자 의뢰	• 서비스 이용자를 의뢰하거나 의뢰받는 경우

③ 서비스 이용자를 대상으로 하는 관리 전략

첫째, 기관에 가기 전에 서비스 이용자를 준비시킨다. 타 기관이 이용자에게 요구하는 서식이나 준비사항을 챙긴다.

둘째, 필요하다면 서비스 이용자를 동반한다. 거동이 불편하거나 인지능력이 부족한 경우, 또는 미성년자이거나 서비스 제공과정이 원활하지 않은 경우, 필요하다면 이용자를 동행한다. 이용자가 서비스나 정보를 적절하게 제공받기 위하여 스스로의 목소리를 낼 수 있도록 지지해 준다. 또한, 서비스 이용자에 대한 이해 및 정보가 부족한 기관에게는 이용자의 입장에 서서 설명해 준다.

셋째, 자원 이용 후에는 서비스 이용자와 경험을 검토한다. 이용자가 서비스를 이용하면서 겪게 되었던 성공이나 실패를 검토하고, 왜 그렇게 되었는지를 서로 이야기한다. 이러한 과정 속에서 이용자가 필요 이상으로 의존적이 되거나 서비스를 받지 못하게 되는 상황을 방지하는 노력이 필요하다. 이용자가 스스로 필요한 서비스를 동원할 수 있는 힘을 키워주도록 노력한다.

④ 연계된 기관을 대상으로 하는 관리 전략

첫째, 기관과의 접촉을 위해서 그 기관에서 누구를 접촉해야 하는지를 파악한다.

둘째, 필요한 서류가 무엇인지 꼼꼼하게 확인하고 작성한다.

셋째, 관련된 기관에게 서비스 이용자에 대한 중요한 정보를 전달한다.

넷째, 서비스 제공 계획을 공식화, 또는 계약한다. 이때 의뢰서를 작성하여 공식적 절차를 거치는 것이 좋다. 이 과정에서 제공될 서비스가 무엇인지, 수혜자가 누구인지, 어떠한 방향과 절차로 제공될 것인가 등을 결정한다. 이를 위하여 의뢰서에는 의뢰한 주요 문제점과 의뢰 서비스 내용을 기록한다. 이외에도 초기사정의 내용을 함께 기록해 둔다.

다섯째, 서비스 공급자와 정기적으로 정보를 교환한다. 이용자가 서비스를 제대로 받고 있는지, 기관 입장에서 어려움은 없는지 등을 파악한다. 공식적인 양식이나 이메일의 정기적 교환, 정기적인 사례회의, 기관 간 식사 기회를 마련하는 노력 등이 포함될 수 있다.

여섯째, 다양하거나 중복된 서비스에 대하여 타 서비스 제공기관들과 조정한다. 이를 위하여 서비스 이용자와 연결되어 있는 타 영역의 전문가들과 긴밀한 관계를 유지한다. 이러한 관계를 유지하는 방법은 앞서 다섯째에서 제시한 방법들과 유사하다.

Tip

타 기관들과의 정기적인 사례회의(통합사례회의)

- 의의
  - 지역사회 자원에 대한 정보 파악이 용이하다.
  - 서비스 이용자에 대한 다양한 관점과 정보를 제공받을 수 있다.
- 참여 범위
  - 사례관리자, 서비스 제공기관, 해당 서비스 이용자 및 가족, 외부 전문가 등이 포함될 수 있다.
- 사례회의 운영을 위해 필요한 점검 내용
  - 참여 범위가 명확한가?
  - 실시 주기 및 개최 시간이 규칙적이며, 현실적인가?
- 사례회의 시 논의 내용
  - 주 사례관리자가 사례관리 과정을 수행할 때 나타난 어려움이 있다면 무엇인가?
  - 서비스 이용자는 어떠한 변화를 보이고 있는가?
  - 서비스 이용자가 서비스를 정기적으로 받고 있는가?
  - 서비스 이용자가 서비스 제공시간을 잘 지키고 있는가?
  - 주 사례관리자가 변경된 적이 있는가, 있다면 몇 번이나 변경되었는지, 변경되는 경우 이용자에게 충분한 설명이 이루어졌으며, 공식적인 의뢰과정을 거쳤는가?
  - 혹시 주 사례관리기관의 변경이 필요한가?
  - 사례관리 평가 이후 주 사례관리기관에서 결정한 위기사정이 적절한가?
  - 서비스 제공기관으로부터 서비스 제공(서비스 제공의 종류, 양, 질 등)이 원활하게 진행되고 있는가, 그 과정에서 어려움이 있다면 무엇인가?
  - 서비스 제공기관이 서비스 이용자에게 서비스를 제공하면서 요구하는 사항이나 의견이 있는가?
  - 서비스 제공기관 사이에 연계활동이 원활한가, 장애가 있다면 무엇이며, 어떻게 장애를 극복할 것인가 등을 점검한다.

⑤ 공식적 자원과 연계에서의 방해요인과 해결방안

공식적 자원과의 연계활동에서 나타나는 방해요인과 해결방안은 다음과 같다(정순둘, 2005).

첫째, 연계를 방해하는 가장 큰 요인 중의 하나가 잘못된 의사소통이라 할 수 있다. 따라서 실제 서비스를 제공하는 담당자와의 명확한 의사소통이 필요하다.

둘째, 실적을 높이기 위한 기관 간의 경쟁과 기관에서 엄격한 수급 자격기준을 내세워 적절한 서비스의 제공을 거부하는 경우 등이 연계에서의 방해 요인이다. 따라서 서비스 제공 기관들 간의 정보 공유와 공통적인 서비스 수급 자격기준의 마련 등이 필요하다.

셋째, 사례관리자들의 담당 사례 양이 너무 많아 제대로 된 연계활동을 할 수 없는 경우도 연계에서의 방해요인이다. 따라서 적정 수준의 사례량을 유지하여 연계활동 뿐만 아니라 서비스의 전문적인 질을 보장하여야 한다.

넷째, 서비스 이용자의 낮은 자존감, 서비스 수급 요건에 대한 정보 부족, 사회적 기술의 부족 등이 연계에서의 방해요인이 될 수 있다. 따라서 상담, 교육, 정보 제공 등을 통해 연계가 성공적으로 이루어질 수 있도록 해야 한다.

⑥ 지역사회 자원 동원의 제약요인 제거 전략: 옹호 전략

옹호는 서비스 이용자에게 권한을 주거나 제지하는 사람들로부터의 저항이 있음에도 불구하고 필요한 권리, 자원, 서비스 등을 확보하기 위해 서비스 이용자와 체계를 중재하는 것을 의미한다(설진화, 2009). 옹호는 사례관리의 중요한 기능이다. 특히 대부분의 이용자들은 학습된 무기력 상태이거나 사회적으로 소외된 경우가 많아 사례관리자의 옹호기능은 더욱 절실히 요구된다. 옹호는 다음과 같이 두 가지 차원 즉, 서비스 이용자체계 차원과 서비스체계 차원에서 이루어진다.

첫째, 서비스 이용자체계 차원의 옹호는 이용자가 적절한 서비스를 제공받지 못하거나 부당한 처우를 받을 때 이용자를 돕는 확실한 접근방법이다.

둘째, 서비스체계 차원의 옹호는 서비스를 제공하는 데 겪게 되는 부당한 처우에 대한 접근방법이다. 즉, 옹호자는 그 갈등의 강도에 따라서 낮은 수준, 중간 수준, 높은 수준의 세 가지 수준과 토론과 설득하기, 촉구하기, 강제하기 등 네 가지 전략으로 나누어진다(Rothman & Sager, 1998; 장인협 · 우국희, 2001; 최송식, 2008).

● 낮은 강도의 갈등과 옹호 전략

낮은 강도의 갈등을 옹호하는 전략으로는 토론(discussion)과 설득(persuasion)이 있다. 토론은 정보를 제공하는 것, 일깨워 주는 것, 공동으로 문제를 해결하는 것

등의 방법이 있다. 설득은 권고하는 것, 촉구하는 것, 되풀이해서 말하는 것, 심사숙고한 논증 등의 방법이 있다.

● **중간 강도의 갈등과 옹호 전략**

중간 강도의 갈등을 옹호하는 전략으로서는 촉구하기(prodding)가 있다. 촉구하기는 가벼운 수준의 위협으로 수락하도록 압력을 가하며, 그 주제에 대한 모임을 요청하는 방법을 말한다.

● **높은 강도의 갈등과 옹호 전략**

높은 강도의 갈등을 옹호하는 전략으로서는 강압하기(coercion)가 있다. 강압하기는 법적인 행동을 취하는 것, 압력을 주기 위해 진실을 퍼뜨리는 것, 옹호집단을 이용하여 캠페인을 하는 것, 자금이나 이용자의 흐름을 차단시키는 것, 권력자 및 입법자와 접촉하는 것 등 가장 강력한 강도를 지닌 옹호 방법이다.

지금까지 살펴 본 것은 하나의 예에 불과하며, 또 다른 다양한 전략들이 있을 수 있고 새로운 전략을 개발하여 사용할 수도 있다. 이러한 전략들의 사용을 결정하는 데에는 다음과 같은 기준을 적용해 볼 필요가 있다.

- 이러한 방법들 중에서 어떤 방법이 가장 바람직한 반응을 끌어낼 수 있을 것인가?
- 옹호에 필요한 집단의 조직, 연설, 협상의 능력 등 사례관리자 자신이 옹호를 수행할 기술을 갖추고 있는가?
- 자신이 소속된 기관에서 허용 가능한 기술인가?
- 언론매체, 법적 지식, 권력자 및 입법자와의 접촉, 관련 옹호집단과의 연계 등 이러한 기술을 사용하는 데 필요한 자원에 접근할 수 있는가?

(3) 비공식적 자원망과 서비스 동원 전략

① 비공식적 자원망의 의의

비공식적 자원망은 공식적 서비스를 보충한다. 자연스런 환경에서 나오는 지지는 공식적 서비스체계나 전문적 도움에 의존하는 정도를 감소시킨다.

② 비공식적 자원망의 기능

첫째, 우정과 사회적 친교(socialization)를 제공한다.

둘째, 정서적 지지, 즉, 격려, 정서적 보호, 이해, 희망, 우정 등의 정서적 도움을 제공한다.

셋째, 실질적인 물리적 도움을 제공한다. 예를 들면, 일상생활에서 청소, 시장 보기, 교통편 제공, 금전적 도움 또는 그외 심부름 등이 포함될 수 있다.

넷째, 조언이나 정보를 제공한다. 삶에서 나타나는 큰 변화, 예를 들면, 새로운 직업 선택, 결혼, 이사 등에 대해 조언이나 정보 등을 제공한다.

③ 비공식적 자원망 동원을 위한 실천 전략

첫째, 자원망을 파악한다. 이를 위해서는 '누가 지지원인가? 그 사람과의 관계는? 얼마나 자주 연락하는가? 누가 먼저 연락하는가? 얼마나 멀리 떨어져 사는가? 관계가 서로 평등한가 아니면 일방적인가? 얼마나 오랫동안 서로 알아 왔는가? 현재 참여하고 있는 조직이 있는가?'를 파악한다.

둘째, 파악된 자원망 중에서 가장 중요한 지지원을 선택한다.

셋째, 가장 중요한 지지원과 서비스 이용자 사이를 연계시킨다.

넷째, 현존하는 네트워크 지지를 강화시킨다.

④ 비공식적 자원망과의 연계에서의 방해요인

첫째, 서비스 이용자의 내부 요인으로서 이용자가 적극적으로 참여할 능력이 없는 경우, 다양한 이유로 도움을 거부하는 경우 등이다.

둘째, 서비스 이용자의 외부 요인으로서 이용자에 대한 비공식적인 자원의 도움 거부나 도움을 제공할 능력의 부족과 같은 경우 등이 해당된다.

셋째, 그외 부적절한 지지가 있는 경우, 비공식적 지지를 받을 수 있는 체계의 자원이 부족하거나 발견하기 어려운 경우 등이 있다.

2. 점검을 위한 지침

점검(monitoring)은 서비스가 실제로 계획되어 제공되는 동안 기존의 계획대로 서비스가 제공되었는지 여부와 서비스 이용자가 만족스러웠는지를 점검해 어떤 변화가 필요한가를 지속적으로 알아보는 것이다(Holt, 2000).

즉 서비스의 질을 점검하는 것과 동시에 서비스 이용자 지원체계의 서비스 전달과 실행을 추적하고 재사정을 실시하는 과정이다. 서비스가 잘 이루어지지 않는다면, 사례관리자는 개입계획에 있어 수정방법을 제시할 수 있으며, 이용자의 관심사나 문제의 성격, 그것을 다루는 방안에 있어 재논의할 수 있다.

1) 점검의 방법들

가정방문, 전화통화, 편지, 설문지 발송, 직원 간 · 기관 간의 상담, 관찰 등을 말할 수 있다. 이러한 방법들을 통해 서비스 이용자와 사례관리자는 정기적인 접촉을 할 수 있으며 서비스의 적절성을 보장받을 수 있다(SSI, 1991: 77).

2) 점검의 내용

(1) 서비스의 질에 대한 점검

서비스의 질은 구조, 과정, 결과 차원으로 구분하여 평가할 수 있다.

- 구조는 사회복지사에게 할당된 케이스의 수, 사회복지사로서의 자격, 이용자의 변동률 등과 같은 행정체계를 검토하는 것이다.
- 과정은 사회복지사의 개입활동을 평가하는 것으로 한 달 동안의 가정방문 횟수, 사례 발견에서 개입까지 걸린 시간 등을 평가한다.
- 결과는 개입에 따른 이용자의 변화가 있는지, 변화는 예상된 변화인지, 이용자가 결과에 만족하는지 등을 평가하는 것이다.

(2) 서비스 이용자에 대한 점검

서비스 이용자에 대한 점검은 다음과 같은 질문들을 통해 수행할 수 있다.

- 이용자는 목표달성을 위해 스스로 노력하고 있는가?
- 이용자에게 제공되는 서비스가 욕구충족의 변화에 기여하는가?
- 이용자의 새로운 욕구나 문제로 계획이 수정되어야 하는가?
- 이용자의 문제가 해결되어 개입이 종결되어야 하는가?

(3) 서비스 제공자에 대한 점검

서비스 제공자의 능력, 계약, 계약이행 등을 점검할 필요가 있다. 그리고 서비스 제공자들의 노력이 서로 보완적인지, 모든 필요한 정보가 공유되고 있는지 여부도 평가되어야 한다. 서비스 제공자의 경우 사정과 계획을 수행한 한 명의 사례관리자가 계속 사례관리를 지속하는 것이 바람직하다. 왜냐하면 담당자가 바뀌는 경우 이용자에 대한 자세한 사정을 다시 시작해야 하기 때문에 시간이 지연될 수 있으며 책임의식도 떨어질 수 있기 때문이다.

3) 서비스 점검표 작성

앞에서 설명한 내용을 기초로 서비스 점검표를 작성한다. 점검은 재사정과 평가로 이어지기 때문에 신중히 하여야 한다.

(1) 서비스 이행 및 목표성취 정도

먼저 계획된 서비스와 실행 내용을 기록하고 서비스 성취 정도를 4점 척도로 기록한다(5점 척도도 무방함). 사례관리자 개인이 척도를 통해 평가할 경우 주관적으로 점수를 줄 수 있어 사례관리자 개인의 의견을 기록함으로써 동료 전문가들과 최대한 객관적인 점검이 될 수 있도록 한다.

〈표 7-3〉 서비스 점검표: 서비스 이행 및 목표 성취 정도 예

계획 목표	서비스 실행내용	서비스 이행 및 목표 성취 정도	사례관리자의 의견
서비스 이용자의 무기력	병원 및 센터 연계	① ② ③ ❹	약을 바꾸고 조절하여 우울증과 무기력증이 호전되었고, 정신건강증진센터 프로그램에 주 2회 참여하면서 삶에 활기를 보여 주고 있다.
동생의 컴퓨터 중독과 도벽	컴퓨터실 이용	① ② ❸ ④	컴퓨터실 이용을 통하여 PC방보다는 복지관을 이용하는 횟수가 증가하였으나 PC방의 컴퓨터보다 사양이 낮아 점차 컴퓨터실 이용이 감소하였다.
	상담과 가정방문	① ② ③ ❹	도벽의 원인을 파악하게 되었고 도벽의 횟수를 감소시키기 위해 상담 및 가정방문을 실시하였다.

서비스 이용자 동생의 학업	상담과 사회적응 프로그램	① ❷ ③ ④	무기력하여 집에만 있던 이용자가 주 1회 외부로 나와 상담도 하고 사회적응 프로그램을 통해 무기력증에서 벗어날 수 있었고, 주 1회 세면과 양치질이 이루어졌다. 학업에 대한 연계는 1회에 그쳤고, 동생은 컴퓨터 사용에 대한 감소가 이루어지지 않은 상태로 개입하지 못했다.
조부모와의 갈등	상담과 가정방문	❶ ② ③ ④	모의 조부모와의 상담을 통해 서로의 입장을 이해할 수 있도록 도왔으나 큰 변화는 없었다.
기타	후원물품지원	① ② ❸ ④	사회복지공동모금회 생계지원비를 신청하여 지원하였고, 한국정보문화진흥원 사랑의 PC 나누기 대상자로 선정되어 컴퓨터를 지원하였다.

(2) 서비스 이용자 욕구 및 환경의 변화 정도

두 번째로 이용자의 욕구에 변화가 있는지를 기록하고 서비스 제공자와 이용자의 환경이 변화되었는지를 기록한다. 그리고 최종적으로 사례관리자의 의견을 기록하여 재사정을 통해 서비스의 변화를 줄 것인지 아니면 그대로 서비스를 유지할 것인지를 결정하여 사례회의시에 보고한다.

〈표 7-4〉 서비스 점검표: 서비스 이용자 욕구 및 환경 변화 정도 예

욕구 변화	서비스 이용자의 욕구는 변화된 것이 없어 초기 사정 당시의 욕구를 그대로 유지하고 있음	현재 진행 중인 서비스는 지속적으로 제공하고 이용자의 감정조절을 위한 병원과의 협조와 개입이 필요함
환경 변화	사회적응 프로그램을 통해 이용자 스스로의 활동 범위가 넓어지고 있음	취미생활을 위한 타 기관 담당자들과의 사례회의를 지속적으로 실시할 계획임

사례관리자 의견	정신장애로 무기력하여 집에만 있던 이용자는 정신보건기관에서 제공하는 다양한 프로그램에 참여하면서 무기력함에서 벗어나고 있음. 동생의 도벽문제 해결을 위해 컴퓨터실 이용, 컴퓨터 지원 등을 하였으나 근본적인 문제해결에 어려움이 있어 좀더 전문적인 개입이 필요함. 조부모와의 관계개선을 위한 가족상담을 실시하였지만, 좋지 않은 관계가 오래 지속되었기에 시간이 필요함.	□ 재사정 ■ 유지

4) 재사정

재사정은 서비스 이용자의 욕구를 해결하기 위해 수립한 사례관리 계획의 수정을 의미한다. 곧 계획에 언급된 목표가 달성되고 있는지, 기존의 서비스나 지지의 내용이 적절한지, 계획의 변경을 요하는 이용자의 새로운 욕구가 생겨나고 있는지를 평가하는 것이다(장인협 · 우국희, 2001). 이 과정에서 서비스 이용자를 포함한 주변 환경에서 발생이 가능하다고 예측되는 부정적인 장애요인을 검토하여 이에 대한 대책을 마련해 놓고, 실제로 장애요인이 발생했을 경우, 계획상의 목적이나 방법이 장애요인에 의해 영향을 받지 않도록 조정하는 활동을 수행한다.

그러나 서비스 이용자 및 이용자의 환경과 관련된 모든 경우나 혹은 상황에 대한 완벽한 대책을 준비하는 것이 현실적으로 불가능한 상태에서 불가피하게 수정할 수밖에 없는 결과가 나타난다.

재사정은 크게 두 가지 유형으로 나뉜다.

(1) 새로운 욕구가 발생되는 경우

서비스 이용자에 대한 개입과 점검과정에서 서비스 계획에 포함되지 않았던 새로운 욕구가 발견되어 서비스 계획의 수정이 필요한 상태로 이용자의 능력이나 상황이 향상되어 더 높은 단계의 목적 달성을 위한 욕구가 발견되거나, 기타 서비스 계획의 추가나 변경에 필요한 욕구가 발견되는 경우이다.

● 더 높은 단계의 목적 달성을 위한 재사정

취업에 필요한 기술이나 자격을 보유하지 못하고 경제적인 어려움을 겪고 있어 후원금을 지원받고 있던 장애인이나 아동·청소년의 보호자가 자립과 경제활동을 위해 직업훈련의 참여의사를 표현하거나 취업 한 대한 욕구를 표현하는 경우

● 서비스 계획의 추가나 변경을 위한 재사정

부양가족이 없이 거동이 불편하여 도시락이나 밑반찬서비스가 제공되고 있는 노인이 음식물을 남기는 경우가 자주 발생하여 확인한 결과, 음식물을 섭취하기가 어렵거나 불가능한 치아 상태로, 틀니가 필요한 상태이지만 경제적인 문제로 틀니에 대한 욕구를 표현하지 않아 치과 진료서비스가 추가되어야 하는 경우

(2) 긴급한 상황이 발생하는 경우

서비스 이용자나 가족구성원에게서 예상하지 못했던 상황이 발생하거나 이용자의 상황이 갑자기 악화되어 이용자와 가족구성원에 대한 보호나 경제적인 지원, 가족 기능의 유지를 위한 긴급한 개입과 수정이 필요한 경우이다.

- 만성질환이나 장애를 갖고 있는 노인이나 장애인의 건강상태가 갑자기 악화되어 응급의료지원이 필요하게 되는 경우
- 아동·청소년이나 보호자가 갑작스러운 사고나 실직, 가출, 자퇴 등으로 응급의료지원과 경제적인 지원 및 가족원의 보호에 대한 문제가 발생하는 경우

CHAPTER 08

평가와 종결

1. 평가를 위한 지침

2. 종결을 위한 지침

Case Management

CHAPTER

08 평가와 종결

평가와 종결은 사례관리의 마지막 단계에 해당된다. 평가는 사례관리자가 서비스 이용자의 욕구와 문제해결을 위해 욕구의 우선순위와 목표를 수립하고 개입과 점검을 통해 목표가 어느 정도 달성했는지를 확인하는 과정이다. 평가를 거친 후에 이어지는 종결은 사례관리의 활동을 마무리하는 과정에 해당된다. 사례관리를 통해 서비스 이용자의 변화 목표나 개입으로 기대된 변화가 달성되어 더 이상 사례관리서비스가 필요하지 않다고 합의된 경우, 사례관리 과정에 대한 종결이 모색될 수 있다. 이 장에서는 평가와 종결과정에 대해 좀더 세부적으로 살펴보고자 한다.

1. 평가를 위한 지침

평가는 사례관리를 통하여 달성된 목표를 평가하는 단계이다. 점검과 마찬가지로 평가과정에서도 크게 두 가지 측면을 고려한다. 하나는 서비스 이용자 측면으로서, 이용자에게 의미 있는 변화가 나타났는지, 즉 바라던 목표대로 변화하였는지를 평가하는 것이다. 다른 하나는 서비스 과정에 대한 평가로, 서비스 지원계획대로 서비스 제공이 제대로 이루어졌는지를 평가하는 것이다. 평가를 통하여 지속적인 사례관리가 필요한가 아니면 종결해야 하는가를 결정한다.

이 장에서는 먼저 평가를 첫째, 서비스 지원계획이 적합하였는지, 둘째, 결과목표를 달성하였는지, 셋째, 제공된 서비스가 효과적이었는지, 넷째, 이용자는 만족하는지, 그리고 다섯째, 평가 결과 및 이유로 구분하였다.

1) 서비스 지원계획의 적합성에 대한 평가

사례관리자가 서비스 이용자에 대한 지원계획을 수립하였으나 각 이용자들이 갖고 있는 능력이나 상태 등의 개별적인 특성, 이용자를 둘러싼 주변 상황에 따른 다양한 변수들을 완벽하게 고려했다고 할 수는 없다.

따라서 서비스 지원계획 과정에서 구성된 사람들, 서비스, 그리고 자원들이 정해진 목적을 달성하였는가를 평가하고, 이용자에 대한 서비스의 지원계획에서 정해진 활동과 과업이 적절한 방법으로 이행되었는가, 그리고 이용자에 대한 서비스와 지원계획이 이용자의 욕구에 부응하였는가를 평가하는 것이다(김만두 역, 1993: 237).

다음의 아동 사례를 들어 살펴보도록 한다.

위기에 처한 아동 사례

서비스 이용자는 현재 초등학교 5학년으로, 어머니가 가족 모르게 빚을 지고 갑자기 가출한 상태이다. 현재 건설 현장에 취업하여 월 90만 원의 소득활동을 하고 있는 아버지와 초등학교 3학년인 남동생과 동거하고 있다. 사례관리자는 이용자가 경제적인 어려움으로 학원수강을 받지 못하고 있지만 학습에 대한 강한 욕구를 가지고 있고, 잦은 이동을 필요로 하는 건설 현장의 특성상 규칙적인 귀가를 하지 못하는 아버지와, 이용자보다 나이가 어린 동생과 함께 거주하고 있어서 반찬준비에 어려움이 있음을 확인하였다.

앞의 사례에서 사례관리자는 이용자의 학습욕구를 해결하기 위하여 복지관의 사회교육 프로그램을 계획하였고, 반찬 욕구를 위해 밑반찬서비스 제공 및 아버지의 창업을 위해 구직상담을 통한 국민기초생활보장법상의 창업자금 융자제도와 사회연대 은행의 융자제도에 대한 정보 제공을 계획하였다.

다음의 서비스 계획표는 사례관리자가 이용자의 욕구를 해결하기 위하여 설정한 구체적인 계획을 나타낸 것이다.

〈표 8-1〉 서비스 지원 계획 예

이용자의 문제 및 욕구	결과목표	서비스 목표	서비스 제공 방법	비고
학습의 욕구	주 5회의 학습지도를 진행한다.	복지관의 사회교육 프로그램을 받을 수 있게 한다.	복지관 영어 · 수학 사회교육서비스 제공	주 5회 참여
밑반찬 욕구	밑반찬을 지원하여 성장기의 건강지원을 돕는다.	안정적인 밑반찬을 제공한다.	밑반찬서비스 대상자 선정	주 2회 제공
부의 창업 욕구	부의 창업을 위해 자금 마련의 방법을 습득하게 한다.	자립지원과 관계된 정보를 제공한다.	사회연대은행 대출 담당 및 사회복지 전담 공무원과의 프로그램 상담 제공	

이 사례에서 학습의 욕구를 해결하기 위해 주 5회로 진행되는 복지관 사회교육에 참여시키는 것을 계획하였는데, 실제 진행과정이 정해진 일정으로 진행되었는지, 서비스 이용자는 적극적으로 참여하였는지, 교사의 교육 내용과 교육 수준, 지도방법이 이용자의 능력에 적합하였는지 등에 대한 평가가 실시되어야 한다는 것이다.

학습의 욕구를 충족시키기 위한 방법으로 복지관 사회교육 프로그램에 참여시키는 것으로 결정하기에 앞서 이외에도 학습지도 자원봉사자를 1:1로 연결하여 대상자의 가정이나 사회복지관에서 지도하는 방법, 이용자와 동일한 학년의 아동들을 집단으로 구성하여 지도하는 방법, 이용자 주변의 학원과 연계하여 무료나 감면 혜택을 받아 참여하는 방법, 방문교육을 하는 학습지 또는 학원수강에 필요한 비용

만큼 후원자를 통한 후원금을 연결하는 방법 등이 있을 수 있다. 이러한 각 방법들마다 이용자를 중심으로 연계·활용되는 인적·물적 자원도 상이할 수 있다는 것이 고려되었을 것이고 그중에서 최종 결정된 개입방법이 이용자와 충분히 논의하면서 서비스 제공기관의 능력과 상황을 고려하여 가장 적합하다고 판단했기 때문이다.

2) 결과목표 달성에 대한 평가

사례관리자는 서비스 이용자의 욕구를 파악하고 그 욕구를 해결하기 위한 구체적인 계획을 수립하여, 계획된 자원과 시간 및 노력을 투입하고 그 결과로 이용자의 욕구가 해결되는 긍정적인 목표를 설정하게 된다. 앞의 아동 사례에서 학습의 욕구에 대한 긍정적인 결과목표는 '복지관의 사회교육 프로그램을 받을 수 있게 한다'라고 하겠다.

그리고 결과목표에 대한 평가에서 중요한 부분은 사례관리자가 설정한 결과목표의 대부분이 이용자 욕구에 대한 궁극적인 해결이라는 것이다. 다시 말해, 이용자 본인 스스로 욕구나 문제를 해결할 수 있는 정도로 능력이 향상되는 상태로의 변화, 또는 동일한 욕구가 재발되지 않게 욕구와 문제에 대한 근본적인 해결을 지향한다는 의미이다. 물론 이용자의 욕구나 문제가 개인의 능력이나 상황, 심각성의 정도에 따라 다소 차이가 있겠지만, 해결에 필요한 소요기간이나 개념을 갖고 있다는 것이다.

이때 앞의 결과목표의 개념과 소요기간이 어디까지인가에 대한 부분을 근본적으로 고려해야 한다. 이용자가 초등학생의 상황에서만 영어, 수학에 대한 학습 욕구를 해결할 것인지 아니면 중·고등학교에 진학하는 연속선상에서 해결할 것인지 또는 영어, 수학이 해결되고 다른 과목에 대한 학습 욕구가 발생할 경우는 어떻게 할 것인지 등에 대한 고려가 평가와 함께 준비되어야 하겠다.

3) 서비스의 효과성에 대한 평가

서비스의 효과성에 대한 평가는 사례관리와 이러한 활동에서 생겨난 서비스의 결과적 범주가 이용자의 기능적 상태를 유지하거나 향상시키는 데 기여하였는지의 여부를 평가하는 것이다(김만두 역, 1993: 257). 효과성에 대한 평가를 위해 사전에 측정 가능한 구체적인 수치와 계량화된 평가기준을 바탕으로 목적을 설정했다면 보다 객관적인 평가를 할 수 있다. 예를 들어, 영어와 수학에 대한 프로그램 참여 전 평균점수를 파악한 상태에서 프로그램 참여 후 평균점수를 10점 향상시키겠다고 목적을 설정했다면 시험 점수를 통해 효과성을 쉽게 입증할 수 있다.

기준선 측정이 이루어지지 않았고 측정도구가 미리 규정되지 않았을 때에는 평가가 주관적일 가능성이 많고 그만큼 정밀하지 못할 수밖에 없다는 것을 충분히 고려하여 효과성을 평가하는 것이 필요하다(김융일 외, 2000).

4) 서비스 이용자의 만족도에 대한 평가

서비스의 지원계획, 서비스와 지원계획의 이행, 이용자에게 전달되는 서비스와 지원의 효과에 대해 이용자가 만족하는 정도를 평가하는 것이다(김만두 역, 1993: 243).

즉, 서비스 이용자의 표출된 욕구를 해결하기 위해 계획된 프로그램과 관련된 자원과 과정 및 결과, 효과성, 사례관리자에 대한 만족도의 정도를 평가하는 것을 말한다.

특히 만족도와 관련된 평가에서 서비스 이용자는 자신이 제공받은 서비스에는 만족하지 못하지만, 사례관리자에 대한 우호적인 감정으로 서비스에 대해 긍정적인 평가를 하기도 하고, 또는 만족도 조사 이후 혹시 긍정적인 결과가 자신에게 미칠 영향을 고려하여 부정적인 평가를 하기도 한다는 것을 충분히 고려해야 한다.

따라서 만족도에 대한 설문지는 사례관리자에 의해 전달되기보다는 다른 사람에 의해 전달되도록 하는 것이 긍정적 평가의 압력을 막는 사전 고려의 지혜로운 방법이 될 수 있을 것이다. 또한 이용자 답변의 확실성이 보장되기를 바란다면, 이용자가 익명으로 답하도록 하는 것도 지혜로운 방법이 될 수 있을 것이다(김만두 역, 1993: 265).

사례관리자는 서비스 이용자의 욕구해결과 관련하여 제공된 서비스 지원계획에 대한 내용을 기록한다. 이를 토대로 서비스 계획의 적합성, 결과목표 달성, 서비스의 효과성, 이용자의 만족도에 대한 내용을 함께 기록하도록 한다. 다음의 〈표 8-2〉는 지금까지 설명한 사례관리서비스의 평가에 대한 기록의 예이다.

〈표 8-2〉 서비스 평가 기록의 예

	서비스 내용	계획의 적합성	결과목표 달성	서비스 효과성	이용자 만족도
평가 내용	정기적인 검진을 통해 무기력을 줄이고 사회성을 향상시킨다.	병원의 정신과와 정신건강증진센터 프로그램 참여는 적절하였음	정신과 2주 1회의 진료와 센터 프로그램 주2회 참여로 목표를 달성하였음	약 조절의 성공으로 감정조절이 이루어졌고, 센터 프로그램 참여에 결석하지 않을 정도로 사회성이 좋아지고 있음	이용자의 만족도가 매우 높은 상태임
	치과의원과 연계하여 발치와 치료를 통해 치아 상태를 개선한다.	복지관 치과진료 서비스가 필요한 시기에 연결되었음	충치를 모두 발치하였으나 틀니는 제공하지 못했음	발치과정까지 적극적으로 참여했으나 이후 소극적인 참여로 효과성 약간 떨어짐	스스로 내방하여 양치질을 하면서 만족하고 있음

5) 평가결과와 이유

이상의 4개 영역에 대한 평가과정을 통해 사례관리의 지속 여부를 결정하게 된다. 즉, 평가를 통해 서비스 이용자의 욕구나 문제해결의 목표가 달성되지 않아서 또는 사례관리 과정에서 새롭게 나타난 이용자의 욕구와 문제의 발생 시 재사정, 다른 기관에 의뢰, 또는 사례관리의 현재 상태 유지나 종결을 결정하게 된 이유를 기록한다.

〈표 8-3〉 서비스 평가 기록의 예

평가결과와 이유	이용자는 아직까지 현재 제공되고 있는 서비스를 받고 참석하는 것 이상은 되지 못하고 있고, 새로운 것을 배우는 것에 대한 거부감이 있음. 그러나 이용자는 자발적으로 자신의 삶을 계획하고 살 수 있도록 현재의 서비스 제공은 물론이고 이용자에게 사회, 문화적인 자극이 될 수 있는 다양한 프로그램과 서비스 제공이 필요함. 그리고 가족의 여러 문제해결을 위해 지속적인 상담과 시간을 갖고 다양한 서비스를 제공하고자 함.
	□ 종결 □ 재사정 □ 의뢰 ■ 유지

재사정의 경우에서와 마찬가지로 종결이나 의뢰의 경우, 향후 다른 욕구로 이용자를 다시 만나게 되는 경우도 있으므로, 별도의 목록을 작성하여 보관해 두는 것이 필요할 것이다.

평가를 통해 재사정을 결정하게 되었다면 다시 초기사정 과정을 거쳐 새로운 서비스 계획을 수립하여 서비스를 제공하게 된다.

2. 종결을 위한 지침

종결은 사례관리의 마지막 단계로 사례관리자가 서비스 이용자에 대한 개입을 종료하는 것을 의미한다. 사례관리자가 종결을 결정할 때는 서비스 이용자와 관련된 객관적이고 정확한 내용을 근거하여 판단하고 결정하게 된다. 그리고 사례관리의 시작이 이용자와의 합의과정을 거쳐 시작된 것과 마찬가지로 종결 단계에서도 이용자의 동의가 있어야 한다. 곧 사례관리를 통해 이용자의 결과목표나 개입으로 기대된 변화가 달성되어 더 이상 사례관리서비스가 필요하지 않다고 합의적인 판단이 이루어진 경우, 사례관리에 대한 종결이 모색될 수 있다. 그러나 이용자의 여러 상황 변화들, 예를 들어, 주거지 이전으로 정기적인 접촉이 불가능한 경우, 장기간의 연락두절, 이용자 본인이나 보호자의 의사반영 등의 사유로 사례관리를 종결할 수도 있다.

Tip

종결의 특징

사례관리에서 종결은 대상 집단에 따라서 다양하게 나타난다. 즉, 사례관리 대상자로 선정되었다고 해서 서비스 이용자의 전 생애 동안 서비스가 지속적으로 진행되는 것은 아니지만 노인이나 장애인의 경우, 인생의 주기와 환경적인 상황이 대개 만성적이고 상황이 점점 악화되기 때문에 사실상의 유일한 종결은 이용자가 사망했을 경우가 대부분이다. 이와 반대로 아동 및 청소년의 경우는 이들의 성장에 따라 스스로의 자립능력을 갖추기도 하고, 가족구성원들의 기능 향상으로 사례관리의 계획된 긍정적인 종결이 되는 경우가 많다.

일반적으로 종결 시의 주요 과업은 종결 시기가 적절한지에 대한 결정, 이용자와 사례관리자의 정서적 반응에 대한 정리, 개입효과의 유지와 강화 방안의 모색, 필요시 타 자원으로의 의뢰 등을 들 수 있다(엄명용 외, 2011).

종결과업에 이르는 데 도움이 되는 몇 가지 원칙을 소개하면 다음과 같다.

첫째, 종결까지 사례관리자가 계속 애정을 갖는 것은 필수적 요소이다.

둘째, 서비스 이용자가 사례관리자를 계속 의지할 수 있도록 해야 하나 종결 후 서비스는 제한적이라는 점을 분명히 이해하도록 한다.

셋째, 반드시 서비스 이용자와 함께 사후관리 계획을 세우고, 필요시 언제라도 다시 연락을 취할 수 있도록 문을 열어 놓는 것을 잊지 말아야 한다.

이때 활용하는 전략은 종결보고서에 반드시 사후관리를 명시하고 이를 서비스 이용자와 확인해야 하며, 필요시 언제라도 다시 기관의 서비스를 이용하기 위해 연락을 취할 수 있다는 점을 상기시키면서 마무리하는 것이 적절하다(인천광역시 사회복지관협회 · 사례관리연구회, 2009).

1) 종결의 유형 및 사유

(1) 서비스 이용자에 의한 종결

사례관리에서 사용하고 있는 종결은 서비스 이용자와 관련된 종결이 대부분으로 여기에는 서비스 이용자의 사망, 생활시설로 입소, 다른 지역으로 이주, 목표 달성, 상황이 호전되어 사례관리가 필요 없는 상황, 거절이나 포기, 약속 불이행 등이 해당된다.

여기에서 다른 유형과 달리 서비스 이용자의 거절이나 포기의 이유로 종결을 결정하기에 앞서 한 번 더 정확한 이용자의 의견을 확인하는 것이 필요하다. 즉, 이용자의 거절이나 포기가 개인적인 상황임을 주장하지만, 그런 결정의 배경에 사례관리자의 교체로 인한 어려움이나 기관의 정책 변화에 대한 불만의 표시일 수도 있다.

많은 경우 이용자는 사례관리자의 개인적인 사유나 기관의 상황에서 사례관리자가 교체되는 경험을 하게 된다. 이용자는 새로운 사례관리자를 전임 사례관리자와 자연스럽게 비교하게 되고, 이 과정에서 사례관리자의 관심이나 서비스 제공의 정도가 다르다고 느끼고 판단할 수 있다. 그리고 이런 변화된 내용에 대해 불만이 있어도 이를 표현하거나 시정을 요구하기보다는 '서비스에 대해 충분히 만족하고 있다'거나 '더 이상의 서비스는 필요치 않다'라고 자신의 입장을 표현한다는 것이다.

다시 말해서 사례관리자가 서비스 이용자에 대한 개입이 종료되는 것은, 이용자의 능력 향상으로 인한 사례관리의 계획된 종결뿐 아니라 그 반대의 경우도 가능하다. 서비스 이용자나 사례관리자에 의해 또는 기타 사유로 인해 사례관리 과정에서 계획되지 않은 종결이 나타날 수도 있다는 것이다.

사례관리자는 사례관리의 과정에서 계획된 종결에서보다 계획되지 않은 종결에서 더 많은 부정적인 감정(분노, 좌절, 불안, 섭섭함)들을 경험할 수 있다(엄명용 외, 2005). 이럴 경우 동료나 슈퍼바이저에게 도움을 요청하여 부정적인 감정을 극복하는 것이 반드시 필요하다.

또한 사례관리자는 이용자의 욕구를 해결하기 위해서 자신과 기관의 자원, 능력을 최대한 발휘하여 노력했지만 아무것도 이용자에게 도움이 되지 않았다고 판단할 수 있다.

예를 들어, 이용자와의 관계에 있어서, 사전에 약속을 하고 가정방문을 했는데 이용자가 집에 없거나, 약속이 있어서 만날 수 없다고 하는 경우가 자주 발생한다면, 사례관리자는 이용자에 대해 부정적인 감정을 느끼게 되고, 이용자와의 관계가 단절되기도 한다. 이런 경우 사례관리자는 이용자에게 나타나는 반응에 대해, 본인이 타인과의 관계 속에서 경험했던 개인적인 관계설정의 어려움과 같은 그런 반응은 아닌지 검토가 필요하다는 것이다.

이와 마찬가지로 사례관리자라고 해서 반드시 모든 이용자와 긍정적이고 우호적인 관계가 형성되는 것은 아니라는 사실을 인정하고 이와 같은 반응이 이용자로부터 나타날 경우, 기관에 사례관리자의 변경을 요청하는 것도 좋은 방법이다.

〈표 8-4〉 종결 유형: 서비스 이용자에 의한 종결의 예

□ 서비스 이용자에 의한 종결	□ 사별	□ 시설입소	□ 이사	□ 목표달성
	□ 상황호전	□ 타 기관 이용	□ 거절이나 포기	
	□ 약속불이행	□ 기타 ____________		

☞ 서비스 이용자에 의해 사례관리가 부적합한 상황 또는 태도변화 등으로 종결하게 된 사유를 기록한다.

(2) 사회복지사에 의한 종결

실제 실천 현장에서 사례관리자의 사직이나 업무 조정으로 서비스 이용자와 종결되는 경우가 자주 발생한다. 사례관리자는 업무 수행을 통해 이용자를 만나면서 관계가 지속되는 기간에 따라 정서적인 교류가 이루어지면서 친근감과 신뢰가 형

성된다. 그런데 사례관리자에 의한 종결이 그동안의 관계에 비하여 일방적이라고 느끼는 이용자일수록 분노, 배신감, 거부감, 무력감 등의 반응이 나타난다. 대부분의 이용자는 자신의 삶의 시간에서 자신들에게 동의를 구하지 않고 많은 사람들이 일방적으로 자신을 찾아와 일정기간 도움을 주다가 그만두게 되는 정확한 이유도 모르는 채 관계가 종결되는 경험을 자주 하고 있는 것이 사실이다.

그래서 이용자는 사례관리자와의 관계 종결도 그동안의 경험으로 쉽게 받아들이기도 하지만, 이와 반대로 사례관리자가 진정으로 자신을 걱정하지 않는다고 간접적으로 비난하거나 품위를 손상시킴으로써 부정적 감정을 나타낸다(김융일 외, 2000: 318). 이러한 이용자가 받게 되는 심리적인 상실감은 회복되더라도 또 다른 사례관리자와의 친밀감과 신뢰를 형성하기까지 더 많은 시간과 노력이 요구된다.

현실적으로 이 문제를 완전하게 해결하기란 쉽지 않다. 그러나 기관의 상황에 따라 한 명의 이용자에 두 명의 사례관리자가 개입하는 방법, 또는 사례관리가 팀이나 행렬조직의 형태로 진행하는 방법 등을 생각해 볼 수 있다. 행렬조직이란 사례관리자가 기관의 조직 구성에 따라 편제된 업무팀(예 가족 기능 강화, 지역사회 보호, 지역사회조직)에 소속되어 있으면서 사례관리의 목적을 수행하기 위해 수평적인 협조관계를 유지하는 형태를 말한다(서울시복지재단, 2009).

이런 업무조직의 형태에서 사례관리자는 다른 협조관계에 있는 동료들과 함께 이용자를 만나기도 하고 협의하는 과정을 통해 이러한 문제를 일부 해소할 수 있고, 사례관리 계획을 수립하는 과정에도 효과적일 것이다.

〈표 8-5〉 종결 유형: 사례관리자에 의한 종결의 예

□ 사례관리자에 의한 종결	□ 사례관리자의 사직 □ 해당 사례의 담당으로 본인이 부적합하다고 판단 □ 서비스 이용자의 소극적 참여로 목표 달성 불가능

☞ 사례관리자에 의해 서비스 이용자에 대한 사례관리나 관계 형성이 부적합하여 종결하게 된 사유를 기록한다.

(3) 기타 이유에 의한 종결(외부 의뢰가 필요한 경우)

서비스 이용자의 욕구가 해결되지 않은 상황에서 서비스를 제공할 수 없게 되면 사례관리자는 다른 기관에 의뢰를 하게 된다. 이용자에게 효과적인 의뢰를 하기 위해서는 사례관리자가 이용자의 욕구와 관련되어 의뢰할 수 있는 다양한 사회복지 서비스 기관의 존재, 위치, 방법 등의 정보를 이미 파악하고 있어야 한다.

특히 사례관리자는 사례관리에 대한 평가를 준비하면서 종결이 결정되지 않은 상태이지만 개인적인 판단으로 이미 의뢰를 고려하는 경우도 있다. 이때, 의뢰할 기관에 대한 파악이 된 상태에서 이용자가 의뢰될 수 있도록 준비하고 있어야 한다. 왜냐하면 의뢰 시기가 이용자의 상황과 얼마나 적합하느냐에 따라 효과적이고 효율적인 서비스가 될 수 있기 때문이다.

그리고 의뢰를 하는 과정에서 이용자가 현재의 기관과 사례관리자에게 거부되었다는 느낌을 갖지 않도록 정확한 이유를 설명해야 한다. 또한, 의뢰할 기관을 선택하는 것은 이용자의 결정이다. 따라서 사례관리자는 의뢰 기관에 대한 장점과 약점, 그리고 의뢰 기관을 선택 후 발생 가능한 상황에 대해 이용자의 책임도 정확히 알려 주어야 한다.

〈표 8-6〉 종결 유형: 기타 이유에 의한 종결의 예

□ 기타 이유에 의한 종결	□ 기관의 사례관리자 업무 조정 □ 기관의 사례관리 기한 제한 □ 운영기관 · 법인의 교체 □ 기관의 사례관리 원칙 변경 □ 기관의 자원 · 능력의 한계

☞ 서비스 이용자와 사례관리자에 의한 사유가 아닌 기관과 환경에 의해 사례관리를 종결하게 된 사유를 기록한다.

2) 사례관리 종결보고서

(1) 서비스 제공 현황

사례관리를 위한 서비스 계획수립 이후 종결과정까지 이용자에게 제공한 기관 내부와 외부의 서비스 내용을 기록한다.

〈표 8-7〉 서비스 제공 현황 기록의 예

서비스 제공 현황	• 서비스 이용자의 무기력증을 해소하기 위해 0000년도 1년 동안 정신과 및 정신건강증진센터의 프로그램에 적극적으로 참여하여 상태가 많이 호전되었음. • 이용자 동생의 컴퓨터 중독 문제와 도벽 문제에 대해 매월 4회 이상 상담을 진행하였으나 크게 개선되지 못하였음. • 이용자의 모와 조부모와의 갈등 문제에 대해 서로 입장을 이해할 수 있도록 총 5회 상담을 실시하고 개입하였으나 관계가 호전되지 않았음. • 공동모금회를 통해 후원금 10만 원 연계와 사랑의 PC나누기사업을 연계하여 컴퓨터를 지원하였음. • 이용자의 치아진료에 긴급 개입하여 문제를 해결하였음.

(2) 서비스 이용자 변화사항

초기면접 과정에서 종결이 되기까지 서비스 이용자 개인과 가족 및 환경이 변화(개선이나 약화)된 사항을 기록한다.

〈표 8-8〉 서비스 이용자의 변화사항 기록의 예

	초기사항	종결사항
서비스 이용자 변화사항	정신장애로 인해 이용자가 무기력한 상태였음	정신과 및 정신건강증진센터 연계를 통해 심리적으로 많이 밝아졌음
	동생의 컴퓨터 중독과 도벽 문제가 심각한 상태였음	크게 개선되지 않았음
	동생이 중학교를 중퇴하고 학업을 중단한 상태였음	컴퓨터 중독 문제가 해소되지 않아 학업을 계속 유지하지 못하고 있음
	모와 조부모와의 갈등	크게 개선되지 않았음

(3) 사례관리자 의견

서비스 이용자의 사례관리 종결에 대한 사례관리자의 의견을 기록한다.

〈표 8-9〉 사례관리자의 의견 기록의 예

사례관리자 의견	• 본 서비스 이용자의 가족이 다른 지역으로 이주하게 되어 사례를 종결하게 되었음. • 이용자의 욕구와 문제가 전혀 해소되거나 해결되지 않은 상태에서 사례를 종결하게 됨에 따라 이주한 지역의 사례관리기관에 의뢰하여 지속적인 사례관리가 이루어질 수 있도록 할 계획임. • 이주한 지역에서 사례관리기관이 확정될 때까지 사후관리를 통해 이용자 가족의 문제가 더 이상 악화되지 않도록 개입할 계획임.

☞ 사례관리에서 목표가 달성된 종결은 서비스 이용자 스스로 문제를 해결하는 능력이 향상된 것으로 사례관리자는 종결이 가까워질수록 이용자와 협의를 통해 만남의 횟수를 줄이거나, 이용자가 성취하고 해결한 것을 알려 주어 이용자의 능력이 향상되고 있음을 스스로 인식하게 하는 것이 중요하다.

☞ 종결이 관계의 단절이 아니며, 사례관리자와 특정한 어려움을 가진 이용자와의 만남이 아닌 지역주민으로 언제나 편안하게 만날 수 있고, 이용자의 욕구가 발생하면 다시 만날 수 있다고 안내해 줄 필요가 있다.

앞으로 서비스 이용자에 대한 효율적인 사례관리를 위해서 사례관리자가 과감하게 종결할 수 있어야 한다. 그렇게 하기 위해서는 이용자들의 욕구가 그들의 상황 변화에 따라 달라질 수 있고, 필요하면 종결 후에 다시 사례관리 대상자로 선정할 수 있다는 유연한 사고를 갖고 욕구에 대한 목표 달성을 중심으로 종결을 경험하는 것도 필요하다.

3) 사후관리

사후관리는 'follow-up service'이나 'after care'라는 개념으로 혼용되기도 한다. 이는 서비스 종결 이후 일정 기간을 두고 종결 이후의 변화 상황의 안정화 여부를 모니터링하고 재개입 필요성을 조기에 판단하기 위한 목적으로 수행된다. 사후관리의 과정에서 사례관리자는 이용자의 변화 유지에 도움이 되는 지지적 상담과 정보를 제공하여 이용자의 심리적 안정과 지역사회 적응을 도울 수 있다.

사후관리는 사례관리 실천과정에서 간과되기 쉬운 과정이지만, 사례관리의 영향을 평가하고, 개입을 통한 변화의 유지를 확인하거나, 종결이나 의뢰의 적절성을 판단할 수 있는 중요한 과정이다. 상대적으로 전문적 기술이 많이 요구되지는 않지만 매우 가치 있는 과정이므로 간과되지 않도록 유의해야 한다(굿네이버스 · 한국사례관리학회, 2010).

사후관리의 기록은 종결 후 6개월 동안 사후관리를 하는 것을 원칙으로 하며, 이는 개별 사례의 상황에 따라 조정이 가능하다. 종결 단계에서 사후관리의 방법과 기간에 관해 이용자 또는 가족에게 구두나 서면으로 고지하여 동의를 받는다. 사후관리가 종료되면 사례관리서비스가 전체적으로 종료된다.

CHAPTER 09

사례관리 실천에서의 사정도구 활용: PIE 체계를 중심으로

1. PIE 체계의 개요

2. 실천 현장에서의 PIE 체계 적용

Case Management

CHAPTER 09

사례관리 실천에서의 사정도구 활용: PIE 체계를 중심으로

사례관리와 다학문적인 접근방법의 핵심은 '사정(assessment)'이라 할 수 있는데 이는 문제와 욕구를 가진 대상자에게 적절한 서비스를 제공하기 위한 기반이 된다. 사회복지 실천에 있어서의 사정은 개입목표를 계획하고 대상자의 상황에 따른 대안을 모색함으로써 개입목표를 향하여 발달적인 접근을 시도하는 과정이 되어야 한다.

그러나 기존의 사회복지 실천에서 사정은 두 가지 점에서 그 전문성을 충분히 발휘하지 못하고 있다.

첫째, 기존의 사정관점은 문제를 가진 개인적인 요인에 지나치게 집중되어 있다는 점이다. 그런데 대상자의 사정은 개인적인 요인뿐 아니라 환경에 대한 사정이 이루어져야 한다. 즉, 개인이 환경과 상호작용하면서 겪는 적응상의 어려움에 대한 사정이 함께 이루어질 때, 보다 객관적이고 통합적인 접근이라 할 수 있겠다. 개인과 환경 두 가지 측면에서의 사정은 대상자의 욕구와 상황을 보다 정확하게 파악하도록 하며, 이용 가능한 자원을 개입목표 및 활동에 연계시켜 서비스 전달을 원활히 하는 데 도움을 줄 것이다.

둘째, 전문직 내 공유된 사정체계가 없음으로 인해 타 전문 분야의 사정도구(㉥ DSM-5 등)에 의존해 왔다는 것이다. 이로 인해 문제의 우선순위를 결정하고 서비스를 제공하는 데 있어서 사례관리자의 근무연한, 담당 업무, 소속기관의 성향에 따른 사례관리자의 주관적인 판단에 의해 영향을 받아 왔다. 그러므로 실천 현장에 맞는 사정도구의 개발은 사회복지의 기본 관점인 '환경 속의 인간'에 대한 사정을 용이하게 하고, 사례관리 실천 전문가에게 객관적이고 체계적인 사정도구를 제공하고 실무자 간의 합의된 의사소통을 도울 수 있다.

1. PIE 체계의 개요

1) 환경 속의 개인으로서의 PIE(Person-in-Environment) 체계

(1) PIE 체계의 개발 배경

사회복지 전문직은 앞에서 살펴본 바와 같이 전문직의 정체성을 확립하고 휴먼서비스 전문직들 가운데 독자성과 독특성을 주장하기 위해 끊임없이 노력해 왔다. 그러나 그동안 전문직 내 고유의 공통된 의사소통체계가 없음으로 인해 다른 전문직에서 활용하는 분류체계에 의존해 왔다(Karls & Wandrei, 1994: 8). 즉, 정신의학이나 의학 분야에서 활용하는 DSM-5나 ICD-10과 같은 체계들을 사용해 온 것이 사실이다. 그런데 전문직의 발전을 위해서는 고유의 분류체계를 활용하는 것이 매우 중요하다. 분류체계는 전문직이 가지는 지식의 결합체이며, 전문직의 활동과 그 영역을 분명히 하고 그것을 사회에 알리는 기능을 하기 때문이다.

그동안 사회복지 분야에서도 사회적 기능을 향상시킨다는 목적 아래 대상자가 가지는 욕구와 문제를 사회적인 관계의 개념과 사회적인 역할 수행, 그리고 외부 환경적인 장애라는 관점에서 규정, 분류하는 관점을 제시하고자 하는 시도가 계속 있어 왔다(Karls & Wandrei, 1994: 10). 1917년 리치몬드(Richmond)는 현재의 생태도(eco-map)에 견줄 수 있는 분류를 논의한 바 있으며, 펄만(Perlman, 1968)은 인간의 문제를 다음의 세 가지로 정리하였다.

첫째는 물질적인 결함, 역할수행을 제한하는 개인적인 능력, 지식적인 결함과 관련된 영역, 둘째는 성격적인 이상이나 혹은 정신장애와 관련된 영역, 그리고 세 번째는 개인이 가진 여러 가지 역할들 간 불일치나 자신과 타인의 역할기대 간 불일치, 혹은 개인의 욕구와 역할에 의한 요구 간의 불일치, 역할갈등이나 역할모호와 같은 영역들로 정리하였다.

리드와 엡스타인(Reid & Epstein, 1978)은 대인관계상의 갈등을, 사회적인 관계에 있어서의 불만족, 공식적인 조직에서의 문제, 역할수행상의 어려움, 의사결정의 문제, 민감한 감정상의 문제, 부적절한 자원체계 그리고 심리적 · 행동적 문제들과 같은 몇 개의 범주로 나누었다.

저메인과 기터먼(Germain & Gitterman, 1980) 역시 인간의 욕구나 문제를 세 가지 범주로 분류하였는데, 첫째는 발달 단계, 혹은 지위나 역할의 변화, 그리고 위기상황 등으로 인한 삶의 변동이며, 둘째는 사회적이며 물리적인 환경의 문제, 그리고 마지막으로 가족이나 다른 집단에서의 의사소통 및 관계에 있어서의 어려움이다. 이상과 같이 사회복지 실천이 다루는 대상이나 문제에 대해 정리, 분류하고자 하는 다양한 시도는 모두 인간과 환경이 상호작용하는 영역에 대한 개입이라는 사회복지 실천의 고유한 특성을 반영하고 있으며, PIE 체계는 이러한 노력들을 바탕으로 하고 있다.

PIE 체계의 개발에 직접적인 계기가 된 것은 1980년 DSM-Ⅲ-R의 출판이다. DSM-Ⅲ-R은 인간에게 영향을 미치는 심리사회적인 스트레스 원을 포함하면서 인간에 대해 포괄적인 관점을 제공하였다. 그러나 DSM-Ⅲ-R의 출판으로 인해, 사회복지 전문직 내에서는 사회복지 고유의 분류체계를 가지지 못하게 된다면 사회복지 대상 집단을 설명하는 데 있어서 타 전문직의 언어를 사용해야만 할 것이라는 우려의 목소리가 높아졌다. 사회복지 실천 및 이론에 있어서의 새로운 발전과 더불어 DSM-Ⅲ-R로 인한 자극에 의해 1981년 NASW에서는 PIE 체계 개발을 위한 2년간의 프로젝트를 시작하였다(Karls & Wandrei, 1994: 11).

10여 년 넘게 계속되어 온 개발과정을 통해 PIE 체계는 미국 내에서 정신보건 영역은 물론, 가족서비스 기관, 일반 의료사회복지 영역, 직업재활 프로그램, 공공복지 분야 등 사회복지 전문직의 다양한 실천 분야에서 그 활용 가능성이 연구되었다. 다양한 분야에서 PIE 체계의 적용은 대상자가 가진 문제 영역을 보다 명확하게 파악할 수 있도록 하며, 환경 속의 인간의 기능을 사정하게 함으로써 지역사회와의 연계 속에서 사회적인 어려움에 대한 파악을 가능하게 한다. 따라서 서비스 제공을 위한 전략 수립에 있어서도 보다 다양한 대안의 탐색이 가능하다고 보고되고 있다. 또한 PIE 체계의 적용은 미국뿐 아니라 일본, 캐나다, 네덜란드, 이탈리아, 호주 등에서도 그 활용에 대한 탐색적인 연구들이 이루어졌다.

(2) PIE 체계의 특징

PIE 체계는 대상자가 경험하는 다양하고 복잡한 문제들을 분류하려는 시도에서 출발한 것으로 그 특징을 정리하면 다음과 같다.

첫째, PIE 체계는 기존의 DSM-5와는 달리 진단을 위한 체계라기보다는 한 개인이 사회적으로 기능하는 데 가지는 문제에 대해 포괄적으로 사정할 수 있도록 관련된 정보를 수집하고 정리하는 도구라는 점이다.

둘째, 다양한 사회복지의 실천 이론들을 포괄적으로 수용함으로써 문제해결을 위한 다양한 개입을 활용할 수 있도록 한다.

셋째, 사회복지만의 독특한 '환경/상황 속의 개인(person-in-environment)'이라는 관점을 도입하였다.

넷째, 사회적 역할 이론에 기초하여 대상자의 사회적 기능 문제에 초점을 두었다.

다섯째, PIE 체계에서 언급하고 있는 '환경'의 범위는 대상자가 생활하는 지역사회로 개념을 규정할 수 있다.

그리고 마지막으로 대상자가 가지는 대처 능력과 장점을 측정하는 데 초점을 두고 있다는 점이다.

(3) PIE 체계의 구조

PIE 체계는 사회적 기능 문제, 환경적인 문제, 정신건강의 문제, 신체건강의 문제인 네 가지 기본 구성요소로 이루어져 있다.

먼저 Factor Ⅰ으로 구분되는 사회적 기능은 개인의 역할수행과 관련된 내용으로서 가족 내에서의 역할, 일반 대인관계상의 역할, 직업상의 역할, 그리고 기타 특별한 생활상황에 따른 역할로 구분되어 있다. 각 역할은 PIE 체계 내에서 Factor Ⅰ이 가지는 문제 영역을 의미하며, 각 문제 영역 내에서 문제의 유형은 권력(power), 양가감정(ambivalence), 책임(responsibility), 의존(dependency), 상실(loss), 고립(isolation), 희생(victimization), 혼합형태(mixed)가 있으며, 이외에 기타로 구분될 수 있다.

Factor Ⅱ는 환경적인 문제로 구분되는데, 여기서 환경이란 한 개인이 생활하고 있는 물리적인 맥락이나 사회적인 맥락 모두를 말하며, 자연적인 환경이나 인위적인 환경 모두를 포함하는 개념이다(Karls & Wandrei, 1994: 28). 이 영역에서는 한 개인의 사회적인 기능과 안녕(well-being)에 영향을 미치는 외부적인 요소들에 초점을 둔다.

Factor Ⅱ를 구성하고 있는 환경적인 체계는 경제 및 기본 욕구에 관련된 체계, 교육·훈련체계, 법체계, 건강·안전·사회서비스 체계, 자발적 모임체계, 정서적 지지체계가 포함된다.

Factor Ⅲ는 정신건강의 문제와 관련된 영역으로 DSM-IV의 Axis I, II를 그 내용으로 한다. 그리고 Factor Ⅳ는 신체건강의 문제와 관련된 영역으로 DSM-IV의 Axis III의 내용과 동일하다.

〈표 9-1〉 PIE 체계의 기본 구조

구 분	내 용
Factor I : 사회적 기능 문제	– 사회적인 역할과 관련한 문제 영역(4영역으로 구분) – 각 역할에 대한 유형(9개로 구분) – 심각도(6점 척도) – 지속기간(6점 척도) – 문제에 대한 대상자의 대처 능력
Factor II : 환경적 문제	– 문제가 존재한다고 확인된 사회체계(여섯 가지 체계로 구분) – 각 사회체계 내에서의 문제 유형 – 심각도(6점 척도) – 지속기간
Factor III : 정신건강 문제	– DSM-IV의 Axis I 에 의한 임상적인 증상 – DSM-IV의 Axis II 에 의한 인격 및 발달장애
Factor IV : 신체건강 문제	– DSM-IV의 Axis III 와 ICD-9에 의해 전문의의 진단을 받은 질병 – 대상자나 다른 사람들에 의해 보고된 기타 건강상의 문제

출처: Karls & Wandrei (1994). p. 24.

앞의 〈표 9-1〉은 PIE 체계의 기본 구조를 간략하게 보여 주고 있는데, 앞의 네 가지 영역들 가운데 사회복지 실천의 독특한 영역은 Factor I, II라고 할 수 있다.

(4) PIE 체계의 구체적인 내용

① Factor I 사회적 기능의 분류와 코드

Factor I에 포함되는 사회적 기능과 관련된 내용은 다음의 〈표 9-2〉와 같다.

〈표 9-2〉 Factor I 의 내용

사회적 기능 문제	코드
1. 가족 역할	1000.XX
부모 역할	1100.XX
배우자 역할	1200.XX
자녀 역할	1300.XX
형제 역할	1400.XX
다른 가족원 역할	1500.XX
의미 있는 타인 역할	1600.XX
2. 다른 대인관계상의 역할	2000.XX
연인 역할	2100.XX
친구 역할	2200.XX
이웃 역할	2300.XX
구성원 역할	2400.XX
기타 역할	2500.XX
3. 직업상의 역할	3000.XX
임금노동자 역할	3100.XX
가사노동자 역할	3200.XX
자원봉사자 역할	3300.XX
학생 역할	3400.XX
기타 역할	3500.XX
4. 특수한 생활 상황에서의 역할	4000.XX
소비자 역할	4100.XX
입원환자 역할	4200.XX
외래환자 역할	4300.XX
보호관찰대상자/가출옥자 역할	4400.XX
수감자 역할	4500.XX
합법적 이민자 역할	4600.XX
밀입국자 역할	4700.XX
피난민 역할	4800.XX
기타 역할	4900.XX

② Factor II 환경적 문제의 분류와 코드

Factor II에 포함되는 환경적 문제와 관련된 내용은 다음의 〈표 9-3〉과 같다.

〈표 9-3〉 Factor II의 내용

환경적 체계 문제	코드
1. 경제적/기본적 욕구체계	5000.XX
음식/영양	5100.XX
주거	5200.XX
고용	5300.XX
경제적 자원	5400.XX
교통	5500.XX
경제적/기본적 욕구체계에서의 차별	5600.XX
2. 교육 · 훈련체계	6000.XX
교육 및 훈련	6100.XX
교육 · 훈련체계에서의 차별	6200.XX
3. 법적 체계	7000.XX
정의 · 법	7100.XX
법적 체계에서의 차별	7200.XX
4. 건강 · 안전 · 사회서비스 체계	8000.XX
건강/정신건강	8100.XX
안전	8200.XX
사회서비스	8300.XX
건강 · 안전 · 사회서비스 체계에서의 차별	8400.XX
5. 자발적 모임체계	9000.XX
종교단체	9100.XX
지역사회단체	9200.XX
자발적 모임체계에서의 차별	9300.XX
6. 정서적 지지체계	10000.XX
정서적 지지	10100.XX
정서적 지지체계에서의 차별	10200.XX

(5) PIE 체계의 세 가지 지표

PIE 체계에서는 대상자의 사회적 기능과 환경적 문제를 정리하고, 사회복지적 개입의 필요성을 결정짓기 위해 세 가지의 지표를 활용한다.

① 심각도 지표(Severity Index)

- 사용범위: Factor I · II
- 측정내용: 역할, 관계, 일상 속에서 일어나는 변화의 범주나 혼란함의 정도 및 이에 따른 사회복지 개입의 필요성 정도
- 표기: 소수점 바로 오른쪽
- 코드 및 단계: 〈표 9-4〉와 같다.

〈표 9-4〉 심각도 지표의 코드 및 단계

단계	내용
1 = 문제없음 (no problem)	서비스 이용자와 사회복지사 모두 문제가 아니라고 인지한다. 개입 필요성 없다.
2 = 낮음 (low severity)	서비스 이용자는 문제가 아니라고 인지하나 사회복지사는 문제라고 여긴다. 개입이 반드시 필요한 것은 아니나 요구되는 경우가 있다.
3 = 보통 (moderate severity)	문제가 서비스 이용자의 기능에 혼란을 미치나, 대개의 기능에 손상을 줄 만큼 심각하진 않다. 개입이 필요하다(별거, 실직, 편부모가 되었을 때의 경우).
4 = 높음 (high severity)	극적인 변화가 일어날 만큼 문제가 심각한 것은 아니지만, 서비스 이용자는 분명 곤란한 상태에 처해 있다. 빠른 개입이 필요하다(이혼, 심각한 경제적 손실, 친구 사망의 경우 등).
5 = 매우 높음 (very high severity)	문제가 환경 및 사회적 기능의 여러 영역에 걸쳐 있으며 중요한 변화인 경우이다. 대체로 즉각적인 개입이 필요하다(배우자의 사망, 중병, 강간 등).
6 = 극심함 (catastrophic)	문제가 급작스러우며, 적응에 손상을 주는 개인의 통제를 벗어난 부정적 변화인 경우이다. 즉각적 개입이 필요하다(가족 집단 사망, 자연재해로 인한 소유상실 등).

② 지속 지표(Duration Index)

- 사용범위: Factor I · II
- 측정내용: 문제가 얼마나 최근에 일어난 것이며, 지속기간은 얼마인가를 파악하는 것으로 심각도 지표와 함께 사용하며 문제에 얼마나 긴급히 개입해야 하는가와 대처 지표와 함께 사용하여 문제해결의 예후를 측정
- 표기: 소수점 바로 오른쪽 두 번째 자리
- 코드 및 단계: 〈표 9-5〉와 같다.

〈표 9-5〉 지속 지표의 코드 및 단계

1 = 5년 이상	2 = 1년 이상 ~ 5년 미만
3 = 6개월 이상 ~ 1년 미만	4 = 1개월 이상 ~ 6개월 미만
5 = 2주 이상 ~ 6개월 미만	6 = 2주 미만

③ 대처 지표(Coping Index)

- 사용범위: Factor I
- 측정내용: 서비스 이용자가 내적 자원을 통해 문제를 조절할 수 있는 능력의 정도, 서비스 이용자의 문제해결 능력과 자립적 행동 능력, 자아 강도, 통찰력, 지적 능력에 대한 종합적 평가로 이루어짐
- 표기: 소수점 오른쪽 세 번째 자리
- 코드 및 단계: 〈표 9-6〉과 같다.

〈표 9-6〉 대처 지표의 코드 및 단계

1 = 매우 뛰어난 대처기술 (Outstanding coping skills)	대처기술(어려운 상황에 대처하기 위한 서비스 이용자의 문제해결 능력, 자립적 행동 · 자아 강도 · 통찰 · 지적 능력의 사용 능력)이 매우 적합
2 = 뛰어난 대처기술 (Above-average coping skills)	대처기술이 일반 타인과 비교하여 우수

3 = 보통의 대처기술 (Adequate coping skills)	문제를 해결하거나 자립적으로 행동할 수 있으며, 적합한 자아 강도 · 통찰력 · 지적 능력을 가짐
4 = 다소 부적합한 대처기술 (Somewhat inadequate coping skills)	문제해결 능력을 가지고 있으며, 자립적으로 행동하고, 자아 강도 · 통찰력 · 지적 능력을 사용하나, 나타난 문제들을 해결하는 데는 주요한 어려움이 있음
5 = 부적합한 대처기술 (Inadequate coping skills)	문제해결 능력을 다소 가지고 있으나 나타난 문제들을 해결하기에는 부족함, 자립적으로 행동할 능력이 부족하며, 최소한 자아 강도 · 통찰력 · 지적 능력을 가짐
6 = 대처기술 부재 (No coping skills)	문제해결 능력이 거의 또는 전혀 없고, 자립적 행동 능력이 부족하며, 자아 강도 · 통찰력 · 지적 능력 불충분

2. 실천 현장에서의 PIE 체계 적용

PIE 체계의 가장 큰 특징은 PIE 체계의 기본 과정이 사회복지의 기본 관점인 환경 속의 인간에 대한 사정을 보다 용이하게 할 수 있으며 사례관리자에게 보다 객관적이고 체계적인 사정의 관점을 제공할 수 있다는 점이다. 따라서 여기서는 실제 실천 현장에서 PIE 체계를 어떻게 활용하고 있는가와 구체적인 적용 사례에 대해 검토해 보고자 한다.

1) PIE 체계를 활용한 사례 예시

(1) 사례 1

지선은 세 아이를 둔 30세 이혼녀이다. 그녀는 은행 직원으로 3년간 일해 오고 있다. 그녀는 직장 내 태만, 업무착오, 고객과 동료들에게 잦은 짜증 등으로 직장

상사에게 지적을 받은 후 은행 내의 직업상담원에 의해 지역사회 정신건강증진센터에 의뢰되었다. 더구나 그녀는 무언가에 몰입하기도 하고 업무 중 종종 사적인 전화에 매달리기도 하는데, 이는 공포로 보여지기도 한다.

이런 행동들은 4개월 동안 지속되었다. 정신과 의사의 진단에 의하면 그녀는 20대 초반에 우울증세를 경험했으며 가끔은 자살을 하려는 생각도 했다고 한다. 그녀의 어머니도 지선의 아동기 때 한 차례의 우울증세를 경험했다고 한다. 지선은 두 아이의 아버지와 연락을 하지 않고 있으며 재혼한 셋째 아이 아버지와는 가끔씩 연락을 취하고 있다.

그녀는 친구가 별로 없으며 이웃과의 접촉도 피한다고 한다. 그녀는 적절하고 안정된 자녀양육을 할 수가 없으며 아이들을 돌보는 데 어머니에게 의존하는 경우가 많다. 이 경우에도 자녀양육에 관여해서 어머니와 갈등이 생기기도 한다. 지선의 큰아이는 14세인데 학교를 결석하기 시작하고 친구들과 동네를 배회하기도 한다. 직장에서는 그녀의 업무 태도와 자녀양육 태도에 대해 지적하는 상사와 점점 불편해지고 있다.

〈표 9-7〉 사례 1 분석내용

Factor	분류	사례 분석내용
F1	1130.344 1310.324 2120.344 2360.344 3170.444	1. 부모 역할 문제: 책임 / 심각성 보통 / 기간 1개월 / 부적합한 대처기술 2. 자녀 역할 문제: 힘 / 심각성 보통 / 기간 5년 / 부적합한 대처기술 3. 애인 역할 문제: 양가감정 / 심각성 보통 / 기간 6개월 / 부적합한 대처기술 4. 이웃 역할 문제: 고립 / 심각성 보통 / 기간 6개월 / 부적합한 대처기술 5. 임금노동자 역할 문제: 희생 / 심각성 높음 / 기간 6개월 / 부적합한 대처기술
F2	8201.42 8301.32 10102.32	1. 적절한 안전서비스 부재 / 이웃범죄 / 심각성 높음 / 기간 5년 2. 적절한 사회서비스 부재 / 심각성 보통 / 기간 5년 3. 정서적 지지체계 문제 / 소외 / 심각성 보통 / 기간 5년
F3		반복적이고 만성적인 우울증 증세
F4		해당 사항 없음

(2) 사례 2

로버트는 위장질환으로 인한 출혈 문제로 병원에 입원한 경우로 그 질환은 알코올 사용으로 인한 합병증으로 진단되었다. 병원에 오기 전까지 로버트와 가족은 그의 음주 문제가 신체적 · 심리적으로 가족들에게 문제가 된다는 것을 인정하지 않았다. 사회사업가와의 면담을 통해 그는 32세의 히스패닉계 남자이며 12세, 9세, 2세의 세 자녀를 두고 최근까지 경찰관으로 근무했으며 그 직업으로 인하여 그가 지역사회에 실제적으로 기여하고 있다고 믿고 있었다. 그는 특히 본인은 갱단에 가담할지도 모르는 히스패닉계 어린이들에 의해 역할 모델이 되고 있다고 자부하고 있다.

그는 지난 10년간 경찰관으로 근무하는 몇 안 되는 히스패닉계 경찰관이지만 그의 동료들에게서 인종차별적인 언행을 경험했다고 한다. 로버트는 직업에서 오는 스트레스를 풀기 위해 5년 전부터 음주를 시작했다. 음주 초기에는 친구들과 가볍게 한잔하는 것처럼 마셨으나 밤 근무가 계속되고 6병 정도의 주량이 되어 버렸다. 지난 9개월간 음주로 인해 직장에도 결근을 자주 하게 되어 동료들과 업무 교대를 제대로 하지 못하게 되고, 마약을 판매하는 청소년을 체포하는 과정에서 과도한 폭력 사용으로 비난을 받게 되기도 하였다.

지난주에 그의 상사는 로버트가 정신을 차리지 않으면 해고될지 모른다고 우려했다. 게다가 로버트는 점점 가족들에게 화를 내기 시작했다. 아내와 음주 문제로 다투고 몇 차례 때리기도 하였다. 그는 이제 아이들도 때릴지 모른다고 걱정하고 있었는데 특히 12세 된 딸이 아빠의 행동을 싫어한다고 하였다. 그리고 이러한 위장질환, 직장 문제, 가족 문제 등이 그로 하여금 음주 문제를 서둘러 치료받을 수 있도록 한다고 믿고 있다. 그렇지만 로버트는 무엇보다도 직장동료들과 가족 중 일부가 그가 정신 차릴 만큼 용기가 없을 거라고 생각하는 것이 염려된다고 하였다.

〈표 9-8〉 사례 2 분석내용

Factor	분류	사례 분석내용
F1	3130.544 2210.545	1. 임금노동자 역할 문제: 책임 / 심각성 매우 높음 / 기간 6개월 / 부적합한 대처기술 2. 배우자 역할 문제: 힘/ 심각성 매우 높음 / 기간 6개월 / 부적합한 대처기술
F2	5602.41	1. 경제 및 기본적 욕구 문제: 인종 · 언어차별 / 심각성 높음 / 기간 5년
F3		1. 알코올 의존
F4		1. 심각한 위장질환

별첨자료: PIE 사정표

대상자 : ________	면접일자 : ________
조사자 : ________	

[1~4. FACTOR I: 사회적 기능 문제]

1. 가족 역할	코드	형태	심각성	기간	대처능력	개입방법
□ 부모	11					
□ 배우자	12					
□ 자녀	13					
□ 형제	14					
□ 다른 가족원	15					
□ 의미 있는 타인	16					

2. 다른 대인관계상의 역할	코드	형태	심각성	기간	대처능력	개입방법
□ 연인	21					
□ 친구	22					
□ 이웃	23					
□ 구성원	24					
□ 기타	25					

3. 직업상의 역할	코드	형태	심각성	기간	대처능력	개입방법
□ 임금노동자	31					
□ 가사노동자	32					
□ 자원봉사자	33					
□ 학생	34					
□ 기타	35					

4. 특수한 생활 상황에서의 역할	코드	형태	심각성	기간	대처능력	개입방법
□ 소비자	41					
□ 입원환자	42					
□ 외래환자	43					
□ 보호관찰 대상자/가출옥자	44					
□ 수감자	45					
□ 합법적 이민자	46					
□ 밀입국자	47					
□ 피난민	48					
□ 기타	49					

□ 사회적 상호작용 문제가 없음	0000	

사회적 상호작용의 문제 유형
10 힘
20 양가감정
30 책임
40 의존
50 상실
60 고립
70 희생
80 혼합
90 기타

심각성 지표
1 문제없음
2 낮음
3 보통
4 높음
5 매우 높음
6 극심함

기간 지표
1 5년 이상
2 1년 이상 ~ 5년 미만
3 6개월 이상 ~ 1년 미만
4 1개월 이상 ~ 6개월 미만
5 2주 이상 ~ 1개월 미만
6 2주 미만

대처능력 지표
1 매우 뛰어난
2 뛰어난
3 보통
4 다소 부적절
5 부적절
6 대처능력 부재

[5~10. FACTOR II: 환경 문제]

5. 경제적 · 기본적 욕구체계의 문제

음식/영양 섭취	코드	심각성	기간	개입방법
□ 규칙적인 식사 미흡	5101			
□ 건강을 해칠 수 있는 영양이 부족한 식사	5102			
□ 병원에서 판단된 영양 부족	5103			
□ 기타 특수한 경우	5104			

주거	코드	심각성	기간	개입방법
□ 기본적인 주거의 부재	5201			
□ 부적합한 또는 기준미달의 주거지	5202			
□ 기타 특수한 경우	5203			

고용	코드	심각성	기간	개입방법
□ 비고용 사회적 고용난	5301			
□ 불완전 고용 불충분한 고용 제공(시간제 또는 저임금)	5302			
□ 부적절한 고용 사회적 · 법적으로 받아들일 수 있는 고용이 아닌 경우	5303			
□ 기타 특수한 경우	5304			

경제적 자원	코드	심각성	기간	개입방법
□ 기본적인 생계를 위한 지역자원의 부족(자립/의존)	5401			
□ 생계 이외에 요구되는 서비스 제공을 위한 지역사회 내 자원의 부족	5402			
□ 경제적 자원에 대한 규제의 장벽	5403			
□ 기타	5404			

교통	코드	심각성	기간	개입방법
□ 직장으로 이동할 개인 또는 대중교통 수단 부재	5501			
□ 기타	5502			

차별	코드	심각성	기간	개입방법
□ 적용된다면 다음의 차별 코드 중에서 차별의 형태를 선택하고 오른쪽 칸에 코딩하시오.	56__			

□ 경제적, 기본적 욕구체계에 문제없음	0000	

차별 코드	
01 연령	07 비시민 상태
02 민족성, 인종 또는 언어	08 퇴역군인의 지위
03 종교	09 의존상태
04 성별	10 능력의 지위
05 성의 지향	11 부부의 지위
06 생활양식	12 기타(자세히 열거)

심각성 지표
1 문제없음
2 낮음
3 보통
4 높음
5 매우 높음
6 극심함

기간 지표
1 5년 이상
2 1년 이상 ~ 5년 미만
3 6개월 이상 ~ 1년 미만
4 1개월 이상 ~ 6개월 미만
5 2주 이상 ~ 1개월 미만
6 2주 미만

6. 교육 및 훈련체계

교육 및 훈련	코드	심각성	기간	개입방법
□ 교육 및 훈련시설의 부족	6101			
□ 연령에 적절한, 알맞은 또는 적합한 교육 및 훈련시설의 부족	6102			
□ 교육 및 훈련 기회의 문화적 배제	6103			
□ 교육 및 훈련 서비스와 프로그램에 존재하는 장애	6104			
□ 교육 및 훈련 기회 획득을 위해 필요한 지지서비스의 부재	6105			
□ 기타	6106			

차별	코드	심각성	기간	개입방법
□ 적용된다면 다음의 차별 코드 중에서 차별의 형태를 선택하고 오른쪽 칸에 코딩하시오.	62__			

□ 교육 및 훈련체계에 문제없음	0000			

차별 코드	
01 연령	07 비시민 상태
02 민족성, 인종 또는 언어	08 퇴역군인의 지위
03 종교	09 의존상태
04 성별	10 능력의 지위
05 성의 지향	11 부부의 지위
06 생활양식	12 기타(자세히 열거)

심각성 지표
1 문제없음
2 낮음
3 보통
4 높음
5 매우 높음
6 극심함

기간 지표
1 5년 이상
2 1년 이상 ~ 5년 미만
3 6개월 이상 ~ 1년 미만
4 1개월 이상 ~ 6개월 미만
5 2주 이상 ~ 1개월 미만
6 2주 미만

7. 법적 체계

정의 · 법	코드	심각성	기간	개입방법
□ 경찰서비스의 부재	7101			
□ 경찰서비스와 관련된 부재	7102			
□ 경찰서비스에 대한 신뢰의 부재	7103			
□ 적합한 구형 또는 변호의 부재	7104			
□ 적절한 보호관찰 및 집행유예서비스의 부재	7105			
□ 기타	7106			

차별	코드	심각성	기간	개입방법
□ 적용된다면 다음의 차별 코드 중에서 차별의 형태를 선택하고 오른쪽 칸에 코딩하시오.	72__			

□ 법적 체계에 문제없음	0000			

차별 코드	
01 연령	07 비시민 상태
02 민족성, 인종 또는 언어	08 퇴역군인의 지위
03 종교	09 의존상태
04 성별	10 능력의 지위
05 성의 지향	11 부부의 지위
06 생활양식	12 기타(자세히 열거)

심각성 지표
1 문제없음
2 낮음
3 보통
4 높음
5 매우 높음
6 극심함

기간 지표
1 5년 이상
2 1년 이상 ~ 5년 미만
3 6개월 이상 ~ 1년 미만
4 1개월 이상 ~ 6개월 미만
5 2주 이상 ~ 1개월 미만
6 2주 미만

8. 건강 · 안전 · 사회서비스 체계

건강 및 정신건강	코드	심각성	기간	개입방법
□ 적절한 건강서비스의 부재	8101			
□ 건강서비스 제공을 규제하는 장애	8102			
□ 건강서비스의 비접근성	8103			
□ 건강서비스를 받기 위한 지지서비스의 부재	8104			
□ 적절한 정신건강서비스의 부재	8105			
□ 정신건강서비스 제공을 규제하는 장애	8106			
□ 정신건강서비스의 비접근성	8107			
□ 정신건강서비스를 받기 위한 지지서비스의 부재	8108			
□ 기타	8109			

안전	코드	심각성	기간	개입방법
□ 이웃의 폭력이나 범죄	8201			
□ 근로상의 안전하지 못한 조건	8202			
□ 가정에서의 안전하지 못한 조건	8203			
□ 적절한 안전서비스의 부재	8204			
□ 대규모 자연재해	8205			
□ 인재	8206			
□ 기타	8207			

사회서비스	코드	심각성	기간	개입방법
□ 적절한 사회서비스의 부재	8301			
□ 사회서비스를 규제하는 장애	8302			
□ 사회서비스의 비접근성	8303			
□ 사회서비스를 받는 데 필요한 지지서비스의 부재	8304			
□ 기타	8305			

차별	코드	심각성	기간	개입방법
□ 적용된다면 다음의 차별 코드 중에서 차별의 형태를 선택하고 오른쪽 칸에 코딩하시오.	84__			

□ 건강, 안전, 사회서비스 체계 문제없음	0000			

차별 코드	
01 연령	07 비시민 상태
02 민족성, 인종 또는 언어	08 퇴역군인의 지위
03 종교	09 의존상태
04 성별	10 능력의 지위
05 성의 지향	11 부부의 지위
06 생활양식	12 기타(자세히 열거)

심각성 지표
1 문제없음
2 낮음
3 보통
4 높음
5 매우 높음
6 극심함

기간 지표
1 5년 이상
2 1년 이상 ~ 5년 미만
3 6개월 이상 ~ 1년 미만
4 1개월 이상 ~ 6개월 미만
5 2주 이상 ~ 1개월 미만
6 2주 미만

9. 자발적 모임체계

종교단체	코드	심각성	기간	개입방법
□ 선택하려는 종교단체 부재	9101			
□ 지역사회에서 종교적 가치를 수용하지 않는 경우	9102			
□ 기타	9103			

지역사회단체	코드	심각성	기간	개입방법
□ 선택하려는 지역사회 이익단체의 부재	9201			
□ 지역사회에서 지역사회 이익단체를 수용하지 않는 경우	9202			
□ 기타	9203			

자발적인 모임체계에서의 차별	코드	심각성	기간	개입방법
□ 적용할 수 있다면 다음의 차별 코드 중에서 차별의 형태를 선택하고 오른쪽 칸에 코딩하시오.	93__			

□ 자발적인 모임체계 문제없음	0000			

10. 정서적 지지체계

정서적 지지체계	코드	심각성	기간	개입방법
□ 정서적 지지체계의 부재	10101			
□ 정서적 지지체계가 서비스 이용자의 정서적 욕구에 부합하지 못하는 경우	10102			
□ 지나치게 복잡하게 된 지지체계	10103			
□ 기타	10104			

정서적 지지체계에서의 차별	코드	심각성	기간	개입방법
□ 적용된다면 다음의 차별 코드 중에서 차별의 형태를 선택하고 오른쪽 칸에 코딩하시오.	102__			

□ 정서적 지지체계에 문제없음	0000			

차별 코드	
01 연령	07 비시민 상태
02 민족성, 인종 또는 언어	08 퇴역군인의 지위
03 종교	09 의존상태
04 성별	10 능력의 지위
05 성의 지향	11 부부의 지위
06 생활양식	12 기타(자세히 열거)

심각성 지표
1 문제없음
2 낮음
3 보통
4 높음
5 매우 높음
6 극심함

기간 지표
1 5년 이상
2 1년 이상 ~ 5년 미만
3 6개월 이상 ~ 1년 미만
4 1개월 이상 ~ 6개월 미만
5 2주 이상 ~ 1개월 미만
6 2주 미만

Summary of PIE Assessment

사례 : 조사자 :
일자 :

사정 조사결과	코드	개입방법
Factor Ⅰ 사회적 역할		
1		
2		
3		
Factor Ⅱ 환경적 역할		
1		
2		
3		
Factor Ⅲ 정신 건강		
DSM-Ⅳ: Axis Ⅰ		
DSM-Ⅳ: Axis Ⅱ		
Factor Ⅳ 신체 건강		
1		
2		
3		

CHAPTER 10

사회복지 현장에서의 사례관리 실천 사례

1. 개별사정보고서
2. 사례회의
3. ○○년 개별화 프로그램 계획
4. ○○년 운영계획서
5. ○○월 운영평가서
6. 개별화 프로그램 평가
7. 주간 체크리스트
8. 지원서비스 모니터링
9. 상담일지
10. 부모 상담일지
11. 초기서비스지원평가
12. 서비스종결평가

10 CHAPTER

사회복지 현장에서의 사례관리 실천 사례

이 장에서는 사회복지실천 현장 중에서 장애인공동생활가정(그룹홈)에서 지적장애인의 사례관리 실천 사례를 소개하고자 한다. 사례를 소개하는 목적은 대부분의 사례에 적용될 수 있는 일반적 사례의 내용을 실제 그대로 소개하는 데 있다. 소개되는 사례는 다음에서 기술하게 될 목차에 의거해 제시할 것이나 이 목차가 가장 최선의 방법은 아닐 수도 있을 것이다. 그뿐만 아니라 실천 현장의 유형별로 각자 고유의 사정양식을 사용하고 있어 모든 세팅에 다 적용하기엔 무리가 있음을 밝혀 둔다.

여기에서는 지적장애인을 대상으로 적용되는 주거 및 지역사회 적응행동검사(ABS-RC:2) 도구를 활용하여 진행한 서울 소재의 S 장애인공동생활가정(그룹홈)의 사례관리 실천 사례를 소개한다.

사례관리의 기본적인 양식을 순서대로 기술하면서 포함되지 않은 다양한 양식들은 적절한 순서로 혹은 관련 양식과 연결하여 포함시킬 수 있을 것이다. 먼저 실제 사례들을 기술하기 전 사례 목차를 제시하면 다음과 같다.

1. 개별사정보고서	2. 사례회의	3. ○○년 개별화 프로그램 계획
4. ○○년 운영계획서	5. ○○월 운영평가서	6. 개별화 프로그램 평가
7. 주간 체크리스트	8. 지원서비스 모니터링	9. 상담일지
10. 부모 상담일지	11. 초기서비스지원평가	12. 서비스종결평가

1. 개별사정보고서

서비스 이용자의 기초 정보와 개인력, 가족 및 자원에 대한 정보를 파악한다. 이용자의 욕구를 충족시키기 위한 비공식 자원와 공식 자원의 능력을 사정한다. 또한 이용자가 서비스를 지원받고 활용하는 데 장애가 되는 것이 무엇인지 자원체계의 결함에 대하여 사정한다. 이용자의 현재 수준 기초선을 파악하기 위해 장애·교육·심리·언어 등의 진단을 받은 후 진단 결과에 대한 보고서를 진단받은 기관으로부터 받아 장애진단을 사정한다.
이용자의 현재 상황에서 다차원적이고 복합적인 욕구를 파악해야 하는데, 서비스 이용자의 욕구는 대개 소득·의료·취업·여가·사회활동·교육·주택·교통·수발·정신건강 등 상당히 다양하다.

개 별 사 정 보 고 서

작성기간: ○○○○년 ○월 ○일
~ ○○○○년 ○월 ○일
작 성 자: ○○○

I. 대상자 및 가족에 대한 정보

1. 대상자의 기초정보

1) 인적사항

성명	○○○	성별	여	생년월일	○○○○년 ○월 ○일
학력	○○고등학교 졸업	주간 이용기관	○○공동생활가정	입소일	○○○○년 ○월 ○일
장애 진단기관	○○장애인종합복지관	장애명	지적장애 3급	입소사유	자립생활

2) 개인력

유아기 및 아동기 (1~12세)	– 분만상태 : 3.2kg으로 순산하였으나 출생 직후 울지 못함 – 출생 시부터 이상소견이 있었으며 한쪽 팔, 다리가 가늘었음 – 신체발달은 비장애인에 비하여 조금씩 늦은 발달 정도를 보였음 – ○○장애인종합복지관에서 발달 관련 치료교육을 받음
청소년기 (13세~19세)	– ○○고등학교 졸업(특수반 통합운영) – 사교적인 성격으로 특수학급 학생들과 원만하게 교우관계를 맺음 – ○○장애인종합복지관에서 직업훈련을 받음 – 읽기, 쓰기, 가감산, 화폐단위, 용돈관리 가능함 – 형제, 자매가 이용자에게 수용적이지 않아 관계가 원만하지 않음

상담 및 관찰을 통해 서비스 이용자의 욕구 확인이 본인의 진술을 토대로 사례관리자의 관찰과 함께 이루어져야 하며, 이용자에게 중요한 타자들의 진술과 과거에 서비스를 제공받은 경험이 있는 경우 이전 서비스 제공자의 진술, 기존의 자료를 활용하는 것도 필요하다. 서비스 이용자의 능력 사정은 이용자의 강점, 잠재 능력, 건전한 기능, 활용 가능한 자원, 성장과 발전의 가능성, 문제해결 능력 등과 같은 긍정적이고 발전적인 요소에 초점을 두어 사정한다. 또한 서비스 이용자의 신체적·인지적·정서적·행동적·사회적·경제적 기능을 사정하며, 과거의 병력과 기능의 한계 등도 함께 확인한다.

성인기 (20세~35세)	– 병력: 당뇨, 간수치 높아 당뇨약(1일 2회), 간장약(1일 3회) 복용함 고도비만(복부 내장지방률이 높고 식이조절이 되지 않음) – 서비스 경험: ○○장애인종합복지관 재활대학 3기 재학중, ○○공동생활가정 이용 중 – 개인생활 평일 재활대학과 공동생활가정 이용 후 주말에는 어머니와 성당에서 예배를 드리며 종교생활을 함. 고등학교 친구 소개로 ○○장애인자립센터인 성 상담센터를 ○○○○년부터 정기적으로 이용하고 있음 – 사회생활 고등학교 졸업 후 ○○장애인종합복지관 재활대학 3기에 재학하고 있으며, 재학 중 재활대학 선생님의 권유로 공동생활가정에 입소함. ○○○○년 ○월 입소한 공동생활가정에서 여가활동 및 사회적응기술, 가사생활기술 등을 익히고 있음
주요병력	– 당뇨, 간장질환, 고도비만

2. 가족 및 자원에 대한 정보

1) 가계도

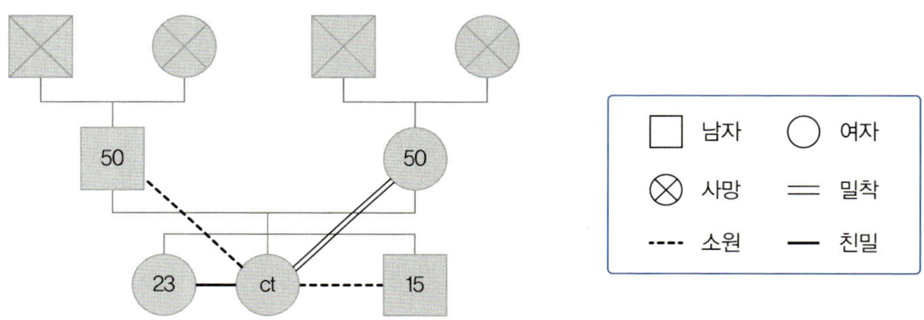

2) 가족력

- 부모님, 언니, 남동생과 함께 생활하고 있음
- 이용자의 장애로 인하여 언니와 남동생과의 관계가 소원함
- 부모님의 사업으로 주말엔 주로 언니가 이용자를 돌보고 있음
- 부모님의 사업으로 이용자를 주중에 돌볼 곳이 필요하여 주간에는 사회재활대학, 야간에는 ○○공동생활가정에서 서비스를 받고 있음

3) 사회력

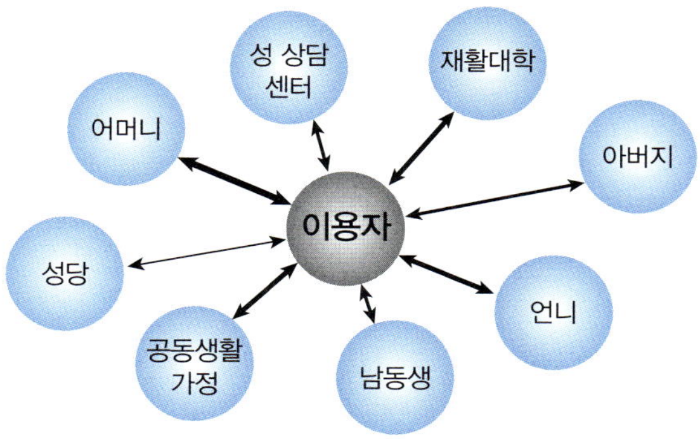

화살표는
서비스 지원 방향임,
선이 굵을수록
관계가 친밀함

4) 자원 및 장애물

구 분			내용	
외부자원	공식적 자원	자원	○○ 공동생활가정	자립생활훈련, 사회적응훈련, 여가활동, 건강관리 등 사회통합을 위한 서비스 지원
			○○복지관 사회재활대학	일상생활 기술 증진, 사회적응 기술 증진, 학습 · 인지 능력 배양, 직업 능력 배양, 스포츠 · 여가 능력 배양을 위한 서비스 지원
			성 상담센터	자기표현 능력 증진, 정서안정, 친목도모, 성에 대한 올바른 이해를 할 수 있도록 지원
		장애물		
	비공식적 자원	자원	미술자원봉사	월 1회 여가 욕구를 충족시킴(○○○○년 ○월~현재)
			여가습득지원 프로그램	월 3회 방송댄스 활동 지원 (○○○○년 ○월~○○○○년 ○월) 월 2회 한지공예 활동 지원 (○○○○년 ○월~○○○○년 ○월)
			재활대학 동기	주말 성당활동 및 여가생활을 함께 즐김
			성 상담센터 이성친구	이용자의 남자친구로 이용자와 정서적 교감 및 스트레스를 해소할 수 있도록 도와줌
			○○성당	성당 청년부에 참여하여 정서안정 및 친목도모의 시간을 가짐
		장애물		

<table>
<tr><th colspan="4">구 분</th><th>내용</th></tr>
<tr><td rowspan="9">내부자원</td><td rowspan="9">내적 자원</td><td rowspan="6">개인 자원</td><td rowspan="4">자원</td><td>대중 교통 수단 이용이 가능하여 지역사회시설 이용이 자유로움</td></tr>
<tr><td>화폐단위에 대하여 잘 알고 스스로 물건 구입이 가능함</td></tr>
<tr><td>음식에 관심이 많으며 요리활동에 적극적임</td></tr>
<tr><td>교사가 지시한 과업을 느리지만 잘 해내는 편임</td></tr>
<tr><td rowspan="2">장애물</td><td>당뇨, 간장질환, 고도비만으로 인하여 식사량 조절이 필요하지만 식욕조절이 되지 않음</td></tr>
<tr><td>도벽으로 인하여 타인의 물품이나 현금을 갈취하는 경우가 빈번함</td></tr>
<tr><td rowspan="3">가족 자원</td><td rowspan="2">자원</td><td>주말에 원가정으로 귀가하여 원가족과 지내고 있음</td></tr>
<tr><td>이용자에게 부모가 경제적으로 부족함 없이 지원하고 있음</td></tr>
<tr><td>장애물</td><td></td></tr>
</table>

3. 욕구

구 분	욕구	자원 및 강점	장애물
이용자	– 여가활동의 욕구 • 지역사회 외출 및 편의시설 이용을 자주 하고 싶어 함 • 공동생활가정에서 자립생활 프로그램으로 요리활동에 참여하는 것을 좋아함 – 재활대학 졸업 후 직장생활에 대한 욕구 있음 – 대인관계의 욕구 • 이성과 친밀하게 지내고 싶어함	– 취업 및 독립생활에 대한 욕구 있음	– 고도비만, 당뇨 등의 건강상 문제로 인하여 취업에 어려움이 예상됨
부모	– 독립기능 향상에 대한 욕구 • 계절에 맞는 의복과 자신의 외모를 돌볼 줄 알았으면 함 – 가사생활에 대한 욕구 • 간단한 요리기술을 습득하여 가정에 혼자 있을 시 음식을 차릴 줄 알고 정리할 줄 알았으면 함 – 재활대학 졸업 후 취업에 대한 욕구가 있음	– 이용자의 욕구에 맞는 경제적 지원 가능함	– 주말활동 시 부모님의 사업으로 인해 이용자와 많은 시간을 보낼 수 없음

사회 재활 교사	– 자립생활에 대한 욕구 • 독립적 가사생활, 자기관리, 계획적인 경제생활이 되었으면 함 – 건강관리에 대한 욕구 • 독립적인 식사량 조절, 체중조절, 정기적 약 복용이 가능하였으면 함 – 사회적 행동기능 향상 욕구 • 지역사회시설 이용 시 공공예절에 대한 인지가 부족하여 타인을 의식하지 않고 과장된 행동을 하는 경우가 있어 사회적 행동기능이 향상되었으면 함	– 자립생활에 대한 욕구가 있어 교사의 지원 및 지도에 따라 과업을 잘 수행하는 편임	

II. 대상자의 진단내용

1. 장애진단

일자	○○○○년 ○월	진단기관	○○병원	검사자	○○○
검사내용	전반적 신체 및 언어, 인지 능력 검사				
검사자의 종합소견	전반적으로 발달 정도가 늦으나 자기의사 표현에는 문제없음				

2. 건강진단

일자	○○○○년 ○월 ○일	진단기관	○○○건강증진센터	검사자	○○○
검사내용	– 계측검사				

신장	체중	체질량지수	시력(좌/우)	혈압	청력
147.9cm	71.2kg (표준 이상)	36.1kg/m² (표준 이상)	0.6 / 0.4	134 / 76 (정상)	정상

<table>
<tr>
<td>검사내용</td>
<td>
– 질병검사
<table>
<tr><th>정상</th><th>질환</th></tr>
<tr><td>빈혈, 이상지질혈증, 동맥경화, 만성신장질환, 간장질환, 고혈압, 폐결핵, 흉부질환검사</td><td>당뇨, 간장질환</td></tr>
</table>
– 건강 위험요인
<table>
<tr><td>말초혈액 순환 기능</td><td>B–</td><td>말초혈액순환 기능이 약간 나쁜 상태로 되어 가는 과정으로 주의가 필요하며, 좋은 생활습관을 유지하고 주 3~4회(20분 이상)의 걷기, 가벼운 조깅 등 자신의 체격에 맞는 운동습관이 필요함</td></tr>
<tr><td>건강나이</td><td>○○세</td><td>실제 나이보다 9세가 많음</td></tr>
<tr><td>건강활력</td><td>부족</td><td>건강활력은 부족형으로 분류됨</td></tr>
<tr><td>종합체력</td><td>부족</td><td>종합적인 체력은 부족한 수준에 해당됨</td></tr>
</table>
</td>
</tr>
<tr>
<td>검사자의 종합소견</td>
<td>– 체형 분류에 있어 각종 성인병과 관계가 깊은 비만 경향이 있으며, 신체가 큰 힘을 낼 수 있는 능력인 근력과 허리의 유연성이 다소 부족합니다.
특히 근력과 유연성이 떨어지면 운동 시 근육이나 관절 주변의 약화로 부상을 유발할 가능성이 매우 높습니다. 그러므로 운동을 통해 소비 칼로리를 늘려 체지방량을 체대한 줄이시고 운동 전후에는 반드시 스트레칭 및 유연체조를 충분하게 하시기 바랍니다.
– 근력 향상 운동으로는 자전거 타기, 유도, 테니스, 웨이트트레이닝, 턱걸이 등이 있습니다.</td>
</tr>
</table>

3. 교육진단

일자	○○○○년 ○월 ○일	진단기관	○○장애인종합복지관	검사자	○○○
검사자의 종합소견	– 상대방과 언어를 통한 의사소통 가능 – 어휘 이해력은 7세 아동과 비슷한 수준으로 어휘 인지력 양호함 – 기초학습 수준 양호 • 집 주소, 전화번호, 생년월일 표현 가능 • 색, 수, 시간(전자시계, 아날로그시계 모두 보기 가능) 표현 가능				

4. 직업능력 평가 소견서

일자	○○○○년 ○월 ○일	진단기관	○○장애인종합복지관	검사자	○○○

검사내용

작업평가 요약서(SCRCS)

비언어성 그림 직업 흥미검사			
환산점수에 따른 분류	낮음	평균	높음
	25점 이하	25~75점	75점 이상

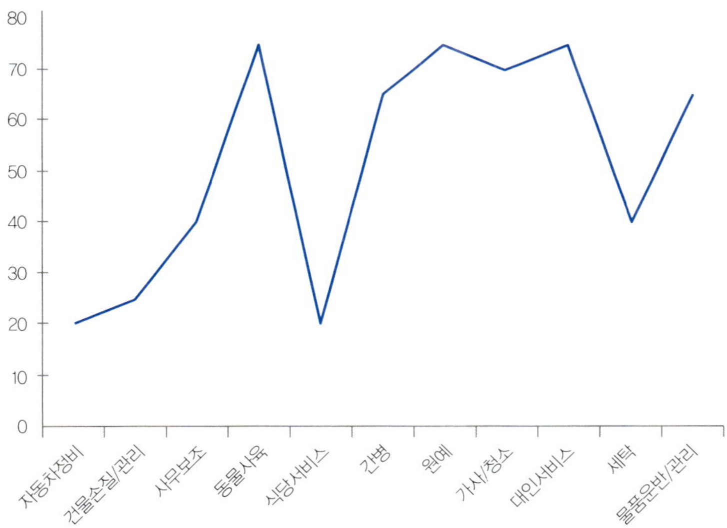

Micro-Tower(병뚜껑 닫기)

- 병뚜껑을 돌려서 닫는 단순검사로 전반적인 손 기능과 부품 조작 능력을 평가함
- 2분 30초 동안 수행하며 완성된 개수, 불량을 선별하여 정확성과 수행 능력을 파악함

총 수행 개수	불량 개수	정확성	수준
25개	0개	100%	95%ile 보호고용 상위수준

검사내용

GATB(조립/분해)		
- 작은 부품을 이용한 조작 능력, 손가락 기민성, 작업순서에 대한 이해력 등을 평가함 - 조립(2분 30초), 분해(1분 15초) 작업의 개수를 측정하여 수행 능력을 파악함		
조립	분해	수준
16	10개	75%ile 보호고용 상위수준

Grooved Pegboard			
- 손가락 끝으로 작은 사물을 다루는 손안 조작 능력과 손가락 기민성을 평가함 - 작은 핀을 구멍에 맞게 끼우는 검사로 시각운동 협응력을 측정함			
	수행시간	일반인 평균	일반인 평균대비 수행력
오른손	122초	84초	69% 수준
왼손	168초	82초	49% 수준

그림어휘력 검사	Valpar#17
원점수: 90점(총 112점) 등가연령: 7세 아동 수준	소검사 1 – A 영역: 94%ile (보호고용 상위수준)

▶ 직업흥미

- 비언어성 직업흥미검사 결과, 흥미가 매우 높은 직종은 산출되지 않았고, 동물사육, 원예, 대인서비스와 관련된 직종에서 조금 높은 흥미를 보이고 있으나, 자동차정비, 식당서비스와 관련된 직무에서는 낮은 흥미를 보임
- 현재 직업흥미 수준은 구직자가 아닌 학생으로 자신의 진로에 대한 구체성이 낮아 직업흥미도가 명확하게 산출되지 않은 것으로 사료됨

▶ 직업적성

- 작업인지
  - 언어를 통한 작업지시 이해 가능, 기본 인지가 포함된 분류, 변별 작업 수행 가능함
  - 신체 좌우 구분 및 특정 공간 안에서의 방향 인지와 기준점으로 부터의 위치 이동 가능
  - 그림을 통한 시각적인 형태 인지 가능하나 다소 기하학적인 형태에 대한 변별은 어려움 있음
- 손 기능
  - 손과 손가락 사용 능력 양호, 양손 동시 사용 가능하나 세밀한 손가락 협응력은 다소 낮은 면 있음, 사소한 부주의로 인해 작업 오류 나타나는 경우 있음, 작업 재료의 크기가 작고 손가락의 세밀함이 요구되는 직무에서는 생산성이 조금 낮을 수 있을 것으로 예상됨

검사내용	• 작고 세밀한 부분의 시각적인 방향 변별 조금 어려움. 눈 가까이에서 확인하면서 수행. 다른 신체 영역에 비해 손이 작아 작업에 약점으로 작용함 – 작업속도 • 기본 작업 상황에서 동일연령 일반인 평균 작업속도에 비해 2배 정도 느린 속도로 작업 수행함
검사자의 소견	▶ 직업적 강점 – 기본적인 자기관리 독립 수행 가능 – 언어를 통한 자기의사 및 감정표현 가능 – 작업과 관련된 기본 인지 수준 양호하고 언어적인 지시 이해 가능 – 환경 적응성 및 대인관계 형성 및 유지 능력 양호 – 전반적인 신체 사용 능력 양호 – 손을 이용한 단순작업 및 세밀한 작업 수행 능력 양호 – 작업 집중력 양호 – 감독자와의 관계 및 지시 수용성 좋음 ▶ 직업적 약점 – 성인으로서의 일상생활 독립 수행 능력 다소 낮음 – 손가락의 세밀한 주의력 낮음 – 신체적인 특징으로 인한 신체 균형성 낮음 – 직업에 대한 구체적인 인식 낮음 ▶ 지원이 필요한 사항 – 보호고용 중상위 수준 – 당뇨와 간장약 복용 관리 지도 – 졸업 후 진로에 대한 구체성을 위해 가족과 학교 안에서의 지속적인 직업상담 필요 – 체력관리를 위한 지속적인 운동 지도 필요 – 외모적 이미지 관리를 위한 이미지 메이킹 지도 필요 – 성인기 자립생활 능력 향상을 위한 가정체험활동(체험홈) 집중 지도 필요

5. 적응행동검사 진단

일자	○○○○년 ○월 ○일	진단기관	○○공동생활가정	검사자	○○○

검사 내용

1. 제1부 적응행동

영역	표준점수	나이환산	수준평가	영역	표준점수	나이환산	수준평가
독립기능	11	6–0	보통	가사활동	13	9–6	평균 이상
신체발달	14	11–0	평균 이상	직업준비	7	4–3	평균 이하
경제활동	13	8–0	평균 이상	자기관리	10	3–0	보통
언어발달	14	8–6	평균 이상	책임	11	5–3	보통
수와 시간	15	10–3	우수함	사회성	12	4–3	보통

2. 제2부 부적응행동

영역	표준점수	수준평가	영역	표준점수	수준평가
사회적 행동	5	떨어짐	성적행동	7	평균 이하
순응	3	매우 떨어짐	자학행동	8	보통
신뢰성	6	평균 이하	사회적 참여	10	보통
상동/과잉행동	9	보통	대인행동장애	7	평균 이하

3. 검사의 요인점수

구분	영역	지수	나이환산	수준평가
제1부 점수	개인 욕구 충족	105	4–6	보통
	지역사회 욕구 충족	112	7–3	평균 이상
	개인 및 사회적 책임	100	3–6	보통
제2부 점수	개인적 적응	64	–	매우 떨어짐
	사회적 적응	87	–	평균 이하

※ 검사도구: 주거 및 지역사회 적응행동검사(ABS–RC:2)

검사자 종합 소견

– 척도 분석 결과표를 참고하면 적응행동 분야 중에서 독립기능, 사회적 행동, 신뢰성, 성적행동 분야에 취약함을 알 수 있음
– 독립기능, 사회적 행동, 신뢰성은 향후 취업과 자립에 대한 욕구가 있는 ○○○에게는 필수적으로 갖추어져야 할 요소임

III. 상담 및 관찰내용

1. 개인생활

강점	– 세안, 치아관리하기, 샤워하기 등의 개인위생이 잘됨
약점	– 주변 정리, 본인 물품 정리하기 등이 독립적으로 되지 않아 교사의 지도가 필요함 – 날씨와 상황에 맞는 옷을 선택할 때는 교사의 도움이 필요함

2. 가정생활

강점	– 가스레인지, TV, 청소기, 세탁기, 전자레인지 등의 간단한 가전제품 기능 조작 가능 – 요리활동에 관심이 많아 교사의 지원이 있으면 야채 썰기, 다지기, 볶기, 끓이기 등의 식품 조리를 위한 다듬기 과정이 가능함 – 간단한 요리인 라면 끓이기, 샐러드 만들기, 상 차리고 정리하기 등이 가능함
약점	– 주말 귀가 시 이용자를 돌봐 줄 가족이 없어 혼자 가정에 있는 시간이 많음 – 교사의 지도나 부모님의 지도가 아니면 독립적으로 가사생활을 하지 않음

3. 건강생활

강점	– 체력단련 시 20분~30분 정도 꾸준히 체력을 단련함 – 당뇨로 인한 혈당체크를 본인 스스로 할 수 있음
약점	– 독립적 약 복용 관리가 되지 않음 – 비만 관리 요함 – 본인의 질병에 좋지 않은 식품을 자주 섭취하여 혈당을 줄이지 못하고 있음

4. 사회생활

강점	– 독립적으로 대중교통(버스, 지하철, 택시 등) 이용 가능함 – 독립적으로 지역사회 편의시설(마트, 서점, 문구점, 커피숍, 영화관 등) 이용 가능함 – 이용인들과의 관계가 원만한 편임

약점	– 공공예절에 대한 인지가 부족하여 독립적 행동 및 과장된 행동을 하는 경우가 있어 교사의 지도 필요함 – 이성에 대한 지나친 관심으로 성적인 행동에 대한 지도 필요함 – 지인들 물건에 손을 대거나 도벽이 있어 주의 지도 필요함

5. 경제생활

강점	– 독립적 물품 구입 및 잔돈 정산하기 등이 가능함 – 용돈기록장 작성 가능함
약점	– 용돈의 많은 부분이 간식, 고열량 · 저영양식 구매에 편중되어 있어 지도 필요함

2. 사례회의

개별사정보고서를 바탕으로 서비스 이용자의 삶의 질 향상을 위하여 이용자와 부모의 욕구, 관련 자원 판단을 통해 이용자에게 지원되어야 할 서비스에 대해 의견을 제시하고, 제시된 의견을 토대로 하여 서비스 지원계획의 방법과 전략에 대한 역할을 논의한다.

사 례 회 의

결재	담당	팀장

<table>
<tr><td>일시</td><td colspan="2">○○○○년 ○월 ○일</td><td>장소</td><td>○○자원봉사자실</td></tr>
<tr><td rowspan="3">대상자</td><td>접수번호</td><td>○○ - ○○○</td><td>참석자</td><td>○○○, ○○○, ○○○, ○○○</td></tr>
<tr><td>성명</td><td>○○○</td><td>진행</td><td>○○○</td></tr>
<tr><td>장애명</td><td>지적장애 3급</td><td>기록</td><td>○○○</td></tr>
<tr><td>현재 상태</td><td colspan="4">1. ABS-RC:2 척도를 이용한 사정(ABS-RC:2 척도 참고)
- 척도 분석 결과표를 참고하면 여러 개의 적응행동 분야 중에서 독립기능, 사회적 행동, 신뢰성, 성적 행동 분야에 취약함을 알 수 있음
- 독립기능, 사회적 행동, 신뢰성은 향후 취업과 자립에 대한 욕구가 있는 ○○에게는 필수적으로 갖추어져야 할 요소임
- 가정에서 간단한 가사일을 하고 있지만 아직 미숙한 면이 많고 신장에 비해 체중이 많이 나가 독립기능을 함에 있어 힘들어하는 모습을 보임

2. 그룹홈에서 생활에서의 문제상황(2011년 과정평가 참고)
- 음식물을 먹으려는 욕구가 강하여 식이조절 및 비만으로 인한 체중관리가 필요함
- 주변 정리가 되지 않고 사용하였던 물건을 제자리에 정리하지 않아 정리 지도 필요함</td></tr>
<tr><td>회의 내용</td><td colspan="4">1. 서비스 지원계획 논의
1) 대상자의 욕구
- 교사와의 상담을 통해 음식 만들기에 대한 욕구를 보였음
⇒ 이용자 욕구에 따라 사회재활대학 및 공동생활가정에서 지속적으로 음식 만들기 수업에 참여하도록 진행할 예정임

2) 담당교사의 욕구
① 독립기능의 향상
- 옷은 교사의 지도 없이도 잘 갈아입지만 세탁 후 건조된 자신의 의복은 옷장 옷걸이에 정리하지 않고 속옷, 양말 등도 구분하지 않고 옷장에 쌓아 두어 독립기능 중 가사생활 기능 향상이 필요함
- 주의를 주지 않으면 교사가 보지 않는 곳에서 자신의 의복(하의)을 커터칼로 찢어 실밥을 뜯어 놓는 모습을 보임</td></tr>
</table>

회의 내용	– 식사 시 음식물을 바닥에 흘리고 먹는 경우가 종종 있으며, 물건 사용 후 제자리에 놓지 않고 여기저기 물건을 흩어 놓고 정리하지 않아 정리 지도 필요함 ⇒ 물건에 대한 집착이 강하므로 교사의 지속적인 주의 지도 필요함 ② 건강관리기능의 향상 – 식탐이 강하여 많은 음식물을 섭취하려고 하고 음식물 섭취 시 여러 번 씹지 않고 급하게 먹어 소식 및 천천히 음식물을 먹도록 하여야 함 – 본인의 용돈 대부분을 과자, 음료수 등을 구입하는 것에 지출하고 있으며, 식사 후에도 음식물을 교사 몰래 먹어 비만과 당뇨수치를 높이는 데 원인이 되고 있음 – 평소 바른 자세로 앉아 있기보다는 거실 소파에 누워 있으려 하고 움직이는 것을 힘들어 하여 운동량이 떨어지므로 움직임을 늘릴 수 있도록 하여야 함 ⇒ 의학적인 음식량 조절 문의 필요함 ⇒ 체중이 늘어나면 이용자가 좋아하는 요리활동에 제약을 주는 식으로 소거적인 방법 필요함 ⇒ 스텝퍼 사용 등 생활체육을 실시하여 비만을 예방하여야 함 ⇒ 이용자의 질환인 당뇨병에 대하여 정확히 인지하도록 정보를 제공하고, 가정에서만 사용하는 혈당측정기를 공동생활가정에서 받아 매일 혈당량 수치를 체크하고 혈당을 낮출 수 있도록 하여야 함 ③ 사회적 행동기능의 향상 – 자신의 할 일을 타인에게 넘겨 이용하려는 경우가 많으며 교사에게 타인의 잘못된 점을 과장되게 이야기하는 경우가 있음 – 지역사회시설 이용 및 대중교통 이용 시 교사의 승낙 없이 음식물을 구매하러 가는 경우가 있고 큰소리로 떠들거나 전화를 받는 경우가 있어 공공예절에 대한 인지가 필요함 ⇒ 주간 프로그램인 사회재활대학과 공동생활가정에서 공동으로 공공예절에 대한 교육을 지속적으로 실시하여야 함 ④ 신뢰성 향상 – 타인의 물건을 가져가거나 금전을 요구하여 문제시됨 대중교통 이용 시 승객에게 금전을 요구하여 문제시되었음 ⇒ 주말 귀가 시 귀가 시간 및 장소에 대한 확인이 필요함 ⇒ 부모님이 주신 용돈이 얼마인지 금전 관리하여 확인하고 사회재활대학과 연계하여 용돈기입장 작성 및 지갑을 확인할 수 있도록 함 ⇒ 사용하고 남은 동전 등은 분실하지 않도록 저금통을 이용하여 저금하도록 함 ⑤ 성적 행동 – 이성이 원하지 않는 경우에도 만지거나 껴안는 경우가 있음 – 거실과 같은 개방된 공간에서도 바지에 손을 넣고 있는 등 성교육이 필요함 ⇒ 재활대학 및 성 상담센터를 통해 성적 행동에 대한 상담을 지속적으로 실시함

<table>
<tr><td>회의
내용</td><td colspan="3">2. 기타 논의 사항
– 자학행동에 대한 제재
자신의 몸에 상처가 난 곳이 있으면 상처가 아물도록 놔두지 못하고 딱지를 떼어 내 버리거나 계속 긁는 경우가 있어 당뇨가 있는 ○○○에게 주의와 관찰이 필요함
⇒ 계속적인 교사의 주의 지도 필요함</td></tr>
<tr><td rowspan="5">결정
사항</td><td>서비스명</td><td colspan="2">결정사항</td></tr>
<tr><td>가사생활관리</td><td colspan="2">독립적으로 자신의 주변을 정리할 수 있다.</td></tr>
<tr><td>건강관리</td><td colspan="2">음식량을 스스로 조절할 수 있다.</td></tr>
<tr><td>금전관리</td><td colspan="2">자신의 용돈을 계획성 있게 지출하고 관리할 수 있다.</td></tr>
<tr><td>사회적응 지도</td><td colspan="2">공동생활가정 및 지역사회시설 이용에 대한 공공예절을 안다.</td></tr>
<tr><td>슈퍼
비전</td><td colspan="3"></td></tr>
<tr><td>회 람</td><td>○○○, ○○○, ○○○, ○○○</td><td>본인
(보호자)</td><td></td></tr>
</table>

3. ○○년 개별화 프로그램 계획

사정결과를 기초로 지원되어야 할 서비스에 대해 사례회의에서 논의된 결과에 따라 이용자의 서비스 지원에 대한 개별화 프로그램을 계획하며, 각각의 문제나 욕구에 대해 프로그램 영역별 장·단기 목표와 수행기간 및 방법이 일목요연하게 나타나도록 작성한다.
단, 문제나 욕구가 많이 있을 경우에는 어떤 문제나 욕구에 먼저 대응해야 할 것인지 우선순위를 정한다.

○○년 개별화 프로그램 계획

결재	담당	팀장

대상자명	○○	연령	○○	장애명	지적장애 3급
프로그램 수행기간	○○○○년 ○월 ~○○○○년 ○월	담당자	○○○	본인 (보호자)확인	

영역	장기목표	단기목표	수행기간 및 방법
가사생활 관리 (1월~12월)	• 독립적으로 자신의 주변을 정리할 수 있다.	• 교사의 지도 없이 옷장 및 서랍장 정리가 가능하다. • 사용한 물품을 제자리에 정리할 수 있다.	• 옷장 및 서랍장, 물품 정리하기 ① 교사에게 물품 정리방법에 대하여 지원받는다. ② 자신의 물품을 정확히 알고 사용한다. ③ 사용 후 정해진 자리에 정리한다.
건강관리 (1월~12월)	• 음식량을 스스로 조절할 수 있다.	• 식사 시 본인에게 주어진 양만큼만 식사한다. • 저영양 · 고열량 식품 섭취를 제한한다.	• 식사량 조절하기 ① 식사 시 교사에게 본인이 먹을 양을 확인받도록 한다. ② 정해진 식사량 이외의 간식 섭취는 제한하도록 한다.
금전관리 (1월~12월)	• 가정에서 받아 온 용돈을 스스로 관리할 수 있다.	• 본인에게 필요한 물품을 미리 계획할 수 있다. • 용돈기록장을 작성할 수 있다.	• 용돈기록장 작성 ① 용돈기록장 작성법에 대하여 학습한다. ② 계산기를 활용하여 정확히 계산 후 기입하도록 한다.
사회적응 훈련 지원 (1월~6월)	• 공동생활가정 이용 시 지켜야 할 공동예절을 익힌다.	• 공동생활가정과 지역사회시설 이용 시 큰소리로 떠들거나 과장된 행동을 하지 않는다.	• 공동생활예절 지키기 ① 공동생활가정에서 지켜야 할 주의점에 대하여 설명하여 준다. ② 문제행동 시 행동수정한다.
담당자 소견	○○○ 씨는 가사생활, 건강관리, 금전관리, 사회적응 분야에서 취약함을 나타내고 있습니다. 가사생활에 대한 욕구가 강하고 독립적 생활이 가능한 부분(가전제품 이용하기, 간단한 음식 조리하기, 개인위생관리 등)의 강점이 있어 ○○○ 씨의 자립생활을 위해 지속적으로 개별화 프로그램을 지원할 계획입니다.		
슈퍼비전			

4. ○○년 운영계획서

서비스 이용자의 문제나 욕구에 대해 지원되어야 할 서비스를 연 단위로 제공하는 계획서로서, 서비스 목표와 이에 따른 각각의 서비스명, 계획, 서비스 진행방법 등을 기록한다.

○○년 운영계획서

결재	담당	팀장

<table>
<tr><td>접수번호</td><td>○○ - ○○</td><td>대상자</td><td colspan="2">○○○</td></tr>
<tr><td>장애명</td><td>지적장애 3급</td><td>담당자</td><td colspan="2">○○○</td></tr>
<tr><td>서비스 목표</td><td>서비스명</td><td>계획(건)</td><td>서비스 진행방법</td><td>비고</td></tr>
<tr><td rowspan="5">자립생활 훈련</td><td>개인위생관리</td><td>주 5회</td><td rowspan="4">- 일자: 매일
- 장소: ○○○○
- 진행자: ○○○
- 진행방법: 교사의 언어적 · 시범적 지도를 통하여 개인위생관리, 식생활관리, 의생활관리, 가사생활관리를 한다.</td><td rowspan="5"></td></tr>
<tr><td>식생활관리</td><td>주 5회</td></tr>
<tr><td>의생활관리</td><td>주 5회</td></tr>
<tr><td>가사생활관리</td><td>주 5회</td></tr>
<tr><td>금전관리</td><td>월 4회</td><td>- 일자: 주 1회
- 장소: ○○○○
- 진행자: ○○○
- 진행방법: 계산기를 활용하여 용돈을 관리하고 용돈기입장을 작성한다.</td></tr>
<tr><td rowspan="4">사회적응 훈련</td><td>음식점 이용</td><td>월 2회</td><td rowspan="3">- 일자: 월 2 회
- 장소: 지역사회
- 진행자: ○○○
- 진행방법: 대중교통을 이용하고 지역사회 내의 음식점을 선택하여 메뉴를 선정할 수 있다. 지역사회시설 이용 시에는 공공예절을 지킨다.</td><td rowspan="4"></td></tr>
<tr><td>대중교통 이용</td><td>월 2회</td></tr>
<tr><td>편의시설 이용</td><td>월 1회</td></tr>
<tr><td>성교육 · 안전교육</td><td>격월 1회</td><td>- 일자: 월 1 회
- 장소: ○○○○
- 진행자: 성교육(○○○)
안전교육(○○○)
- 진행방법: 자신의 기능에 맞는 반으로 분반하여 성교육 및 안전교육을 받는다.</td></tr>
</table>

<table>
<tr><td rowspan="3">여가
활동</td><td>특별활동</td><td>월 4회</td><td>– 일자: 주 1회
– 장소: ○○○○
– 진행자: ○○○(미술전문봉사자),
○○○(제과제빵),
○○○(핸드벨)
– 진행방법
• 다양한 미술활동을 경험한다.
• 제과제빵에 대한 기술을 습득하고 직접 만들기를 하여 본다.
• 핸드벨 연주를 위한 기술을 습득한다.</td><td></td></tr>
<tr><td>선택여가</td><td>월 8회</td><td>– 일자: 주 2회
– 장소: ○○○○
– 진행자: 없음
– 진행방법: 스스로 자신이 선택한 여가를 즐긴다.</td><td></td></tr>
<tr><td>여가기술
습득지원</td><td>월 2회</td><td>– 일자: 월 2회
– 장소: ○○○○
– 진행자: ○○○
– 진행방법: 입주인과의 친목을 도모하기 위해 상반기 차밍댄스, 하반기 한지공예를 함께한다.</td><td></td></tr>
<tr><td rowspan="2">건강
관리</td><td>체중관리</td><td>월 1회</td><td rowspan="2">– 일자: 월 1회, 주 1회
– 장소: ○○○○
– 진행자: ○○○
– 진행방법: 적정체중을 유지할 수 있도록 체중을 체크하고 체력단련실 및 운동 동영상을 이용해서 운동을 한다.</td><td rowspan="2"></td></tr>
<tr><td>체육활동
지원</td><td>월 4회</td></tr>
<tr><td>정서
안정</td><td>입주인 회의</td><td>월 1회</td><td>– 일자: 월 1회
– 장소: ○○○○
– 진행자: 전체 입주인 참여
– 진행방법: 외식장소 및 식단, 편의시설 이용 장소에 대해 회의를 통해 결정한다.</td><td></td></tr>
</table>

5. ○○월 운영평가서

(2)월 운영평가서

결재	담당	팀장

접수번호	○○ - ○○○		대상자	○○○
장애명	지적장애 3급		담당자	○○○
목표	서비스명	계획/실행(건)	장소	진행사항
자립생활훈련	개인위생관리	21/18	개인 방	머리손질, 세면관리
	식생활관리	21/18	주방	음식조리
	의생활관리	21/18	개인 방	세탁물 정리
	가사생활관리	21/18	개인 방	옷장 정리, 물품 정리
	금전관리	4/3	거실	용돈기록장 작성
사회적응훈련	음식점 이용	2/2	○○○ 인근/부대찌개	메뉴 선택 및 주문하기
	대중교통 이용	2/2	버스	독립적 교통수단 이용
	편의시설 이용	2/2	이마트	물품 고르고 계산하기
	안전교육	1/1	공동생활가정	지하철 안전
여가활동	특별활동	5/5	공동주방	제과 · 제빵
	선택여가	14/13	거실	tv시청, 컴퓨터
	여가기술 습득 지원	3/3	거실	차밍댄스
건강관리	체중관리	1/1	거실	76kg
	체육활동 지원	4/4	운동장 및 휘트니스	스트레칭 및 근력운동
평가	출결사항	2월 27일~29일(재활대학 계절학기 방학으로 결석함)		
	특이사항	- 음식량을 조절하지 않고 지속적으로 음료수, 과자 등의 음식물을 구매하여 섭취하는 모습을 보여 식사 후에는 섭취하지 않도록 지도함		
	총평	- 혈당체크를 독립적으로 할 수 있도록 하고 당뇨약 복용을 지원함 - 여가기술 습득 지원으로 차밍댄스 강사와 연계하여 월 3회 차밍댄스 프로그램을 지원함 - 특별활동에서는 ○○○ 욕구를 반영하여 제과 · 제빵반 활동을 시작함		
슈퍼비전				

연 단위로 정리한 운영계획서를 토대로 월 단위로 진행된 서비스 실행에 대해 평가한다. 서비스 목표와 이에 따른 각각의 서비스명, 계획에 대한 실행건수를 체크하고, 진행사항을 보고하며, 출결사항 및 특이사항, 총평 등을 기록하도록 한다.

6. 개별화 프로그램 평가

○○년 개별화 프로그램 계획에 따라 서비스 이용자에게 제공된 서비스 지원을 통해 장·단기 목표와 개입 전략에 대한 평가를 실시한다.

결재	담당	팀장

개별화 프로그램 평가

이름	○○○	장애명	지적장애 3급	프로그램 수행기간	○○○○년 ○월 ○일~○○○○년 ○월 ○일	작성자	○○○
영역	장기목표				단기목표		
가사 생활 관리	– 독립적으로 자신의 주변을 정리할 수 있다.				– 옷장 및 서랍장 정리가 가능하다. – 사용한 물품을 제자리에 정리할 수 있다.		
기초선	– 본인 옷 · 물품에 대한 인지는 가능하나 정해진 곳에 정리하지 않고 방 바닥이나 침대 위 등에 어지럽혀 놓음						
전략	– 실시시간: 18시 30분~19시 00분 – 실시횟수: 일 1회 – 실시방법: 과제분석표의 전 단계를 언어적 · 시범적으로 설명한 후 과제분석표에 따라 매회 1단계부터 전 단계를 순차적으로 실시한다. – 과제분석: 총 5단계로 분석하였다. – 제시기법: 과제를 한 단계씩 수행할 수 있도록 부분 과제 제시법을 사용하였다. – 강화물: 과제 수행 시 칭찬과 격려를 통하여 자신감 향상을 도모하였다. – 평가기준: 과제분석표의 각 단계마다 실시하며 수행 완료 후 5점 척도로 평가한다.						

영역	전략	점수	2월	3월	4월	5월	6월	7월	8월	9월	10월
가사 생활 관리	① 교사에게 물품 정리방법에 대하여 지원받는다. ② 자신의 물품을 정확히 알고 사용한다. ③ 사용 후 정해진 자리에 정리한다.	5									
		4									
		3									
		2									
		1									
		주	1 2 3 4	1 2 3 4	1 2 3 4	1 2 3 4	1 2 3 4	1 2 3 4	1 2 3 4	1 2 3 4	1 2 3 4

영역	장기목표	단기목표
건강 관리	– 음식량을 스스로 조절할 수 있다.	– 식사 시 본인에게 주어진 양만큼만 식사한다. – 저영양 · 고열량 식품 섭취를 제한한다.
	– 독립적으로 혈중 당뇨수치를 확인할 수 있다.	– 혈당측정기 사용방법을 알고 독립적으로 수치를 확인한다.
기초선	– 교사의 지도가 없으면 식욕을 주체하지 못하고 계속적으로 먹으며 간식을 수시로 사서 먹음 – 당뇨에 대한 인지가 부족하고 혈당측정기를 독립적으로 사용하기 어려워함	
전략①	– 실시시간: 17시 30분~18시 30분(2월~6월) – 실시횟수: 일 1회 – 실시방법: 과제분석표의 전 단계를 언어적 · 시범적으로 설명한 후 과제분석표에 따라 매회 1단계부터 전 단계를 순차적으로 실시한다. – 과제분석: 총 5단계로 분석하였다. – 제시기법: 과제를 한 단계씩 수행할 수 있도록 부분 과제 제시법을 사용하였다. – 강화물: 과제 수행 시 칭찬과 격려를 통하여 자신감 향상을 도모하였다. – 평가기준: 과제분석표의 각 단계마다 실시하며 수행 완료 후 5점 척도로 평가한다.	
전략②	– 실시시간: 19시 00분~19시 10분(6월~10월) – 실시횟수: 일 1회 – 실시방법: 과제분석표의 전 단계를 언어적 · 시범적으로 설명한 후 과제분석표에 따라 매회 1단계부터 전 단계를 순차적으로 실시한다. – 과제분석: 총 5단계로 분석하였다. – 제시기법: 과제를 한 단계씩 수행할 수 있도록 부분 과제 제시법을 사용하였다. – 강화물: 주간 체크리스트를 이용하여 수치확인표 작성함 – 평가기준: 과제분석표의 각 단계마다 실시하며 수행 완료 후 5점 척도로 평가한다.	

영역	전략	점수	2월	3월	4월	5월	6월	7월	8월	9월	10월
건강 관리	① 식사 시 음식량을 조절한다. (2월 ~6월)	5									
		4									
		3									
	① 혈당측정기를 이용 당뇨수치를 확인한다. (7월~10월)	2									
		1									
		주	1 2 3 4	1 2 3 4	1 2 3 4	1 2 3 4	1 2 3 4	1 2 3 4	1 2 3 4	1 2 3 4	1 2 3 4

영역	장기목표	단기목표
금전 관리	– 가정에서 받아온 용돈을 스스로 관리할 수 있다.	– 본인에게 필요한 물품을 미리 계획할 수 있다. – 용돈기록장을 작성할 수 있다.
기초선	– 화폐 단위에 대한 인지는 좋으나 계획성 있게 쓰지 않고 주로 간식 소비에 편중되어 있음. 용돈기록장 작성하기가 습관화되지 않아 교사의 지도가 필요함	
전략	– 실시시간: 19시 00분~19시 30분 – 실시횟수: 월 2회 – 실시방법: 과제분석표의 전 단계를 언어적 · 시범적으로 설명한 후 과제분석표에 따라 매회 1단계부터 전 단계를 순차적으로 실시한다. – 과제분석: 총 5단계로 분석하였다. – 제시기법: 과제를 한 단계씩 수행할 수 있도록 부분 과제 제시법을 사용하였다. – 강 화 물: 과제 수행 시 칭찬과 격려를 통하여 자신감 향상을 도모하였다. – 평가기준: 과제분석표의 각 단계마다 실시하며 수행 완료 후 5점 척도로 평가한다.	

영역	전략	점수	2월	3월	4월	5월	6월	7월	8월	9월	10월
금전 관리	① 용돈기록장 작성법에 대하여 학습한다. ② 계산기를 활용하여 정확히 계산 후 기입하도록 한다.	5									
		4									
		3									
		2									
		1									
		주	1 2 3 4	1 2 3 4	1 2 3 4	1 2 3 4	1 2 3 4	1 2 3 4	1 2 3 4	1 2 3 4	1 2 3 4

영역	장기목표	단기목표
사회적응 훈련지원	– 공동생활가정 이용 시 지켜야 할 공동예절을 익힌다.	– 공동생활가정과 지역사회시설 이용 시 큰소리로 떠들거나 과장된 행동을 하지 않는다.
기초선	– 공동생활가정에서 큰소리로 떠들거나 상황에 맞지 않는 과장된 행동을 함	
전략	– 실시시간: 18시 00분~21시 00분 – 실시횟수: 주 1회 – 실시방법: 과제분석표의 전 단계를 언어적 · 시범적으로 설명한 후 과제분석표에 따라 매회 1단계부터 전 단계를 순차적으로 실시한다. – 과제분석: 총 5단계로 분석하였다. – 제시기법: 과제를 한 단계씩 수행할 수 있도록 부분 과제 제시법을 사용하였다. – 강화물: 과제 수행 시 칭찬과 격려를 통하여 자신감 향상을 도모하였다. – 평가기준: 과제분석표의 각 단계마다 실시하며 수행 완료 후 5점 척도로 평가한다.	

	전략	점수	2월	3월	4월	5월	6월	7월	8월	9월	10월
사회적응 훈련지원	① 공동생활가정에서 지켜야 할 주의점에 대하여 설명하여 준다. ② 문제행동 시 행동 수정한다.	5									
		4									
		3									
		2									
		1									
		주	1 2 3 4	1 2 3 4	1 2 3 4	1 2 3 4	1 2 3 4	1 2 3 4	1 2 3 4	1 2 3 4	1 2 3 4

평가	▶ 가사생활관리 – 상반기 교사의 계속적인 지도로 자신이 입고 벗은 옷은 세탁기에 잘 넣어 놓고 건조대에 세탁물을 널어놓는 가사생활은 교사의 지도 없이 수행하게 되었음 – 자신의 세탁물을 옷장에 넣어 놓으나 옷걸이에 걸어 놓지 않고 구겨서 넣는 경우가 많아 하반기 교사의 지속적인 언어적 · 행동적 지원 필요함 ▶ 건강관리 – 교사가 함께 있을 시에는 식욕을 조절하는 모습을 보이나 교사가 없으면 간식이나 냉장고에 있는 음식물을 몰래 먹는 경우가 빈번하여 계속적 관찰 필요함 – 이용자는 당뇨병에 대한 고위험군으로 모니터링 회의 이후 독립적인 당뇨수치 체크를 하여야 한다는 의견을 반영하여 하반기 건강관리에서 당뇨수치 체크 항목을 추가함 ▶ 금전관리 – 용돈기록장 작성법 지원으로 인하여 용돈기록장은 지속적으로 작성하게 되었음 – 용돈 지출의 70%를 계속적으로 간식 구입에 사용하고 있어 계획성 있는 지출이 되지 않아 지속적인 지출계획 지원이 필요함 ▶ 사회적응훈련 지원 – 상반기 지역사회시설 및 대중교통 이용 시 공공예절에 대하여 익히고 공동생활가정에서의 생활규범에 대하여 지속적인 지도를 받음, 생활예절이 향상된 모습을 보여 모니터링 회의 후 사회적응훈련 지원 항목은 상반기까지 지원함

7. 주간 체크리스트

주간 체크리스트는 주 단위로 진행된 서비스 실행에 대해 평가하며, 각 서비스 목표에 대해 영역별 척도를 체크하고, 특이사항, 슈퍼비전 요청 등을 기록하도록 한다.

주간 체크리스트

결재	담당	팀장

대상자명	○○○	나이	○○	장애명	지적장애 3급

목표		척도		
가사생활관리	독립적으로 자신의 주변을 정리할 수 있다.		전체 신체적 도움	1
건강관리	음식량을 스스로 조절할 수 있다.		부분 신체적 도움	2
금전관리	자신의 용돈을 계획성 있게 지출하고 관리할 수 있다.		언어적 · 시범적 도움	3
사회적응 지도	공동생활가정 및 지역사회시설 이용에 대한 공공예절을 안다.		언어적 도움	4
			자발적 실행	5

분야	날 짜					비고
	4/23	4/24	4/25	4/26	4/27	
가사생활관리	3	3	3	3	3	종합감기약 복용
건강관리	3	3	3	3	3	
금전관리	4	–	–	4	–	
사회적응 지도	3	3	3	3	3	

특이사항

▶ 4월 23일
- 재활대학 이용 중 타 이용인의 지갑에서 현금을 꺼내어 가져감
- ○○○에게 가져간 돈은 돌려주도록 하고 도벽에 관하여 개별 상담함

▶ 침구 정리 및 옷장 정리가 잘되지 않아 정리정돈하도록 지도하고 옷장에 있는 입지 않는 긴팔 옷 등은 정리하여 가정 귀가 시 가져갈 수 있도록 함

▶ 4월 24일
- ○○○바자회에 참여하여 교사에게 본인이 구매한 상품을 보여 줌
- 문구류와 가방 등 생활용품 등을 구매하여 잘 구매하였다고 말하여 주자 좋아하는 모습을 보임

슈퍼비전 요청	
슈퍼비전	

8. 지원서비스 모니터링

모니터링표를 참고하여 참여, 계획평가, 서비스 내용 등 지원계획의 목표 달성 여부 및 서비스계획의 적절성 여부를 판단한다.

지원서비스 모니터링(2차)

결재	담당	팀장	사무국장	관장

1. 일반사항

일시	○○○○년 ○월 ○일	서비스 기간	○○○○년 ○월~○월
평가대상	○○○	담당자	○○○
참 석 자	○○○, ○○○, ○○○	본인(보호자) 확인	

2. 평가내용

목표	서비스명	빈도	진행결과
자립생활훈련	개인위생관리	주 5회	– 옷장/서랍장 정리, 방, 침구 정리 시 교사의 언어적/행동적 지도 필요함, 독립수행 가능 시까지 지원계획임 – 식사량 조절 사항은 교사의 계속적 지원 필요함 – 용돈기입장 작성 지도로 자신의 용돈에 대한 수입/지출금액 작성은 가능하나 계획적인 지출이 되지 않고 식품구입비에 지출이 많이 편중되어 있어 계속적인 지원이 필요함
	식생활관리	주 5회	
	의생활관리	주 5회	
	가사생활관리	주 5회	
	금전관리	주 1회	
사회적응훈련	음식점 이용	월 2회	– 공공시설 이용 시 기본적인 공공예절을 지키도록 교사의 언어적 · 행동적 지도 있었음
	대중교통 이용	월 2회	
	편의시설 이용	월 2회	
	성교육 · 안전교육	격월 1회	

여가 활동	특별활동	주 1회	– 특별활동으로 제과 · 제빵부에 참여함
	선택여가	주 2회	
	여가기술 지원	월 2회	
건강 관리	체중관리	월 1회	– 당뇨수치 체크 전 정상수치(100~120)보다 400 정도 높은 500 수치로 매우 높아 매일 당뇨수치를 체크하였음. 수치 확인 후 현재는 400 정도로 떨어진 상태이지만 평균 이상의 수치이므로 계속적으로 건강관리를 진행할 계획임 – 현재 76kg으로 고도비만 상태임. 체중감량을 위해 주 1~2회 체육활동을 지속적으로 제공함
	체육활동 지원	주 1회	
정서 안정	입주인회의	월 1회	– 회의 주제를 정확히 인지하고 자신의 의견을 표출할 수 있음. 회의록을 작성함

3. 모니터링 사항

구 분	점검내용	평가
참여	– 장애인의 욕구에 부합하는 지원계획서가 작성되었는가?	①–②–③–❹–⑤
	– 지원서비스에 대해 장애인이 적극적으로 참여하는가?	①–②–❸–④–⑤
	– 서비스 진행자가 서비스 내용을 이해하고 실천하고 있는가?	①–②–③–❹–⑤
계획 평가	– 계획에 근거한 서비스가 모두 지원되고 있는가?	①–②–③–❹–⑤
	– 서비스 횟수 및 빈도에 대비하여 계획대로 진행되는가?	①–②–③–❹–⑤
	– 지역사회 자원을 적절하고 효과적으로 사용하였는가?	①–②–③–❹–⑤
서비스 내용	– 해당 서비스가 본원의 지도안에 부합되게 지원되는가?	①–②–③–❹–⑤
	– 서비스 진행 기록이 원활하게 이루어지고 있는가?	①–②–③–❹–⑤
	– 서비스 지원에 따른 장애인의 진척사항이 있는가?	①–②–❸–④–⑤
	– 계획 평가 시 관련 자원들을 함께 논의하여 진행하였는가?	①–②–③–❹–⑤
총점		38 / 50

(척도: ① 전혀 그렇지 않다, ② 그렇지 않은 편이다, ③ 보통이다, ④ 그런 편이다, ⑤ 아주 많이 그렇다)

4. 의견(총평 및 수정사항)

1. 지원서비스의 내용이 변경될 사항이 있는가?

- 사회적응훈련 '상반기 공공예절 익히기에 대한 서비스'를 종결함
- ○○○는 현재 높은 당 수치로 인하여 건강관리에 대한 필요성이 시급하므로 매일 '독립적 당 수치 체크하기'로 서비스 지원을 추가함

2. 서비스 지원에 다른 장애물이 있는가?(있다면 개선사항은?)

3. 총평

- ○○○○년 상반기 ○○○의 서비스 중점 지원 사항은 자기 주변 정리, 음식량 조절하기, 금전관리, 공공예절 익히기였음. 공공예절 익히기를 제외한 서비스 사항은 교사의 언어적/행동적 지도가 필요하기에 하반기에도 계속적으로 지원할 계획임
  공공예절 익히기에 대한 인지가 향상되어 상반기 서비스 지원을 종결하고 건강관리사항 중 독립적 당 수치 체크하기로 서비스 변경 지원 계획임

9. 상담일지

상담을 통해 개인별 재활 계획수립에 따른 서비스 지원 여부를 확인하고, 이에 대한 상세한 과정을 기록하도록 한다.

상담일지

접수번호: ○○ – ○○○ 상담일: ○○○○년 ○월 ○일 ○요일

<table>
<tr><td>성명</td><td>○○○</td><td>성별</td><td>남 · 여</td><td>생년월일</td><td colspan="3">○○○○년 ○월 ○일(만 ○○세)</td></tr>
<tr><td>장애명</td><td>지적장애 3급</td><td>동반장애</td><td></td><td>피상담자</td><td></td><td>관계</td><td>본인</td></tr>
<tr><td rowspan="2">주소</td><td rowspan="2" colspan="3">○○구 ○○동 ○○○–○○○호</td><td rowspan="2">연락처</td><td colspan="3">TEL) ○○–○○○–○○○○</td></tr>
<tr><td colspan="3">HP) ○○○–○○○○–○○○○</td></tr>
<tr><td>상담 방법</td><td colspan="3">전화 / 내관 / 방문 / 기타 : ___________</td><td>상담자</td><td>○○○ (인)</td><td>팀장</td><td>○○○ (인)</td></tr>
<tr><td>주호소 문제</td><td colspan="7">개별화 지원에 따른 수행법에 관한 상담</td></tr>
<tr><td>상담 내용</td><td colspan="7">– 요리프로그램 전 활동에 대한 주의법과 방법에 대하여 설명하며 ○○○와 상담함
– ○○○가 좋아하는 요리활동을 하겠다고 하며 어떠한 음식을 만들고 싶은지 질문
⇒ 간단하게 김치볶음에 된장국을 먹었으면 좋겠다고 함
– 김치볶음과 된장국을 어떻게 만드는지 알고 있냐고 물어봄
⇒ 잘 모르겠다고 하며 알려 달라고 요청함
– ○○○가 독립적으로 음식 만들기를 자주 실천해야 요리활동이 향상됨을 설명하고 컴퓨터를 이용해 오늘 만들 음식의 조리법을 뽑아 보자고 요청함
⇒ 컴퓨터로 음식 조리법을 찾아와 인쇄함
– 조리법을 읽어 보고 ○○○가 음식을 준비하여 보고 선생님이 힘들어하는 부분은 도와주겠다고 함
⇒ 알겠다고 하며 본인이 해보겠다고 함
– 함께 요리활동을 하며 양파 다지기, 물 끓이고 된장 풀기 등 어떠한 과정을 통해 요리가 되는지 옆에서 지원하며 음식을 완성함
– 음식 만드는 것이 어떠한지 물어봄
⇒ 힘들지만 재미있었다고 하며 다음 번에도 계속하고 싶다고 함
– 다음 번에도 ○○○가 먹고 싶은 음식 한 가지를 정하여 만·들어 보자고 하며 상담을 마침</td></tr>
<tr><td>조치 사항</td><td colspan="7">계속적인 개별지원을 언어적 · 행동적으로 지도할 계획임</td></tr>
<tr><td>슈퍼 비전</td><td colspan="7"></td></tr>
</table>

10. 부모 상담일지

부모상담을 통해 개별화 지원 계획수립에 따른 서비스 지원과정에서 가족의 동의와 협조를 구하고, 이에 대한 상세한 과정을 기록하도록 한다.

부모 상담일지

접수번호: ○○ – ○○○　　　　상담일: ○○○○년 ○월 ○일 ○요일

<table>
<tr><td>성명</td><td>○○○</td><td>성별</td><td>남 · 여</td><td>생년월일</td><td colspan="3">○○○○년 ○월 ○일(만 ○○세)</td></tr>
<tr><td>장애명</td><td>지적장애 3급</td><td>동반장애</td><td></td><td>피상담자</td><td></td><td>관계</td><td>본인</td></tr>
<tr><td rowspan="2">주소</td><td colspan="3" rowspan="2">○○구 ○○동 ○○○-○○○호</td><td rowspan="2">연락처</td><td colspan="3">TEL) ○○-○○○-○○○○</td></tr>
<tr><td colspan="3">HP) ○○○-○○○○-○○○○</td></tr>
<tr><td>상담 방법</td><td colspan="3">전화 / 내관 / 방문 / 기타 : ___________</td><td>상담자</td><td>○○○ (인)</td><td>팀장</td><td>○○○ (인)</td></tr>
<tr><td>주호소 문제</td><td colspan="7">동계방학 기간 동안의 안부와 개별화 지원 계획에 따른 상담</td></tr>
<tr><td>상담 내용</td><td colspan="7">– 동계방학 기간에 잘 지내셨는지 물어봄
⇒ ○○○에게 음식조절을 시키려고 했는데 바빠서 잘 되지 않았다고 하시며 그룹홈의 지도를 요청함
– 올해는 입주인의 개별적인 욕구와 특성을 반영하여 더 체계적인 사례관리를 계획하여 지원할 것이라고 설명함
⇒ ○○○는 식사량 조절만 되어도 좋겠다고 함
– 사례관리 지원계획은 ○○○의 욕구와 ABS-RC:2 검사지 결과를 바탕으로 강점 및 약점을 통합지원할 것이며 이를 근거로 ○○○는 독립적 주변 정리, 식사량 조절, 금전관리, 사회적응 지도를 지원할 계획이라고 설명함
⇒ ○○○에게 필요한 것을 잘 계획하신 것 같다고 함
– 기관에서 지속적인 지원을 할 것이며 개별화가 잘 진행되려면 가정에서도 함께 실시하여야 하므로 어머니의 지원과 협조를 부탁함
⇒ 동의한 후, 상담을 종결함</td></tr>
<tr><td>조치 사항</td><td colspan="7">개별화 지원계획에 따른 동의와 가정지도를 논의드림</td></tr>
<tr><td>슈퍼 비전</td><td colspan="7"></td></tr>
</table>

11. 초기서비스지원평가

1년 단위로 진행되는 서비스 지원에 있어서 서비스 지원 후 초기 3개월간의 주요 문제 및 욕구에 대한 재활목표 달성 정도에 대해 평가한다.

초기서비스지원평가

결재	담당	팀장	사무국장	관장

접수번호	○○ - ○○○	성 명	○○○	생년월일	○○○○년 ○월 ○일	장애명	지적장애 3급
서비스 시작일	○○○○년 ○월 ○일			평가일	○○○○년 ○월 ○일		

주요 문제 및 욕구	단기 재활목표	중기 재활목표	장기 재활목표
1. 당뇨약을 복용하고 있으나 매번 확인하지 않으면 복용하려고 하지 않는 모습을 보임 2. 현재 고도비만으로 식사조절이 필요함 3. 독립적인 가사생활이 되지 않아 지도 필요함	1. 열량이 높은 음식보다는 야채 및 저열량식을 섭취하도록 하여 월 2kg의 체중감량을 목표로 한다. 2. 독립적인 세탁기 사용이 가능하도록 한다.	1. 독립적인 약 복용이 가능하도록 한다. 2. 식사예절 및 식사량 조절이 가능하도록 한다. 3. 독립적 가사생활이 가능하도록 한다.	1. 독립적 가사생활이 가능하도록 한다. 2. 독립적인 식사량 조절이 가능하도록 한다. 3. 표준체중을 유지한다.

타 서비스 관계	○○ 사회재활대학	평가회의 참석자	○○○, ○○○, ○○○, ○○○	담당	○○○	보호자 확인	

12. 서비스종결평가

1년 단위로 진행되는 서비스 지원에 있어서 초기 서비스 지원 이후부터 연간 서비스 지원의 종결에 이르기까지 주요 문제 및 욕구에 대한 재활목표 달성 정도에 대해 평가한다.

서비스종결평가

결재	담당	팀장	사무국장	관장

접수번호	○○○-○○○	성 명	○○○	생년월일	○○○○년 ○월 ○일	장애명	지적장애 3급
서비스 시작일	○○○○년 ○월 ○일			평가일	○○○○년 ○월 ○일		

주요 문제 및 욕구	단기 재활목표	중기 재활목표	장기 재활목표
1. 독립적으로 샤워가 가능하지만 샤워 후 뒷정리가 되지 않음 2. 감정조절이 잘 되지 않아 타 이용인에게 울거나 짜증내는 경우가 있음 3. 요리활동을 좋아하지만 칼 사용 및 가스를 사용해야 하는 경우 겁이 많아 독립적 수행이 어려움 4. 과체중으로 체력 및 체중 감량이 필요함	1. 샤워 후 뒷정리를 지도한다. 2. 개인 여가생활 지원을 통하여 본인의 감정조절이 가능하도록 하고 타 이용인과의 관계 개선에도 도움이 되도록 한다. 3. 가스레인지 사용법을 익히고 칼 사용법에 대하여 안다. 4. 식사 시 편식하지 않도록 지도한다.	1. 독립적 개인위생이 가능하도록 한다. 2. 개인 여가생활 지원으로 정서적 안정이 되도록 한다. 3. 독립적 가사생활이 되도록 한다. 4. 적정 체중을 유지하도록 한다.	– 어머니의 퇴소 욕구와 교사의 판단에 의해 조기계약만료로 종결함(원 계약만료일 ○○년 ○월 ○일)

타 서비스 관계	○○보호작업장	평가회의 참석자	○○○, ○○○, ○○○, ○○○	담당	○○○	보호자 확인	

본 사례는 서울에 소재한 장애인공동생활가정인 S기관의 그룹홈에 입주한 35세 여성 지적장애인을 대상으로 주거 및 지역사회 적응행동검사(ABS-RC:2) 도구를 활용하여 서비스 이용자와 그 가족의 상황을 이해하고 문제해결에 관련된 요인들을 분석하여 개입한 사례이다.

의뢰과정은 장애인종합복지관에서 서비스 이용자의 자립생활을 위해 요청되었으며, 그룹홈의 사례관리자는 초기사정 시 합의된 욕구를 도출해 내는 과정에서 이용자가 갖고 있는 가사생활관리, 건강관리, 금전관리, 사회적응 영역에 변화가 필요함을 인식하였다. 따라서 사례회의를 통해 사례관리 지원계획은 이용자의 욕구와 ABS-RC:2 검사지 결과를 바탕으로 강점 및 약점을 발견하여 통합지원할 것이며, 이를 근거로 독립적인 주변 정리, 식사량 조절, 금전관리, 사회적응 지도를 지원할 수 있도록 논의하였다.

이후 서비스 이용자 상담과 부모상담을 통해 서비스 지원계획을 합의하였고, 이용자를 위한 개별화 지원서비스(IPS)를 실시하였다. 서비스를 진행하고 모니터링하는 가운데 사회적응훈련의 상반기 공공예절 익히기에 대한 서비스를 종결하고, 높은 당 수치로 인하여 건강관리에 대한 긴급 개입이 필요하여 매일 개별적인 당 수치를 체크하도록 서비스 지원을 추가하였다.

서비스종결평가를 통해 이용자의 가사생활관리 부분은 교사의 지도 없이 수행할 수 있게 되었으며, 금전관리 또한 용돈기록장에 지속적으로 작성할 수 있게 되었다. 사회적응훈련 부분에서 지역사회시설 및 대중교통 이용과 공동생활가정에서의 생활규범예절이 향상된 모습을 보였으나, 성적 행동에 취약성을 보이고 당뇨병에 대한 고위험군으로 발견되어 당뇨관리에 대해 지속적인 점검이 필요한 상황이다.

CHAPTER 11

민관협력의 수요자 중심 실천 사례: 경기도 무한돌봄센터를 중심으로

1. 경기도 무한돌봄센터의 사례관리체계
2. 민관협력의 수요자 중심 실천 사례

Case Management

11 CHAPTER 민관협력의 수요자 중심 실천 사례: 경기도 무한돌봄센터를 중심으로

이 장에서는 민관협력 방식의 수요자 중심으로 수행되었던 경기도 무한돌봄센터[1)]의 사례관리 실천 사례를 중심으로 살펴보고자 한다. 우리나라에서 사례관리 실천이 공급 및 민간 영역에서 급격하게 확대될 수 있게끔 가장 크게 기여했던 접근이 바로 경기도 무한돌봄센터임은 부인할 수 없는 사실이다. 그러므로 실제적인 사례로 사례관리를 이해하기 위해 경기도 무한돌봄센터 사례를 살펴보는 것은 매우 효과적이다.

최근까지도 우리나라 사회복지 전달체계는 공급자 중심으로 다양화되어 있어 복지혜택 수혜자가 혼선을 겪을 수 있었다. 즉, 어려움에 처한 대상자들의 사례를 보면 단순히 어느 한 기관에서 해결할 수 있는 사안보다는 여러 기관에서 함께 힘을 보태 줘야 하는 경우가 많았다.

그렇다면 어떻게 이용자 중심의 복지서비스 전달체계를 만들 수 있을까? 이것이 큰 고민이었다.

서비스 이용자 중심의 사회복지서비스를 마련하려면 서비스 전달체계의 중심을 이동해야 했다. 즉, 사회복지서비스 전달체계의 중심을 현재처럼 서비스에 둘 것이 아니라 '개인과 가족'에게 이동시킬 필요가 있었다. 개인이나 가족의 사례관리를

1) 경기도 무한돌봄센터의 사례관리 내용은 '무한돌봄센터 운영매뉴얼'(최희철 외, 2009)과 '무한돌봄센터 사례관리매뉴얼'(홍선미 외, 2010)에서 발췌하였음을 밝혀 둔다.

통해 그 가족에게 필요한 서비스를 설계하고 제공한다는 것이었다.

실제로 사례관리를 중심으로 사회복지서비스를 제공하다 보면 위기가정이 직접 필요한 서비스를 찾아다니는 것이 아니라 필요한 서비스가 위기가정으로 오게 된다. 사례관리를 중심으로 서비스를 제공할 경우 필요한 서비스를 개발하거나 혹은 다른 기관과 연계해서 제공할 수 있다.

이 과정에서 사회복지시설들은 사례관리를 하기 위해서 다른 기관에 어떤 서비스가 있는지 확인해야 하고 다른 기관의 서비스와 연계해서 제공해야 한다. 그러나 지역단위에서 사례관리를 하고 자원을 연계하는 데에는 한계가 있을 수밖에 없다.

그렇기 때문에 지역에서 제한된 자원으로 해결하기 어려운 사례를 시 · 군 단위로 묶어주고 지원할 수 있는 기관이 필요하다. 이 기관은 지역단위의 사례관리를 지원하고 지역에서 해결하기 어려운 사례에 대한 솔루션위원회를 구성한다. 솔루션위원회는 해당 문제와 관련된 전문가들로 구성된 회의를 통해 가정에 필요한 서비스가 무엇인지 설계하는 역할을 담당한다. 병원으로 치자면 처방을 내리는 역할을 담당하는 것으로 SBS의 〈SOS 위기탈출〉이라는 프로그램을 연상하면 된다.

경기도의 무한돌봄센터가 바로 앞에서 제시한 역할들을 담당하였다. 시 · 군에 설치되었던 '무한돌봄센터'는 솔루션위원회를 통해 위기가정에 대한 종합적인 서비스 제공계획을 수립하고 지역단위의 사례관리를 위해 지역별 '무한돌봄네트워크팀'을 구성했다. 이 팀은 지역에서 사례관리가 가능하도록 실무적인 지원을 하고 이 과정에서 지역의 복지자원을 연계함으로써 이른바 수요자 중심의 사회복지서비스 전달체계를 구성하였다.

이런 무한돌봄센터는 민 · 관 협력방식으로 운영되었다. 때문에 공공이 주도하여 민간기관들의 적극적인 참여가 어렵거나 혹은 민간이 주도하여 공공의 힘을 얻지 못하는 것이 아니라, 전문성뿐만 아니라 민간의 적극적인 참여와 공공의 힘을 얻을 수 있는 방식이다.

이렇게 사회복지서비스 전달체계가 개편되면 위기가정은 과거와 달리 편안하게 자신들이 필요한 서비스를 받을 수 있게 된다. 즉, 주민자치센터나 집 근처의 사회복지시설을 방문해서 한 차례 기본적인 상담을 받고 나면 해당 시설에서 사례관리를 하거나 혹은 무한돌봄네트워크팀의 도움을 받아 지역단위의 사례관리를 진행하게 된다. 이 과정에서 집중적인 상담을 받을 수는 있지만 과거처럼 이 기관 저 기관을 다니면서 상담을 할 필요도 없고 직접 어떤 서비스들이 있는지 찾아볼 필요도 없다. 사례관리 과정에서 여러 사회복지기관들이 가정을 찾아와 필요한 서비스들을 제공하게 되기 때문이다. 또 이 과정에서 작은 지역단위의 복지자원들이 연계됨에 따라 사회복지서비스의 중복과 사각지대 문제도 해결될 수 있다. 또한 위기가정에 대한 지원이 어려워 발을 동동 굴렀던 현장의 사회복지사들이 사례관리자로서의 전문성과 질을 향상시킬 수 있다.

이 장에서는 이러한 경기도의 무한돌봄센터 설치의 필요성, 운영체계 및 구조, 업무와 특징, 사례관리의 과정, 민간사례관리자의 역할, 그리고 실천 사례를 중심으로 살펴보고자 한다.

1. 경기도 무한돌봄센터의 사례관리체계

1) 경기도 무한돌봄센터 설치의 필요성

경기도가 2008년 11월부터 시작한 경기도 무한돌봄사업은 정부의 지원 기준에 해당되지 않아 지원을 받지 못하는 위기가정을 '선지원 후심사'로 지원하여 사업 시행 이후 2010년 6월까지 39,034가구에 465억 원을 지원하는 획기적인 성과를 가져왔다. 그럼에도 불구하고, 중앙정부에서 시행하고 있는 기존의 저소득 위기지원사업 목적의 지원 대상과 지원 내용 등이 유사하여 사업의 차별성을 가져오지 못할 우려가 있다고 판단되었다(성은미 외, 2009). 그뿐만 아니라 무한돌봄사업은 현금 위주의 지원으로, 사례관리가 이루어지지 않고 지원 후 수혜자가 실제 위기를 극복했는지 점검하는 사후관리가 이루어지지 않는 단점이 있었다. 경기도 무한돌봄사업의 지원 대상자가 겪는 위기상황이 짧은 시일 내에 해소되기 어렵다는 것을 고려할 때 단순 지원을 넘어 지속적인 개입과 모니터링, 사후관리를 통해 위기관리를 돕는 지원체계가 필요하게 되었다.

민간 차원에서도 개별 기관 단위에서의 사례관리가 갖는 한계를 극복하고 수요자의 욕구를 중심으로 지역단위에서 서비스의 조정과 연계를 이루고자 하는 시범사업이 지역복지협의체나 지역의 민간복지서비스 네트워크를 통해 이루어져 왔다. 이러한 활동은 기관 중심의 사례관리의 틀을 벗어나 협력기관들의 공동개입과 역할분담을 통해 지역복지의 변화를 유도했으나, 공적 권위와 지역적 책임성의 부족, 자발적 관계와 협의 구조가 갖는 기능상의 한계로 구조적인 변화로 이어지는 데에는 어려움이 있었다. 그러므로 이러한 어려움을 극복하고 지역 내 관리보호체계를 통해 민간기관들과의 연계와 의뢰체계를 구축하여 상시적인 지원이 지역 내에서 이루어지도록 하기 위한 방안이 모색되어야 한다는 필요성이 제기되었다(홍선미 · 하경희, 2009). 이에 경기도의 무한돌봄센터가 추진되기에 이르렀다.

2) 사례관리 중심의 무한돌봄센터

(1) 운영체계 및 구조

경기도의 사례관리체계는 지역을 단위로 연계하는 다층적 구조로서, 개별기관으로부터 마을(권역별 네트워크팀 설치)–시 · 군(시 · 군 무한돌봄센터)–경기도(경기도 무한돌봄센터)로 연계되는 중층적인 사례관리체계가 작동된다. 이는 지속적인 관리 과정에서 전문적 역할분담을 통해 기능을 차별화하는 동시에 민 · 관의 체계적인 연계를 통해 통합적인 서비스 지원 및 관리체계로서 기능하도록 구성되어 있다(홍선미 외, 2010). 주체별 사례관리 운영체계의 역할은 다음의 〈표 11–1〉과 같다.

〈표 11-1〉 주요 기관별 역할

구분	주요 역할
읍 · 면 · 동 담당자	• 대상 가구 발굴 및 추천(시 · 군 통합조사관리팀으로 추천) • 초기상담(초기면접지 작성)을 통해 신청 가능한 급여 또는 서비스 파악 • 필요시 사례관리 대상 가구의 현장 점검을 통한 욕구변화 및 서비스 점검 • 필요시 사례회의에 참석하여 대상자의 현황 정보 제공
시 · 군 통합조사 관리팀	• 법정 급여 및 서비스 신청자에 대한 현장조사 • 수급자격 심사 시에 사례관리 대상자 발굴 및 추천 • 자격변동 조사, 급여 사후관리 시 대상 가구 발굴 및 추천 • 경제상황 및 가족관계 정보 등의 사례관리 대상자 정보 제공
시 · 군 서비스 연계팀 (시 · 군 무한돌봄 센터)	• 사례관리 추천 대상 욕구조사 실시(욕구조사표 작성) • 민간 및 공공서비스 자원 및 시설 정보 제공 • 자원 발굴 및 서비스 연계 의뢰 • 대상자 적격 유무 및 사례 분류 판정회의 • 무한돌봄네트워크팀에서 상정된 서비스 제공계획 검토 및 확정 • 긴급사례에 대해 솔루션위원회 개최 및 서비스 제공계획 수립 • 사례 종결심사회의 개최(지속, 종결 여부 판정) • 시 · 군 차원에서 부족한 서비스 연계 제공 • 무한돌봄네트워크팀 사례회의에 참석하여 지속적인 관계 유지 • 무한돌봄네트워크팀 사례관리 운영 및 성과평가 • 무한돌봄네트워크팀과 협업체계 구성
무한돌봄 네트워크팀	• 협력기관과의 네트워크 구축 • 대상 가구 발굴 및 추천(읍면동으로 추천) • 주 사례관리기관 및 서비스 제공기관 배정 • 사례회의 개최(서비스 제공계획 수립 및 서비스 제공기관 결정) • 정기 사례회의 개최(서비스 점검 및 욕구변화 등 점검) • 복합적 문제발생 시 시 · 군 무한돌봄센터 솔루션위원회 상정 • 종결평가회의 개최
협력기관	• 대상 가구 발굴 및 추천(읍 · 면 · 동으로 추천) • 욕구조사 지원 및 대상자 정보 제공 협조 (※ 시 · 군 무한돌봄센터 사례관리 전문가 욕구조사) • 사례관리 및 서비스 제공 모니터링 • 서비스 및 복지정보 제공

출처: 최희철 외 (2009). 무한돌봄센터 운영매뉴얼. 경기복지재단. p. 38.

2012년 4월 보건복지부의 희망복지지원단 도입 이후 무한돌봄센터 구조는 지역에 따라 여러 가지로 변화되었으나 그 기본 구조는 시 · 군별로 시 · 군 무한돌봄센터 1개소와 지역의 면적과 인구를 고려한 여러 개의 네트워크팀으로 구성되어 있다.

시 · 군 무한돌봄센터는 초기에는 민간과 공공 모든 곳에서 설치될 수 있었으나 2012년 4월을 기준으로 안산을 제외한 모든 지역은 서비스 연계팀 등의 공조직 내에 존재하는 공공조직적 성격을 가진다(성은미, 2013). 초기인력은 공무원 2명, 민간 전문가 2명으로 구성된다. 공무원은 복지직을 우선 배치하며, 시 · 군 무한돌봄센터에 근무하는 민간 전문가 2명은 별도로 무한돌봄센터의 업무를 위해 고용되어 네트워크팀의 사례관리 지원, 자원개발, 심각하고 긴급한 문제가 있는 가구를 지원하는 역할을 담당한다. 각 권역단위에 설치되어 있는 네트워크팀은 시 · 군 내 지역별 접근성을 고려하는데 대개 읍 · 면 · 동 35개당 1개소 정도 설치되는 형태이다. 설치방법은 해당 권역에서 사례관리 조정 역할을 담당할 수 있는 민간복지기관(법인)에 위탁하는 방식이다. 형태에 따라 1명에서 5명 정도 민간 전문가가 배치되며 주요 업무는 권역 사례회의, 서비스 연계, 타 기관 사례관리 지원 업무를 수행한다.

협력기관은 네트워크팀과 연계된 민간복지 관련 기관, 공공(읍 · 면 · 동)기관으로서 대상자 의뢰, 사례회의 참여, 서비스 연계, 대상자에 대한 공공관리 역할을 수행한다.

무한돌봄센터 사례관리의 가장 중요한 목적은 지역기반의 사례관리 전달체계를 갖추어 상대적으로 사회복지서비스 전달이 취약한 면단위, 혹은 각 자치구 사회복지서비스의 사각지대에 놓인 주민에게도 서비스 접근성을 높이고, 안정적이고 지속적인 서비스를 제공하는 것이다. 특히 무한돌봄센터의 사례관리 수행은 공공영역의 시 · 군과 읍 · 면 · 동, 그리고 민간 사회복지기관과의 밀접한 관계를 통하여 진행된다.

다음의 [그림 11-1]은 경기도 무한돌봄센터의 통합사례관리체계 모형을 설명한 것이다.

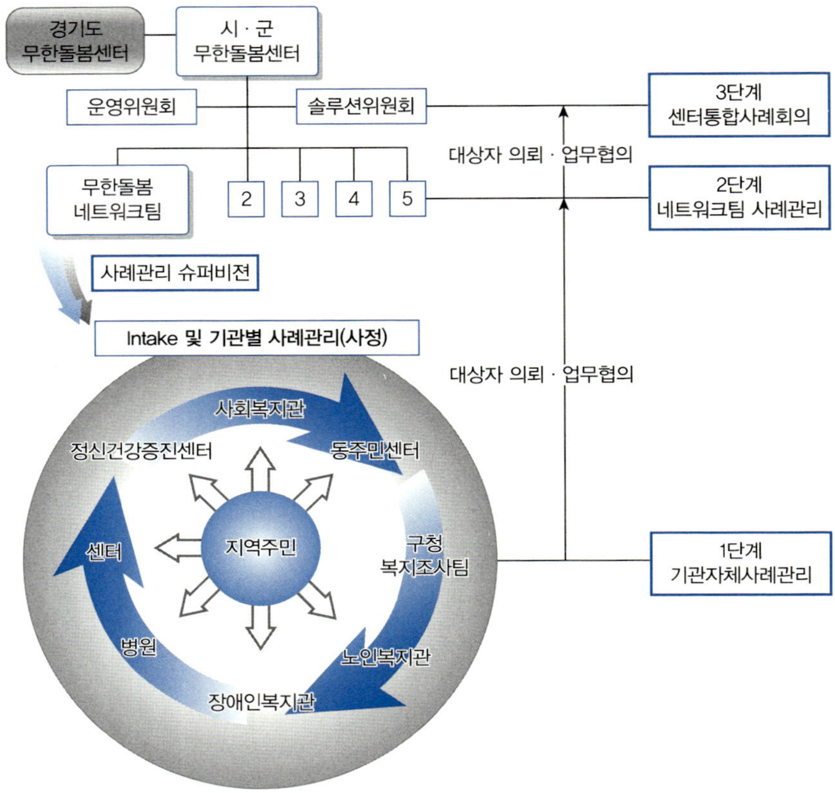

[그림 11-1] 경기도 통합사례관리체계 모형

출처: 홍선미 외 (2010). 무한돌봄센터 사례관리매뉴얼. 경기복지재단. p. 9.

경기도 무한돌봄센터 사례관리의 가장 중요한 목적은 지역기반의 사례관리 전달체계를 갖추어 사회복지서비스의 사각지대에 놓인 대상자에게도 서비스 접근성을 높이고, 안정적이고 지속적인 서비스를 제공하는 것이다. 특히 무한돌봄센터의 사례관리는 빈곤가구 계층을 초점화하여 각 지방정부의 책임하에 지역기반의 사례관리 거점을 확보하고, 지역 내 서비스 연계활동이 모니터링되는 서비스 전달시스템을 가동하는 공공사례관리체계를 갖추었다는 특징이 있다(홍선미 외, 2010).

(2) 업무와 특징

무한돌봄센터는 위기가구에 대한 지역기반의 사례관리 업무를 수행하는 구조이다. 이를 위해 단순의뢰(일반), 집중, 긴급 사례관리 등으로 구분하고(최희철 외, 2009), 집중 사례관리 가구는 네트워크팀에서 권역별로 여러 협력기관과 함께 사례관리를 진행한다. 긴급 사례의 경우 시 · 군이 주도하여 사례관리를 진행한다. 사례배분은 시 · 군에서 진행하며, 시 · 군의 민간 전문가들은 긴급 사례관리와 함께 사례관리 조정, 네트워크팀 관리, 솔루션위원회 등을 운영한다.

협력기관이나 네트워크팀, 읍 · 면 · 동, 시 · 군 어디서라도 위기가구가 의심되는 경우 시 · 군 무한돌봄센터로 사례를 연계하고, 시 · 군에서 여러 가지 사정을 거쳐 사례를 배분한다. 네트워크팀은 배분받은 사례를 기초로 하여 앞서 제시한 권역별 사례회의를 진행한다.

때문에 무한돌봄센터의 특징은 첫째, 일정 정도 복잡하고 심각한 위기가구에 집중된 시스템이다. 즉, 일반 복지대상자보다는 여러 가지 복합적인 문제를 가진 대상자가 무한돌봄센터 체계 속에서 서비스를 제공받는다. 둘째, 무한돌봄센터는 물질적 통합보다는 기능적 통합, 즉 사례관리를 중심으로 지역사회의 네트워킹을 기반으로 운영되는 모델이라 할 수 있다. 셋째, 민과 관이 파트너십을 형성해 운영하는 모델이라는 특징이 있다. 즉 시 · 군 무한돌봄센터 내의 2명의 민간 전문가가 민간과 공공 사이에서 조정 업무를 수행하며, 네트워크팀은 지역을 거점으로 민간과 공공을 함께 엮어 통합사례관리를 진행하는 구조이기 때문이다(성은미, 2013).

(3) 사례관리의 절차

사례관리 절차는 대상자 발굴 및 추천, 욕구조사 및 선정, 서비스 제공계획 수립, 서비스 연계 및 점검, 종결의 5가지 단계로 구성된다. 앞서 제시한 운영체계 및 구조, 그리고 업무와 특징을 결합하여 사례관리의 절차를 살펴보면 [그림 11-2]와 같다.

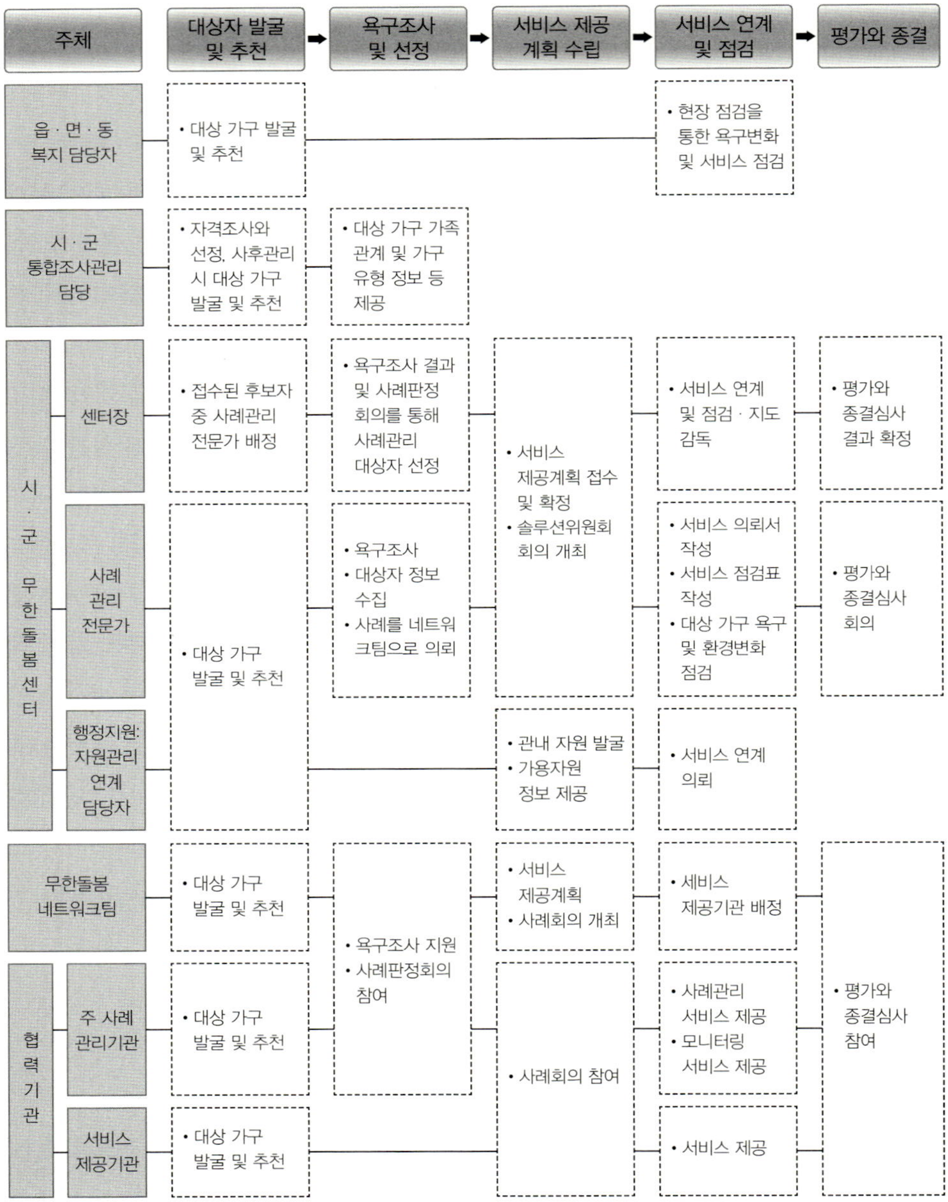

[그림 11-2] 경기도 무한돌봄센터 사례관리 절차

출처: 홍선미 외 (2010). 무한돌봄센터 사례관리매뉴얼. p. 21.

각 단계에 따라 살펴보면, 먼저 대상자 발굴 및 추천 단계에서는 읍 · 면 · 동, 시 · 군 무한돌봄센터, 무한돌봄네트워크팀, 협력기관이 대상 가구를 발굴하고 추천하면, 시 · 군 · 구 통합조사관리팀이 사례관리서비스가 필요하다고 판단되는 대상가구를 시 · 군 무한돌봄센터로 추천한다. 시 · 군 무한돌봄센터는 추천받은 사례관리 후보자에 대하여 욕구조사를 수행하는 사례관리 전문가를 배정한다.

둘째, 욕구조사 및 선정 단계에서는 사례관리 전문가가 배정받은 사례관리 후보자를 대상으로 현장방문을 통하여 욕구조사를 실시한다. 시 · 군 무한돌봄센터에서는 욕구조사 결과를 바탕으로 사례판정회의를 거쳐 최종 사례관리 대상자를 선정한다. 선정된 사례를 권역별 네트워크팀으로 의뢰한다.

셋째, 서비스 제공계획 수립 단계에서는 선정된 대상 가구에 대한 욕구조사 결과를 바탕으로 권역별 무한돌봄네트워크팀에서 서비스 제공계획을 수립하고, 시 · 군 무한돌봄센터로부터 서비스 제공계획에 대한 내용을 확정받는다.

넷째, 서비스 연계 및 점검 단계에서 무한돌봄네트워크팀은 시 · 군 무한돌봄센터로부터 확정된 서비스 제공계획을 협력기관 중 주 사례관리를 맡게 될 기관에 전달하고, 서비스 제공기관에 서비스를 요청한다. 주 사례관리기관은 서비스 제공계획에 따라 서비스를 제공하고 서비스 제공기관의 활동 내용에 대하여 모니터링을 실시한다. 또한 무한돌봄네트워크팀은 정기 사례회의를 개최하여 주 사례관리기관 및 서비스 제공기관들과 함께 대상자의 욕구 변화, 문제해결 정도, 서비스 제공 등의 내용을 점검한다.

마지막으로 평가 및 종결 단계에서는 사례관리의 모든 일련의 과정을 총체적으로 점검하고, 계획했던 목표를 어느 정도 어떻게 달성해 왔는가를 확인하며, 종결 여부를 결정짓는다. 종결의 여부는 무한돌봄네트워크팀에서 주 사례관리기관 및 서비스 제공기관과 함께 종결평가회의를 거쳐 종결 여부를 의논한다. 의논 결과를 시 · 군 무한돌봄센터에 제출하여 최종 종결 여부를 확정한다.

(4) 민간 사례관리자의 역할

사례관리를 직접적으로 수행하는 주체는 시 · 군 무한돌봄센터 내에 있는 민간 사례관리자와 시 · 군의 권역별로 배치되어 있는 네트워크팀의 사회복지통합서비스 전문요원이나 네트워크팀 소속기관의 사례관리자 또는 네트워크팀에 협력하는 기관의 사례관리자이다.

시 · 군 무한돌봄센터의 민간 사례관리자의 역할은 다음과 같다(홍선미 외, 2010).

첫째, 사례관리자는 권역단위로 구성된 무한돌봄네트워크팀에 대한 책임을 지고 권역별 사례관리 거점기관과 사례관리 네트워크를 지원하는 조정자의 역할을 담당한다. 또한 직접서비스의 제공보다는 복지자원 연계, 위기 및 통합사례관리 지원, 무한돌봄네트워크팀 지원 등 지역사회 통합사례관리 지원체계의 조정자 역할을 수행한다.

둘째, 지역사회 자원을 발굴한다. 지역인프라가 풍부한 지역에서도 사례관리자들은 여전히 자원 부족의 어려움을 호소하고 있으며 통합사례관리를 위해서는 기본적인 복지인프라뿐 아니라 사회복지 영역을 넘어서는 보건의료, 법률, 교육 등 다양한 영역의 사회적 자원들이 지역사회에서 확보되어야 하기 때문이다.

셋째, 무한돌봄센터의 사례관리자는 지역사회서비스와 자원을 연계하고 조정하는 기존의 사례관리자 역할과 더불어 보다 적극적으로 지역 내 자원을 개발하고 확대하는 기능을 강화하도록 한다.

넷째, 나눔문화를 활성화한다. 지역주민들이 함께 공감할 수 있는 기부문화를 활성화시키고 나눔사업을 전개함으로써 지역사회 전체의 참여를 촉진시킨다.

다섯째, 욕구조사를 수행한다. 시 · 군 무한돌봄센터 민간 사례관리자가 욕구조사를 수행하는 이유는 위기가구에 대한 전문적이고 통일적인 욕구 파악이 가능하기 때문이다.

여섯째, 무한돌봄네트워크팀을 모니터링한다. 무한돌봄네트워크팀의 원활한 운영을 위해 필요한 물질적 · 정신적 · 전문적 지원을 수행하며, 협력기관과 네트워킹을 수행하는 데 있어 문제 발생 시 의견을 수렴해 조정한다.

권역별로 배치된 사회복지통합서비스 전문요원은 긴급복지 대상자나 무한돌봄 대상자 중에서 공공의 급여를 받는 대상자에게 상담 및 방문, 단순서비스의 연계활동을 수행한다. 또한 단순서비스의 연계를 통해 지원되는 대상자를 모니터링한다.

이외에 협력기관의 사례관리자는 권역별로 배치되어 있는 무한돌봄네트워크팀의 도움을 받아, 문제가 심각하여 다양한 지역 자원이 필요한 대상자에게 사례관리를 직접적으로 수행한다.

2. 민관협력의 수요자 중심 실천 사례

■ 실천 사례: 고양시 무한돌봄센터의 '조금 느려도 괜찮아'[2)]

▷ 대상자(가명) 일반 사항

<table>
<tr><td>최초상담</td><td colspan="4">2013년 2월 4일</td><td>사례관리 담당자</td><td colspan="2">김효재 (가명)</td></tr>
<tr><td>대상자(가명)</td><td colspan="4">유무정/ 남(가명)</td><td>나 이</td><td colspan="2">45세</td></tr>
<tr><td>의뢰 경위</td><td colspan="4">동주민센터 의뢰</td><td>저소득 지원 구분</td><td colspan="2">■ 국민기초수급자
□ 법정차상위
□ 저소득가구</td></tr>
<tr><td>가구 유형</td><td colspan="2">□ 소년소녀가구
■ 한부모가구
□ 부부중심가구</td><td colspan="2">□ 독거노인가구
□ 노인부부가구
□ 기타(　　)</td><td colspan="2">□ 조손가구
□ 청장년1인가구</td><td>□ 장애인가구
□ 다문화가구</td></tr>
<tr><td rowspan="4">가족사항</td><td>관계</td><td>이름</td><td>나이/성별</td><td>동거여부</td><td>학력</td><td>직업</td><td>건강상태(장애 및 질병)</td></tr>
<tr><td>본인</td><td>유무정</td><td>45세/남</td><td>동거</td><td>중졸</td><td>무직</td><td>우울증, 발목 틀어짐</td></tr>
<tr><td>녀</td><td>이○○</td><td>18세/남</td><td>동거</td><td>고중퇴</td><td>파트타임</td><td>양호</td></tr>
<tr><td>자</td><td>김○○</td><td>13세/여</td><td>동거</td><td>초교재학</td><td></td><td>ADHD</td></tr>
</table>

2) 이 사례는 경기도 무한돌봄센터(2013)의 '무한돌봄 사례관리이야기' 중에서 pp. 47-49 부분의 '시 · 군 무한돌봄센터 우수사례 함께하기' 부분을 발췌하여 소개하였다.

▷ 사례 요약

- 이 사례는 대상자(편부) 슬하의 이복남매로 구성된 3인 가족이며 조부로부터 아파트 한 채를 무상 제공받고 있어 경제적 어려움을 예상하기 힘든 가정이었다. 그러나 대상자는 접수 단계에서 부채관리 및 자녀들의 교육환경 조성을 주요 욕구로 의뢰되었다.
- 일차적인 욕구인 부채 문제로 인해 채권추심에 대해 극심한 수치심을 느끼고 있어 초인종과 인터폰을 제거한 뒤 거주하고 있었으며, 자녀들에 대한 교육환경 조성이라는 표면적인 욕구와 달리 대상자는 두 자녀에게 가정폭력을 행사하고 있었다. 장남에 대한 언어적 · 신체적 · 경제적 폭력은 극심한 상황이었고 차녀에 대한 편애와 방임적 태도로 인해 초등학교 출석일수 부족으로 인한 유급의 우려가 발생하고 있었다. 또한 대상자는 우울증을 앓고 있으나 병식이 없어 약물을 복용하지 않았고, 이 때문에 질환으로 인한 직장 내 적응 문제, 인간관계 문제, 잦은 실직의 문제를 겪고 있었다.

▷ 사례관리 진행과정

우선순위	목표	서비스 제공계획	내용(결과)
1	신용회복위원회 부채 조정	신용회복위원회에 대한 기관 정보 및 신용회복절차에 대한 정보 안내 및 실행 지원	채무조정 완료 및 신용회복(채무변제) 진행 중
2	구직기간 동안의 생계유지 지원	무한돌봄 성금 생계비 지원	지원 완료
3	가족구성원의 관계 조정	청소년상담복지센터 부자상담 연계	청소년상담복지센터, 동반자 프로그램 진행 중
4	자녀의 초등학교 결석 문제 해결	아동보호전문기관 아동학대 신고	초등학교 내 특수반 담당자를 통한 등교 지도(대상자 동의함)
5	(조건부) 수급자 신청	수급자 신청절차에 대한 정보 제공 및 동주민센터 연계	수급자 선정(반복적 실직 문제로부터 생계 유지방안 마련)
6	정신과 통원 및 약물 치료 진행	정신건강증진센터 연계	정신건강증진센터 연계 완료(현 대상자의 정신건강증진센터에 대한 연락두절 문제 있음)

▷ 변화내용

- 대상자와의 잦은 연락두절 및 문전박대를 겪으며, 차선책으로 장남과의 문자를 통한 연락망을 구축할 수 있었다. 장남 역시 대상자와 마찬가지로 약속에 대한 개념이 부족한 태도를 보였으나 지속적인 연락과 관계 형성을 통해 약속을 지키지 못할 경우에는 사전연락을 주기로 약속한 뒤로는 이행하고 있어 대상자 가정과의 관계를 유지할 수 있었다.
- 이복남매로 평소 남매간에 이름을 부르며 싸움을 하기도 하였으나, 장남이 여동생의 정신과 통원 시 보호자로 동행하며 동생을 챙기는 모습을 보이며 관계가 조정되고 있다. 부자간의 관계 문제는 대상자의 정신과 치료 및 정신건강증진센터 서비스 진행에 따라 변동이 있을 것으로 기대하며 진행 중에 있다.
- 대상자 가정과의 서비스 연계를 진행하며 대상자의 문제가 해결됨에 따라 정서적 안정감을 느낄 수 있었으며, 이는 집안 정리정돈을 통해 가시적인 효과를 느낄 수 있었다.

▷ 사례관리 후기

- 대상자의 변화 속도가 매우 느린 사례로 지지부진한 진행으로 인한 어려움을 느꼈으며, 수시로 발생하는 대상자의 연락두절 문제와 우울증으로 인해 극단적인 선택을 하는 것은 아닌지 매우 걱정을 하며 개입했었던 사례였다.
- 연락두절 및 자녀의 초등학교 결석 문제 등으로 인해 주 1회 이상 가정방문을 진행하였으나, 대상자는 집안에 있으면서도 문을 열어 주지 않았고, 대응 태도가 완강한 타 기관의 담당자에게는 욕설 및 고성의 민원 태도를 보여 연계기관에서 개입을 포기하기도 하였다.
- 진행 속도가 느린 만큼 한 단계씩 진행할 때마다 위기에서 벗어나는 효과를 크게 느낄 수 있었다. 그리고 사례관리자가 대상자의 모든 문제를 전적으로 해결해 줄 수 있다거나 무한한 서비스를 제공할 수는 없기 때문에 대상자와의 관계 형성을 통해 본인 스스로 문제의식을 갖고 해결목표를 가질 때 비로소 사례관리가 가능함을 몸소 느끼며 진행하는 계기가 되었다.

CHAPTER 12

사례관리의 윤리적 실천

1. 윤리적 딜레마와 윤리적 결정의 지침

2. 윤리적 이슈와 대처 방안

Case Management

CHAPTER

12 사례관리의 윤리적 실천

사회복지실천 현장에서 사례관리자들은 다른 전문직에 비해 윤리적인 이슈에 노출될 가능성이 크다. 왜냐하면, 사례관리에서 만나는 서비스 이용자들은 장기간 지속된 복잡하고 다양한 문제들로 인해 외부로부터의 도움과 내부적으로 변화가 필요한 경우들이 대부분이기 때문이다. 따라서 사례관리자는 서비스 이용자의 삶에 관여하게 되고 이 과정에서 윤리적 민감성을 지니지 않는다면 바라는 목표나 기대를 달성하기 어려울 뿐 아니라 오히려 이용자에게 해가 되는 결정을 할 수 있다. 그뿐만 아니라 이용자가 처한 문제 상황이나 욕구의 수준이 심각하기 때문에 더 중대한 결정을 내려야 할 가능성이 커질 수도 있다.

예를 들어, 가정폭력이나 아동학대 위험으로부터 이용자를 보호하기 위해 분리를 결정할 것인지, 정신장애로 인해 일상생활에 어려움이 있는 이용자를 강제입원 치료를 하게 할 것인지 등과 같은 상황으로 인해 윤리적인 딜레마에 봉착하게 된다.

또한 사례관리자는 의뢰나 옹호활동을 할 경우 이용자에 대한 정보를 다른 기관과 전문직에 제공할 수밖에 없는데(Davidson & Davidson, 1996; Watkins, 1989; 홍선미 외, 2010: 94 재인용), 자신이 일하는 기관 외부의 사람에게 이용자의 정보를 제공하는 기회를 더 많이 갖게 되므로 비밀보장의 제한이 있을 경우 윤리적 민감성을 가지고 대처할 수 있어야 한다.

이 장에서는 사회복지 현장에서의 사례관리 실천의 윤리적 딜레마와 윤리적 결정 지침을 알아보고 윤리적 이슈와 대처 방안에 대하여 살펴보도록 한다.

1. 윤리적 딜레마와 윤리적 결정의 지침

1) 사회복지 실천의 가치와 윤리

(1) 가치

사회복지는 모든 전문직 중에서 가치를 가장 큰 기반으로 하는 전문직이다(Reamer, 1995; 양옥경 외, 2004 재인용). 사회복지사의 임무(duties)와 의무(obligations)를 규정하거나 윤리원칙을 설정할 때, 실천과정에서 윤리적 딜레마에 처했을 때, 그리고 실천의 우선순위를 정해야 할 때에는 언제나 사회복지의 핵심 가치가 그 기반이 되며 기준과 원칙이 된다(양옥경 외, 2004). 따라서 가치는 사례관리 실천에 있어서 중요한 지침으로 작용한다. 특히 사례관리를 담당하는 사회복지사가 실천과 관련한 충분한 지식을 가지지 못할 경우에, 실천의 지침으로서 가치에 의존하게 되기에 사례관리 실천에 있어서 가치는 더더욱 중요하다.

가치는 "무엇이 선하고 바람직한 것인가"를 다루는 것이다. 즉 가치는 믿음 또는 신념과 같은 것으로, 다수의 사회구성원들이 좋거나 바람직하다고 여기는 것 혹은 개인의 선호도를 나타내는 적합한 행동 선택의 지침이다. 이것은 지식, 기술과 더불어 사회복지 실천의 3대 중심축 중 하나로서 사회복지 실천이 추구해야 하는 방향성을 제시한다(양옥경 외, 2002).

사회복지의 기본 가치(NASW, 1995)는 프리들랜더(Friedlander)가 말한 인간의 존엄성, 인간의 자율성, 기회의 균등성, 사회적 책임성을 전제한다. 이것을 기반으로 다양한 형태의 전문적 가치가 나타나는데 개인의 가치와 존엄성, 개인에 대한 존경, 개인의 변화 가능성, 서비스 이용자의 자기결정권, 비밀보장, 사생활보장, 적절한 자원과 서비스 제공, 임파워먼트, 동등한 기회보장, 비차별성, 다양성 존중 등이다.

사회복지 실천의 본질적 가치를 구성하는 기본 전제조건(Skidmore, Thackeray & Rarley, 1994)은 첫째, 인간은 존엄한 존재이며 둘째, 개인이나 사회문제의 원인은 인간과 사회적 환경 간에 역기능적 상호작용으로 발생하며 셋째, 모든 사회는 개인적 또는 사회적 문제를 해결하기 위해 전문적인 개입실천 활동이 필요하다는 것이다. 이러한 전제조건은 사회복지 실천의 목적과 방법을 선택하고 결정하는 가치판단의 준거틀이 된다.

사회복지사는 사회복지실천에서 올바른 윤리적 판단을 하기 위해서 개인적 가치와 사회적 가치, 그리고 전문적 가치를 명확하게 이해하고 올바른 가치 기준을 마련하는 것이 필요하다. 개인적 가치(individual values)란 개인이 가지고 있는 선호도를 말하는데, 한 사람에게는 중요하지만 다른 사람에게는 중요하지 않은 가치를 말한다. 사회적 가치(societal values)란 전체 사회체계 혹은 적어도 그 체계의 지도층 내지는 대표집단에 의해 인정된 가치를 말하며, 전문가 가치(professional values)란 사회복지사들과 같이 전문가 집단에 의해서 인정된 가치를 말한다. 이 세 가지의 가치는 때로는 갈등하는 경우가 있다 하더라도 상호보완적이다(서미경 외, 2000).

사회복지사가 실제로 가치갈등이 일어날 때 가치를 바람직하게 선택하기란 결코 쉽지 않다. 실제로 많은 사회복지사들이 다음과 같은 방식으로 서비스 이용자들을 다룸으로써 스스로 가치갈등을 초래할 때가 빈번하다(이준우 · 임원선, 2011).

첫째, 설교하는 방식이다. 사회복지사가 지나치게 도덕적인 나머지 서비스 이용자에게 대단히 심판적인 느낌으로 다가가는 것이다. 가령 서비스 이용자에게 '~해야만 한다' 또는 '~해서는 안 된다'라고 말하는 것을 들 수 있다.

둘째, 가르치는 방식이다. 사회복지사는 단지 기계적으로 정보를 주거나, 사실만을 밝혀 주려 하기 쉽다. 즉 감정적 교류를 회피하며 일방적으로 말하려 한다.

셋째, 처방하는 방식이다. 사회복지사는 특정한 문제에 대해 단지 한 가지의 해결책만이 있다고 생각할 수 있다. 그래서 지나치게 서비스 이용자를 설득하는 데에 열정을 쏟게 된다.

넷째, 무조건 구해주는 방식이다. 사회복지사는 마치 자신이 구원자처럼 서비스 이용자의 문제를 즉각 해결해 줄 수 있다고 생각할 수 있다. 실제로 많은 사회복지사들은 이렇게 말하면서 뿌듯한 마음을 가진다. "제가 여러분을 위해서 이 일을 해드리겠습니다."

다섯째, 충고하는 방식이다. 사회복지사는 잘 알지 못하는 상황에 대해서도 모든 해결책을 다 알고 있어야 한다는 강박관념에 사로잡혀 있을 때가 종종 있다. 그리고는 그 해결책을 말해 주어야만 문제를 해결했다는 착각에 빠진다.

이와 같은 방식을 사용하는 사회복지사를 만나게 되는 서비스 이용자는 가치갈등에 빠질 가능성이 높다.

재스트로(Zastrow, 1999)는 특별히 사회복지사와 서비스 이용자 간에 일어날 수 있는 가치갈등에 주목하면서 다음과 같은 대처방법들이 매우 유용한 것으로 보고, 구체적으로 제시하였다(이준우 · 임원선, 2011 재인용).

① 가치딜레마 인식하기

가치문제에 대처하는 첫 번째 단계는 가치딜레마가 있다는 것을 인식하는 것이다. 그러한 인식을 스스로 가지는 것은 어려운 일이다. 윤리적 문제나 가치갈등이 발생한 상황에서는 그 어떤 선택도 하기 힘든 모호한 실상이 펼쳐지기 마련이다. 이런 현실은 사회복지사와 서비스 이용자 모두를 불편하게 한다. 그래서 사회복지사는 이런 상황을 피하려고 하기 쉽다. 하지만 사회복지사는 이런 일이 흔히 있을 수 있는 일이라고 자연스럽게 받아들여야 한다.

② 충분히 인식하기

가치갈등에 대한 사회복지사의 인식은 서비스 이용자에게 활용될 수 있을 만큼 충분하여야 한다. 사회복지사는 자신의 가치를 서비스 이용자에 대하여 '드러내야' 하며 서비스 이용자는 상호 영향력을 미치는 상황에서 자신의 의사를 표현하는 것이 허용되어야 한다. 그러한 접근은 약물에 연루되어 있거나 혼외정사를 가지고 있는 서비스 이용자, 혹은 절도죄로 체포된 서비스 이용자 등과 일을 할 때 유용할 수 있다.

하지만 이러한 접근에는 위험이 있다. 사회복지사의 가치는 서비스 이용자에게 최고의 관심이 아닐 수도 있다. 사회복지사는 자신의 가치를 드러냄으로써 서비스 이용자에게 영향을 미친다(김기태 외, 2007).

③ 전문직 가치에 충실하기

서비스 이용자에게 서비스를 제공할 때, 사회복지사의 개인적인 가치가 사회복지 전문직의 가치와 갈등적이라면 전문직의 가치에 충실한 것이 사회복지사에게 현명한 것이다. 사회복지사 윤리강령은 사회복지 전문직의 가치로 나아가게 하는 데 유용하다.

④ 서비스 이용자의 가치에 대해 존중하기

사회복지사는 서비스 이용자의 가치를 존중해야 한다. 사회복지사는 서비스 이용자가 그들 자신의 가치를 탐색하도록 지지하고, 그들 자신의 가치체계에 부합되는 행동으로 이어질 수 있도록 격려하여야 한다.

(2) 윤리

윤리는 '무엇이 맞고 옳은가'를 다루는 것이며 사람들이 추구하는 가치를 일관되게 행동하도록 지시하는 행동규범이다(김상균 외, 2002). 즉 어떤 행동에 대한 옳고 그름을 나타내는 판단기준으로서 인간이 마땅히 행하거나 지켜야 하는 도리이다. 반면 가치는 '무엇이 좋고 바람직한가'와 관계가 있다. 가치는 구체적인 실천을 지시하기보다는 일반적으로 선호하는 것으로, 보다 폭넓은 사회의 가치를 반영한다. 하지만 전문직 윤리는 직업에 몸담고 있는 사람이 어떻게 자신의 가치를 행동에 옮기는가에 관한 지침을 제공한다. 즉 어떻게 행동해야 하는가에 관한 구체적인 지시가 정리되어 있는 것이 윤리인 것이다. 따라서 사회복지실천 윤리란 사회복지사가 반드시 지켜야 하는 행동원칙이나 지침을 의미한다(Corey et al., 1988).

① 윤리적 절대주의

윤리적 절대주의(Ethical Relativism)는 선과 악, 옳고 그름을 행위 결과와 상관없이 별개로 판단하는 것을 의미한다. 좀더 구체적으로 설명하면, 윤리적 절대주의는 이미 정해진 고정불변의 도덕률을 강조하는 것으로 선과 악, 옳고 그름은 그 행위의 결과와는 별개로 판단해야 함을 의미한다. 그러므로 여기에서 말하는 도덕률은 모든 상황에서 절대적으로 적용된다는 것을 전제한다. 이렇게 적용되는 도덕규범의 절대성은 두 가지 특성이 있다. 하나는 윤리적 보편주의[1]로서의 윤리적 절대성이다. 도덕규범은 범문화적 추리방법으로 확립될 수 있는 근거 위에서만 정당화될 수 있으므로 이런 규범은 모든 인간의 행위에 올바르게 적용된다. 다른 하나는 도덕규범 외의 어떠한 예외도 갖지 않으며 개별적인 도덕 규칙이 적용되지 않는다는 도덕적 의무론으로서의 윤리적 절대성이다(양옥경 외, 2004).

② 윤리적 상대주의

윤리적 상대주의(Ethical Relativism)는 선과 악, 옳고 그름은 주관적이고 상대적인 것으로 절대가치는 없다는 것이다. 어떠한 도덕률도 부인한다(이준우 외, 2006). 이처럼 모든 고정불변의 도덕률을 부인하면서 동기보다 행동으로 초래된 결과를 중시하는 근본적인 이유는 가치변화의 지속성이다. 모든 가치는 계속 변한다. 어제의 가치기준을 오늘에 적용할 수 없을 뿐 아니라 한순간 전의 가치기준을 그 다음 순간에 적용할 수도 없다. 결과적으로 가치문제에서 상대주의는 불가피하다. 절대적인 기준을 가진 보편적이면서 불변하는 기본 가치는 존재하지 않는다. 단지 어떤 행위의 결과가 얼마나 옳고 얼마나 선한가 하는 정도에 따라 판단 및 결과의 기준이 정해질 뿐이다. 더욱이 변화무쌍한 현대사회에서 비록 동시대에 같은 문화권에

1) 윤리적 보편주의는 비록 행동의 옳고 그름이 환경이나 상황의 차이에 따라 달라져도 각기 다른 사회가 채택한 규범의 차이에 따라 변하지 않는다는 것이다. 이러한 점이 윤리적 상대주의와 다른 면이라 할 수 있다.

있더라도 윤리적 보편화를 기대한다는 것은 시대에 뒤떨어지는 일이라고 윤리적 상대주의는 주장한다(양옥경 외, 2004).

하지만 윤리적 상대주의에도 제한점이 있다. 이러한 제한점은 윤리적 이기주의와 윤리적 공리주의로 요약된다(Loewenberg & Dolgoff, 1996). 윤리적 이기주의란 다른 사람들에게 어떤 결과를 초래하건 간에 한 개인에게 최고인 것이 최선이라고 주장하는 이론이다. 고대 그리스 철학자인 프로타고라스(Protagoras)의 "인간은 만물의 척도이다"라는 격언은 개인과 관련된 상대주의를 잘 표현해 준다. 반면에 윤리적 공리주의란, 가장 많은 사람에게 가장 선하다고 생각되는 것을 추구하는 것이 제일 중요하다고 본다. 이러한 윤리적 공리주의가 추구하는 최대 다수의 최대 행복을 목적으로 행동하는 사람들을 목적론자(Telecogist)라고 부른다(Reamer, 1999; 양옥경 외, 2004 재인용). 이들 목적론자들은 미리 예견되는 결과를 세밀하게 점검해서 무엇이 도덕적이고 비도덕적인지 명확히 판단하고 행동한다. 그러나 목적만으로 수단을 정당화할 수 없다는 점에서 이는 한계가 있다. 달성된 목적, 즉 결과를 그 목적이 생성되는 의도에서 분리해 판단하려는 경향이 있다. 예를 들어 죽음이라는 결과를 초래했다고 해서 전쟁터의 군인, 살인범, 안락사를 시킨 의사를 같은 살인자의 범주에 놓고 윤리적으로 판단할 수 있는지 다시 한번 생각해 봐야 한다. 따라서 이러한 제한을 극복하려면 목적을 달성하고자 할 때 방법을 선정함에 있어 그 결과로 초래될 내용에 대해 반드시 선행해서 평가해 볼 필요가 있다(양옥경 외, 2004).

2) 윤리적 딜레마

두 가지 혹은 그 이상의 도덕적 원칙 또는 의무가 동등하고 유용하다고 여겨지면서도 동시에 이 원칙들이 서로 모순이 되는 상황이다. 개인은 이런 경우 그 상황에서 최선의 것을 선택해야 한다. 특히 사회복지 실천 상황에서는 두 가지 이상의 윤리적 의무가 있지만 한 가지를 위반하지 않고서는 다른 것을 지킬 수 없는 상황이 필연적으로 발생한다. 이런 경우, 사회복지사는 사회복지 실천 전문직의 가치, 사회복지사의 개인적 가치, 사회적 가치 사이에서 갈등하는데, 이러한 가치갈등은 다양한 윤리적 딜레마(ethical dilemma)를 파생시킨다.

(1) 윤리적 딜레마를 분석하고 해결하는 데 유용한 지침들

윤리적 딜레마를 분석하고 해결하는 지침들은 사례관리를 담당하는 사회복지사들이 윤리적 딜레마에 대한 갈등을 겪을 때, 이를 어떻게 해결하고 윤리적 결정을 할 수 있는지에 대한 통찰을 제공해 준다(Reamer, 1990; 오혜경, 2005; 이준우 외, 2006 재인용).

① 첫 번째 윤리지침

행동에 필요한 전제조건(예 생명, 건강, 음식, 정신적 평형상태 등)은 거짓, 비밀누설이나 오락, 교육, 돈과 같은 부가적인 이익에 우선한다는 것이다.

이 지침은 특정 혹은 불특정 개인이 위험한 피해를 입게 되는 경우에 크게 유용하다. 예를 들면 서비스 이용자가 자신의 부인에게 심각한 상처를 가할 수 있는 상황에 직면해 있다고 가정하자. 이런 경우 서비스 이용자의 부인을 보호하기 위해서 서비스 이용자 개인의 비밀보장의 원칙을 지키지 못한다고 해도, 제3의 대상자에게 서비스 이용자의 비밀이나 정보를 불가피하게 공개하는 것을 정당화할 수 있다는 것이다. 왜냐하면 특정한 개인이나 불특정 개인들이 당하게 될 불법적인 피해로부터 사회복지사가 이들의 안전을 지키고 보호하는 일은 서비스 이용자 개인의 사적인 권리를 지키는 일보다 우선적으로 이루어져야 하며 이러한 지침은 강제적인 성격을 가질 수 있기 때문이다.

또한 이 지침은 정부의 공적인 기금을 균형 있게 배분하는 데 적용이 가능하다. 즉, 국가의 공적인 예산을 분배하는 데에 우리 사회에서 가장 상처받기 쉬운 사람,

가령 빈민이나 장애인, 교육적인 혜택으로부터의 소외계층 등에게 우선적으로 배분하고 예산을 사용하도록 하는 것은 이와 같은 원리에 의해 이루어지는 것이다. 다시 말해 사회적 약자와 취약계층을 위해 서비스에 필요한 예산을 지급하고 우선적으로 이들을 위한 서비스를 제공하는 반면, 사회적으로 주류층에 속한 사람들에게는 특정한 서비스를 제공하지 않는 것을 정당화시킬 수 있는 근거가 된다.

② 두 번째 윤리지침

개인의 자기결정권은 존중되어야 하지만 타인의 기본적인 행복에 피해를 입히는 상황이 예상되는 경우에는 제한받을 수 있다.

이는 개인이 자기결정권을 가지고 그들이 원하는 행동을 할 수 있는 권리를 가지고 있다고 해도, 그들의 행동이 다른 사람의 복지와 행복에 위협적인 해를 가하는 경우에는 그들 즉, 서비스 이용자의 권리를 제한할 수 있다는 것이다. 전통적으로 사회복지사는 자신의 서비스 이용자가 자신과 다른 신념을 가지고 다른 행동을 하는 경우에도 서비스 이용자의 결정에 대해 존중해 왔다. 그러나 가령 서비스 이용자의 자녀양육 방식이 아동의 기본 복리를 위협하는 경우라면, 이때 사회복지사는 부모의 자기결정 권리에 제한을 가하는 다음 단계를 택해야 하며 이러한 행동은 사회복지사가 취해야 할 적절한 태도이다.

좀더 구체적인 예를 들어 보자. 사회복지사가 자신의 서비스 이용자로부터, 삶을 비관하여 장애가 있는 자녀와 동반자살을 할 것이라는 이야기를 전해 들었다고 가정한다면, 이때 사회복지사는 서비스 이용자의 자기결정을 존중해야 하는 실천원칙을 지키는 임무를 수행하기에 앞서 인간의 기본적인 행복인 서비스 이용자 자신과 그의 장애 자녀가 피해를 입을 수 있는 상황을 사전에 예방하는 것을 우선 선택해야 할 것이다. 이와 같은 상황에서는 서비스 이용자의 자기결정에 대한 권리는 무시될 수 있는 것이다.

③ 세 번째 윤리지침

자발적으로 자유롭게 동의한 법, 규칙, 규정 등을 따르는 의무가 개인의 권리를 우선할 수 있다.

예를 들어, 한 여성이 출산의 선택과 낙태에 대한 권리를 옹호하는 기관에 속한 사회복지사라고 가정해 보자. 만약 이 사회복지사가 기관의 직원들과 자율적으로 낙태에 반대하는 회의에 참석하고, 낙태 반대 정책을 옹호하는 발언을 한다면 다시 말해 사회복지사 개인의 의견이 자신이 속한 기관의 정책과 상반되는 의견을 가지고 있다면, 이는 사회복지사가 행하는 정책의 전달을 잘못 수행하고 있음을 뜻하게 되므로 사회복지사의 행위는 당연히 비윤리적인 행위가 된다.

따라서 자신이 속한 기관의 정책에 반대하는 사회복지사는 다른 일자리를 찾아보거나, 기관의 정책이 잘못되었음을 지적하고 기관의 정책을 변화시킬 수 있도록 노력해야 한다. 또 하나의 예를 들면 사회복지사의 개인적인 의견과 현재 시행 중인 아동학대나 방임과 관련하여 강제적으로 보고하도록 되어 있는 법률에 차이가 있어, 사회복지사 자신이 법률 규정에 동의하지 않는 경우에도 제도적인 방법으로 법률의 모순을 지적하고 법률을 개정하기 위해 노력해야 한다. 한편 사회복지사가 법률을 위반하며 서비스를 전달하는 것은 비윤리적인 것이다. 법률은 민주적인 절차를 거쳐서 만들어지고, 사회복지사의 윤리는 이 법률에 의해 구속받게 된다.

④ 네 번째 윤리지침

개인의 복지권이 법, 규칙, 규례, 지원 단체의 협정에 우선한다는 것이다. 사회복지 실천에서 개인의 행복을 위한 권리는 법률, 규칙, 규정, 협정을 무시할 수 있다.

법률을 따르고 규칙이나 규정을 지키는 것에 대한 책임은 반드시 당연한 것이 아니며 필요한 경우 때때로 제한을 가할 수 있다. 서비스 이용자의 기본적인 행복에 위협이 가해질 때와 같은 상황이 생겨날 경우, 사회복지사가 법률, 규칙, 규정을 위반하는 일에 대해 정당성을 부여받을 수 있다. “어떤 관점에서 법률 위반이 정당성을 부여받을 수 있는가?” 그리고 “사회복지사가 언제, 어떠한 상황에서 법률, 규칙, 그리고 규정을 어길 수 있는 피보증 상태가 될 수 있는가?" 하는 문제 또한 매우 논쟁적인 주제이다.

사회복지사는 사회복지 실천에서 어떠한 상황이 불법적인 것인지 혹은 정당화될 수 있는 예외적이고 특별한 상황인지에 관해서 반드시 알고 있어야 한다. 이밖에도 사회복지사 자신이 속한 전문가협회의 규정들도 만약 그들 각자가 개인적인 행복에 위협을 받는 경우, 자동적으로 인정받을 수 없는 상황이 될 수 있다. 가령 사회복지사가 속한 기관이 제3의 기관으로부터 지속적인 기금을 제공받을 수 있도록 하기 위해 기관의 책임자가 사회복지사에게 서류를 조작할 것을 명령한 경우, 이 지시를 받은 사회복지사가 지시를 따라 책임을 수행하는 것을 거부할 수 있음을 뜻한다. 반대로, 사회복지사는 한걸음 더 나아가 기관 책임자의 비윤리적인 지시에 대항할 수 있는 도전적인 행동 단계를 선택하게 될 것이다.

⑤ 다섯 번째 윤리지침

기본적인 해악을 방지할 의무와 주거, 교육, 공적 부조 등 공익을 증진할 의무는 개인의 재산 통제권보다 우선한다는 것이다.

인간이 기아 상태에 빠지는 것과 같은 기본적인 욕구에 피해를 입게 되는 것을 예방하기 위한 공적인 책임과, 공공의 행동을 변화시키고 기능을 향상시키기 위한 책임(예 주택, 교육, 그리고 공공부조 등을 제공하기 위한 책임)은 특정한 개인 자신이 스스로의 삶을 영위하기 위한 권리에 앞서 행할 수 있다. 이 지침은 욕구가 있음에도 스스로의 힘으로 그 욕구들을 충족할 수 없는 사람들에게 도움을 제공하기 위해서 필요한 것이며 동시에 기본적인 욕구에 가해지는 피해를 예방하기 위한 목적일 때 유용하다. 예를 들어 학대아동, 주택과 건강보호를 필요로 하는 사람들, 그리고 장애인 등에 대한 서비스 실천을 위해서 큰 힘이 되는 지침이라고 할 수 있다.

이상 다섯 가지 윤리지침은 사례관리를 담당하는 사회복지사들이 어떤 과업을 우선적으로 실행해야 하는지에 대한 고민에 직면했을 때, 이를 해결해 주는 데 도움이 되고 있다. 그럼에도 중요한 사실은, 이러한 지침이 얼마나 구체적인지와는 별개로 사회복지 실천에서 직면하고 있는 모든 딜레마를 해결해 줄 수는 없다는 것이다. 가장 핵심적인 지침은 서비스 이용자 개인 사례에 이 지침을 적용하는 데 어떤 해석을 내려야 할 것인지 신중한 사고를 하는 사회복지사의 능력이라고 하겠다. 그래서 다음으로 다룰 윤리적 원칙은 지금까지 설명한 윤리지침보다 좀더 구체적이고 실제적인 윤리적 결정에 도움을 줄 것으로 판단된다.

3) 윤리적 결정의 지침

윤리적 딜레마를 해결하는 첫 단계는 중요한 배경 정보를 제공하는 몇 가지 질문에 대한 답을 찾는 것이다. 사례관리를 담당하는 사회복지사는 다음과 같은 내용을 고려해야 한다(서울대사회복지실천연구회 역, 2001).

- 기관 활동 혹은 사회복지사의 역할 및 의무의 어떤 측면이 딜레마(법률적 명령, 업무 요구, 기관정책, 제한된 자원의 효율적 사용에 대한 의문, 개입에 의해 발생하는 피해 등)를 야기하는가?
- 누가 이 딜레마를 해결할 수 있고 해결해야 하는가? 서비스 이용자가 결정하는 것이 옳은가? 다른 가족성원 혹은 사회복지사 또는 기관행정가가 해결하는 것이 옳은가?
- 각각의 가능한 결정이 서비스 이용자, 가족, 사회복지사, 기관, 지역사회 등에 미치는 단기 · 장기 결과는 무엇인가?
- 각각의 가능한 선택 혹은 행동으로부터 누가 이익을 얻고 잃을 것인가? 공평 혹은 불공평한 권한을 얻거나 잃을 사람은 누구인가? 가장 취약하거나 권한이 없어 특별한 관심이 필요한 사람은 누구인가?
- 누군가에게 해를 끼치는 것을 피할 수 없을 때, 어떤 결정이 장기 결과를 최소화하면서 최소한의 피해를 야기할 것인가? 피해를 입는 사람 중에서 해로움으

로부터 회복될 수 없는 사람은 누구인가?

- 딜레마를 해결하는 특별한 방법이 다른 서비스 이용자와 관련된 미래의 의사결정에 바람직하지 못한 선례를 남길 것인가?

이러한 질문에 답하면서 사회복지사는 다음의 세 가지 부가적인 질문에 답을 구해야 한다.

- 이 상황에 적용된 윤리적 원칙과 의무는 무엇인가?
- 이 상황에서 어떤 윤리적 원칙들이 충돌하며 윤리적 딜레마를 가져오는가?
- 윤리적 딜레마를 해결할 때, 어떤 윤리적 의무가 다른 것보다 중요한가?

(1) 윤리적 원칙 스크리닝

로웬버그와 돌고프(Loewenberg & Dolgoff, 1996)는 윤리적 의사결정에서 사회복지사들에게 도움이 될 것으로 판단되는 윤리적 스크리닝을 발전시켜 왔다. 이러한 지침들을 윤리적 원칙 스크리닝(Ethical Principles Screen)이라고 명명하였다.

사회복지 실천에서 실천적 선택 기회를 분석하는 데에는 한 가지 이상의 원칙이 관련되며, 각 원칙들은 상이한 결과를 초래할 수 있기 때문에 의사결정 시 원칙들을 서열화하는 것이 필요하다. 윤리적 원칙 스크리닝은 원칙들의 서열화를 제시하고 있는데, 총 7개의 원칙 가운데 순위가 높을수록 우선권을 갖는다. 윤리적 원칙 스크리닝은 〈표 12-1〉과 같다.

〈표 12-1〉 윤리적 원칙 스크리닝

구분	원칙	내용
윤리원칙1	생명보호의 원칙	• 모든 원칙에 우선하는 최우선의 원칙
윤리원칙2	평등과 불평등의 원칙	• 능력이나 권력이 같은 사람은 '똑같이 취급 받을 권리' • 능력이나 권력이 다른 사람은 '다르게 취급 받을 권리'
윤리원칙3	자율성과 자유의 원칙	• 자유는 중시되나 생명존중에 위배되거나 타인의 권리 침해 시 제한
윤리원칙4	최소 손실의 원칙	• 피해가 불가피한 상황에서는 손실을 최소화할 수 있는 방법을 선택
윤리원칙5	삶의 질 원칙	• 지역사회는 물론 개인과 가족의 삶의 질을 향상시키는 기회 선택
윤리원칙6	사생활보호와 비밀보장의 원칙	• 서비스 이용자의 사생활을 비롯한 개인정보에 대한 보호와 비밀보장
윤리원칙7	진실성과 정보개방의 원칙	• 사회복지사는 서비스 이용자를 대할 때 진실하고 개방적으로 대해야 함

① 윤리원칙1: 생명보호의 원칙

인간의 생명에 대한 보호는 서비스 이용자를 비롯한 모든 사람들에게 적용된다. 이 원칙은 다른 여러 의무나 원칙들에 우선하여 발생한다. 생명에 관한 권리는 모든 권리 중에서 가장 기본적인 것이며, 만약 생명의 권리가 침해되면 어느 누구도 다른 권리를 누릴 수 없다고 볼 수 있다. 그만큼 생명보호의 원칙은 중요하다. 가령 의사는 비록 환자가 몇 년 동안 뇌사상태로 있어 왔고 긍정적인 변화가 일어날 어떤 희망도 없는 상태라 할지라도 생명을 유지하는 기계를 함부로 철회하지 못한다.

② 윤리원칙2: 평등과 불평등의 원칙

평등과 불평등의 원칙은 동등한 사람들은 평등하게 처우되어야 하는 권리를 가지며, 동등하지 않은 사람들은 만약 그 동등하지 않은 이유가 문제가 되고 있는 사안 그 자체에 있다면 불평등하게 처우되어야 한다는 권리를 말한다. 예를 들어, 아동은 성인과 동등한 위치에 있지 않다. 따라서 아동학대가 발생할 경우 학대상황이 비록 생과 사의 심각한 경우가 아니어도 학대하는 성인에 대한 비밀보장과 자율성의 원칙은 아동을 보호하는 의무에 비해 더욱 낮은 순위를 차지하는 것이다.

③ 윤리원칙3: 자율성과 자유의 원칙

사회복지사는 개인의 자율성과 독립성 그리고 자유를 신장시키는 실천적 결정을 해야 한다. 자유는 매우 중요한 가치이지만 자신이나 다른 사람의 생명의 원칙이 갖는 중요성보다 우선할 수 없다. 어떠한 결정을 하든지 그것은 자신의 자율적인 권리이므로 자신 혹은 다른 사람을 해칠 수 있다는 주장은 그 어느 누구에게도 설득력이 없다.

④ 윤리원칙4: 최소 손실의 원칙

사회복지사는 항상 최소한의 손실, 즉 최소한의 영구적인 손상 혹은 가장 쉽게 회복될 수 있는 손실을 초래하는 기회를 선택해야 한다.

⑤ 윤리원칙5: 삶의 질 원칙

사회복지사는 지역사회뿐만 아니라 개인들과 모든 사람들의 삶의 질을 보다 향상시키는 기회를 선택해야 한다.

⑥ 윤리원칙6: 사생활보호와 비밀보장의 원칙

사회복지사는 모든 사람들의 사생활보호 권리를 신장시키는 실천적 결정을 해야 한다. 서비스 이용자의 비밀스러운 정보를 누설하지 않고 지키는 것은 사회복지실천의 기본적인 원칙이기도 하다.

⑦ 윤리원칙7: 진실성과 정보개방의 원칙

사회복지사는 서비스 이용자와 다른 사람들에게 진실을 말하고, 모든 관련 정보를 충분히 개방하는 것을 허용하는 실천적 결정을 해야 한다.

(2) 윤리적 의사결정 과정

일반적으로 사회복지사는 윤리적 딜레마의 여러 측면을 다루기 때문에 일련의 단계를 밟아 감으로써 체계적으로 윤리적 결정에 이를 수 있다. 윤리적 결정 과정은 다음과 같다(김상균 외, 2002).

① 윤리적 쟁점과 관련 체계를 확인한다.
② 가능한 행동방침과 관련자 및 잠재적 결과에 대한 가설을 설정한다.
③ 행동방침의 정당성을 면밀히 검토한다(법률과 규칙, 윤리강령, 윤리적 결정지침과 원칙, 사회복지 실천의 이론적 토대, 개인적 가치 등을 고려한다).
④ 동료 또는 전문가에게 자문을 구한다.
⑤ 결정하고 결정과정을 문서화한다.
⑥ 실행결과를 평가하고 부수적인 문제를 확인하고 문서화한다.

4) 사회복지사 윤리강령

사례관리가 사회복지 실천의 주요한 실천 모델이자 방법론으로 대두된 지는 오래되었으나 사례관리와 관련한 실천 윤리기준은 아직 마련되지 않은 상태다. 그러나 이를 대신하여 미국의 경우처럼 사회복지 분야의 대표적인 실천 윤리의 근간인 사회복지사 윤리강령은 한국사회복지사협회에 의해 처음으로 채택되었으며, 사례관리 실천의 윤리지침으로서 충분한 의미와 기능을 갖는다고 할 수 있다(권진숙 · 박지영, 2009).

한국사회복지사협회는 1973년 2월 사회복지사 윤리강령 초안제정을 결의하였으며, 1988년 3월 사회복지사 윤리강령을 제정, 공포하였다. 1992년 10월 1차 개정에서 전문과 10개조로 구성된 윤리강령이 채택되어 2001년까지 시행되어 왔다(한국사회복지사협회 홈페이지). 그러나 당시의 사회복지사 윤리강령은 전문과 10개 항의 단순한 윤리기준만을 제시하고 있었으며, 전문적 서비스 현장과 실천과정에서 나타나는 윤리적인 문제에 사회복지사들이 참조할 수 있는 구체적인 윤리기준과 지침이 결여되어 있었다(김상균 외, 2002). 이러한 문제점을 극복하기 위하여 2001년 12월 제2차 개정에서 사회복지사의 전문성 강화와 사회적 가치의 확대, 사회적 관련성과 책임에 대한 윤리의식 및 행동방향 설정의 필요성에 의하여 기존의 선언적 윤리강령에서 탈피하여 실천적 행동강령으로서의 역할을 할 수 있도록 개정하였다.

2001년 개정된 사회복지사 윤리강령은 전문을 제외하고 총 6개 분야 46개 조항으로 구성되어 있다. 특히 사회복지사가 윤리적인 책임을 져야 하는 대상으로서 사회복지사 자신, 클라이언트(서비스 이용자), 소속 기관, 사회로 세분화하고 있으며, 사회복지윤리위원회의 구성운영을 명시함으로써 전문적인 실천을 강화해 나가도록 하고 있다. 사회복지사 윤리강령의 세부내용은 〈표 12-2〉와 같다.

〈표 12-2〉 사회복지사 윤리강령

윤리 책임 대상	윤리적 기준	
	영역	세부항목
사회복지사의 기본적 윤리기준	전문가로서의 자세	1) 전문가로서의 품위와 자질 유지 및 업무에 대한 책임 2) 클라이언트에 대한 차별 대우 금지 3) 성실하고 공정한 업무수행과 부당한 압력에 타협 금지 4) 사회정의 실현과 클라이언트 복지 증진에 헌신하며, 이를 위한 환경 조성을 국가와 사회에 요구 5) 전문적 가치와 판단에 따라 업무를 수행함에 있어, 기관 내외로부터 부당한 간섭이나 압력 배제 6) 자신의 이익을 위해 사회복지 전문직의 가치와 권위 훼손 금지 7) 전문가단체 활동에 적극 참여하여, 사회정의 실현과 사회복지사의 권익옹호
	전문성 개발을 위한 노력	1) 전문지식과 기술의 개발과 활용 및 전파 2) 클라이언트 대상 연구 시 자발적이고 고지된 동의 3) 연구과정에서 얻은 정보는 비밀보장의 원칙 4) 전문성 개발을 위한 노력과 충실한 서비스 제공 5) 한국사회복지사협회 등의 제반 교육에 적극 참여

사회복지사의 기본적 윤리기준	경제적 이득에 대한 태도	1) 클라이언트의 지불능력에 상관없이 서비스 제공 2) 필요한 경우 제공된 서비스에 대해 공정하고 합리적인 이용료 책정 3) 업무와 관련하여 정당하지 않은 방법으로 경제적 이익 취득 금지
클라이언트에 대한 윤리기준	클라이언트와의 관계	1) 권익옹호가 최우선 가치 2) 인간존엄성을 존중 3) 자기결정권을 최대한 행사할 수 있도록 지원하고 대변 4) 사생활을 존중하고 보호하며, 비밀보장 5) 서비스의 범위와 내용에 대해, 정확하고 충분한 정보를 제공함으로써 알 권리 인정 및 존중 6) 비밀보장의 한계, 정보의 목적 및 활용에 대해 고지하고 공개 시 동의 7) 사회복지사 개인적 이익을 위해 클라이언트와의 전문적 관계 이용 금지 8) 클라이언트와 부적절한 성적관계 금지 9) 클라이언트를 동반자로 인정하고 함께 활동
	동료의 클라이언트와의 관계	1) 적법하고도 적절한 논의 없이 동료 혹은, 다른 기관의 클라이언트와 전문적 관계 금지 2) 긴급한 사정으로 인해 동료의 클라이언트를 맡게 된 경우, 자신의 의뢰인처럼 관심을 갖고 서비스 제공
사회복지사의 동료에 대한 윤리기준	동료	1) 존중과 신뢰로서 동료 대우, 전문가로서의 지위와 인격 훼손 언행 금지 2) 사회복지 전문직의 이익과 권익을 증진시키기 위해 동료와 협력 3) 동료의 윤리적 · 전문적인 행위 촉진, 위반 시 제반 법률규정이나 윤리기준에 따라 대처 4) 전문적인 판단과 실천이 미흡하여 문제를 야기시켰을 때, 적절한 조치를 취하여 클라이언트의 이익 보호 5) 전문직 내 다른 구성원이 행한 비윤리적 행위에 대해, 제반 법률규정이나 윤리기준에 따라 조치 6) 동료 및 타 전문직 동료의 직무 가치와 내용을 인정 · 이해하며, 상호간에 민주적인 직무관계 유지
	슈퍼바이저	1) 개인적인 이익 추구를 위해 자신의 지위 이용 금지 2) 전문적 기준에 의해 공정하게 책임 수행, 사회복지사 · 수련생 및 실습생에 대한 평가 공유 3) 사회복지사는 슈퍼바이저의 전문적 지도와 조언을 존중해야 하며, 슈퍼바이저는 사회복지사의 전문적 업무수행 지원 4) 사회복지사 · 수련생 및 실습생에 대해 인격적 · 성적으로 수치심을 주는 행위 금지

사회복지사의 기관에 대한 윤리기준	1) 기관의 정책과 사업 목표의 달성, 서비스의 효율성과 효과성의 증진을 위해 노력 2) 기관의 부당한 정책이나 요구에 대하여, 전문직의 가치와 지식을 근거로 이에 대응, 즉시 사회복지윤리위원회에 보고 3) 소속기관 활동에 적극 참여함으로써 기관의 성장발전을 위해 노력
사회복지사의 사회에 대한 윤리기준	1) 인권존중과 인간평등을 위해 헌신, 사회적 약자 옹호 · 대변 2) 필요한 사회서비스를 개발하기 위한 사회정책의 수립 · 발전 · 입법 · 집행에 적극적 참여와 지원 3) 사회 환경을 개선하고 사회정의를 증진시키기 위한 사회정책의 수립 · 발전 · 입법 · 집행을 요구하고 옹호 4) 자신이 일하는 지역사회의 문제를 이해하고, 이를 해결하는 일에 적극적으로 참여
사회복지윤리위원회의 구성과 운영	1) 한국사회복지사협회는 사회복지윤리위원회를 구성하여, 사회복지윤리실천의 질적인 향상 도모 2) 사회복지윤리위원회는 윤리강령을 위배하거나 침해하는 행위를 접수받아 공식적인 절차를 통해 대처 3) 사회복지사는 한국사회복사협회의 윤리적 권고와 결정존중

출처: 한국사회복지사협회 홈페이지의 사회복지사 윤리강령을 재구성함.

5) NASW의 사례관리 표준지침

우리나라에서는 사례관리가 도입된 역사가 짧기 때문에 사례관리 표준이나 윤리적인 기준을 위한 지침이 아직 마련되지 않은 관계로, 사례관리가 처음으로 발달한 미국의 사례관리 표준을 살펴봄으로써 사례관리에서 중요하게 받아들여지고 있는 윤리적인 기준을 확인할 수 있다.

전미사회복지사협회(NASW)의 사례관리 표준지침은 클라이언트(client), 체계(system), 사례관리자(social work case manager)의 세 가지 이슈로 구분하여 총 10개 항목으로 구성되어 있다. 각 내용을 보면, 지침항목 1번은 사례관리자 이슈로 사례관리자의 자격기준을 제시하고 있으며, 항목 2~5번은 클라이언트 욕구의 우선순위, 자기결정권, 비밀보장, 클라이언트의 개입 등 클라이언트 이슈를, 지침항목

6~8번은 체계 영역으로 사례관리 운영의 전반적인 이슈로 체계개입(system intervention), 회계 책무, 질 보장 및 프로그램 평가를 포함하고 있다. 마지막 항목 9~10번은 다시 사례관리자 이슈로 사례관리자 및 전문가 관계에 관한 내용이다. 각 지침의 항목별 내용은 〈표 12-3〉과 같다(권진숙 · 박지영, 2009 재구성).

〈표 12-3〉 전미사회복지사협회 사례관리 표준지침

영역	표준번호	내용
사례관리자 자격	표준1	사례관리자는 사회복지 교육위원회가 인증한 학사학위 또는 이에 해당하는 사회복지 프로그램을 졸업한 자로서 사례관리 실천수행에 필요한 지식, 기술, 그리고 경험을 갖고 있어야 한다.
클라이언트 이익 우선	표준2	사례관리자는 자신의 전문적인 기술과 능력으로 클라이언트를 돕도록 한다. 이때 사례관리자는 무엇보다 클라이언트의 이익을 우선적으로 고려해야 한다.
클라이언트 참여	표준3	사례관리자는 사례관리 실천의 모든 과정에 클라이언트가 참여하도록 한다.
사적 권리와 비밀보장	표준4	사례관리자는 클라이언트의 사적 권리를 보장하고 또한 다른 사람으로부터 클라이언트 정보를 요청받았을 때 적절한 비밀보장을 지켜야 한다.
직접적 서비스와 조정	표준5	사례관리자는 클라이언트와 그 가족에게 직접서비스를 제공하거나 조정할 수 있는 클라이언트 수준에서 개입해야 한다.
개입체계	표준6	사례관리자는 현재 제공할 수 있는 사례관리 서비스수준과 필요한 서비스 접근성을 높이는 서비스 체계수준에서 개입해야 한다.
사례관리 실천의 책임성	표준7	사례관리자는 자원 활용 가능성이나 서비스 비용, 그리고 재정 한도를 잘 알고 있어야 하며, 모든 사례관리 기능과 활동 실천에 우선 책임성을 갖는다.
모니터링 평가 및 책임성 보장	표준8	사례관리자는 서비스 전달체계의 적절성과 효과성을 모니터링하는 평가 및 질 관리 활동들에 참여해야 한다. 이때 사례관리자의 평가 및 질 관리 활동 적용 범위는 사례관리자 자신의 사례관리 서비스뿐 아니라 사례관리 운영 전반의 전달체계를 포함한다. 그렇지 않을 경우 전체적으로 전문적인 책임성 보장을 위한 활동에 참여해야 한다.
합리적인 사례 수	표준9	사례관리자는 주어진 사례관리 과업들을 효과적으로 계획 · 수행 · 평가할 수 있도록 합리적인 사례 수를 담당하도록 한다.
동료 및 다른 기관과의 관계	표준10	사례관리자는 동료 및 다른 기관들과 같은 전문가로서 상호 간 협력을 강화하도록 정중하게 대하며 존중하도록 노력한다.

NASW에서 제시하고 있는 사례관리 표준지침에서 사례관리 실천과 관련된 윤리적인 기준은 클라이언트 이익 우선 원칙(표준2), 클라이언트의 참여 원칙(표준3), 클라이언트의 사생활과 비밀보장 원칙(표준4), 사례관리 실천의 책임성(표준7, 8), 동료 및 전문가 간의 협력과 존중(표준10) 등이 있다. 사례관리 표준지침이 제시하는 윤리적인 기준은 일반적인 사회복지 실천의 윤리적인 기준과 동일한 성격을 띠고 있다.

2. 윤리적 이슈와 대처 방안

1) 서비스 거부(비자발적인 서비스 이용자)

"필요 없어요. 도움받지 않겠어요."
"전화하지 말아 줘요. 그냥 놔두라고요."

이렇게 서비스를 거부하는 경우를 사례관리자들은 때때로 만나게 된다. 서비스 이용자와 함께 일하는 것은 사례관리의 중요한 부분이다. 이용자가 서비스를 거부하는 경우, 이용자의 자기결정권과 이용자의 이익을 최대한 대변해야 한다는 윤리적 기준 간에 상충이 발생한다. 이러한 상황에 대응하기 위한 일반적인 지침은 다음과 같다.

- 서비스 이용자 혹은 가족이 서비스를 거부하는 이유는 무엇인가를 탐색하라.
- 서비스의 거절로 인해서 나타나는 윤리적 이슈를 발견하라. 생명존중의 원칙을 위반하는 요소는 없는가?
- 서비스 이용자와 함께 대안적인 서비스를 탐색하라.

Tip

서비스 거부 시 유의할 점

- 비자발적인 서비스 이용자에 대한 사례관리자 자신의 태도를 인식하여야 한다.
- 비자발적인 서비스 이용자를 의뢰한 기관과 사례관리자의 관계 및 의무사항을 이해한다.
- 모든 면담 및 개입실천에서처럼 서비스 이용자와 긍정적인 관계를 형성하는 기본적인 태도와 접근방법을 활용하되, 특히 비자발적인 서비스 이용자와의 긍정적 관계의 중요성을 인식해야 한다.
- 사례관리자의 온화함과 서비스 이용자에 대한 존중의 태도는 비자발적인 서비스 이용자가 면담 및 개입실천에 가지고 올 수 있는 부정적이고 반항적인 분노의 감정에 대한 공감적 이해를 촉진시킨다는 사실을 이해하여야 한다.
- 사례관리자와 서비스 이용자의 관계에 부여된 법적 요구사항과 한계 그리고 이에 대한 결과에 따라 사례관리자는 행동할 의무가 있음을 이용자에게 명확하게 표현해야 한다.
- 법적 의무사항 내에서 비자발적인 서비스 이용자가 선택할 수 있는 다양한 대안을 제시하고 이를 선택할 수 있는 자유가 있음을 밝히고 이를 존중해야 한다.

2) 잠재적인 폭력 위험을 가진 서비스 이용자

서비스 이용자에 대한 폭력 피해가 점차 증가하고 있다. 여기서 말하는 폭력이란 실제적인 물리적 폭력, 언어적 폭력 그리고 재산상의 손해를 의미한다. 사례관리자들은 종종 폭력의 위협을 느끼기도 하고, 실제적으로 신체적인 상해를 당하기도 한다. 사례관리자는 잠재적인 폭력 위험을 가지고 있는 이용자들을 돌보아야 하는 책임을 가지고 있다. 잠재적인 폭력 위험을 가지고 있는 이용자를 다루기 위한 일반적인 지침은 다음과 같다.

- 무조건 뛰어들지 말라. 당신의 계획을 다른 사람에게 상의하지 않은 채, 위험해 보이는 상황으로 뛰어들지 않는다. 부득이하게 위험한 상황에서 빠져나올 수 없을 때에는 경찰을 포함하여 최대한 많은 사람에게 알려야 한다.
- 과거의 폭력으로 미래를 예측하라. 팀 구성원들은 잠재적인 이용자의 폭력과 상처받기 쉬운 상황을 확인할 필요가 있다. 이를 위하여 이용자의 폭력 위험 사정방법을 이해하고 실시할 필요가 있다.

- 화를 내는 시간에 유의하라. 화를 내는 사람은 대개 2~3분 내에 화를 발산하고 조용해지는 것이 보통이다. 그러나 어떤 사람은 화난 상태에서 말하고 생각함으로써 더 자극받고 심해진다. 화가 난 사람이 몇 분 후에도 잠잠해지지 않으면 상황이 더욱 위험해질 수 있다고 생각하고 경계해야 한다.
- 팀 구성원들은 통제력의 부족과 같이 폭력을 유발하는 방아쇠를 이해하는 것이 필요하다. 다른 사람에 대한 공격은 두려움에 대한 반응일 수 있다. 침착함을 유지하고 부드럽고 친절한 태도를 유지한다.
- 팀 구성원들은 잠재적인 폭력 상황을 절감시키기 위한 훈련을 받아야만 한다. 논쟁, 비난, 충고는 하지 않도록 한다. 상대방의 좌절감과 분노의 감정에 대해 충분히 공감을 표한다. 말을 많이 해주려고 하기보다는 감정에 대한 정확한 이해를 위해 적극적인 경청을 한다. 혹시 부적절한 말로 서비스 이용자를 화나게 했다면 정중히 잘못을 인정하고 사과한다.
- 사례관리팀은 기관에서 폭력에 대한 보고서를 어떻게 작성하는지를 알 필요가 있다.
- 사례관리기관은 폭력으로부터 서비스 이용자, 피고용자 그리고 가족구성원들을 보호하기 위한 정책이나 절차를 마련해 놓아야 한다.

3) 비밀보장과 사생활보호

비밀보장의 원칙의 경우 '서비스 이용자의 모든 정보는 과연 비밀보장이 되어야 하는가?'에서 문제가 발생한다. 사례관리 실천에서 비밀보장의 의무는 사례관리자와 이용자 간의 관계를 발전시키는 가장 근본적인 것이다. 예를 들어 보자.

- 서비스 이용자가 제공한 정보 가운데 아동학대나 가정폭력 등 심각한 다른 가족구성원에 대한 피해 내용이 포함되어 있거나 제3자에 대한 심각한 피해를 끼치는 일 등을 도모하고 있다면 어떻게 해야 하는가?

- 미성년자가 자신의 부모나 보호자에게 자신과 관련된 중대한 일에 대해서 비밀을 보장해 달라고 한다면 어떻게 해야 하는가?
- 비밀로 요청한 내용을 비밀로 유지할 경우 여러 가지 후유증과 장기적인 피해가 예상되거나 당사자의 알 권리를 침해할 경우는 어떠한가?

리머(Reamer)는 이러한 점들을 고려하여 서비스 이용자가 누릴 수 있는 비밀보장의 원칙이 어떠한 경우에도 지켜져야 하는 절대적 원칙이 아니라 조건부 원칙이라는 것을 명확히 하면서 비밀보장의 원칙이 제한될 수 있는 경우를 다음의 네 가지로 구분하여 제시하였다(Reamer, 1999: 93-105).

- 제3자를 보호하기 위한 제한
- 서비스 이용자 자신의 이익을 위한 제한
- 법의 명령에 의한 공개
- 성인이 아닌 미성년자의 경우 성인과 다소 상이한 의무

미국의 사회복지사 윤리강령은 사회복지사를 위한 실천 표준을 설정하는 항목 가운데 서비스 이용자의 비밀보장에 관한 규정을 다음과 같이 명확히 제시하고 있다(NASW, 1996).

1.07 사생활과 비밀보장

① 사회복지사는 서비스 이용자가 지니는 사생활보호의 권리를 존중해야 한다.
② 서비스 이용자나 서비스 이용자를 대신하여 동의를 표하는 법적으로 자격을 갖춘 요원으로부터 유효한 동의를 얻음으로써, 적절한 경우에는 사회복지사가 비밀정보를 공개할 수 있다.
③ 사회복지사는 직업상의 이유로 강제된 경우를 제외하고는 전문직의 서비스 과정에서 얻게 된 모든 비밀정보를 보호해야 한다. (④~⑱ 후략)

비밀보장과 정보공개에 대한 일반적인 지침은 다음과 같다(Woodside & McClam, 2004).

- 사례관리자는 서비스 이용자가 자신이나 다른 사람을 해치려는 의도를 가지고 있을 때를 제외하고 이용자의 비밀보장을 유지해야 한다.
- 다른 동료와 정보를 공유해야 할 때, 사례관리자는 이용자에게 다음과 같은 세 가지 내용을 알려 주어야 한다.
  - 누구에게 이야기할 것인가?
  - 공개의 이유가 무엇인가?
  - 어떤 정보를 제공할 것인가?
- 서비스 이용자가 동의한다면, 어떤 정보는 가족이나 동료들에게 공개될 것이다.
- 사례관리자는 법정에서 서비스 이용자에 대한 정보를 존중했다는 것을 증명해야 하는 상황이 발생하기도 한다.
- 사례관리자는 정보를 공개하는 것에 대해 서비스 이용자의 동의를 구해야만 한다.

4) 자기결정권

사례관리를 하다 보면 부득이 서비스 이용자의 자기결정을 침해하게 되거나 이용자의 자기결정권을 고민해야 하는 경우가 종종 발생한다.

- 서비스 이용자가 내린 결정이 이용자에게 유익하지 못한 결정이거나 혹은 타인을 해롭게 하는 결정이라면 그 결정을 수용해야 할 것인가?
- 합리적인 결정을 내리기에는 이용자의 지적 능력이 부족하다거나 현재의 정신 및 건강상태가 불충분할 수도 있다. 이용자가 정신장애로 인해 망상과 환청 등의 양성증상이 심하거나 심각한 스트레스에 압도되어 전반적인 상황과

맥락을 충분히 고려하지 못하는 정서상태일 경우 어떻게 할 것인가?

NASW(전미사회복지사협회) 윤리강령은 사회복지사가 서비스 이용자에 대해 가지는 윤리적 의무에 대해 상세한 표준을 설정하고 있는데, 이용자의 자기의사결정 원칙의 제한에 대해 다음과 같이 표준을 설명하고 있다(NASW, 1996).

1.02 자기결정권

사회복지사는 서비스 이용자의 자기결정권을 존중하고 증진하며, 서비스 이용자가 목표를 규정하고 명확화하도록 지원한다. 사회복지사는 자신의 전문적 판단에 의해 서비스 이용자의 조치 또는 잠재적 조치가 그들 자신이나 다른 사람들에게 심각하고 예상 가능하며 임박한 위험을 야기할 때에는 서비스 이용자의 자기결정권을 제한할 수 있다.

결론적으로 서비스 이용자의 자기결정권은 어떠한 경우에도 절대적으로 보호되는 윤리적 실천이 아니라 이용자의 자기결정을 제한해야 하는 경우가 있는데, 첫째, 서비스 이용자의 능력이 불충분한 경우(예 인지적 능력이 부족하거나 미성년자인 경우), 둘째, 자신이나 타인에게 해가 되는 결정을 내리는 경우, 셋째, 이용자가 적절한 자기결정을 행사하는 데 어려움을 초래할 만한 정서적 · 심리적 · 신체적으로 건강하지 못한 상태, 이용자가 처한 어려움에 압도되어 잠시 의사결정 능력이 약화되는 경우 등이 이에 해당한다.

5) 알 권리와 고지된 동의

고지된 동의(informed consent)는 충분한 설명에 근거한 동의라는 의미로 사례관리자가 개입을 시작하기 전에 혹은 서비스를 진행하기 전에 이에 대해서 충분히 설명하고 이용자의 동의를 구해야 하는 것을 의미한다. 또한 사회복지사가 서비스 이용자의 삶에 간섭하지 않고, 이용자의 동의 없이는 그와 관련된 정보를 타인에게 제공해서는 안 된다는 것을 의미한다. 예를 들어, 서비스 이용자가 알 권리를 주장하며 그동안 자신의 면담기록 및 서비스 내용에 관한 기록에 대한 열람을 원할 경우 어떻게 할 것인가? 이때, 사례관리기록과 관련하여 발생할 수 있는 윤리적 문제는 크게 두 가지 주제이다(경기도 무한돌봄센터, 2013: 28).

- 기록을 누구에게까지 공유할 것인가?
- 어디까지 혹은 어느 정도까지 기록할 것인가?

(1) 기록의 공개와 관련된 문제

기록의 공유 범위가 명확해야 한다. 사회복지의 많은 이력이 전산시스템을 활용하여 작성 및 관리되므로 정보에 접근하는 권한을 다르게 갖는 절차를 도입하고 있다. 기록을 통해 개인의 정보에 접근한 다양한 사람들에게 철저한 비밀보장의 의무를 약속받아야 한다.

(2) 어디까지 어떻게 기록할 것인가와 관련된 문제

사례관리자들을 비롯한 휴먼서비스 직종의 종사자들은 사람들의 민감한 개인정보를 가장 많이 다루는 직종이다. 따라서 개인의 사생활을 보호하고, 알려지면 개인의 일상생활 및 사회생활, 직장생활 등에 영향을 미칠 만한 민감한 정보의 기록 및 보관에 대해서 철저해야 한다. 예를 들어, 서비스 이용자가 경험한 성폭행 등과 같은 사건의 기술에 있어 불필요한 내용이 자세히 기록될 필요가 있는지 검토해 보아야 한다. 중요하나 민감한 정보가 어떻게 기록되고 다루어져야 하는지 신중해야 한다. 따라서 다소 방어적인 기록방식이 앞으로도 고려되어야 한다.

CHAPTER 13

사례관리 실천의 도전과 전망

1. 사례관리 실천의 도전

2. 사례관리 실천의 전망

Case Management

13 CHAPTER

사례관리 실천의 도전과 전망

1. 사례관리 실천의 도전

저출산 고령화 사회의 도래는 기존의 사회복지서비스 전달체계와 사회복지 제도 자체에 대한 근본적인 변화를 초래하고 있다. 국가 중심의 안정적인 제도화된 서비스 체계를 갖추는 것도 중요하지만 지역사회를 기반으로 하는 비공식적이면서도 자연적인 지원을 통해 서비스 이용자의 요구와 필요에 선제적으로 대응하고 예방하는 적극적인 노력이 강력하게 요구되고 있다. 아울러 사회복지서비스의 질적 수준을 향상시키는 방법이 무엇인지에 대한 관심도 증대하고 있다. 곧 고령화된 지역사회와 국가 정책의 우선순위로 인해 초래된 재정 긴축, 변화하는 사회 · 환경적 영향, 의료적 · 사회적 서비스 기술의 진보 등은 모두 서비스 이용자들에게 효과적인 서비스를 제공하는 사례관리자의 능력에 도전이 될 것이다.

물론 미래를 예견하는 것은 불가능하지만 단기적으로 사례관리가 유지되고 향상되어야 할 필요가 있는 문제는 무엇이고, 장기적으로 사례관리의 효과성이 저하될 수 있는 문제들이 무엇인가를 확인하는 것은 매우 중요하다.

미래의 서비스 질과 분야에 관한 정의를 규정해야 하는 사례관리는 몇 가지 도전에 직면해 있다. 이러한 도전은 훈련, 자격증, 사회적 평가, 사례량, 적정량, 직원 이동, 비용 억제 혹은 제공자 중심의 정책, 이용자 중심의 기관 정책 이슈를 포함하고 있다(Frankel & Gelman, 2003; 권진숙 역, 2004 재인용).

사례관리자에게 있어 가장 중요한 한 가지 과업은 거의 절망적인 상황에서도 서비스 이용자에게 희망을 주고 긍정적 전망을 제시해야 한다는 것이다. 결국, 가장 어려운 상황에서조차 긍정적인 변화가 가능하다고 믿는 사람들만이 원조 전문가로서 일하는 것이라 할 수 있다.

이 장에서는 프랭클(Frankel)과 젤먼(Gelman)이 제시했던 21세기 사례관리가 당면한 이러한 도전들(권진숙 역, 2004: 212−222)을 우리의 현실과 비교하여 살펴보고, 미래의 사례관리 실천에서의 전망들을 제시해 보고자 한다. 여기 기술된 21세기 사례관리가 당면한 도전 중 네 가지 내용들(훈련 · 자격증과 사회적 평가, 사례량과 적정량, 직원이직, 비용 억제 · 제공자 중심 정책과 이용자 중심 정책)과 미래의 사례관리 실천에서의 전망 중 세 가지 내용들(통합사례관리 체계의 개발, 함께 일할 사람들을 명명하고 관계하기, 지역사회 기반으로 접근하기)은 권진숙(2004)의 원고에서 재인용하여 발췌하였음을 밝혀 둔다(권진숙, 2004: 212−236 재인용).

1) 훈련, 자격증과 사회적 평가

최근 한국사례관리학회가 발족하면서 학회 중심으로 사례관리에 대한 교육과 훈련, 전문직으로서의 자격증 도입을 위한 표준화 노력이 활발히 논의되고 있다. 이런 일련의 노력들은 역설적이기는 하지만 지금까지 사회복지 영역에서 사례관리 실천에 대한 다양성과 혼돈이 있어 왔다는 반증도 된다.

권진숙(2010)은 이러한 혼돈요인을 다음의 네 가지 요인으로 설명하고 있다. 즉, 첫째, 무정형의 사례관리 개념과 전문가의 부족, 둘째, 대학교육의 부재 혹은 미흡, 셋째, 도입과정과 내용의 차이, 넷째, 공공정책 협력 수준의 미흡이 그것이다.

그리하여 사례관리의 공통요소에 대한 합의 없이 특정 대상 중심 혹은 구체적인 모델 중심의 연구가 이루어져 왔고, 한편으로는 이들을 포괄하면서 대처할 수 있는 학계와 현장의 전문가가 부족하였다. 또한 우리의 대학교육은 사례관리 관련 혼돈

상황에 대해 묵과하거나 미미한 수준에서 대처해 왔다. 도입에 있어서도 미국의 사례관리는 1963년 지역정신보건법의 제정으로 본격적으로 도입되어 공공이 기본구조를 갖추어 준 상태에서 처음부터 큰 혼돈 없이 적용되었으나, 우리의 경우 공공의 이해에 바탕을 두지 않은 학계와 민간에서의 개별적 도입과 적용이 이루어졌다. 공공 영역의 보건복지부와 지자체들은 민간에 비해 늦게 사례관리의 필요성을 깨달았을 뿐 아니라 각 지자체에 고용된 민생안전 TF팀을 아직 사례관리의 운영체계가 구축되지 않은 공적조직에 이들을 사례관리자로 고용하여 민과 관의 사례관리자 역할에 대한 혼란이 계속되고 있다(권진숙, 2010: 2-3).

이처럼 아직까지 여러 가지 부분에서 미흡한 부분은 있으나, 그 어느 때보다 민간과 공공 영역에서 사례관리의 중요성과 필요성이 급격히 증가하였다는 점만은 매우 긍정적인 부분이라 할 수 있다.

앞으로 실천 현장에서 사례관리자에 대한 교육과 슈퍼비전, 사례관리자를 위한 전문자격증 과정으로의 표준화 작업들이 이루어지고, 현장의 욕구에 대하여 대학교육 현장에서도 비중 있는 주요 과목으로 실질적으로 다루어질 수 있도록 해야 할 것이다.

이러한 훈련을 통해 사례관리 실천을 향상시키려는 다각적인 노력이 지속적으로 요구되지만, 여전한 한계도 있음을 부인하지 않을 수 없다. 사례관리의 다양한 세팅, 각 분야의 광범위한 요구가 있는 상황에서 사례관리자가 되기 위해서 실제 상황에서의 실천에 어떤 내용이 포함되어야 할 것인가에 대한 합의가 어렵고, 표준화된 자격증제도를 요구할 수 있는 일반적인 실천 모델과 지식의 실체에 대한 합일점이 있는가에 대한 물음이다.

"또한 사례관리 분야에서 일하는 사람들을 위한 사회적 평가를 발전시키는 것도 계속적인 도전이 될 것이다. 환자의 의료비를 추적하고 허가하는 관리보호기관에 고용된 사례관리 분야 밖의 사람들처럼, 사례관리 분야 밖의 사람들이 사례관리자로 불리고 있다. 사례관리자의 실제적인 일은 사례관리지만 타이틀은 다른 명칭, 예를 들어 보호조정가로 바뀌어 불리기도 한다. 사례관리자 교육에 다양한 휴먼서비스 직종의 종사자들이 사례관리자로 불리고 그들이 하는 일도 사례관리가 되도록 힘써야 할 것이다"(권진숙 역, 2004: 213-214 재인용).

이러한 문제 때문이라도 NASW의 사례관리자 자격 부분을 눈여겨볼 필요가 있다. NASW는 사회복지 사례관리자의 자격과 관련하여 세 가지 정도의 공식적 내용을 제시하고 있는데(권진숙, 2010: 15), 첫째, 그 자격을 사회복지학을 전공한 학부 혹은 대학원 졸업생으로, 둘째, 중요한 우선적인 문제를 가진 서비스 이용자를 위해 일할 수 있는 전문적 지식과 능력을 갖추고 있어야 하며, 셋째, 이용자와 그의 가족을 위한 직접서비스 제공을 하거나 혹은 서비스를 조정하기 위해 개입해야 한다고 하였다. 이때 사례관리자의 개입 내용은 첫째, 아웃리치, 의뢰, 서비스 이용자 확인과 관여, 둘째, 서비스 이용자에 대한 신체 · 심리 · 사회적 사정, 셋째, 서비스 계획 수립, 넷째, 서비스 계획의 적용, 다섯째, 서비스 전달을 위한 조정과 점검, 여섯째, 서비스 이용자에게 필요한 자원을 개발, 획득 혹은 연계하는 일을 포함하여 옹호하는 일을 하는 것, 일곱째, 서비스 이용자의 상황을 재사정하는 것, 그리고 여덟째, 더 이상 필요치 않을 때 종결하는 것을 포함한다고 명시하고 있다.

미국에는 그와 같은 노력을 위한 전례가 많이 있는데, 유아교육학을 전공한 아동보호사와 알코올과 마약중독 상담가는 대학에서의 학위와는 별개로 국가자격증 제도를 갖고 있다(권진숙 역, 2004: 214). 우리의 실천 현장에서의 사례관리자에게도 이러한 표준화되고 전문화된 자격요건과 훈련, 사회적 평가를 갖출 수 있도록 지속적으로 노력해 나가야 할 것이다.

2) 사례량과 적정량

사례관리에 영향을 줄 또 다른 도전은 사례량이다. 또한 이러한 사례량과 밀접하게 관련된 문제는 사례관리 과정을 위한 일을 위해 허락되는 시간과 적정량이다. "사례량을 살펴보면, 불행하게도 사례관리는 여러 다양하고 많은 세팅에서 이루어지기 때문에 최적의 사례량을 제시하고 있는 자료는 없다. 그러나 적은 사례량이 많은 사례를 가진 경우보다 관계 형성을 잘하고, 질 좋은 서비스를 제공하고, 그 결과도 상대적으로 좋을 것이다. 따라서 무엇이 적정량인지에 대한 결정은 주당 혹은 월별 근무시간을 고려해서 사례관리자가 서비스 이용자를 위해 사례관리를 할 수 있도록 해야 할 것이다.

현장의 사회복지기관에서 실제로 사례량을 결정하는 것은 서비스 이용자를 위한 결과보다는 기관의 예산 사정과 더 많이 관련되어 있다. 기관의 행정가들은 종종 서비스 욕구가 증가되면 사례관리 직원을 위한 예산배정기금을 중단하거나 줄이는 것으로 문제를 해결한다. 이 같은 상황에서 많은 행정가는 사례량을 늘려서 소량의 서비스가 모두에게 돌아가게 하는 정책을 선택한다. 이 전략은 직원들에게 어려운 결정을 하도록 만들고, 기관은 물론 그들의 서비스 이용자들에게도 심각한 문제를 초래하는 결과를 낳게 된다.

사례량이 최소한의 사례관리서비스를 하기에도 많은 경우 이 문제를 해결할 수 있는 방법이 없게 된다. 미국의 경우 그것은 주나 연방정부의 예산에서 사회복지 예산이 삭감되고, 프로그램을 제공하지만 서비스를 필요로 하는 이용자 수를 늘리는 것과 같은 공적 부분의 예산 삭감의 원인이 될 수도 있다. 주정부와 연방정부의 예산 삭감이 있음에도 사례량을 줄일 수 있는 전략은 복지재단, 주연방정부기금, 지역모금 활동과 같은 '비정규자금(soft money)'으로부터 예산을 지원받는 것이다. 미국의 경우 다양한 사회복지서비스와 의료 프로그램을 지원하기 위해 예산을 할애하는 7만 개 이상의 복지재단이 있어, 이런 재단을 통해 기금을 확보하는 것은 그리 어렵지 않다. 또한 정규적인 공적기금 외에도 사회복지와 의료서비스를 위한 프로젝트를 통해 기금을 확보할 수 있는 수많은 주정부와 연방정부기금 확보의 기회가 있는데, 이 경우 신청이 재단의 경우보다 훨씬 복잡하고, 신청자는 프로포절 작성 관련 훈련을 받아야 한다"(Frankel & Gelman, 2003; 권진숙 역, 2004: 214−215 재인용).

우리의 경우 사례관리자의 서비스를 지원하기 위해 미국의 경우처럼 국가의 보조금을 지급받더라도 지속적인 예산지원을 위해 정규예산을 늘리도록 지자체에 요청하거나 다른 보조금을 신청하여 자금원천을 확보하는 방법, 그리고 후원모금과 프로젝트 기금을 확보하여 재정을 충당하는 방법들이 필요하다.

"사례량과 밀접하게 관련된 적정량(dosage)이라는 단어는 의료 영역에서 나온 용어로, 보다 최근에는 바람직한 변화를 가져오기 위해 필요한 개입의 양과 유형을 제안하기 위해 중독 관련 연구에서 사용되고 있다. 사례관리자가 주당 만날 수 있는 서비스 이용자의 수는 성공적인 목표 달성을 위해 개입해야 하는 시간의 양과 관련이 있다. 그러나 적정 사례량에 관한 구체적인 자료는 거의 없다.

사례관리자는 서비스 이용자 집단에게 무엇이 적정 수준의 서비스 양인지 그리고 구체적으로 이용자에게 필요한 적정량에 대한 합리적 가설은 무엇인지에 대한 분명한 인식을 갖는 것이 중요하다. 예를 들어, 발달장애인, 만성 정신질환자 혹은 신체질환자, 그리고 노인의 사례처럼 그들의 생애 전체를 통해 이루어져야 하는 대상자들도 있고, 약물, 알코올 치료와 재활, 아동복지, 법적 문제가 있는 장기적인 사례관리가 필요한 대상자들도 있다.

앞으로 미래에는 서비스 이용자 집단을 위한 최고의 적정량에 대해 연구하는 것을 지원하는 것이 사례관리자에게는 중요한 일이 될 것이다.

합리적인 사례관리서비스의 결과를 얻기 위한 적정량이 어느 정도 구체화된다면, 그 적정량의 서비스를 제공할 수 있는 예산이 편성되고, 주어진 예산의 범위 내에서 몇 명의 서비스 이용자들이 도움을 받을 수 있는지가 도출될 수 있을 것이다. 이러한 정보는 당면한 지역사회의 문제를 해결하라는 공공의 압력에 직면했을 때 유용하게 사용될 수 있다. 또한 사례관리의 적정량을 예측할 수 있다는 것은, 매주 그리고 한 번에 몇 시간씩 그들의 서비스 이용자에게 관여해야 하는가에 대한 사례 수도 사례관리자가 제안하도록 허락된다는 의미를 갖는다. 그리하여 서로 다른 서비스 이용자 집단의 적정량에 대한 정보를 더 많이 얻을수록 초기면접 때부터 사례를 어떻게 분류할 것인지를 결정하게 하여 보다 어려운 상황에 있는 이용자 혹은 더 나은 가족 및 지역사회 자원이 필요한 이용자들을 위하여 보다 적절하게 시간을 안배할 수 있는 것도 예상할 수 있게 된다"(Frankel & Gelman, 2003; 권진숙 역, 2004: 217-219 재인용).

3) 직원 이직

"직원 이직은 단지 사례관리 분야만의 문제는 아니다. 원조 전문직으로 진입하는 사람들은 단순히 돈을 벌기 위해 그 일을 하지는 않는다. 그러나 매우 이타적이면서 사례관리자가 되기 위해 헌신하는 사람들에게도 처우가 문제되는 시점이 생겨난다. 많은 소규모 기관에서는 진급조차도 대안이 될 수 없으므로 직장을 이직하는 것이 자신의 경제적 문제를 향상시키는 유일한 대안이 된다. 더 나아가서 사례관리직이 점점 더 각광을 받고 있는 과정에 있지만 아직은 전문직으로서의 대우와 표준화된 자격제도들을 갖추지 못하고 있는 실정이다. 따라서 사회복지 학사, 혹은 사회복지 석사학위, 대학 혹은 대학원의 학위가 기관에서는 진급을 위한 최소한의 기준으로, 때로는 사례관리직 외 자리로의 진출과 연결되어 있다. 그러나 사례관리가 보다 견고하게 확립되고, 사회복지서비스의 질을 위한 핵심적인 요소로 인정받게 될 때 보수와 진급을 위한 기회는 향상될 것이다"(Frankel & Gelman, 2003; 권진숙 역, 2004: 219-220 재인용).

또한 사회복지직은 힘들고 스트레스가 많은 전문직이다. 사회복지 전문직 중에서도 사례관리는 특히 힘들고 스트레스가 많은 분야이다. 왜냐하면 사례관리자들은 매우 복잡하고 만성적인 문제를 가진 서비스 이용자들을 대상으로 하기 때문이다(Woodside & McClam, 2004). 사례관리 실천에서 사례관리자들은 지속적으로 직면하게 되는 해결되지 않은 문제들, 동기화되지 않은 서비스 이용자, 이용자의 저항, 관료화, 심리적인 상처, 필요한 기술 부족 등으로 인해 이용자들을 원조하는 데 무능력감을 느끼게 된다. 이러한 부정적인 느낌이나 스트레스는 사례관리자의 소진을 야기시킬 수 있다. 사례관리자가 경험하는 소진은 단순히 개인적인 부정적 결과뿐만 아니라 업무동기와 집중적 저하 등으로 인해 사례관리자의 교체로 이어질 수도 있게 된다. 곧 조직에서 소진을 경험하는 구성원이 많을수록 구성원들의 결근이 많아지고, 이러한 소진의 경험은 이직 의도와 높은 관련이 있는 것으로 보고된다(Maslach, 1982; 강현아 외, 2008 재인용).

이러한 사례관리자의 소진을 예방하기 위해서는 사례관리자는 자신이 할 수 있는 것에 초점을 두고, 성공하고 있다는 느낌을 가질 수 있는 방안을 마련하고, 흥미롭고 행복한 일에 참여하고 있다는 확신이 무엇보다 필요하다(Maslach & Leiter, 1997). 그뿐만 아니라 지지적인 전문적 관계를 개발하고, 서비스 이용자의 미세한 변화를 관찰하며, 전문적인 기술과 관계를 개발하기 위한 교육훈련 기회를 갖는 노력 등이 필요하다.

"좋은 사례관리를 하기 위해 중요한 요소 중 하나는 보호의 지속성인데, 사례관리자와 서비스 이용자 관계의 발전과 유지는 사례관리에 있어서 핵심이다. 이런 관점에서 직원의 이직은 성공적인 서비스 이용자의 결과를 위해서는 치명적이다. 이런 일이 자주 발생하면 할수록 서비스 이용자는 후임의 사례관리자와 관계를 맺는 일이 더 어려워진다.

따라서 사례관리자는 직원 이직의 문제를 개인의 문제가 아닌 이용자 측면의 문제로 바라보고 다루어야 한다. 그러기 위해서는 기본적으로 두 가지 대안이 존재한다. 첫째는 그 문제를 해결하기 위해 사례관리자가 그 자리에 오래 머물던지, 아니면 사례관리자와 서비스 이용자의 관계에 너무 많이 의존할 필요가 없는 사례관리 개입 모델을 개발하는 것이다"(권진숙 역, 2004: 220−221 재인용).

이러한 일들은 쉽지는 않겠지만 사례관리자 자신을 위해서뿐만 아니라 서비스 이용자의 이익을 위해서도 중요하다.

4) 비용 억제, 제공자 중심 정책과 이용자 중심 정책

"사례관리 실천을 위한 많은 도전들은 기관이 어떻게 사례관리를 개념화하여 사례관리시스템을 자신의 기관에 적용하느냐 하는 것에 달려 있다. 이때 필요에 의해서 개발된 제공자 중심의 사례관리 모델은 기본적으로 비용 억제에 기반하고 있다. 이런 모델은 영리를 추구하는 보호기관들에서 분명하게 보인다. 서비스 이용자 한 사람 단위로 사례관리서비스를 산출하고, 서비스를 위해 사용 가능한 예산의 상한

선을 정하는 것을 가장 중요하게 생각하는 이런 기관들은 서비스 이용자의 결과가 어떻게 되는가에는 별 관심이 없다. 때로는 비영리기관도 어느 정도 수준에서 비용 억제 모델을 운영하도록 하는 예산 지원을 강요받기도 한다.

서비스 이용자 중심의 사례관리 모델로 분류되기 위해서는 서비스 이용자의 욕구에 초점을 두어야 한다. 이 모델도 예산의 문제를 간과할 수는 없다. 사회복지기관도 파산되고 문을 닫는다면 궁극적으로 이용자에게 모든 피해가 돌아가게 된다.

서비스 이용자 중심의 기관이라면 첫 번째 물음은 이용자의 욕구가 무엇인가를 질문해야 한다. 서비스의 질은 사례관리자와 서비스 이용자의 신뢰를 통한 마음이다. 기관의 궁극적인 목표는 서비스 이용자 스스로 자신의 사례관리자가 되도록 원조하는 것이다. 서비스 이용자 중심 기관의 사례관리자가 비용 억제의 상황에 직면하면, 사례관리자와 이용자가 함께 최상의 수준에서 서비스의 질을 지켜 가기 위한 전략을 세워야 한다"(Frankel & Gelman, 2003; 권진숙 역, 2004: 221-222 재인용).

비용 억제와 서비스 이용자 보호 사이에서 사례관리는 지속적인 긴장과 비용 억제로 인한 보이지 않는 위험을 경험하게 되는데, 우리의 경우 사례관리를 둘러싼 사회복지 환경의 다양한 변화에 대응하기 위한 노력이 필요할 것으로 생각된다. 곧, 사회서비스 도입 및 확산 정책의 일환으로 향후 21세기 사례관리는 기존의 전달체계뿐 아니라 다양한 서비스 공급주체로부터 새로운 재정지원을 받을 수 있고, 관리보호(managed care)의 출현과 사회복지서비스의 민영화를 향한 움직임으로 인해 사례관리자들은 그 어느 때보다 최선의 서비스를 제공하기 위한 노력을 다해야 할 것이다.

5) 민간과 공공기관의 협력체계 구축

앞서 프랭클(Frankel)과 젤먼(Gelman)이 제시했던 당면한 과제들 이외에도 한국적 상황에서는 실천현장에서 민간과 공공기관의 통합사례관리 협력체계 구축이 필요하다. 이를 위해 몇 가지 제언을 하면 다음과 같다.

첫째, 사례관리에 대한 경험의 교류와 사례관리팀의 역량강화를 들 수 있다.

사례관리는 사회복지 분야의 주요 역할이다. 공적인 관계와 사적인 관계의 구분이 명확하지 않고 계약에 익숙하지 않은 우리나라의 정서에서 사례관리자는 명확한 계약이 없이 서비스 대상자와 가족에 대해 지속적이고 무제한적인 서비스를 제공하게 된다. 어디까지가 사례관리의 영역이며 언제까지가 서비스의 끝인지 구분하기 어렵다. 또한 사례관리 대상자들은 수동적으로 서비스에 등록되므로 계속해서 수동적이거나 혹은 지나치게 의존하게 되는 경향이 있다. 따라서 사례관리자들은 점차 갈등과 부담 속에서 소진할 가능성이 존재한다. 이러한 문제들을 해결해 나가기 위한 방안은 지속적으로 지역사회 네트워크를 통해 사례관리에 대한 경험들을 공유하고 교류해 나가며, 사례관리팀의 역량을 강화하는 것이다.

둘째, 통합성 측면에서 기관 차원을 넘어 시 · 군 · 구 차원에서 사례관리팀 구성원 간 혹은 주 사례관리기관과 협력기관 간에 좀더 소통 구조를 내실화하고, 채널을 다양화하는 노력이 필요하다. 정보를 공유하는 것뿐만 아니라 직원, 시설, 장비, 위원회 구성원 등을 공유하며 협력하는 것도 필요하다. 예를 들어, 경기도 무한돌봄센터의 경우 무한돌봄센터가 조정자 역할을 하면서 특정서비스를 위한 공동의 계획이나 컨소시엄을 만들어 특정한 서비스 계획을 위한 프로포절을 작성하는 등 다양한 역할을 하고 있다. 이처럼 각 네크워크팀 구성원들 간의 협력과 연계를 강화해 나가야 한다.

셋째, 단순히 사례관리 차원 내에서 머물지 않고 복지와 고용의 선순환 구조를 정책적으로 만드는 것이 필요할 것이다. 곧 우리의 사회복지 전달체계를 사회보험공단과 연계방안을 마련하는 것인데, 공적급여를 받고 있는 취약계층의 대상자들 중에서 탈빈곤을 넘어서서 자립할 수 있도록 일자리네트워크와도 연계해 사회적 일자리를 발굴하고 지원할 수 있도록 해야 한다. 현재 국민건강보험공단에서 노인요양서비스를 담당하고, 국민연금관리공단에서 장애인활동보조서비스를 진행하는 등 대상자에게 제공되는 중요한 서비스를 보험공단이 진행하고 있으므로, 지금의 사회복지 전달체계와 노인요양, 장애인활동보조 관련 서비스를 연계하여 초기 사정 및 서비스 제공과정에서 사례관리가 필요한 경우 이를 연계할 수 있는 시스템이 필요하다. 이를 통해 통합적인 서비스 제공이 가능하도록 보완해 나가야 할 것이다.

마지막으로, 민간의 사례관리 전문인력에 대한 고용안정화와 사례관리의 전문성 유지가 필요하다. 2011년 경기도 무한돌봄센터의 평가보고서에 의하면, 민간인력의 평균 퇴직률은 19%(215명 중 41명이 퇴직)에 이르는 것으로 나타났는데, 고용안정화를 이룰 수 있도록 계약직에서 정규직으로의 처우개선 대책이 필요하다. 이러한 민간인력에 대한 처우개선은 사회복지 경력자들의 진입으로 이어져 사례관리의 전문성을 유지하는 데 크게 기여할 수 있을 것이다.

2. 사례관리 실천의 전망

프랭클과 젤먼(2003)은 사례관리의 미래를 위한 전망을 제시하고 있는데, 이는 우리에게 많은 시사점을 준다. 첫째는 현재 통합사례관리라고 불리는 체계의 개발, 둘째는 우리가 함께 일할 사람들을 어떻게 명명하고 관계할 것인지에 관한 논의이며, 마지막으로 사례관리 모델이 어떻게 지역사회를 포함하고 그들에게 힘을 줄 수 있을 것인가를 제안하고 있다. 여기서는 이러한 전망들을(권진숙 역, 2004: 222-236) 우리의 현실과 비교하여 보다 구체적으로 살펴보고자 한다.

1) 통합사례관리 체계의 개발

"수년간 사례관리자는 사례관리의 효과성 일부가 서비스 이용자들을 위한 지역사회의 폭, 깊이 그리고 질에 달려 있다는 것을 깨달았다. 사례관리체계가 제공하는 사례관리서비스가 부적절하고 수준이 낮을 때 생겨나는 의뢰체계의 결핍은 서비스 이용자가 그들의 목표를 달성할 수 있도록 돕는 것을 어렵게 한다. 좋은 의뢰체계가 있어도 사례관리자와 이용자가 그 체계를 이용하는 데에는 많은 장애가 있다. 곧, 초기면접 과정이 어렵고 힘들다. 또한 서비스를 위한 빈자리를 따내기 위한 기관 간의 경쟁도 있다. 한편으론 서비스 이용자의 의뢰가 이루어지면 어떤 기관이 이용자의 서비스를 위한 전반적인 책임을 질 수 있는 주요 기관인가 하는 문제도 생긴다. 그리고 사례관리자는 다른 기관의 직원이 관련되어 있는 이용자를 추적할 수 없는 경우가 발생하기도 한다.

이러한 이유들 때문에 지역단위의 사례관리자들은 서비스 이용자가 그들의 목표를 달성하기 위해 필수적인 협력기관 및 기관 직원과의 특별한 관계를 자연스럽게 맺어 왔다. 노숙인과 일하는 사례관리자는 거주시설에서 일하는 직원과 특별한 관계를 맺었고, 중독문제로 고통받는 이용자와 일하는 사례관리자는 고용복지 관련 전문가들과 관계를 형성하고, 아동들과 일하는 사례관리자는 교육과 보건 및 복지서비스기관과 연계한다. 많은 경우 이들 기관과의 협력체계는 의뢰건수를 구체화하고, 누가 지속적인 사례관리를 위해 책임을 지며, 어떻게 신청과정을 용이하게 할 것인가에 대한 내용을 포함하는 계약상의 협력이다.

데레온(DeLeon)이 개발한 통합사례관리 모델(2001)은 이러한 부분을 잘 설명해 주고 있다. 이 모델에서의 사례관리기관은 어떤 지역사회기관이 서비스 이용자의 복지와 목표 달성에 중요한가에 관한 사정을 한다. 다음으로 적합한 지역사회의 협력기관은 사례관리기관으로부터 적절한 의뢰를 받기 위해 공식적·비공식적 협력관계를 맺기 위해 접근하는데, 사례관리기관은 그 이용자의 목표가 달성될 때까지 사례관리 책임의 중심에 있게 된다. 따라서 통합적인 지역사회 협조망은 사례관리 프로그램 속에서 서비스 이용자를 지원하기 위해 확립된다. 이 같은 통합연계망은 주거, 직업훈련, 의료, 심리적 지원, 부모교육, 아동보호, 공적부조, 법률서비스, 교통편과 같은 이용자 욕구 전반을 포함하여 아주 구체적일 수 있다. 이처럼 사례관리가 통합적일수록 이용자의 결과가 더 성공적이라고 데레온(2001)은 보고하고 있다"(권진숙 역, 2004: 223－224 재인용).

이러한 협력체계는 우리의 사례관리 실천에 있어 나아가야 할 방향을 제시해 준다. 민간과 공공 영역의 협력뿐 아니라 더 나아가 이용자의 세부적인 욕구 영역을 담아낼 수 있는 각각의 서비스 전달체계들을 구축하고 통합적으로 연계하여 이를 바탕으로 협력기관들의 네트워크 구축을 담아내는 것이 요청된다. 따라서 향후 사례관리 실천은 지역사회를 기반으로 한 이용자 중심의 통합사례관리 모델을 개발하고 구축하는 것이 무엇보다 필요할 것이다.

2) 함께 일할 사람들을 명명하고 관계하기

"역사적으로 전문직은 도움을 요청하는 사람들을 환자, 클라이언트, 회원, 이용자, 그리고 소비자 등의 명칭으로 불러 왔다. 이들 명칭 중 몇 가지는 역사적 뿌리를 갖고 있고, 또 다른 몇 가지는 욕구가 있는 사람들에 의해 원조과정의 일부라는 것을 증명하기 위한 시도의 일환으로 붙여졌다. 즉, 치료나 사례관리를 받는 사람들에게 주어지는 드러난 낙인을 없애려는 시도로 만들어지기도 하고, 진단적 사정의 내용에 그 근거를 두고 만들어지기도 하였다. 도움을 요청하는 이런 사람들을 정의하기 위해 어떻게 불리게 되었는지에 관계없이 그들 모두는 사회복지기관의 어느 부분에 속해 있는 사람이라는 것을 나타내고 있다. 그리고 그들은 도움을 청하거나 도움을 받을 수 있는 사람들이기도 하지만, 일단 그 체계를 떠나게 되면 그 명칭은 더 이상 사용되지 않는다.

클라이언트를 칭하는 명칭에 대한 접근에서는 그 사람이 한동안 연계를 가진 지역사회의 일부분이라는 것을 확인하기 위한 용어를 사용하지는 않는다. 또한 그들이 지역사회의 일반 주민들과는 다른 어떤 문제 영역에서 도움이 필요한 사람이라는 것을 확인하기 위해서 그런 용어를 사용하지도 않는다. 여기서는 사람들의 경험을 관통하고 어떤 체계 속에서라도 발견될 수 있는 사람을 칭할 때 사용할 수 있는 용어를 선택할 것이다.

사회복지기관에서 도움을 받는 사람들을 가리키는 어떤 특별한 명칭이 있어야 할 하등의 이유는 없다. 우리는 지역사회조직에 자발적으로 찾아가거나, 명령에 의해 가거나, 필요에 의해 가는 사람들에 대해 어떻게 생각하는가? 그들을 어떻게 부르는가? 기본적으로 우리는 그들을 지역사회 구성원(member), 즉 이웃으로 생각한다. 지역사회기관이 그들을 조직의 일부로 생각한다면 그들을 구성원이라 부른다. 마찬가지로 사회복지기관에서 도움을 요청하는 우리들의 이웃도 이들 기관의 구성원인 것이다.

만약 이런 도움을 요청하는 사람들을 어떤 특정한 용어로 불러야 한다면 구성원 혹은 이웃이 환자나 클라이언트 혹은 진단과 관련 있는 어떤 용어보다 더 적절할 것이다"(권진숙 역, 2004: 225-227 재인용).

명칭과 함께 사례관리에서 중요하게 다루어야 할 부분은 관계이다. 미래의 사례관리를 위한 전망에 반드시 포함되어야 할 요소도 전문적 관계의 수립에 초점을 맞추어야 한다. 수전 알렌(Susan Allen, 2003)의 최근 연구결과는 이러한 부분에 대해 설명해 주고 있다.

"이 연구결과는 아동복지기관의 사례관리 프로그램에 구성원(이웃)인 서비스 이용자가 사례관리자와 긍정적인 관계를 형성하고 있다고 지각할 때, 기관의 의뢰에 대해 높은 만족도를 보인다는 결과를 분명하게 제시해 주고 있다. 즉, 그들이 의뢰된 기관에서 질이 낮은 서비스를 받았다고 느낀 구성원(이용자)들조차도 사례관리자를 좋아했다면 그 직원의 사례관리 경험에 높은 점수를 주었다는 것이다.

구성원들은 같이 공감해 주고, 편을 들어 주며, 우리의 권리와 자원을 이용할 수 있는 능력을 위해 싸우며, 무엇보다 발생한 일에 대해 걱정해 주고, 힘들 때 곁에 있어 주는 것을 원하는 것이다. 따라서 사례관리자가 진정으로 그들을 생각하는 동료라는 것을 느낄 때 서비스의 목표를 비록 달성하지 못했다 하더라도 그들이 받은 서비스에 대해 높은 점수를 줄 것이다"(권진숙 역, 2004: 228-229).

이러한 가치는 우리의 경우에도 똑같이 해당되는 것이다. 핵심은 미래의 사례관리자들은 뛰어난 서비스 기술을 가지고, 위기에 직면할 때 단순히 기교적인 원조기술을 가진 전문가들이 아닌, 동료와 이웃 같은 사람으로서의 역할을 고려해야 함을 의미한다. 이러한 역할은 사례관리자에게 이 같은 관계를 형성하고 유지할 수 있는 시간이 필요하다는 것으로, 기관의 구조와 정책이 사례관리자가 이러한 구성원 간의 역동을 형성하는 것을 지원해야 한다는 것을 의미한다.

3) 지역사회 기반으로 접근하기

지역사회를 기반으로 한 사례관리 실천 모델은 이용자들의 서비스 향상뿐 아니라 그들의 가족, 친구, 이웃과 같은 여러 구성원들의 삶의 질을 향상시켜 준다. 이 접근법은 약간의 전문적 도움으로 이웃들이 서로를 도와주는 접근법으로 대부분의 가족이 직면하는 문제를 비밀스럽게 받쳐 주는 폭포수효과(cascade effect)를 만들어 그것이 알려졌을 때는 더 많은 사람들이 서로를 돕는 결과를 가져온다(권진숙 역, 2004: 230).

"이러한 지역사회 기반의 모델은 두 가지 전제가 있는데, 첫째는 사례관리에 참여하는 이용자들의 궁극적인 목표는 그들이 자신의 사례관리자가 되고, 이 역할을 해줄 가족, 친구와의 연계망을 갖도록 하는 능력을 향상시키도록 돕는 것이다. 둘째는, 모든 사람은 그들을 생각하고, 그들에게 어떤 일이 일어나는지 알고, 필요하거나 필요하지 않을 때라도 그들과 같이 거기에 있어 주는 것이다. 이 두 가지의 전제를 확실히 하고 사례관리자는 그들의 사무실을 떠나 이웃이 살고 있는 지역사회로 들어가는 것이다.

이 모델은 사례관리서비스가 문제나 증상의 감소, 그리고 삶의 질 향상의 만족스러운 지표 이상의 것에 기초하고 있을 때 종결이 가능하다는 것을 가르쳐 준다. 따라서 사례관리서비스의 종결은 첫째, 일정 기간 동안 자신을 위한 문제해결 기술을 보여 주는 이용자, 둘째, 필요시 그들을 대신해 사례관리를 수행할 수 있는 가족, 친구를 포함한다"(권진숙 역, 2004: 230 재인용).

우리의 경우를 보더라도 지속적으로 적은 예산과 씨름하는 사회복지서비스, 그리고 도움이 필요한 서비스 이용자들의 수적인 증가로 인해 그 욕구를 충족시키기에 충분한 수의 사례관리자 확보는 불가능한 일이다. 이제 사례관리자는 필요에 의해, 서비스 이용자의 여러 당면한 문제해결을 지원하기 위해, 기관, 지역사회, 가족 그리고 이웃 정신에 의존해야 한다.

이 모델의 대단한 이점은 사례관리자보다는 가족, 친구, 이웃이 더 안정적이고 장기적 관계를 갖는다는 사실이다. 이 같은 관계의 안정성이 서비스 이용자의 삶의 질을 향상시키고 문제의 재발을 감소시킨다.

사례관리자가 지역사회 기반 사례관리 실천 모델을 적용하는 데 있어 몇 가지 구체적인 활동이 있는데, 그 내용은 다음과 같다(권진숙 역, 2004: 233-236 재인용).

첫째, 얼마동안 도움이 필요한 이웃을 추적하여야 한다. 격리된 이웃의 경우 장기간의 추적을 허락할 정도로 가까운 관계를 개발하기 위해서는 상당한 시일이 걸릴 수 있다. 이러한 과업수행을 위해서는 사례관리팀을 만들고 한 명의 사례관리자가 주 책임자가 돼서 정기적으로 사례관리팀이 이용자들을 만나서 서로가 알 수 있도록 해야 한다. 이 과정은 다양한 기관 사이의 조정이 필요한 일이어서 통합사례관리체계에서만 가능한 일이다. 한 가지 장애는 사례관리자가 있는 주 기관과 각각의 협력기관들 간의 거리의 문제이다. 그러나 팀 접근은 이용자와 사례관리자에게 관계의 지속성을 확보해 준다.

둘째, 각각의 사례관리팀 구성원들은 얼마동안 점검하고 지원할 수 있는 가족, 친구, 그리고 이웃의 지지체계를 개발해야 한다. 이 같은 지속적인 지지 노력에 서비스 이용자의 이웃과 친구를 참여시키는 것이 과연 가능한가? 만약 그들이 초기에 충분한 전문적 지지를 받을 수 있다면 대답은 '그렇다'이다. 친구나 이웃과 연결될 수 있는 가장 좋은 장소 중 한 곳이 지역사회기관이고, 실제로 많은 기관들이 자원봉사와 멘토를 개발하는 곳으로 이용하고 있다. 자원봉사 연계망은 또 하나의 미개발 자원이다. 사례관리서비스가 종결된 일부 이용자들도 즉시 다른 사람들과 연결되는 데 어려움이 있을 것이라는 것은 의심의 여지가 없다. 필요한 것은 전문 사례관리자처럼 이용자의 욕구를 알려 주고, 그들을 지도하며, 지원할 수 있는 기술들을 초기에 제공할 어떤 사람들이다. 따라서 이러한 역할은 자원봉사자가 적절하며, 이런 자원봉사자들을 훈련시키고, 지속적인 지지를 보내며, 이용자와 가족 상황에 따라 적절한 종류의 지원을 할 수 있는 자원봉사자나 멘토들과 연결시키는 것이 사례관리자의 역할인 것이다.

셋째, 사례관리자는 종교단체, 지역사회기관, 학교, 기업과 자연적 지역사회서비스 집단의 자원봉사자까지 활용할 수 있는 협의의 노력을 해야 한다. 이 같은 기관들이 필요한 것은 필요시 적절한 전문적 지원을 통해 문제를 가진 그들의 이웃과 친구에게 멘토나 동료가 될 수 있는 구체적이고 프로그램화할 수 있는 기회가 주어지는 것이다.

결론적으로 지역사회 기반 사례관리 실천 모델의 개발에서 중요한 것은 사례관리서비스를 제공받는 모든 이용자들이 충분하고, 안정적이며, 보호받는 관계를 갖는 것이다.

이러한 서구의 예들은 우리의 경우에도 많은 시사점을 준다. 앞으로 향후 사례관리 분야가 그들 이웃의 능력을 부여하고, 필요한 사람들과 연결하며, 그 지역사회가 서로 지원해서 이웃을 원조하는 촉매자로 기능하여 모든 체계가 그들을 원조할 수 있도록 해야 할 것이다. 이를 위해 사례관리자는 초창기 지역사회의 정신과 원조 전문직으로의 본연의 정신을 깨우기 위해 더욱 많은 힘을 기울여 활동해야 할 것이다.

4) 지나친 성과주의로부터 벗어나기

앞에서 설명한 세 가지 미래의 전망들에서 우리가 한 가지 유의해야 하는 사실은 사례관리는 서비스 이용자 중심의 철학에 입각하여 궁극적으로 서비스 이용자의 자립을 지향하며, 적극적인 지역사회보호를 강조한다는 점이다. 이 말은 사례관리의 철학은 철저한 이용자 중심에 기반해야 한다는 것으로 사례관리자라면 누구나 동의하는 부분이다. 그러나 우리의 실천 현장에서는 국가의 사회복지기관 평가와 보조금 지급에 따른 불가피한 경쟁에 내몰리고 있는 상황이다. 사례관리를 성과의 한 수단으로 보는 순간 서비스 이용자 중심의 철학은 불가능하다. 무엇보다 지나친 성과주의로부터 탈피해야 할 것이다.

이러한 이용자 중심의 철학을 기반으로 향후 사회복지서비스는 지방자치단체에서 그 지역사회 주민의 욕구를 파악하여 지역특성에 맞는 사회복지 프로그램을 개발해 내는 것이 바람직할 것이다. 그러나 전통적인 사회복지서비스의 운영은 중앙에서 정책을 결정하여 지방자치단체와 공급자가 서비스를 전달하는 접근으로 이루어졌다. 이러한 Top-down 접근방식은 각 지역사회의 고유한 특성을 고려하지 못하기 때문에 그 지역의 특수한 욕구를 충족시키는 데는 한계가 있다. 지방자치단체에서 개발하여 중앙정부와 공동으로 시행해 나가는 Bottom-up 접근방식인 사회서비스는 이러한 지역사회의 욕구를 반영하여 진행되고 있는 사회복지서비스의 예라 할 수 있다.

사례관리가 서비스 전달체계를 연결하고 조정하여 서비스의 통합을 달성하는 과정이라고 할 때, 사회복지 분야에서 그동안 독자적인 영역으로 인식되어 제한 속에 진행되었다면 앞으로는 사업 영역에 대한 장벽이 사라져 인접한 휴먼서비스 조직과의 관계와 협력을 구하는 것이 중요한 내용이 될 것으로 예측된다. 국가 차원의 사회적 자본을 확충하기 위한 네트워크를 통한 공동체 형성, 무엇보다 우리가 사회복지 실천에서 소중히 여기는 임파워먼트 철학을 공고히 하며 21세기 새로운 복지환경의 정책변화를 기회로 만들 수 있는 우리 모두의 노력이 절실히 요구된다고 믿는다.

CHAPTER

14

문제유형별 사례관리의 적용

1. 정신건강의 어려움이 있는 사례관리
2. 알코올중독 이용자 사례관리
3. 자살문제를 갖고 있는 이용자 사례관리
4. 지적장애와 비행문제가 있는 청소년 사례관리
5. 한부모가족을 위한 사례관리

Case Management

CHAPTER 14

문제유형별 사례관리의 적용

이 장에서는 사례관리 실천현장에서 겪었던 여러 문제유형별로 이용자들을 위한 사례관리 실천 시 얻을 수 있는 유용한 내용들을 소개하고자 한다. 여기서 소개하는 내용들은 본 저자들이 함께 참여해서 집필했던 2013~2014년 경기도무한돌봄센터의 『무한돌봄 사례관리 이야기』 중 일부의 내용을 발췌, 정리하였음을 밝혀 둔다.

1. 정신건강의 어려움이 있는 사례관리[1)]

1) 정신건강의 어려움이 있는 이용자 사정하기

사례관리 실천현장에서 접하게 되는 서비스 이용자들 가운데에 정신건강상의 문제를 갖고 있는 경우가 종종 있다. 기본적으로 정신건강상의 어려움에 대해서 단순 상담으로 충분한 도움을 제공하기에는 한계가 있다. 만일 이용자가 자신의 병력에 대해서 공개하는 경우라면 ① 현재 정신과 약물을 복용하고 있는지 여부 ② 어

1) 경기도무한돌봄센터(2013). 『2013년 무한돌봄 사례관리 이야기』 중 전준희(3장 정신과적 문제유형에 따른 사례관리) pp. 52~61까지의 내용을 발췌하여 요약, 정리하였다.

떤 병(진단명)을 갖고 있는지 ③ 다니는 병원이 있는지 여부 ④ 이용하고 있는(과거에 이용했던) 정신건강복지센터/정신재활시설 등이 있는지 ⑤ 가족과의 동거여부 등을 확인하도록 한다.

이러한 5가지의 기본정보를 통해서 이용자가 현재 가지고 있는 어려움에 대해서 사정한 후 도움을 제공하는 것이 바람직하다. 하지만 이용자가 자신의 정신과 병력을 숨기거나 한 번도 정신과 진단을 받아 본 적이 없는 이용자라면 상담자는 (다음의 증상별 어려움 대응하기의 내용들을 참고하여) 충분히 경청한 후 이용자에게 도움을 주어야 한다.

2) 이용자의 증상별 어려움 대응하기

(1) 우울증상이 있는 이용자

우울증상을 가진 이용자는 누군가로부터 도움받기를 원하고 있다. 어떤 이용자는 이를 노골적으로 표현하기도 하지만 많은 경우 자신의 상태에 대해 자발적으로 설명하는 것을 어려워하며, 적극적으로 도움을 청하기보다는 수동적인 태도를 취하게 된다. 우울한 사람들은 자신의 신체적 증상을 심리적인 문제와 연결시키지 못하지만 대개 신체적 증상에 대해 상당히 많은 걱정을 하고 있다. 우울한 사람들은 종종 신체적 증상을 심각한 신체질병의 표현이라고 느끼면서 이런 증상들에 집착을 한다. 상담을 하는 사례관리자는 이러한 이용자의 태도에 대해 이해하는 듯 하면서도 별것도 아닌 일로 우울해 하거나 낙심하는 것을 보며 답답함을 느끼고 "좀 더 잘 해보라", "그렇게 생각할 문제가 아니다"는 식으로 이용자를 일깨워 주려는 시도를 하게 되기 쉽다. 혹은 이용자에게 희망의 메시지를 주겠다는 의도로 "걱정하지 말라. 다 잘 될 것"이라고 이야기하기도 한다. 사례관리자의 이런 반응은 이용자를 안심시키기보다 상담하는 사례관리자가 자신의 입장과 문제를 충분히 이해하고 공감하지 못하고 있다고 느끼게 하며 말문을 닫게 만드는 수가 많다. 따라서 사례관리자는 이용자의 우울감, 무기력감, 두려움, 절망감 등에 대해 충분히 공감해 주고 이를 표현해야 한다. 그것이 이해 가능한 것인지는 우선적으로 중요하지 않다. 우울감이란 주관적인 느낌이기 때문이다. 상담하는 사례관리자의 공감적인 관심이 느껴진다면 이용자는 보다 면담에 적극적으로 참여할 수 있다.

적절한 언급

"○○○씨가 얼마나 힘들게 느끼고 있는지 알 수 있을 것 같습니다. 어떤 것도 도움이 되지 않을 것이라 생각하는 것도 이해가 가네요. ○○○씨의 상태가 좋아질 수 있도록 도움을 드릴 수 있는 방법을 생각해 보고 함께 찾아가도록 하겠습니다. 회복이 되는 데는 시간이 필요하겠지만 그때까지 도움이 될 수 있도록 노력하겠습니다."

→ 이용자가 수면, 식욕, 성욕 등의 신체적인 문제에 대해 질문하고 관심을 보이게 되면 이용자는 이 모든 것들이 우울증이라는 복잡한 질병의 한 부분임을 깨달을 수 있다. 사례관리자가 "그런 증상들은 사람이 우울해졌을 때 흔히 나타나는 것들입니다" 라고 이야기해주는 것으로도 종종 이용자들은 안심하게 된다.

Tip

아래의 내용을 읽어 보세요

① 슬프고 우울한 기분
② 통상적 활동에서 흥미와 즐거움의 상실
③ 식욕감퇴와 체중감소 또는 식욕증가와 체중증가
④ 불면증 혹은 수면과다
⑤ 정신운동 초조(agitation) 혹은 지체(retardation)
⑥ 피로감
⑦ 무가치감 혹은 부적절하고 과도한 죄책감
⑧ 사고 및 집중 능력의 감퇴 혹은 결정곤란
⑨ 자살이나 죽음에 대한 반복적 사고

☞ 이 중 5가지 이상을 만족하고 기간이 2주일(14일) 이상 되면 우울증을 앓고 있을 가능성이 높다.

(2) 망상을 가진 이용자

망상을 가진 사람이 자신의 망상과 관련하여 직접 상담을 신청하는 경우는 드물다. 보통은 가족 등 그런 사람의 주변에 있는 사람이 상담을 의뢰하는 경우가 많을 것이다. 이용자의 이야기를 들으면서 이것이 망상일 가능성이 있는지 평가해야 한다. 내용이 괴이하고 누가 듣기에도 비현실적인 경우에는 그것이 망상이라고 확신하는 것이 어렵지 않겠지만 때로는 현실적일 수도 있는 내용의 망상을 가질 수 있다. 예를 들어 부인을 의심하는 남편이 전화를 걸었다고 해서 그가 무조건 의처증 이용자일 수는 없으며, 그럴 경우 무조건 이용자를 망상장애를 갖고 있는 사람으로 몰아붙여서는 곤란하다. 하지만, 이러한 내용은 망상장애를 가진 이용자에게 흔히 발견되므로 주의 깊은 평가와 판단이 필요하다. 망상과 같은 용어는 의료적 모델에서 흔히 사용하게 되고 단정적으로 이용자의 문제행동에 대해서 규정짓는 특징이 있다.

대부분의 정신과적 진단은 쉽게 내려지는 것이 아니다. 일정한 조건(DSM-5)에 맞을 때에 결정이 내려질 수 있는 것이다.

Tip

망상을 이끌어내는 질문의 예

① 피해망상
- 사람들과 같이 살아가는데 문제가 있었습니까?
- 느낌에 사람들이 당신을 적대시하는 것 같았습니까?
- 누가 당신을 해치려 하거나 모략하는 사람이 있었습니까?

② 과대망상
- 당신은 특별한 능력이나 재주가 있습니까?
- 당신은 큰일을 이룰 것으로 보십니까?

③ 관계망상
- 사람들이 당신 이야기를 하거나 당신을 비웃는다고 여겨진 일이 있습니까?
- 잡지나 TV에서 당신에 대한 언급이나 당신에게 특별한 의미 있는 것을 본 일이 있습니까?
- 다른 방법으로 무슨 특별한 메시지를 받은 일이 있습니까?

망상이 확실하다고 하더라도 이용자의 망상이 사실무근이고 터무니없는 것이라며 이용자를 설득하려 해서는 별 소득이 없을 뿐 아니라 이용자와의 관계형성에도 좋지 않은 영향을 미친다. 자신의 망상이 반박을 받게 되면, 이용자는 불안과 위협을 느끼며 더욱 자신을 방어하려 하게 된다. 사실 망상의 내용 자체에 대해서는 긍정도 부정도 하지 않는 것이 올바른 면담의 원칙이다.

즉, "선생님께서 말씀하신 내용이 사실인지에 대해서는 제가 뭐라고 말씀드리기는 어렵네요. 다만 그런 생각 때문에 고통을 받으셨고 지금도 고민이 많으신 것 같습니다"와 같이 망상의 내용 자체보다는 그 속에 담긴 이용자의 감정에 먼저 공감하고 접근하는 것이 더 바람직하다. 서로에 대해 어느 정도의 신뢰관계가 맺어졌다고 생각되는 시점에서 사례관리자는 조심스럽게 이용자의 망상에 동의하기가 어렵다는 언급을 할 수 있다. 이용자가 도움을 받기 원하는, 혹은 도움을 줄 수 있는 다른 증상들(우울, 불안, 불면증, 바람 등)은 없는지 살펴보고 그것에 초점을 맞추는 것이 좋다.

상담하는 사례관리자가 이용자의 망상과 상관없이 이용자 자신을 존중하고 이해해주는 태도를 보여주면, 이용자는 두려움과 자기보호의 틀에서 조금씩 벗어나 망상에 대해서가 아니라 자기 자신에 대해 이야기하게 될 것이다. 망상적 믿음과 그것을 행동으로 옮기는 것과는 반드시 구별해야 한다. 만약 망상적 믿음으로 인하여 이상하거나 위험스러운 행동을 초래할 경우에는 반드시 그런 행동에 대한 규칙을 이용자에게 상기시켜 주고 적극적인 조치를 취해야 한다. 자살이나 타살의 위험성이 있다면 주변인에게 알려야 한다.

(3) 편집증적인 이용자

이들은 항상 긴장되어 있고 불안해하며 타인을 불신하고 타인의 의도를 의심하며 타인의 행동 뒤에 숨겨진 의미와 동기를 찾아내려 한다. 무뚝뚝하고 독단적이며 논쟁적이고 싸우려 들고, 감추어진 분노가 많다. 정의와 공정성에 집착하며, 자신의 권리 보호에 관심이 많고 부당하게 취급당할 것에 대해 예민하다. 사례관리자의 말 한 마디, 한 마디에 이들은 예민하며 앞뒤가 맞지 않는다고 생각되면 여지없이 꼬투리를 잡으려 하고 자신이 부당하게 대우받는 것을 참지 못하여 사례관리자와 논쟁을 하거나 싸우게 되기 쉽다. 너무 따뜻하게 그리고 동정적으로 대하게 되면 이들은 감동하기보다는 “이 사람이 내게서 뭘 원하는 거지?”라며 의심을 하게 되는 경우가 많다. 혹은 상담하는 사례관리자에게 동정적인 태도를 보이다가 사례관리자가 감정적으로 소진되어 물러서는 듯한 모습을 보이면, 사례관리자의 변화된 태도에 대해 비난하면서 전문가로서의 자질을 들먹거리곤 한다.

상담하는 사례관리자는 이용자를 존중하고 예의를 지키며 항상 변함이 없이 일정한 태도를 보여야 하며, 사례관리자–이용자의 관계가 공적이고 사무적인 관계임을 염두에 두어야 한다. 이용자가 이야기하는 문제에 대한 사례관리자의 판단, 앞으로의 계획에 대해 상세하게 설명해주고, 이용자가 보이는 의심이나 논쟁적인 말투에 대해서는 방어적으로 대하지 않는 것이 좋다. 웃음이나 유머는 시도할 생각도 하지 말라. 이용자는 자신을 비웃는 것으로 여기고 이를 시비 삼을 것이다.

(4) 강박적인 이용자

강박적인 이용자는 불안함을 가지고 있는 사람이다. 따라서 이들은 매사에 정확하고 양심적이며 꼼꼼하고 정리정돈이 철저하고 확실해야 한다고 생각하고 사소한 것들에 집착한다. 겉으로는 단정하고 철저하게 보이지만 내면적으로는 자신이 의존적이 되는 것, 무기력해지는 것, 자기통제를 잃을 것에 대해 불안을 갖고 있기 때문에 이들은 자신의 감정을 겉으로 드러내는 것에 어려움을 느낀다. 통제에 대한 욕구가 강하며, 상담을 받더라도 누가 주도권을 가질 것인가에 관심이 많다. 때로는 자신이 상담을 받는 사람보다는 상담자의 역할을 하는 것 같을 때도 있고, 정반대로 아주 좋은 이용자의 역할을 하기도 한다. 이 모든 것은 자신이 인정받으려는 노력의 결과이다. 우선적으로는 이용자로 하여금 상담과 개입과정에 많이 참여시켜 이용자가 느끼는 통제를 잃을 것에 대한 두려움을 인식하고 벗어날 수 있게 도와주어야 한다. 개입계획에 대해 상세하게 알지 못하면 이용자는 불안해하므로 가능한 상세히 설명해 주는 것이 좋다.

(5) 항의하는 이용자

우리 스스로도 자각하고 개선이 필요하다고 느끼고 있는 문제, 예를 들어 불합리한 규정이나 행정 처리에서의 실수 등에 대한 합리적인 항의라면 이를 충분히 수용하겠다는 태도를 보여주고, 우리가 갖고 있는 한계를 솔직하게 시인하며, 향후 적극적으로 시정, 개선해 보겠다고 이야기할 수 있다. 무조건 피할 수도, 무조건 맞대응할 수도 없으므로 적당한 정도로 들어주고 적당한 정도로 대답하는 요령이 필요하다. 거짓말을 할 필요는 없다. 우리의 입장을 이야기하며 무조건 못하겠다고 할 필요도 없는데, 그렇게 하는 것은 새로운 논쟁과 새로운 항의를 불러일으킨다.

적절한 언급

"예. 말씀하신 내용은 충분히 이해했습니다. 저희가 개선할 수 있는 부분이 있는지 검토해 보겠습니다."

→ 개선하겠다고 하는 것은 아니고, 검토해 보겠다고 하는 것이다.

하지만 상당수의 항의는 비합리적인 경우가 많다. 이들은 우리의 전화 받는 태도, 말투, 우리가 제시한 해결방법 등에 대해 사사건건 문제를 삼으며 이를 빌미로 우리의 직업적 의무와 의식에 대해 반문한다. 이들 가운데는 무언가 도움을 받기 위해 전화나 인터넷으로 상담을 했지만 자신들이 원했던 것을 얻지 못한 경우가 많다. 혹은 이런 종류의 상담을 받을 때 늘 불평을 이야기하며 싸우는 사람이 있다. 이들은 누군가에게 화풀이를 하고 싶지만 주변에 그럴 대상이 마땅하지가 않은 경우가 많다.

이들을 대할 때 가장 중요한 것은 절대 논쟁을 하거나 싸우려 들어서는 안 된다는 것이다. 이들이 중요하지 않은 문제나 비합리적인 내용들로 시비를 걸며 항의전화를 한다는 사실 자체가 이들과 싸우는 것은 아무런 소득이 없음을 반증하는 것이다. 이들과 이야기할 때는 이들이 말하는 내용이 아니라 이들이 느끼는 느낌을 중요시해주고 그 느낌을 표현해주며 공감해주는 태도를 보이는 것이 좋다.

적절한 언급

☞ "아, 무척 화가 나셨나보군요.", "많이 언짢으셨나보네요.

Tip

정신과 처방약 부작용이 심한 대상자의 경우

- 정신과 약물의 경우 부작용이 발생할 수 있다. 예를 들면 우울증의 치료제 중 성기능 장애가 발생할 수 있는 경우가 있다. 이때는 이러한 부작용이 없는 다른 약물로 대체하거나 잠시 복용을 중단하거나 용량을 줄이는 "약물 휴일"을 가져 볼 수도 있다. 성기능 장애의 가능성이 낮은 항우울제 약물들로의 변환도 고려할 수 있겠다.
- 약물부작용이 발생하는 경우 담당주치의를 만나서 약물을 조정하는 것이 가장 바람직하다. 간혹 약물부작용이 발생했다고 해서 약물을 아예 중단하는 경우가 있는데 바람직하지 않다. 오히려 증상이 재발되어 입원한다거나 사회복귀 시기를 늦춰야 하는 등 더 큰 부작용을 겪을 수 있기 때문이다.
- 지역의 정신건강복지센터에 도움을 구하면 정신건강전문요원들에게 구체적인 도움을 제공받을 수 있다.

Tip

화내고 욕을 하며 소리를 지르는 경우

- 위협은 이용자가 사례관리자에게 가하는 폭력의 가장 일반적인 형태이다. 대개의 경우 위협은 우연히 발생하는 사건이 아니다. 오히려 대인관계 중에서 발생한다. 일반적으로 이용자가 위협을 하는 이유는 ① 상실이나 거절에서 생긴 분노 ② 한계 설정에 대한 분노 ③ 통제되지 못한 전이 감정 ④ 긴급한 요구를 충족시키는 자원을 획득하지 못해서 생긴 좌절감 ⑤ 상담자를 조정하려는 의도 등을 포함한다. 이처럼 이용자의 위협은 스스로 통제할 수 없는 상황에 직면하여 공포, 상실, 그리고 공황을 표현하는 수단일 수 있다. 위협은 어떠한 메시지이기 때문에 반응을 해주어야 한다.
- 우리가 이용자의 감정을 공감할 뿐 아니라 상담자를 적대적인 상대가 아니라 도우려는 옹호자로 보게 하는 데 도움을 줄 것이다. 하지만 이용자가 때로 너무 흥분하여 분노 이외의 다른 것을 보지 못하는 경우가 있는데, 이때는 무엇보다 안전을 최우선으로 고려해야 한다.
- 먼저 이용자가 위협하고 소리를 지르고 화를 내는 경우라면 "선생님께서 무척 화가 나신 것 같으신데요. 어떤 부분을 도와드리면 될까요?"와 같은 방식으로 이용자의 분노상황에 대해서 상담자가 관심을 가지고 있음을 알려준다.
- 그와 동시에 이용자의 과거 상담기록을 살펴보면서 이용자의 분노가 어떤 패턴을 가지고 있는지도 확인해 볼 필요가 있다. 이용자에게 사례관리자는 분노에 대한 걱정을 알리고 위협이 상담자를 두렵게 하고 있다고 설명하도록 한다. "선생님께서 화를 내시니까 제가 무척 당황스럽습니다."와 같은 방식으로 이용자에게 상담자의 감정을 설명하도록 하자.
- 또한 이러한 위협에 대한 대비책으로 상담내용을 잘 기록해두어야 한다. 사소한 위협도 기록하는 것을 잊지 말자. 예를 들어 위협적인 이용자를 지역사회 기관으로 의뢰, 연계를 할 경우 이용자를 의뢰받는 기관에서는 이용자의 위협적인 행동과 태도에 대해서 반드시 알고 있어야 하기 때문이다.
- 그럼에도 불구하고 이용자가 소리 지르고 화를 내는 상황이 끝나지 않는다면 일단은 대응하지 말고 기다렸다가 이용자의 분노가 수그러지는 시점에 다시금 상황을 설명하고 상담을 이어가도록 하자. 만일 이용자의 분노와 위협이 계속 지속된다면 상담을 중단하는 것이 바람직하다.

2. 알코올중독 이용자 사례관리[2)]

1) 알코올 사례 개요

〈 사 례 개 요 〉

지역사회에서 만날 수 있는 알코올의존 사례 중 하나로 부모 특히 노모로 대표되는 특정 의존대상자에게 알코올의존자가 의존하여 살아가는 유형이다.
이런 사례 중에는 미혼이거나 이혼한 경우가 많으며, 때로는 노부모가 알코올의존자의 자녀들까지 돌보는 경우도 흔하다. 이 경우 알코올의존자는 의존대상과 자신의 의존체계를 공고히 해놓고 살아가며, 주변의 이웃이나 친척 혹은 전문가가 이 의존체계에 접근하는 것에 대해 극도로 민감하게 반응하고 저항하는데 이는 그로 인해 자신의 의존체계가 해체될까봐 두려워서이다.
이럴 경우 사례관리자가 의존체계를 해체하려 직접적인 시도를 하는 것은 이용자와 의존대상 모두가 저항을 하고 사례관리자의 개입을 거절할 수 있으므로, 사례관리자는 오히려 이런 의존체계를 존중하되 알코올의존자와 의존대상이 독립적인 삶에 도전할 수 있도록 지지하고 부담스럽지 않는 방법을 알려주는 것이 유용하다.

(1) 의뢰경로

국민기초생활수급자인 75세의 노모와 살고 있는 이용자는 현재 45세로 건설일용직에 나가 돈을 벌고 있다. 그러나 음주문제가 심각하여 한 달 동안 일 나가는 날은 평균 10일 내외이고, 또 번 돈을 대부분 술 마시는데 써버려서 돈을 전혀 모으지 못하고 있다. 생활비 조차 노모가 받는 생계비에 의존하고 있어, 이용자뿐 아니라 노모의 생활에도 막대한 지장이 되고 있어 이를 인지한 동사무소 사회복지담당공무원이 이용자가 음주문제를 해결하고 직업생활을 잘 유지할 수 있도록 개입이 필요하다며 무한돌봄센터로 의뢰하였다.

2) 경기도무한돌봄센터(2013). 『2013년 무한돌봄 사례관리 이야기』 중 이은상(5장 알코올중독 클라이언트를 위한 사례관리) pp. 83~90까지의 내용을 발췌하여 요약, 정리하였다.

(2) 초기면접(노모/이용자)

이용자의 모(어머니, 이하 '모')는 아들이 술 문제로 직장에 다니기 힘들어 한다는 사실을 주변에서 증언해 주어서 기초생활수급 지원을 받을 수 있게 되었다고 했다. 노모는 아들이 결혼도 하고 직장도 잘 다녔으면 좋겠는데, 술을 너무 좋아해서 걱정이라고 하며, 아들이 술 먹는 것 외에는 착하다고 두둔했다. 이용자는 자신이 술을 좋아하지만 일에 지장 있게 먹지는 않는다고 하고, 일이 없어서 되돌아 올 때 외에는 일을 열심히 나간다고 자신의 문제를 부정했다. 사례관리자는 이용자의 주장을 존중해주었고, 대신 "음주를 좋아하는 사람들 중에는 자신도 모르게 알코올의존이 깊숙이 진행되어 신체적으로 정신적으로 문제가 되는 경우가 많으므로, 간단한 '알코올 사용 장애 검사'를 같이 해보자"고 권하고, AUDIT-K검사를 시행하였다. 검사 결과 습관적 과음수준(12점~14점)에 해당하는 14점이 나왔으며, 그 중 음주 후 기억상실, 음주 다음날 아침 해장술 복용 항목에 체크가 되어 있었다. 사례관리자는 이용자에게 습관적으로 과음을 하는 음주형태를 가지고 있으며, 이런 형태가 지속될 경우 간 등 신체적으로 손상이 오며, 알코올남용이나 의존으로 이어질 수 있음을 설명하고, 특히 해장술을 마시게 되는 것은 클라이언트의 몸이 생리적으로 밥이나 정상적인 식사 대신 술을 주식으로 받아들이고 있다는 것을 의미한다고 해석해주었다. 또 기억을 잃어버리는 것은 술로 인해 뇌가 손상되기 시작했다는 것으로 생리적으로는 이미 중독이 진행 중임을 의미하므로 이런 현상이 지속될 경우 알코올전문병원이나 중독관리통합지원센터 같은 전문기관에서 상담을 해보아야 될 수 있다'고 해석해 주었다.

이용자는 AUDIT-K 검사 해석을 유심하게 들었으며, 특히 해장술과, 기억을 잃어버리는 것에 대한 설명에 대해서는 심각하게 받아들이는 모습을 보이며, "듣고 보니 술에 대해 두려운 마음이 들고 조심해야겠다."고 말하고는 "일단 자신이 혼자 해보겠지만 다음에 도움이 필요하면 요청하겠다."고 했다. 사례관리자는 이용자가 병식이 부족하고 전문적인 도움과 연결을 거절했으며, 노모와 정기적인 만남을 가지려는 사례관리자에게 이용자가 "내 문제이니 엄마와 만날 필요는 없잖아요?"라며 예민하게 반응하므로, 추가 개입에 대한 약속을 할 수 없었다. 이용자가 자신의 의존 대상인 엄마를 변화시킬까봐 두려워서 예민하게 반응하는 것으로 판단한 사례관리자는 더 이상 이용자를 자극하지 않는 것이 좋다고 판단되어 이용자에게 "음주문제는 잘 관리해보시고 어려운 일 생기면 언제든지 연락하라."고 권유하고 개입 종결하였다.

Tip

음주문제가 있는 사례의 경우 전문적인 치료경험이 없는 경우 대개 자신의 음주문제 대해 부정하거나 축소하는 경우가 많은데, 이 중에는 문제를 알고 있으면서도 사례관리자에게는 문제가 없는 척하거나 우기는 경우도 있지만, 상당수는 자신의 음주문제에 대해서 무지해서 인정하지 못하는 경우도 있다.
이런 경우에는 사례관리자가 이용자의 음주문제를 직면하거나 받아들이게 설득하기 보다는 이용자의 음주문제를 함께 점검해봄으로써 이용자의 자각을 유도해낼 수 있다.
이럴 때 AUDIT-K, NAST-K, CAGE 등의 자기보고형 간편 검사도구 사용법을 익혀두면 유용하다. 이런 검사도구는 음주문제가 있는 클라이언트들에게 저항을 불러일으키지 않고도 간단히 점검이 가능하다.
물론 음주문제가 있는 이용자는 자신의 문제를 축소하여 보려고 하겠지만 그 중에 알코올 의존 문제를 드러내는 유의미한 질문에 대한 반응을 활용하여 이용자가 자기점검을 하도록 유도할 수 있다.

(3) 재개입

초기면담 2개월 후 이용자의 모에게서 전화연락이 왔다.

이용자의 모는 초기면담 후 이용자가 술을 안 마시려고 한동안 노력도 하고, 일도 성실히 나갔었는데 2주 전부터 다시 예전처럼 술을 마시기 시작했고, 1주일 전부터는 일을 아예 나가지 않고 계속 술만 마셨다고 했다. 이용자는 어제 저녁에 술에 지쳐 자다가 오늘 아침에 일어나서 죽을 먹기 시작했다고 한다.

Tip

음주문제가 있는 이용자는 음주문제를 부정하거나 도움 받는 것을 거절하고 혼자 잘할 수 있다고 주장하더라도, 머지않아 다시 재발하여 도움을 받을 수 밖에 없는 상황에 처하곤 한다.
사례관리자는 이런 점을 예견하고 초기개입 시 이용자가 당장에 도움을 받아들이도록 강권하기보다 이용자가 자신의 문제를 이해할 수 있게 돕고 언제든지 도움을 받을 수 있음을 설명해 주고 문제해결 방법에 대한 정보를 줌으로써, 이용자가 다시 어려움에 당면하여 사례관리자를 떠올릴 수 있도록 하는 것이 효과적이다.
이 때 이용자 뿐 만 아니라 그 가족과 보호자에게도 이런 사실을 알려주게 되면 문제발생 시 사례관리자와 연결될 가능성이 높아진다.

① 재개입 1차 면담(방문)

이용자와 면담약속을 하고 단주 3일째 면담이 이루어졌다. 이용자는 자신이 술을 조절할 수 있을 줄 알았는데 해보니까 안되더라며 술이 이렇게 무서운 줄 몰랐다고 했다. 이용자는 술 문제를 해결하고 싶으니 전에 말했던 전문기관을 소개해 달라고 요청했다. 이용자는 술을 끊으려고 시도해 본 것이 이번이 처음이었다고 했다.

사례관리자는 입원치료에 대해서도 안내를 했지만, 이용자가 병원입원은 부담스럽다고 하여 지역 내의 중독관리통합지원센터(이하 상담센터)를 소개해주고, 상담센터에도 의뢰하여 시간약속을 한 후 함께 방문하였다. 이곳에서 정신건강전문요원과 상담을 마친 이용자는 1주일에 한번 교육에 참여하여 알코올의존에 대한 정확한 정보를 들어보기로 했다. 이용자는 상담센터에서도 병원 외래진료만이라도 가보라고 권유했으나, 부담스럽다는 이유로 교육만 받기로 하였다.

Tip

음주문제를 가진 이용자가 자신의 문제를 인정하고 도움을 받고자 한다면, 음주문제에 대한 접근을 전문적으로 하는 관련기관으로 의뢰하면 된다.
이용자의 상황에 따라 알코올병동이 있는 정신건강의학과 병원, 중독관리통합지원센터, 중독자 재활센터, 중독자전용 그룹홈 등 다양한 서비스가 있다. 사례관리자는 알코올의존을 평가하고 치료, 재활하는 역할은 할 수 없으나, 음주문제를 다루는 전문기관들이 유형별 특징 등의 정보를 잘 수집하여 두었다가 적절히 연계하면 된다.

② 재개입 2차 면담(전화/ 1주 후)

이용자의 상태가 궁금하여 전화 상담을 하였는데, 이용자는 지난주에 이어 이번 주에도 상담센터에 다녀왔으며 거기서 얻는 정보가 유용하다며 계속 다닐 마음이라고 했다. 그리고 지난주에는 상담센터에 가는 날 외에는 모두 일용직에 나갔다고 했다. 음주관리는 어떻게 하고 있냐는 사례관리자의 물음에 이용자는 '아예 먹지 않으려 한다'고 대답하고는 그런데 일할 때는 괜찮은데, 저녁만 되면 왠지 허전하고 술을 먹고 싶은 충동이 생긴다고 하며 그 이야기를 상담센터 담당 정신건강전문요원에게 말했더니 단주 초기에 모두 겪는 증상이라며 병원에서 진료 받고 약물을 처방받아 먹으면 도움이 된다고 정보를 줬다. 이용자가 자신은 혼자 병원가기에 두렵다고 말하니 전문요원이 직접 병원에 동행해주기로 했다고 말했다.

사례관리자는 이용자가 아주 큰 용기를 낸 것이라고 지지해주고, 조만간에 음주문제를 잘 극복한 회복자가 될 거라고 격려해 주었다.

③ 재개입 7차 면담(내방/ 5주 후)

이용자가 무한돌봄센터에 내방하여 상담이 진행되었다. 이용자는 그 동안 병원에 2주에 한 번씩 외래진료 받으며, 병원에 잘 다녔었는데, 지난주 금요일 나갔다가 일을 마친 후 동료들의 회식자리 따라가서 동료들의 술 권유를 못 이기고 술을 마셨다. 그 후 귀가하여 주말 내내 술을 마시다가 월요일에 일을 나가야 한다며, 일요일 저녁에 음주를 멈추었다. 월요일 아침에 일을 잘 다녀왔으며, 그 후 음주를 멈출 수 있었지만 자신이 다시 술을 마셨다는 사실에 충격을 받은 듯 두려움이 생겼다고 하였다. 상담센터에서는 이용자에게 알코올중독회복에서 재발은 흔한 상황이라고 설명해주고 재발경험으로부터 잘 배우는 것이 중요하다고 위로와 격려를 했다고 한다.

이용자는 자신이 다시 단주회복을 시작하겠지만, 이젠 자신감이 떨어졌고 또 재발할까 봐 두렵다고 했다. 사례관리자는 이용자의 재도전 용기에 지지를 보내고는 이용자가 혹시 음주문제가 재발하기 쉬운 직업을 갖고 있는 것은 아닌지 검토해 보자고 한 후 필요하면 좀 더 술로부터 안전한 직업을 가져보는 것은 어떤지 권유했다.

④ 재개입 10회 차(내방 3주 후 종결상담)

한 번의 재발이 있은 후로부터는 다시 단주를 시작해서 잘 유지하고 있으며, 최근 외래진료 다니던 병원 정신건강의학과 주치의로부터 알코올 의존이라는 진단이 내려졌다고 했다. 그것으로 '근로능력평가서'를 교부받으면 어머니의 기초생활수급권 유지에 도움이 되겠지만, 이제 일도 할 수 있게 되었으니 단주회복을 유지하며 일을 열심히 하겠다고 했다.

회복과 관련하여, 알코올상담센터에 가끔 강의 오는 10년 된 회복자가 '알코올중독자는 회복자들의 자조모임인 'A.A.(Alcohol Anonymous)'에 참여함으로써 회복을 유지한다'며 이용자도 함께 참여하기를 권유받았다고 하며 다음 주부터는 나가볼 생각이라고 했다. 또 사례관리자가 조언한 안전한 직업에 대해 고려해봤는데 아무런 기술 없이 현장 잡일을 하는 일용직은 오래할 만한 직업도 아니고 술로부터도 안전하지 않다고 생각한다고 하며 다른 일을 찾아봤는데, 나이도 있고 기술도 없어 할 수 있는 일이 별로 없었다며 좀 늦었지만 요양보호사 공부를 해서 정규 직업을 가져볼 예정이라고 했다. 클라이언트는 일 때문에 낮에는 공부할 수 없어서 야간반을 다니려는 계획을 가지고 있었다.

이용자가 음주문제에 대해 회복을 잘 유지하고 있고, 알코올 전문기관과 연계도 공고히 이루어졌으며, 일과 경제활동도 꾸준히 이어지고 있어서 노모와의 생활에 자신의 역할을 충분히 하고 있다고 판단되어 사례를 종결하였다. 이용자의 음주회복에 대한 노력과 직업에 대한 기술습득의 계획이 현실적이고 적절하다고 판단되며, 계획대로 실행해간다면 보다 안전하고 건강한 삶을 살 수 있을 것으로 기대된다.

⑤ 추후관리(전화/ 1년 후)

이용자는 3개월 후 요양보호사 시험에 합격하였으나, 시험 후 합격을 기다리는 시기에 마음이 느슨해지면서 1주일간 장취(長醉)하는 재발이 있었으며, 사전에 본인이 동의했던 대로 재발 후 다니던 외래병원에 입원하여 2개월 후 퇴원하게 되었다. 그 후 다시 상담센터에서 매주 목요일 저녁에 열리는 A.A.모임에 참여하며 현재까지 7개월간 회복을 유지하고 있으며, 5개월 전부터 ○○실버요양원에 취업하여 오전 9시부터 저녁 6시까지 뇌졸중, 치매어르신 목욕서비스를 하는 요양보호사로 일하고 있다. 이용자가 취업이 유지됨에 따라 노모의 기초생활수급권은 정지되었으나, 이용자의 월 급여가 150만 원 수준으로 그 전보다 훨씬 안정된 생활을 하고 있다.

Tip

음주문제가 있는 이용자를 음주문제를 잘 도와줄 수 있는 기관에 의뢰했다고 해서, 사례 관리자와의 관계가 끝난 것은 아니다. 이용자는 자신의 음주문제를 자각할 수 있게 도와줬고, 문제를 해결할 수 있도록 동기를 주고 전문기관에 도움을 받을 수 있게 연결해 준 사례 관리자에게 정서적으로 계속 의지하려는 경향이 있다. 때때로 의뢰된 기관에서 불편함이 있거나 집안일과의 충돌이 있거나, 재발 등 문제해결 과정이 갑작스레 중단될 위기에 이용자는 처음의 사례관리자에게 도움을 요청할 수 있다.

이럴 때 사례관리자가 공감, 위로, 지지 등의 간단한 정서적 도움으로 이용자가 위기를 잘 극복할 수 있다. 따라서 사례관리자는 이용자를 타 전문기관에 의뢰 후에도 이용자의 도움 요청에 대해 인식하고 있어야 하고, 또 적절한 기간을 두고 이용자의 문제해결 과정이 잘 진행되는지 모니터링할 수 있는 정도가 개입계획에 포함되는 것이 좋다.

3. 자살문제를 갖고 있는 이용자 사례관리[3)]

1) 자살관련 사례에 대한 도움과 대처

〈 사 례 개 요 〉

78세 B 할머니는 기초생활수급자로 건강이 썩 좋지는 않았지만, 아직 중학교 3학년인 손자를 키우면서 열심히 생활해 오고 있었다. 그런데, 6개월 전 손자가 학교 다니기 싫다며 가출하고 나서부터 할머니가 집안에 멍하니 있거나, 복지관 무료급식에도 나오지 않고, 얼마 전 추석 때에도 동주민센터에 준비된 선물도 찾으러 오지 않아 사례관리자인 당신이 가정방문을 하였다. 할머니는 '뭘 와요… 선물은 고마운데 내같은 사람 그깟 자격있나… 늙어서 죽는 것도 맘대로 안 되고…'라며 눈물을 글썽거렸다. 집주인은 한 두달 정도부터 할머니의 활동이 뜸해지고 눈에 띄게 우울해 보였는데, 그나마 만나는 사람들에게 자꾸 '내가 죽어야지, 살아서 뭐하냐' 하는 말을 반복하더니 급기야 그제는 '죽는 것도 맘대로 안 되네…'라고 하면서 울먹거렸다 한다.

(1) 초기접촉

가능한 빠른 시간 내에 신뢰관계를 형성하되 면담이나 상담은 서두르지 말고 침착하게 필요한 시간을 충분히 할애하여 진행한다. 이용자가 자신이 느끼는 감정, 속마음을 충분히 이끌어내고 표현하도록 지지하고 적극적으로 공감한다.

자살을 생각하고 있는 이용자는 심리적으로 위축되어 있고 어떻게 면담, 상담을 받아들여야 할지 막연한 두려움을 느끼는 동시에 외부의 도움을 받고 싶은 양가감정을 가질 수 있으므로 사례관리자는 이러한 혼란스러운 심리 상태를 잘 이해하고 지지하도록 한다.

3) 경기도무한돌봄센터(2013). 『2013년 무한돌봄 사례관리 이야기』 중 박지영(6장 클라이언트 위기 사례관리: 정신건강과 자살) pp. 129～134까지의 내용을 발췌하여 요약, 정리하였다.

Tip

초기접근, 초기 질문

- 이용자의 행동이나 태도 등을 읽어내어 공유함으로써 이용자가 자신의 상태를 인식하도록 돕는다.
  ㉠ "할머니, 예전에는 추석선물 받으러 가장 먼저 오셨는데 어제는 오지 않으셔서 어디 편찮으신가 염려되어 왔어요!"
  "할머니, 선물받을 자격이 없으시다니요.. 어떻게 그런 말씀을 하시게 되셨어요?" 등
- 좀 더 직접적으로 이용자의 기분상태, 위기의식에 관한 정보를 질문하는 것도 유용한 방법이다.
  ㉠ "할머니.. 말씀하시는데 눈물을 글썽거리시는 걸 보니까 지금 마음이 매우 안 좋으신 것 같아요. 어떠세요?"

(2) 자살위기사정

자살위기를 사정하고자 할 때, 누구를 대상으로 무엇을 사정해야 할지 막연할 수 있다.

따라서 아직 자살행위가 발생되지 않은 상황에서 예방을 목적으로 하거나, 혹은 자살이 시도된 상황에서 자살위기를 어떻게 응급적으로 사정해야 할 것인지 살펴보도록 한다(박은미 외, 2010).

① 주요 자살위기 사정 대상자

- 현재 자살사고/생각, 자살준비, 자살시도에 대해 적극적인 태도를 가진 이용자
- 과거에 자살력, 혹은 가족 자살력이 있는 이용자
- 자살생존자, 특히 최근 3년 이내 가족원이 자살한 유가족 혹은 의미 있는 타자를 자살로 잃은 제3자
- 정신질환 중 특히 조현병, 우울증, 알코올 중독문제를 갖고 있는 이용자 혹은 과거 증상 때문에 자살시도 경험이 있었던 이용자
- 왕따, 성폭력, 학대 등 폭력적이거나 사회적으로 지탄받는 문제에 연루된 피해자와 가해자

• 근래에 개인적으로 대처가 어려웠거나 감당하기 힘든 경험을 갑자기 겪었거나 혹은 그 힘든 상태가 일정 기간 동안 지속되고 있는 이용자

② 직접적이고 명료하게 자살위험성을 사정한다.

자살위기를 사정할 때, 사례관리자는 다음 세 가지를 확인하도록 한다. 첫째, 자살사고/생각, 둘째, 자살방법과 준비여부, 셋째, 자살시도계획 등.

③ 자살시도력 및 자살생각에 관한 질문

"할머니. 아까 '내가 죽어야지...' 하고 말씀하셨는데, 정말로 죽으려고 시도해보신 적이 있으세요?"
"언제 자살을 시도해보신 적이 있으세요?"
"혹시 요즘도 그렇게 '죽어야지' 하고 생각하세요?"
- 얼마나 자주 생각하세요?
- 그런 생각을 하신지 얼마나 되셨어요?
- 거의 매일 자살에 대한 생각을 하세요?

④ 자살계획, 시도가능성

"할머니, 혹시 정말로 죽으시려고 뭔가를 준비하신 것이 있으신가요?"
"어떤 것을 준비하셨는데요?"
"혹시 '내가 어떻게 죽어야지'라고 생각해보신 적 있으세요?"
"그럼, 혹시 '언제 자살해야지'라고 생각해보셨어요?"
"주로 어떤 상황이 되면 자살할 거라고 생각해 본 적이 있으세요?"
"할머니께서 죽고 싶은 마음이 1에서 100까지 중 얼마나 되시는 것 같으세요?

만약 이용자의 자살생각이나 의지가 최근 일주일동안, 매일매일, 거의 하루 종일 지속되고 있다면 가까운 자살예방 전문기관, 정신건강의학과 의원, 정신건강복지센터에 의뢰하거나 자문을 받아 적절히 대처한다. 명쾌한 질문을 하기 어렵거나 생각이 나지 않을 경우 다음에 제시된 질문지를 활용하여 자살위험성을 판단하는

것도 좋은 방법이 될 수 있다.

자살 예방을 위한 위험군 선별질문(Suicide Prevention: SUPRE)

구분	질문	응답
1	자살하는 것에 대해 진지하게 생각한 적이 한번이라도 있습니까?	□ 예 □ 아니오
2	자살하려고 구체적으로 계획을 세운 적이 있습니까?	□ 예 □ 아니오
3	자살을 시도한 적이 있습니까?	□ 예 □ 아니오
4	내 걱정이나 문제를 말할 수 있을 정도로 신뢰하는 사람이 있습니까?	□ 예 □ 아니오

※ 참 조

1) 2) 3) 중 하나라도 '예' 자살의 위험이 있음

1) 2) 3) 순으로 자살의 위험도 증가

4)가 '예'인 경우 자살 방지 가능성 증가

(3) 자살위기 이용자에게 도움을 제공하기 전 점검사항

- 자살위기 이용자에게 우리 기관이 제공할 수 있는 역할과 서비스는 무엇인가?
- 자살위기 이용자를 돕기 위한 우리 기관 혹은 사례관리자의 전문성은 충분히 갖추어져 있는가?

위 사항을 점검하고, 만약 우리 기관에서 자살문제를 다룰 전문성이 충분하지 않다면 사례관리자는 정신건강증진센터, 노인보호전문기관, 자살예방센터 등 자살 이슈를 주로 다루는 기관의 전문가들과 지속적인 소통 및 네트워크를 유지해야 한다. 자살위기 이용자를 돕는 데 있어 지역사회가 센터에게 어떠한 역할을 기대하고 있는지 파악하여 이러한 역할을 수행하고, 동시에 사례관리자가 적극적으로 수행하기 어려운 임상적이고 직접적인 자살위기개입의 역할을 이들 전문가에게 의뢰할 수 있는 시스템을 구축함으로써 사례관리의 통합적 시스템 안에서 자살위기 이용자의 안전망이 기능하도록 지원한다.

(4) 가장 적절한 지원-자원 연결하기

자살에 관한 생각, 의지가 있다면 이용자로 하여금 충분히 고통스럽고 힘든 이야기를 털어놓도록 격려하도록 한다.

이용자가 자살을 생각할 만큼 고통스럽게 생각한 문제를 지원할 수 있는 자원들을 연계한다. 이때, 자살에 대한 의지가 강할수록 사례관리자의 도움에 거부적일 수 있으므로, 사례관리자는 자원연계시 다음과 같은 요소를 염두에 두도록 한다.

- 이용자가 선호하는 서비스 내용
- 이용자가 선호하는 서비스 제공방식
- 이용자가 선호하는 서비스 활용방법 등

자살과 연관된 이용자의 기분, 정서 상태에 대해 이용자가 다음과 같은 변화를 호소, 인정할 경우 자살예방센터, 정신건강복지센터, 정신건강의학과 전문의 등에게 연계한다.

- 기분이 우울함 호소
- 수면의 변화
  - '자도 자도 피로하고 기운이 안나요… 늘 몸이 무겁고'
  - '아무리 자려고 해도 밤새 이런저런 잡생각도 들고 해서 잠을 잘 못자요. 어쩌다 잠이 들어도 깊이 자는 게 아니라 피곤하고요.'
- 식욕의 변화
  - '입맛이 없어요. 늙어서 그런가. 맘이 그런가. 좋아하는 음식을 두고도 입맛이 없어요.'
- 우울, 불안, 혹은 죽음에 대한 생각 때문에 일상생활이 무기력함
  - '예전엔 손주가 화를 내면 저도 소리를 지르고 야단을 쳤는데… 이젠, 다 소용없다는 생각이 들어서 자포자기해요'
  - '집주인이 월세 밀렸다고 막 뭐라 해도 예전처럼 한두 달 봐주라마라. 그런

말 안 하게 되더라구요. 그냥 다 소용없는 것 같고. 뭐하러 이렇게 아등바둥 사나싶고…'

이때 사례관리자는 자살의 이슈를 본인이 책임져야 한다는 생각보다는 이용자의 생명보호를 위해 최선을 다해 돕는다는 데에 의의를 두고 사례관리를 하는 것이 바람직하다. 자칫 지나친 책임감은 사례관리자의 역할 한계를 뛰어넘는 부담을 갖게 할 뿐 아니라 혹여 예상치 못했던 상황에서 죄책감 등을 갖게 됨으로써 소진을 가져올 수 있다. 자살예방, 생명존중의 이슈는 클라이언트 한 사람, 한 사람의 생명을 소중하게 생각하고 보호하고자 노력하는 데 의의가 있음을 꼭 기억하자.

4. 지적장애와 비행문제가 있는 청소년 사례관리[4)]

1) 대상자(가명) 일반 사항

<table>
<tr><td>최초상담</td><td colspan="2">2013년 1월</td><td>주소 및 연락처</td><td colspan="2">경기도</td></tr>
<tr><td>대상자(가명)</td><td colspan="2">박민철 / 남 (가명)</td><td>나 이</td><td colspan="2">18세</td></tr>
<tr><td>의뢰경위</td><td colspan="2">대상자 요청</td><td>저소득 지원구분</td><td colspan="2">□ 국민기초수급자
□ 법정차상위
■ 저소득가구</td></tr>
<tr><td>가구유형</td><td>□ 소년소녀가구
■ 한부모가구
□ 부부중심가구</td><td>□ 독거노인가구
□ 노인부부가구
□ 기타( )</td><td>□ 조손가구
□ 청장년1인가구</td><td colspan="2">□ 장애인가구
□ 다문화가구</td></tr>
</table>

4) 경기도무한돌봄센터(2014). 『2014년 무한돌봄 사례관리 두 번째 이야기』 중 홍나미 · 이준우(2장 지적장애와 비행문제가 있는 청소년 사례관리) pp. 28~32까지의 내용을 발췌하여 요약, 정리하였다.

	관계	이름	나이/성별	동거 여부	학력	직업	건강상태 (장애 및 질병)
가족사항	본인	박민철	18세 / 남	동거	고재	학생	지적장애 2급
	부	박□□	55세 / 남	동거	미상	일용 근로	척추 디스크 통증호소(진단 x)
	이복 형	박△△	30세 / 남	비동거	미상	미상	
	이복 누나	박○○		비동거	미상	미상	

(1) 사례 요약

본 사례는 장애인 한부모 2인가구로서 대상자는 18세 남 박민철(가명)씨로 지적장애 2급으로 일반고등학교 2학년에 재학중임. 대상자가 빈번한 가출과 절도, 기물파손 등 범법행위를 저지르며 무단결석이 잦아 도움반 선생님의 의뢰를 통해 본 센터의 사례관리 대상자로 선정됨. 대상자는 가정불화에 따른 모의 가출 이후 방과후 돌봄이 부재하였고 중2 때부터 흡연과 비행이 시작되었음. 부의 알코올의존 및 근로활동에 의한 방임이 장기화됨에 따라 비행과 가출 빈도, 기간이 증가하여 부와는 갈등이 심화됨. 보호자인 부는 빈번한 연락두절, 상담 비협조, 대상자 인도 및 보호거부, 자녀에 대한 지원거부로 서비스 지원 전반에서 마찰을 빚음. 현재 부의 일용근로활동으로는 주거와 생계유지가 어려운 상황이나 종손으로 가문의 재산관리를 위해 개인명의의 5억 원 가량의 부동산 보유로 세금부담을 호소함. 대상자의 자해위험에 따라 보호자 동의를 얻고, 대상자를 설득하여 긴급 입원을 실시함. 정신과 검사 및 입원치료 지원을 2개월, 후원물품 지원과 보호자 동반 외박 등의 관계회복 노력을 하고 있는 상황임.

(2) 시설입소가 최선의 방법인가? 시설입소를 거부한다면 어떻게?

청소년들이 공동생활로 인해 규칙이 많은 쉼터나 그룹홈에 입소하는 것을 싫어하는 것은 너무나도 당연하다. 게다가 규칙을 지키는 힘이 약한 경우에는 언제든지 뛰쳐나갈 위험이 있는 것도 부인할 수 없는 사실이다. 그럼에도 불구하고, 현재 상황에서 청소년 이용자를 따뜻하게 공감하고, 자신의 행동을 통제하고, 올바른 생활습관을 습득하기 위해서는 시설입소를 결정하는 것이 안전한 방법일 수 있다.

다른 한편, 부모가 자녀를 수용하고 지금과는 다르게 자녀를 양육할 수 있도록 부모교육과 상담이 필요하며, 시설에 입소한 청소년 이용자는 주말 등을 이용하여 부모와 만남을 가지면서 가정에 복귀할 수 있도록 방향이 모색되어야 한다.

시설입소를 결정하였지만, 이용자가 여전히 거부하고 있고 부적응이 염려되는 상황에서 법적인 도움을 고려해 볼 수 있다. 이 사례의 경우 이용자는 가출뿐 아니라 가택침입, 방화미수, 절도가담 등 다양한 범죄행위를 하고 있었는데도 불구하고 한 번도 법적인 처벌을 받지 않았다. 부모의 학대와 방임이 의심되고, 지적장애가 있는 청소년이기에 지역사회에서 배려가 있었던 것으로 보인다. 그러나 범죄행위에 대해서는 분명한 제재가 필요하다. 지원방법마다 상황이 다를 수 있는데, 인천의 경우 판사가 가족이 돌볼 수 없는 보호관찰 청소년에게 지정된 위탁기관(청소년복지센터와 쉼터는 소년보호위탁기관으로 지정되어 있다)에서 보호처분을 받도록 명령을 내릴 수 있다. 보호관찰대상자로 지정된 청소년에 대해 보호관찰소는 보호위탁위원 또는 멘토 등을 연결하여 정서적 지원과 진로 등 다양한 정보를 제공하므로 이용자가 도움을 얻을 수 있을 것이다.

(3) 비자발적인 사례관리 이용자에 대한 개입기간 한계는?

때때로 변화가 필요한 사례관리 이용자는 현재 상황에 대하여 관심조차 없으며 무덤덤한데 비해 오히려 사례관리자는 더 안타까워 애를 태우는 경우가 많다. 이

사례의 경우에도 자녀의 보호에는 신경조차 쓰지 않고 연락도 제대로 되지 않는 부모를 대신하여 사례관리자는 지역사회의 많은 기관을 연계하고, 이용자의 안전과 보호를 위해 노력하고 있다.

사례관리자는 부모가 자녀에 대한 책임과 역할을 제대로 할 수 있도록 도와야 한다. 그러나, 부모가 비협조적이며 지역사회의 개입에 대하여 저항이 아닌 무관심과 무기력함으로 응대할 경우에는 한계가 느껴지는 것도 사실이다. 오히려 크게 불만을 표현하며 민원을 제기하는 이용자는 자신의 의사를 표현하고 있으므로 협조자로 변화될 수 있는 가능성이 더 많기도 하다.

통합사례회의를 통해 지역사회의 중지를 모아 개입을 시도하고, 다양한 지원을 진행하는 과정을 반복하지만, 이용자의 동기를 이끌어내는 것이 한계에 부딪히고 변화를 기대할 수 없다면 이 사례를 잠정적으로 종결하는 것도 한 가지 방법일 수 있다. 왜냐하면 이 사례에 대한 무한한 개입으로 인해 위기상황에 있는 또 다른 이용자를 놓쳐서는 안 되기 때문이다. 또한, 사례관리자가 소진되지 않도록 하는 것도 중요하기 때문이다.

(4) 지적장애 청소년의 비행문제에 대한 접근

사례관리 주대상자는 지적장애와 비행문제를 함께 지닌 이용자이다. 부의 알코올 문제로 부부간에 갈등이 있었을 것으로 추측되며, 가정불화는 자녀의 방임으로 이어졌을 가능성이 크다. 이용자가 중학교 2학년 때 모의가출이 있었고, 그 때부터 이용자의 흡연과 비행이 시작된 것으로 기록되어 있다. 부모의 방임과 학대 등으로 돌봄이 부족하고, 안정적 애착이 형성되지 못했을 경우 자녀가 경험하는 상실감은 분노로 쌓이면서 청소년기에 다양한 비행행동으로 나타날 가능성이 높다.

지적장애는 기질적인 원인뿐 아니라 환경적인 영향을 받기도 한다. 발달 시기에 적절한 자극을 제공받지 못하게 될 경우 지능이 발달하지 못 할 수도 있다. 현재 이 사례의 이용자는 지적장애 2급으로 진단받았는데, 이용자의 현재 행동을 이해하기 위해서는 잠재적 지능이 어떻게 평정되고 있는지 점검하고, 기능을 재평가하면 좋을 것 같다.

비행청소년들의 공통된 특징은 공감능력이 떨어지고, 규칙을 지키는 힘이 매우 약하다는 것이다. 규칙을 지키는 힘은 앞으로 살아가기 위해 필요한 힘이므로 이 부분을 강화시켜 주는 것이 필요하다. 지적장애가 있을 경우 허용되는 행동과 허용되지 않는 행동을 반복적으로 훈련하는 과정이 필요하지만, 이런 과정이 부모의 방임 등으로 생략된 경우, 충동적 · 우발적인 행동과 맥락에 맞지 않는 행동 등이 증가할 수 있다.

따라서 통제된 환경 안에서 규칙을 배우고 따르며 생활지도를 학습하는 과정이 절대적으로 필요하다. 아동기에 일관된 통제훈련을 경험하지 못했을 경우, 청소년기에는 충동적인 행동이 더욱 잦아질 수 있다. 이때 브호자는 청소년의 행동을 다시 한 번 교육하는 시기로 삼아야 한다. 그렇지만, 보호자가 그런 역할을 할 수 있는 여건이 되지 않는다면 청소년에게는 일상생활을 함께 보내면서 생활지도를 할 수 있는 공간과 환경이 제공되어야 한다. 한편 충동성이 심할 경우 약물치료를 병행하는 방법이 도움이 될 수 있다.

Tip

지적장애 청소년의 문제행동 해결방법

☞ 지적장애 청소년의 문제행동을 해결하는 방법은 실제로 없다. 단지 문제행동의 정도를 줄이는 방법밖에 없음을 기억해야 한다. 큰 문제가 되지 않도록 적절한 행동은 강화하고 적절하지 않은 행동에 대해서는 통제하며 반복적으로 알려주어야 한다.

☞ 집중적으로 통제하고 관리해 줄 수 있는 사람이 없다면, 약물처방도 도움이 될 수 있다. 약물을 처방받았다고 해서 바로 효과가 나타나는 것은 아니다. 1년 이상 꾸준히 복용해야 조금씩 효과를 볼 수 있다. 약물복용과 함께 문제행동을 소거하기 위해 인지행동 개입이 수행되었는지 등도 점검하여야 한다. 지적장애 청소년에게 흡수되는 정보의 양은 매우 적고, 문제행동은 길고 지속적으로 일어날 수 있으므로 언제든지 정서적으로 폭발할 수 있음을 염두에 두어야 한다.

5. 한부모가족을 위한 사례관리[5)]

1) 대상자(가명) 일반 사항

<table>
<tr><td>최초상담</td><td colspan="3">2014년 3월</td><td>주소 및 연락처</td><td colspan="3">경기도</td></tr>
<tr><td>대상자(가명)</td><td colspan="3">주은주 / 여 (가명)</td><td>나 이</td><td colspan="3">37세</td></tr>
<tr><td>의뢰경위</td><td colspan="3">대상자 요청</td><td>저소득 지원구분</td><td colspan="3">□ 국민기초수급자
■ 법정차상위
□ 저소득가구</td></tr>
<tr><td>가구유형</td><td colspan="2">□ 소년소녀가구
■ 한부모가구
□ 부부중심가구</td><td colspan="2">□ 독거노인가구
□ 노인부부가구
□ 기타( )</td><td colspan="2">□ 조손가구
□ 청장년1인가구</td><td>□ 장애인가구
□ 다문화가구</td></tr>
<tr><td rowspan="4">가족사항</td><td>관계</td><td>이름</td><td>나이/성별</td><td>동거 여부</td><td>학력</td><td>직업</td><td>건강상태
(장애 및 질병)</td></tr>
<tr><td>가구주</td><td>주은주</td><td>37세 / 남</td><td>동거</td><td>고중퇴</td><td>무직</td><td>우울증, 정신질환</td></tr>
<tr><td>자</td><td>주△△</td><td>14세 / 남</td><td>동거</td><td>중1</td><td></td><td></td></tr>
<tr><td>자</td><td>주□□</td><td>7세 / 남</td><td>동거</td><td>유치원</td><td></td><td></td></tr>
</table>

(1) 사례 요약

본 사례는 한부모 가구 3인 가족으로, 가구주 주은주(가명)씨가 정신질환 및 알코올로 인해 자녀에게 폭력을 행사하고, 월세 및 공과금 체납으로 일상생활에 어려움을 겪고 있어 사례관리자로 선정됨. 당초 이용자는 ○○의료원에 자의입원하여 정신과 치료를 받고, 지속적인 학업유지를 위해 거주지에서 혼자 생활하였음. 이용자는 취업이 되지 않아 차상위 자활 및 희망리본프로젝트 사업을 신청하여 취업을

5) 경기도무한돌봄센터(2014). 『2014년 무한돌봄 사례관리 두 번째 이야기』 중 황미경 · 권자영(7장 한부모 가족을 위한 사례관리) pp. 73~78까지의 내용을 발췌하여 요약, 정리하였다.

하고자 찾고 있던 중 자녀 주△△가 핸드폰 절도로 문제를 일으키게 되었는데, 이를 안 이용자가 골프채로 때려 학교 사회복지사가 ○○아동보호전문기관에 신고를 한 상황임. 이용자는 장기 월세체납으로 집주인으로부터 퇴거명령을 받은 상황이고, 생활유지를 위해 근로활동을 하여야 되는 관계로 자녀 모두를 시설에 맡기겠다고 하고 있어 자녀들의 보호를 위한 개입이 필요한 상황임.

(2) 기관연계에 있어 민감한 청소년 시기

2014년 3월부터 사례관리하면서 이용자에 대한 보건의료 지원과 자녀에 대한 개별사례 지원이 적절하게 이루어졌다. 사례관리기관 간 업무적으로나 정서적으로 밀착되어진 정도에 따라 영향을 주고받을 수 있다.

장남 주△△는 전형적인 사춘기 시기이므로 Wee 센터 방문이 적절하게 진행되지 못한 상황에 대한 재평가를 한다. 세대주의 자립과 자녀의 건강한 성장 지원을 위하여 단계와 기간을 설정한다. 행동체계에서 대상자의 상태파악에 따른 개입, 기관 등에 관한 우선순위 설정이 필요하다.

(3) 상황을 객관적으로 보고 이해하도록 돕기

사례관리자는 자녀들이 어머니의 심신 상태를 정확하게 이해하고 가족 상황을 정확히 인식할 수 있도록 설명해 주어야 한다. 어머니의 건강이 어느 정도 호전될 때까지 동생과 같이 잘 지내야 하며, 자녀 주△△가 그룹홈이나 보육원에서도 안전하게 생활할 수 있음을 안내하고, 견학을 시켜줄 필요성도 있다.

(4) 부모와 자녀에 대한 자원 이해

어머니와 장남의 절도 및 자녀 폭행 빈도를 통찰하여 세대주에 대한 건강 개입과 병행하여 자녀에 대한 폭력통제 및 양육방식 지도가 필요하다. 세대주가 직업활동을 하려는 의지가 있으므로 지원 체계를 조성하여 경제활동을 지원한다.

알코올 의존 증상이 있음에도 생활유지를 위해 근로활동을 하려는 의지는 세대주의 강점이다. 이러한 경우에는 정신건강복지센터에 일정 기간 이용자의 변화에 대한 모니터링을 요청하는 것이 좋다. 어머니의 건강 상태에 대하여 자녀들에게 설명해 줄 필요성이 있고, 자녀들을 보호하기 위하여 현실적인 조치를 내릴 수 있다. 어려운 중에도 변화의 의지가 강한 한부모가족은 임파워먼트가 가능하며, 자녀들은 성장해 가면서 미래를 위한 결정을 이해할 수 있게 된다.

(5) 자원과 정보의 탐색

어머니의 건강상태를 이해하고 인적 관계망을 확인해 보아야 한다. 자녀들에게 어머니의 건강상태를 정확히 알려주고, 가계도와 생태도에 나타나지 않는 친부의 정보를 확인하고, 자녀와 만나고 관계유지가 가능할지 고려해 보아야 한다.

가족에 대한 사례관리에 있어 가족구성원들의 면담 사실과 정보가 불일치하거나, 개인적인 어려움에 봉착하여 가족들이 문제를 외면하는 상황이 빈번하다. 이러한 상황에서 경제적 · 심리적 도움을 기대하는 의뢰자들에 대해 사례관리자는 침묵하고 기다리는 인내가 필요하다. 즉, '의도적인 타임아웃' 상황에서 개입 방향과 사례관리의 관계가 재정립될 수 있다.

서비스를 선택할 수 있는 지적 능력이 있는 이용자들에게는 받고 싶은 서비스나 지원에 대하여 스스로 이야기 해 보도록 기회를 부여한다. 그리고 사례관리자는 사실에 대하여 확인을 하면서 최선을 다하여 문제가 해결될 수 있도록 돕고 있음을 언급하는 것이 좋다. 이용자 스스로 정보가 사실과 불일치한 원조관계를 깨닫는다면 성공적이다.

부록 [윤리기준]

Case Management

부록 [윤리기준]

Ⅰ. 사회복지사의 기본적 윤리기준

1. 전문가로서의 자세

1) 사회복지사는 전문가로서의 품위와 자질을 유지하고, 자신이 맡고 있는 업무에 대해 책임을 진다.
2) 사회복지사는 클라이언트의 종교 · 인종 · 성 · 연령 · 국적 · 결혼상태 · 성 취향 · 경제적 지위 · 정치적 신념 · 정신, 신체적 장애 · 기타 개인적 선호, 특징, 조건, 지위를 이유로 차별대우를 하지 않는다.
3) 사회복지사는 전문가로서 성실하고 공정하게 업무를 수행하며, 이 과정에서 어떠한 부당한 압력에도 타협하지 않는다.
4) 사회복지사는 사회정의 실현과 클라이언트의 복지 증진에 헌신하며, 이를 위한 환경 조성을 국가와 사회에 요구해야 한다.
5) 사회복지사는 전문적 가치와 판단에 따라 업무를 수행함에 있어, 기관 내외로부터 부당한 간섭이나 압력을 받지 않는다.
6) 사회복지사는 자신의 이익을 위해 사회복지 전문직의 가치와 권위를 훼손해서는 안 된다.
7) 사회복지사는 한국사회복지사협회 등 전문가단체 활동에 적극 참여하여, 사회정의 실현과 사회복지사의 권익옹호를 위해 노력해야 한다.

2. 전문성 개발을 위한 노력

1) 사회복지사는 클라이언트에게 최상의 서비스를 제공하기 위해, 지식과 기술을 개발하는데 최선을 다하며 이를 활용하고 전파할 책임이 있다.
2) 클라이언트를 대상으로 연구하는 사회복지사는 저들의 권리를 보장하기 위해, 자발적이고 고지된 동의를 얻어야 한다.
3) 연구과정에서 얻은 정보는 비밀보장의 원칙에서 다루어져야 하고, 이 과정에서 클라이언트는 신체적, 정신적 불편이나 위험 · 위해 등으로부터 보호되어야 한다.
4) 사회복지사는 전문성을 개발하기 위해 노력하되, 이를 이유로 서비스의 제공을 소홀히 해서는 안 된다.
5) 사회복지사는 한국사회복지사협회 등이 실시하는 제반교육에 적극 참여하여야 한다.

3. 경제적 이득에 대한 태도

1) 사회복지사는 클라이언트의 지불능력에 상관없이 서비스를 제공해야 하며, 이를 이유로 차별대우를 해서는 안 된다.
2) 사회복지사는 필요한 경우에 제공된 서비스에 대해, 공정하고 합리적으로 이용료를 책정해야 한다.
3) 사회복지사는 업무와 관련하여 정당하지 않은 방법으로 경제적 이득을 취하여서는 안 된다.

II. 사회복지사의 클라이언트에 대한 윤리기준

1. 클라이언트와의 관계

1) 사회복지사는 클라이언트의 권익옹호를 최우선의 가치로 삼고 행동한다.

2) 사회복지사는 클라이언트에 대하여 인간으로서의 존엄성을 존중해야 하며, 전문적 기술과 능력을 최대한 발휘한다.
3) 사회복지사는 클라이언트가 자기결정권을 최대한 행사할 수 있도록 도와야 하며, 저들의 이익을 최대한 대변해야 한다.
4) 사회복지사는 클라이언트의 사생활을 존중하고 보호하며, 직무 수행과정에서 얻은 정보에 대해 철저하게 비밀을 유지해야 한다.
5) 사회복지사는 클라이언트가 받는 서비스의 범위와 내용에 대해, 정확하고 충분한 정보를 제공함으로써 알 권리를 인정하고 존중해야 한다.
6) 사회복지사는 문서 · 사진 · 컴퓨터 파일 등의 형태로 된 클라이언트의 정보에 대해 비밀보장의 한계 · 정보를 얻어야 하는 목적 및 활용에 대해 구체적으로 알려야 하며, 정보 공개시에는 동의를 얻어야 한다.
7) 사회복지사는 개인적 이익을 위해 클라이언트와의 전문적 관계를 이용하여서는 안 된다.
8) 사회복지사는 어떠한 상황에서도 클라이언트와 부적절한 성적관계를 가져서는 안 된다.
9) 사회복지사는 사회복지 증진을 위한 환경조성에 클라이언트를 동반자로 인정하고 함께 일해야 한다.

2. 동료의 클라이언트와의 관계

1) 사회복지사는 적법하고도 적절한 논의 없이 동료 혹은, 다른 기관의 클라이언트와 전문적 관계를 맺어서는 안 된다.
2) 사회복지사는 긴급한 사정으로 인해 동료의 클라이언트를 맡게 된 경우, 자신의 의뢰인처럼 관심을 갖고 서비스를 제공한다.

Ⅲ. 사회복지사의 동료에 대한 윤리기준

1. 동료

1) 사회복지사는 존중과 신뢰로서 동료를 대하며, 전문가로서의 지위와 인격을 훼손하는 언행을 하지 않는다.
2) 사회복지사는 사회복지 전문직의 이익과 권익을 증진시키기 위해 동료와 협력해야 한다.
3) 사회복지사는 동료의 윤리적이고 전문적인 행위를 촉진시켜야 하며, 이에 반하는 경우에는 제반 법률규정이나 윤리기준에 따라 대처해야 한다.
4) 사회복지사가 전문적인 판단과 실천이 미흡하여 문제를 야기시켰을 때에는, 적절한 조치를 취하여 클라이언트의 이익을 보호해야 한다.
5) 사회복지사는 전문직 내 다른 구성원이 행한 비윤리적 행위에 대해, 제반 법률규정이나 윤리기준에 따라 조치를 취해야 한다.
6) 사회복지사는 동료 및 타 전문직 동료의 직무 가치와 내용을 인정 · 이해하며, 상호간에 민주적인 직무관계를 이루도록 노력해야 한다.

2. 수퍼바이저

1) 수퍼바이저는 개인적인 이익의 추구를 위해 자신의 지위를 이용해서는 안 된다.
2) 수퍼바이저는 전문적 기준에 의해 공정하게 책임을 수행하며, 사회복지사 · 수련생 및 실습생에 대한 평가는 저들과 공유해야 한다.
3) 사회복지사는 수퍼바이저의 전문적 지도와 조언을 존중해야 하며, 수퍼바이저는 사회복지사의 전문적 업무수행을 도와야 한다.
4) 수퍼바이저는 사회복지사 · 수련생 및 실습생에 대해 인격적 · 성적으로 수치심을 주는 행위를 해서는 안 된다.

Ⅳ. 사회복지사의 사회에 대한 윤리기준

1) 사회복지사는 인권존중과 인간평등을 위해 헌신해야 하며, 사회적 약자를 옹호하고 대변하는 일을 주도해야 한다.
2) 사회복지사는 필요한 사회서비스를 개발하기 위한 사회정책의 수립 · 발전 · 입법 · 집행에 적극적으로 참여하고 지원해야 한다.
3) 사회복지사는 사회환경을 개선하고 사회정의를 증진시키기 위한 사회정책의 수립 · 발전 · 입법 · 집행을 요구하고 옹호해야 한다.
4) 사회복지사는 자신이 일하는 지역사회의 문제를 이해하고, 그것을 해결하는 일에 적극적으로 참여해야 한다.

Ⅴ. 사회복지사의 기관에 대한 윤리기준

1) 사회복지사는 기관의 정책과 사업 목표의 달성, 서비스의 효율성과 효과성의 증진을 위해 노력함으로써, 클라이언트에게 이익이 되도록 해야 한다.
2) 사회복지사는 기관의 부당한 정책이나 요구에 대하여, 전문직의 가치와 지식을 근거로 이에 대응하고 즉시 사회복지윤리위원회에 보고해야 한다.
3) 사회복지사는 소속기관 활동에 적극 참여함으로써, 기관의 성장발전을 위해 노력해야 한다.

Ⅵ. 사회복지윤리위원회의 구성과 운영

1) 한국사회복지사협회는 사회복지윤리위원회를 구성하여, 사회복지윤리실천의 질적인 향상을 도모하여야 한다.
2) 사회복지윤리위원회는 윤리강령을 위배하거나 침해하는 행위를 접수받아, 공식적

인 절차를 통해 대처하여야 한다.

3) 사회복지사는 한국사회복지사협회의 윤리적 권고와 결정을 존중하여야 한다.

[사회복지사 선서문]

나는 모든 사람들이 인간다운 삶을 누릴 수 있도록
인간존엄성과 사회정의의 신념을 바탕으로
개인 · 가족 · 집단 · 조직 · 지역사회 · 전체사회와 함께 한다.

나는 언제나 소외되고 고통 받는 사람들의 편에 서서
저들의 인권과 권익을 지키며
사회의 불의와 부정을 거부하고 개인이익보다 공공이익을 앞세운다.

나는 사회복지사 윤리강령을 준수함으로써 도덕성과 책임성을 갖춘
사회복지사로 헌신한다.

나는 나의 자유의지에 따라 명예를 걸고 이를 엄숙하게 선서합니다.

출처: 한국사회복지사협회. http://www.welfare.net

참고문헌

강명순 외 부스러기사랑나눔회 지역사회복지사팀 (2008). 빈곤아동·가족과 함께하는 찾아가는 사례관리. 서울: 학지사.

강현아, 노충래, 박은미, 신혜령 (2008). 아동복지 종사자들의 직무스트레스 요인, 소진 및 이직 의도의 관계. 한국사회복지학, 60(3), 107-127.

경기도무한돌봄복지과 (2014). 2014년 무한돌봄 사례관리 두 번째 이야기.

경기도무한돌봄센터 (2013). 2013년 무한돌봄 사례관리 이야기. 수원: 경기도청.

교남소망의집 (2004). 정신지체인의 사례관리와 사정도구. 서울: EM실천.

굿네이버스, 한국사례관리학회 (2010). 굿네이버스 강점기반 통합사례관리모형 및 매뉴얼.

권진숙 (2007). 사례관리 이론과 실제: 등촌4종합사회복지관 사례를 중심으로. 고양: 공동체.

권진숙 (2010). 한국사례관리의 다양성과 혼돈 그리고 정체성. 2010년 한국사례관리학회 춘계학술대회 자료집, 1-19.

권진숙, 박지영 (2009). 사례관리의 이론과 실제. 서울: 학지사.

김기태, 김수환, 김영호, 박지영 (2007). 사회복지실천론. 고양: 공동체.

김범수 (2002). 지역사회복지론. 서울: 홍익제.

김상균, 오정수, 유채영 (2002). 사회복지윤리와 철학. 파주: 나남출판.

김연명 (2008). 새로운 복지전략으로서의 사회투자론, 전환기의 한국사회복지 패러다임. 서울: 인간과복지.

김융일, 조흥식, 김연옥 (2000). 사회복지실천론. 파주: 나남출판.

김통원, 김용득, 강종식, 김미옥, 김종범, 장정은, 이근희, 백형의 (1998). 사회복지실천 사례관리. 서울: 지샘.

모선영 (2007). 사회복지서비스통합과 네트워크의 발전적 방안. 춘계학술대회 및 워크숍 자료집.

민소영 (2006). 만성정신장애인을 위한 사례관리 모형과 수행구조에 대한 탐색적 연구. 사회복지연구, 30, 215-242.

박미은, 박귀서 (1999). 정신질환자를 위한 사례관리에서 자원활용에 관한 연구. 정신보건과 사회사업, 8, 79-103.

박용억, 황성하, 최연희, 김현미, 김현실, 전은영, 민애경, 서부덕, 이계희, 이혜경 (2005). 노인요양보장제도에 있어서 케어매니저 양성을 위한 교과과정개발. 대한케어복지학, 1(2), 89-117.

박은미, 박지영, 이기연, 최은정, 하경희 (2010). 무한돌봄센터 사례관리 교육교재 II. 경기복지재단.

서미경, 김영란, 박미은 (2000). 사회복지실천윤리. 파주: 양서원.

서울시복지재단 (2009). 2009년 서울시복지재단 사회복지관 프로그램 매뉴얼 활동도 및 만족도 조사.

서울시복지재단 (2010). 사회복지관 프로그램 매뉴얼 지역사회보호사업: 사례관리 실천매뉴얼.

서진환, 이선혜, 정수경 (2001). 현대사회복지실천이론. 파주: 나남출판.

설진화 (2009). 사례관리론. 파주: 양서원.

성은미 (2013). 사례관리 중심의 복지서비스 전달체계의 성과에 대한 관련 집단의 인식연구: 경기도의 무한돌봄센터를 중심으로. 한국지역사회복지학, 45, 33-58.

성은미, 김상곤, 최승희 (2009). 경기도의 효율적인 복지서비스 전달체계 구축방안 연구. 수원: 경기복지재단.

성은미, 김희연, 정연표, 홍선미, 전재현 (2010). 2010년 무한돌봄사업 모니터링 및 발전방안. 수원: 경기복지재단.

안상훈 (2006). 사회서비스 투자국가로의 전환논리: 하나의 비교사회정책적 사설. 한국사회복지학회 추계학술대회 자료집, 21-49.

양옥경, 김미옥, 김미원, 김정자, 남경희, 박인선, 신혜령, 안혜영, 윤현숙, 이은주, 한혜경 (2004). 사회복지윤리와 철학. 서울: 나눔의집.

양옥경, 김정진, 서미경, 김미옥, 김소희 (2002). 사회복지실천론. 파주: 나남출판.

양용희 (2001). 지역사회 자원개발 및 활용: 지역사회 사회복지관을 중심으로. 서울: 동작구사회복지관협의회.

양정남, 권구영, 김화선, 최은정, 한혜경 (2009). 사례관리. 파주: 양서원.

엄명용, 김성천, 오혜경, 윤혜미 (2011). 사회복지실천의 이해. 서울: 학지사.

엄명용, 노충래, 김용석 (2005). 사회복지실천기술의 이해. 서울: 학지사.

엄미선, 최종복, 전동일 (2009). 사회복지 자원개발론. 서울: 대왕사.

오혜경 (2005). 사회복지 윤리와 철학. 서울: 창지사.

원석조 (2001). 사회복지정책학원론. 파주: 양서원.

이광재 (2003). 의료사회사업론. 서울: 인간과복지.

이근홍 (1998). 케이스 매니지먼트. 서울: 대학출판사.

이근홍 (2006). 사회복지실천 개별관리. 고양: 공동체.

이봉주 (2007). 네트워크조직에서의 통합사례관리. 지역사회네트워크 간사 및 수행기관 실무자집중화 교육자료집. 한국사회복지행정학회·지역사회네트워크지원사업지원단, 21-27.

이봉주, 김용득, 여유진, 강혜규, 남찬섭 (2006). 한국사회복지서비스 제도화의 과제 : 경험과 전망, 일자리 창출을 위한 국가 고용전략과 비전. 한국노동연구원 국제심포지엄 자료집.

이애련, 이권일, 전남련, 김미자, 이은화, 정현숙, 김덕일 (2009). 지역사회복지론. 파주: 학현사.

이원숙 (1995). 사회적 망과 사회적 지지이론. 서울: 홍익제.

이종복, 이권일, 김화순, 오은경 (2007). 사례관리의 이론과 실천. 서울: 창지사.

이준영 (2007). 사회복지 네트워크의 이론과 과제. 한국사회복지행정학회 춘계학술대회 자료집, 3-34.

이준우 (2009). 사회복지실천기술론. 서울: 파란마음.

이준우 (2012). 장애인복지정책과 실천. 파주: 나남출판.

이준우, 이화옥, 임원선 (2006). 사회복지실천론. 서울: 인간과복지.

이준우, 임원선 (2011). 전문사회복지실천론. 서울: 인간과복지.

인천광역시사회복지관협회, 사례관리연구회 (2009). 인천광역시 사회복지관 사례관리실천을 위한 매뉴얼 연구보고서.

장수미, 이선민, 문용준 (2006). 성폭력이 의심되는 여아의 위기개입. 정신보건과 사회사업, 22(4), 287-303.

장인협 (1995). 지방화시대의 지역복지실천방법론: 케어·케이스 관리. 서울: 서울대학교출판부.

장인협, 우국희 (2001). 케어·케이스매니지먼트. 서울: 서울대학교출판부.

장창호, 고순철, 김익균, 김치영 (2006). 지역사회복지론. 파주: 교문사.

정순둘 (2005). 사례관리실천의 이해. 서울: 학지사.

최송식 (2008). 지역사회정신보건과 사례관리실천. 고양: 공동체.

최일섭, 류진석 (2003). 지역사회복지론. 서울: 서울대학교출판부.

최희철, 김형모, 문영희, 홍선미, 조승철, 성은미 (2009). 무한돌봄센터 운영매뉴얼. 수원: 경기복지재단.

한국사례관리학회 (2012). 사례관리론. 서울: 학지사.

홍선미, 김상곤, 민소영, 박지영, 한소정, 성은미 (2010). 무한돌봄센터 사례관리 교육교재Ⅰ. 수원: 경기복지재단.

홍선미, 민소영, 한소정, 성은미 (2010). 무한돌봄센터 사례관리 매뉴얼. 수원: 경기복지재단.

홍선미, 이연, 안태숙, 전재현 (2010). 무한돌봄센터 자원개발 매뉴얼. 수원: 경기복지재단.

홍선미, 하경희 (2009). 지역사회네트워크 중심 통합사례관리에 대한 탐색적 연구. 한국사회복지행정학, 11(1), 29-61.

홍선미, 하경희, 최세나 (2007). 안산통합서비스네트워크센터의 통합사례관리 평가 연구. 안산: 안산통합서비스네트워크센터.

홍현미라 (2006). 지역사회관계망을 활용한 자원개발경험의 유형에 관한 근거이론 연구. 한국사회복지학, 58, 65-69.

홍현미라, 김가율, 민소영, 이은정, 심선경, 이민영, 윤민화 (2010). 지역사회복지론. 서울: 학지사.

황성철 (1995). 사례관리 실천을 위한 모형개발과 한국적 적용에 관한 연구. 한국사회복지학, 27, 275-304.

白澤政和 (1992). ケースマネジメントの理論と實際-生活を支える援助システム-. 東京: 中央法規出版.

Allen, S. (2003). *Meeting the needs of families with at-risk infants and toddlers: service coordination practices in home visiting programs*. Unpublished doctoral dissertation, Indiana State University, Terre Haute.

Austin, C. (1993). Case Management: A Systems Perspective. *Families in Society: The Journal of Contemporary Human Services*, *74*(3), 451-459.

Bachrach, L. L. (1981). Continuity of care for chronic mental patients: A conceptual analysis. *The American Journal of Psychiatry*, *138*(11), 1449-1456.

Bellow, J. R., & Mink, G. (1986). *Case management in the Human Service*. Springfild. IL: Charles C. Thomas, Publisher.

Bellow, J. R., & Mink, G. (1996). *Case management in Social Work: developing the professional skills needed for work with multiproblem clients*. Springfield, IL: Charles, C. Thomas Publisher, Ltd.

Bertsche, A. V., & Horejsi, C. R. (1980). Coordination of client services. *Social Work*, *25*(2), 94-98.

Blau, P. M. (1964). *Exchange and Power in Social Life*. NY: Wiley.

Caplan, G. (1964). *Principles of Preventative psychiatry*. NY: Basic Books.

Challis, D., & Davies, B. (1986). *Case-Management in Community Care*. Gower, Aldershot.

Coleman, J. S. (1988). Social capital in the creation of human capital. *American Journal of Sociology*, *94*, 95-120.

Corey, G., Corey, M. S., & Callanan, P. (1988). *Issues and ethics in the helping professions*. Pacific Grove, CA: Brooks/Cole Publishing.

Davidson, J. R., & Davidson, T. (1996). Confidentiality and managed care: Ethical and legal concerns. *Health & Social Work*, *21*(3), 208-215.

Degen, K., Cole, N., Tamayo, L., & Dzerovych, G. (1990). Intensive case management for the seriously mentally ill. *Administration and Policy in Mental Health*, *17*(4), 265-269.

DeLon, G. (2001). Intregated Systems Approach(ISA): Recovery-based treatment. Paper presented at the 8st European Conference on Rehabilitation and Drug Policy, 21st Century, New Spiritual and Ethical Challenges in Prevention, Treatment, and Research. Sept. 5-8, Warsaw, Poland.

Emerson, R. M. (1962). Power-Dependence Relations. *American Sociological Review*, *27*(1), 31-41.

Fitz-Gibbon, C. T. (1978). Setting-up and Evaluating Tutoring projects. Los Angeles Center for the Study of Evaluation.

Frankel, A. J., & Gelman, S. R. (2003). 사례관리: 개념과 기술. 권진숙 역 (2004). 서울: 학지사.

Frankel, A. J., & Gelman, S. R. (2003). *Case Management: An Introduction to Concepts and Skills*. Chicago: Lyceum Books.

Gerhart, U. C. (1983). The role of the case manager for the mentally ill: problems and prospects. A paper presented at the NASW Professional Symposium in November of 1983.

Germain, C. B., & Gitterman, A. (1980). *The life model of social work practice*. NY: Columbia University Press.

Gilliland, B., & James, R. K. (1993). 위기개입. 한인영, 김연미, 장수미, 최정숙, 박형원, 이소래 공역 (2001). 서울: 나눔의집.

Gronbjerg, K. A. (1992). Nonprofit human service organizations: Funding strategies and patterns of adaptation, In Y. Hasenfeld, Human Services as Complex Organizations, Newbury Park, CA: Sage.

Gursansky, D., Harvey, J., & Kennedy, R. (2003). *Case management: Policy, practice and professional business*. Allen & Unwin, Sydney.

Hardcastle, D., Powers, P., & Wenocur, S. (2004). *Community Practice: Theories and skills for social workers*. Oxford: Oxford University Press.

Holt, B. (2000). *The Practice of Generalist Case Management*. Boston: Allyn and Bacon.

Intagliata, J. (1982). Improving the quality of community care for the chronically mentally disabled: The role of case management. *Schizophrenia Bulletin*, *8*, 655-674.

Jacobs, D. (1974). Dependency and vulnerability. An exchange approach to the control of organizations. *Administrative Science Quarterly*, *19*(1), 45-59.

James, R. K., & Gilliland, B. E. (2001). *Crisis intervention strategies* (2nd ed.). Pacific Grove, CA: Brooks/Cole.

Johnson, P. J., & Rubin, A. (1983). Case management in mental health: A social work domain. *Social work*, *28*(1), 1-12.

Karls, J. M., & Wandrei, K. E. (1994). *Pie manual: Person-in-environment system*. Washington, DC: NASW Press.

Kirst-Ashman, K. K., & Hull, G. H. (1993). *Understanding Generalist Practice*. Chicago: Nelson-Hall, Publishers.

Kooiman, J. (1994). *Modern Governance: New Government-Society Interactions*. London: Sage.

Kumar, S. (2000). Multidisciplinary Approach to Rehabilitation. Butterworth Heinemann.

Lamb, H. R. (1980). Therapist-case managers: more than brokers of services. *Hospital and Community Psychiatry*, *31*(11), 762-764.

Leavitt, S. S. (1982). Case management: A remedy for problems of community care. In C. Sanborn, Case management in mental health services, 17-41. NY: The Haworth

Press.

Lindemann, E. (1944). Symptomatology and management of acute grief. *The American Journal of Psychiatry*, *101*, 141-148.

Loewenberg, F., & Dolgoff, R. (1996). *Ethical Decisions for Social Work Practice* (3rd ed.). Itasca, IL: F. E. Peacock Publishers.

Maslach, C. (1982). Understanding burnout: Definitional Issues in analyzing a complex phenomenon. In W. S. Paine, Job stress and burnout. Beverly Hills, CA: Sage.

Maslach, C., & Leiter, M. P. (1997). *The truth about burnout*. San Francisco: Jossey-Bass.

Mattaini, M. A., Lowery, C. T., & Meyer, C. H. (1998). 사회복지실천이론의 토대. 이팔환 외 공역 (1999). 서울: 나눔의집.

Miley, K. K., O'Media, M., & Dubois, B. L. (1995). *Generalist social work practice, An empowering, approach*. Boston: Allyn & Bason.

Mishra, R. (1984). 복지국가위기론: 사회사상과 사회변동. 김한주, 최경구 공역 (1992). 서울: 법문사.

Moore, S. T. (1990). A social work practice model of case management: The case management grid. *Social Work*, *35*(5), 444-448.

Moore, S. T. (1992). Case management and the integration of services: How service delivery systems shape case management. *Social Work*, *37*(5), 418-423.

Moxley, D. P. (1989). 효과적인 복지서비스를 위한 사례관리실천론. 김만두 역 (1993). 서울: 홍익제.

Moxley, D. P. (1989). *The practice of case management*. CA: Sage Publications Inc.

Mueser, K. T., Bond, G. R., Drake, R. E., & Resnick, S. G. (1998). Models of community care for severe mental illness: a review of research on case management. *Schizophrenia Bulletin*, *24*(1), 37-74.

Murer, C. G., & Brick, L. L. (1997). *The case manager's source book: A guide to designing and implementing a centralized case management system*. NY: McGraw-Hill.

NASW (1992). *Standards for Social Work Case Management*. Washington, DC: National Association of Social Workers Press.

NASW (1996). *Code of Ethics*. Washington, DC: National Association of Social Workers Press.

Netting, F. E. (1992). Case Management: Service or Symptom? *Social Work*, *37*(2), 160-164.

Netting, F. E., Kettner, P. M., & McMurtry, S. L. (1993). *Social Work Macro Practice*. White Plains, NY: Longman.

O'Connor, G. G. (1988). Case management systems and practice. *Social Casework*, *69*(2), 97-106.

Perlman, H. H. (1968). *Social Casework: A Problem-solving Process*. Chicago: University of Chicago Press.

Pincus, A., & Minahan, A. (1973). *Social work practice: Model and method*. IL: F.E. Peacock Publishers, Inc.

Putnam, R. D. (2000). *Bowling Alone: The Collapse and Revival of American Community*. NY: Simon & Schuster.

Quinn, J. (1993). *Successful Case Management in Long Term Care*. NY: Springer Publishing Company.

Rapp, C. A. (1993). Theory, Principles, and Methods of the Strengths Model of Case Management. In Harris, M. and Bergman, H. C. Case Management for Mentally Ill Patiets: Theory and Practice. Langhome, PA: Harwood Academic Publishers, 143-164.

Rapp, C. A., & Goscha, R. J. (2004). The principles of effective case management of mental health services. *Psychiatric Rehabilitation Journal*, *27*(4), 319-333.

Rapp, C. A., & Goscha, R. J. (2006). *The strengths model: Case management with people with psychiatric disabilities* (2nd ed.). NY: Oxford University Press.

Reamer, F. G. (1990). Ethical dilemmas in social service (2nd ed.). NY: Columbia University Press.

Reamer, F. G. (1995). *Social work values and ethics*. NY: Columbia University Press.

Reid, W. J., & Epstein, L. (1978). *Task-centered practice*. NY: Columbia University Press.

Rhodes, R. A. W. (1997). *Understanding Governance: Policy Network, Governance and Accountability*. Bucking: Open University Press.

Ross, H. (1980). Volunteers for Services to Older Persons. Proceedings of the Conference on the Evaluation of Case Management Programs, Los Angeles: CVolunteers for Services to Older Persons.

Rothman, J. (1991). A model of case management: Toward empirically based practice. *Social Work, 36*(6), 520-528.

Rothman, J., & Sager, J. S. (1998). *Case management: Integrating individual and community practice*. Boston, MA: Allyn and Bacon.

Rubin, A. (1987). Case Management, *In Encyclopedia of Social Work* (18th ed.), Silver Spring, MD: NASW.

Saleebey, D. (1997). *The Strengths Perspective in Social Work Practice* (2nd ed.). NY: Longman.

Saleebey, D. (2002). *The Strengths Perspective in Social Work Practice* (3rd ed.). Boston, MA: Allyn & Bacon.

Sheafor, B. W., Horejsi, C. R., & Horejsi, G. A. (1988). *Technique and Guidelines for Social Work Practice*. Boston: Allyn & Bacon.

Sheafor, B. W., Horejsi, C. R., & Horejsi, G. A. (1997). 사회복지실천 기법과 지침. 서울대사회복지실천연구회 역 (2001). 파주: 나남출판.

Siporin, M. (1987). *Resources Development and Service Provision, Encyclopedia of Social Work* (18th ed.). Silver Spring, MD: NASW.

Skidmore, R. A., Thackeray, M. G., & Farley, O. W. (1994). *Introduction to social work* (6th ed.). NJ: Prentice Hill.

Sledge, W. H., Astrachan, B., Thompson, K., Rakfeldt, J., & Leaf, P. (1995). Case management in psychiatry: An analysis of tasks. *American Journal of Psychiatry, 152*(9), 52-58.

Social Services Inspectorate and Social Work Services Group (SSI/SWSG). (1991). *Care Management and Assessment: Practitioners Guide, Social Services Inspectorate and Social Work Services Group*. London: HMSO.

Stein, L. I., & Test, M. A. (1980). Alternative to mental hospital treatment: Conceptual model, treatment program, and clinical evaluation. *Archives of General Psychiatry, 37*, 392-397.

Sullivan, W. P. (1992). Reclaiming the community: The strengths perspective and deinstitutionalization. *Social Work, 37*, 204-209.

Summers, N. (2009). *Case management practice: skills for the human services* (3rd ed.). Brooks/Cole.

Surles, R. C., & McGurrin, M. C. (1987). Increased use of psychiatric emergency services by young chronic mentally ill patients. *Hospital and Community Psychiatry*, *38*, 401-405.

Toseland, R. (1981). Increasing access: Outreach methods in social work practice. *Social Casework*, *62*, 227-234.

Vourlekis, B. S., & Greene, R. R. (1992). *Social Work Case Management*. Aldine Transaction.

Watkins, S. A. (1989). Confidentiality and privileged communications: Legal dilemma for family therapists. *Social Work*, *34*, 133-136.

Weil, M., & Karls, J. M. (1985). *Case Management in Human Service Practice*. San Francisco: Jossey-Bass.

Woodside, M., & McClam, T. (2004). *Generalist Case Management: A Method of Human Service Delivery*. Thomson Brooks/Cole.

Zastrow, C. (1999). *The practice of social work* (6th ed.). United States: Brooks Cole Publishing Company.

경기도 무한돌봄센터. http://muhan.gg.go.kr

법제처 국가법령정보센터. http://www.law.go.kr

보건복지부. http://www.mw.go.kr

한국사례관리사협회. http://www.caremanager2012.or.kr

한국사례관리학회. http://www.kacm.net

한국사회복지관협회. http://www.kaswc.or.kr

한국사회복지사협회. http://www.welfare.net

한국사회복지협의회. http://kncsw.bokji.net

National Association of Social Workers. http://www.socialworkers.org

찾아보기

인명

내용

저자약력

이준우(李峻宇)

총신대학교 종교교육학과 졸업
총신대학교 신학대학원 실천신학 수료
숭실대학교 대학원 사회복지학 석사·박사(MA, Ph.D)
미국 사우스웨스턴침례신학대학원 목회학 박사(D.Min)

강남대학교 복지융합대학 사회복지학부 교수
강남대학교 일반대학원 수화언어통번역학과 주임교수
강남대학교 산학협력단 부설 한국CISM연구소 소장
미국 풀러(Fuller)신학대학원 겸임교수
한국기독교사회복지실천학회 학회장
한국수어학회 학회장
지구촌교회 농아부 지도목사

목사이면서 교수이고 사회복지사이다. 대학시절 하나님의 섭리 가운데 마주한 청각장애인들과의 만남을 시작으로 장애인과 함께하는 사회복지실천, 교회를 중심으로 펼쳐지는 지역사회복지실천에 헌신해왔다. 2005년부터 현재까지 강남대학교 사회복지학부 및 사회복지전문대학원 교수로 있으면서 '사람과 세상을 변혁시키며 행복을 창출하는데 기초가 되는 연구자로서의 삶'을 지향하며 사회복지 전문인력과 연구인력을 양성하고 있다. '비전은 속도가 아니라 방향'이라고 생각하며 끊임없이 도전하는 사회복지사, 열정이 넘쳐나는 수어통역사, 능력 있는 말씀을 선포하는 목사, 고뇌하며 연구하여 가르치는 교수로 활발히 활동해온 경험을 살려 삶 속에서 '복지선교'와 '복지목회', '복지경영', '수화언어 연구' 사역을 소명으로 실천해나가고 있다.

최희철(崔熙澈)

숭실대학교 및 동 대학원 졸업
숭실대학교 대학원 사회복지학 석사·박사(MA, Ph.D)

강남대학교 복지융합대학 사회복지학부 교수
강남대학교 글로컬사회공헌센터장, 장애학생지원센터장
강남대학교 사회복지학부장 및 실천신학대학원 교학부장 역임

(2009~2010) 경기복지재단 책임연구원
(2003~2007) 태화해뜨는샘 시설장(정신보건사회복지사)
(1995~2003) 태화샘솟는집 과장(정신보건사회복지사)
(1994~1995) 서울아산병원 정신과 사회사업 인턴

강남대학교 사회복지학부 교수로 ≪정신건강론≫, ≪정신보건사회복지론≫, ≪장애인복지론≫, ≪인간행동과 사회환경≫, ≪복지와 테크놀로지≫ 등 다수의 공저가 있으며, 용인시사회복지협의회 이사, 경산복지재단 이사, 2011~2020년 보건복지부 정신재활시설평가 분과위원장, 2010~2019년 보건복지부 장애인거주시설평가 현장평가위원, 한국기독교사회복지실천학회 총무, 한국정신건강사회복지학회 감사 등 특별히 우리 사회의 정신건강 및 사회복지실천에 관심을 갖고 활발히 활동하고 있다.

사례관리론(2판)

초판발행 2014년 9월 5일 **1판 1쇄 인쇄** | 2014년 9월 10일 **1판 1쇄 발행**
2판발행 2020년 1월 10일 **2판 1쇄 발행** | 2021년 3월 10일 **2판 2쇄 발행**
2023년 3월 10일 **2판 3쇄 발행** |

지은이 이준우 최희철
펴낸이 최용구 | **펴낸곳 도서출판 신정**
주소 (04316) 서울시 용산구 원효로 89길 19(원효로1가)
전화 02)3211-4782, 0266(영업부), 3211-4783(편집부), 3211-4784(팩스)
이메일 shinjeong72@naver.com | **홈페이지** www.sjbook.co.kr
등록 2001년 5월 11일 제13-702호
기획마케팅 최용구 장만동 송대용 최충구 | **책임편집** 석기은 황가연 | **표지** SDY

ISBN 978-89-5912-507-4 93330
정가 20,000원